普通高等学校"十三五"规划

电子商务
智能管理与运营

主　编　叶晗堃
副主编　黎新伍

微信扫码
查看更多资源

南京大学出版社

前　言

　　随着计算机技术的不断进步,信息科技与技术的不断融合,企业信息系统的发展已经变得越来越先进,越来越智能化。随之而来的是企业的组织运行方式、业务流程的彻底改变,企业的市场营销水平、客户服务水平与日俱增。更为重要的是,依靠这些信息技术和由这些信息技术组成的信息系统和信息工具,企业对市场的洞察力和环境的监控的能力获得了空前的提高。尤其是以智能商务为代表的新时代的信息技术工具的出现,能够帮助企业将其内部的供应链和业务管理、运营管理、客户关系管理、人力资源管理等单一模块,逐渐整合在统一的平台,使得各个业务部门的所有资源和信息可以共享,并且能够与对外的信息获取、信息收集渠道实现无缝对接,可以从社交应用、网站论坛中获取所需要的资源,这就使得以前无法完成的实时准确的数据采集、分析、抽取,在这种新的信息技术和信息系统下得到了实现的可能。本书详细讲解了智能商务在电子商务系统运营中的具体应用。

　　本书涉及的知识点涵盖电子商务、信息管理系统、物流与供应链管理、客户关系管理、营销管理和企业管理等各个领域。由于目前国内外直接涉及电子商务中的智能管理的教材尚不多见,加之电子商务和商务智能技术发展的日新月异,因而在概念定义、结构章节设计、内容和案例选取等方面都具有极大的难度,因此本教材的主题内容具有鲜明的探索性质。

　　本教材在撰写过程中,没有聚焦于智能商务的实现技术本身,而是从电子商务运营实际出发,注重智能商务技术在电子商务系统各个环节中的具体应用,写作重点包括电子商务与智能商务的概念分析、商务数据采集与处理基本方法、电子商务智能物流管理、电子商务智能营销管理、电子商务智能客户关系管理、电子商务品牌智能管理、电子商务内容与活动智能管理等。

　　本书结构如下:

　　第一章是电子商务概述,分析了电子商务的基本概念、发展现状与趋势、应用优势及存在的问题类型、经营模式和平台选择等;

　　第二章是智能商务概述,介绍了智能商务的概念、架构体系、核心技术、主要功能、价值和适用行业分析,以及智能商务实际应用时的具体策略等;

　　第三章是电子商务智能管理,简单介绍了智能商务应用中的各个基本理论以及在电子商务的具体应用;

第四章是智能商务的数据采集与处理，主要介绍了电子商务在实施智能管理时可能需要采集的数据和数据类型，基本的商务数据采集、预处理、表示、存储和分析方法，以及常用的商务数据分析软件等；

第五章是电子商务智能物流管理，主要内容包括智能物流的定义与特点、开展智能物流的基础条件、作用、核心技术、基本设备，电子商务智能物流管理系统的结构与功能、实施与应用等；

第六章是电子商务智能营销管理，主要内容包括智能营销的概念、特征、基础知识，以及智能商务的具体应用等；

第七章是电子商务智能客户关系管理，主要内容包括智能客户关系管理的概念、功能和应用范围，顾客行为与习惯分析，顾客忠诚度的智能管理，定制化营销广告和社交管理等；

第八章是电子商务品牌智能管理，主要内容包括品牌的概念和关注动因，电子商务品牌运作与智能推广，品牌的智能管理和品牌美学管理等；

第九章电子商务内容与活动智能管理，前者包括UGC、OGC和PGC的内容管理，后者主要包括电子商务战略管理、组织管理、商流管理、信息流管理、资金流管理和时代管理等。

面对电子商务和智能商务的全方位、复合型和系统化知识体系要求，以及相关领域的理论与应用的极速发展，尽管编者已经极尽努力，仍未能全面把握和描述与电子商务智能管理相关的知识点和应用技能。比如智能推荐目前是理论界的研究热点，但是由于其高度的专业性和复杂性，本教材对其只是做了简单介绍，而没有深入分析其系统结构、实现算法等，这需要有专门教材予以精确讲解。

本书可以作为大学本科的电子商务、国际商务、物流管理、市场营销等专业教材使用，也可以作为以上专业的实务工作者的参考资料。

本书在编写过程中得到了江西财经大学杜小玲博士、江丽桃、朱豪、陈佳恒、叶静文、胡鑫、韩依玲、曾建伟硕士等的大力协助，他们为此书提供了大量的资料，付出了艰辛的努力，在此表示衷心感谢！此外此书在编写过程中也参考了大量网络资料与相关著作，在此对相关资料和著作的作者们表示崇高的敬意和深深的感谢！

由于编者水平有限、经验不足、时间仓促等因素，本教材难免存在疏漏与不足之处，敬请广大读者提出宝贵意见和建议！

编　者
2019年11月

目 录

第一章 电子商务概述 ·· 1
  1.1 电子商务的概念与特点 ·· 1
  1.2 电子商务的发展现状及趋势 ·· 4
  1.3 电子商务的优势及存在的问题 ·· 10
  1.4 电子商务的经营模式 ·· 12
  1.5 电子商务平台 ··· 16

第二章 智能商务概述 ·· 20
  2.1 智能商务架构 ··· 20
  2.2 智能商务的核心技术 ·· 23
  2.3 智能商务系统的功能 ·· 27
  2.4 智能商务的价值分析 ·· 28
  2.5 智能商务适用行业分析 ··· 29
  2.6 智能商务的事务处理与分析 ··· 30
  2.7 成功的智能商务实施 ·· 31

第三章 电子商务智能管理 ·· 34
  3.1 电子商务智能管理的基本理论 ·· 34
  3.2 电子商务系统的智能管理 ·· 39

第四章 智能商务的数据采集与处理 ·· 48
  4.1 数据类型 ··· 48
  4.2 商务数据采集方法 ··· 59
  4.3 商务数据预处理 ·· 66
  4.4 数据表示 ··· 68
  4.5 商务数据存储 ··· 70
  4.6 常用的商务数据分析方法 ·· 73
  4.7 常用商务数据分析软件 ··· 82

第五章 电子商务智能物流管理 ·········· 87
5.1 智能物流的定义与特点 ·········· 87
5.2 电子商务发展智能物流的基础与意义 ·········· 88
5.3 电子商务智能物流的核心技术 ·········· 91
5.4 电子商务智能物流的基本设备 ·········· 97
5.5 电子商务智能物流系统结构与功能 ·········· 98
5.6 电子商务智能物流系统的实施与应用 ·········· 101
5.7 电子商务智能物流系统的应用案例 ·········· 103

第六章 电子商务智能营销管理 ·········· 106
6.1 智能营销的概念 ·········· 106
6.2 智能营销的特征 ·········· 110
6.3 智能营销基础——从4P到4E ·········· 112
6.4 电子商务智能营销应用 ·········· 123
6.5 电子商务智能营销应用案例与分析 ·········· 139

第七章 电子商务智能客户关系管理 ·········· 147
7.1 智能客户关系管理概述 ·········· 147
7.2 顾客行为与习惯分析 ·········· 155
7.3 客户忠诚度智能管理 ·········· 158
7.4 智能客户关系管理的应用 ·········· 166
7.5 电子商务智能客户关系管理案例与分析 ·········· 180

第八章 电子商务品牌智能管理 ·········· 184
8.1 品牌的相关概念 ·········· 184
8.2 电子商务时代的品牌运作 ·········· 186
8.3 电子商务品牌的智能推广 ·········· 191
8.4 品牌智能管理 ·········· 194
8.5 智能时代的品牌美学 ·········· 199

第九章 电子商务内容与活动智能管理 ·········· 218
9.1 电子商务内容智能管理 ·········· 218
9.2 电子商务活动智能管理 ·········· 224
9.3 电子商务内容与活动智能管理案例与分析 ·········· 260

参考文献 ·········· 271

第一章 电子商务概述

本章知识点

电子商务的概念与特点、电子商务的发展现状及趋势、电子商务的优势及存在的问题、电子商务的经营模式;电子商务平台概述、特点与分类;电子商务平台的盈利模式、电子商务平台提供的服务种类及平台选择等。

1.1 电子商务的概念与特点

1.1.1 电子商务的概念

电子商务是以网络通信技术进行的商务活动。国际组织、各国政府、学者、企业界人士根据自己所处的地位和对电子商务参与的角度和程度的不同,给出了许多不同的定义。

1. 国际组织关于电子商务的定义

联合国国际贸易程序简化工作组对电子商务的定义是:采用电子形式开展商务活动,它包括在供应商、客户、政府及其他参与方之间通过任何电子工具,如 EDI、Web 技术、电子邮件等共享非结构化商务信息,并管理和完成在商务活动、管理活动和消费活动中的各种交易。经济合作发展组织(OECD)认为,电子商务是指商业交易,它包括组织与个人在基于文本、声音、可视化图像等在内的数字化数据传输与处理方面的商业活动。世界贸易组织(WTO)认为,电子商务是指以电子方式进行的商品和服务的生产、分配、市场营销、销售或支付,它不仅指基于 Internet 上的交易,而且指所有利用电子信息技术来解决问题、降低成本、增加价值和创造商机的商务活动,包括通过网络实现从原材料查询、采购、产品展示、订购到出品、储运以及电子支付等一系列的贸易活动。1997 年 11 月,国际商会在法国巴黎举行了世界电子商务会议,全世界商业、信息、技术、法律等领域的专家和政府部门的代表,共同探讨了电子商务的概念问题,对电子商务的定义是对整个贸易活动实现电子化。从外延方面可以将电子商务定义为交易各方以电子交易方式而不是通过当面交换或直接面谈的方式进行的任何形式的商业交易。它的商业活动包括信息交换、售前售后服务、销售、电子支付、运输、组建虚拟企业和公司以及贸易活动可以共同拥有和运营共享商业方法等。

2. 各国政府、组织与相关企业关于电子商务的概念

美国政府在"全球电子商务纲要"中,笼统指出电子商务是通过因特网进行的各项商务活动,包括广告、交易、支付、服务等活动,全球电子商务将涉及世界各国。加拿大电子商务协会认为,电子商务是通过数字通信进行商品和服务的买卖以及资金的转移,它还包括公司间和公司内利用电子邮件、电子数据交换(EDI)、文件传输、传真、电视会议、远程计算报税网所能实现的全部功能。HP 公司提出电子商务、电子商业、电子消费者和电子化世界的概念，其认为电子商务是指通过电子化手段来完成贸易活动的一种方式，它使我们能够以电子交易为手段完成物品和服务等的交换，是商家和客户之间的联系纽带。它包括两种基本形式：B2B 和 B2C。IBM 公司于 1996 年提出了 Electronic Commerce(E-Commerce)的概念。E-Commerce 翻译成电子商业，是指实现整个贸易过程中各阶段贸易活动的电子化，也被称为狭义的电子商务。随着电子商务的效应不断显现，电子商务成为企业再造的推动力，为此，1997 年，该公司又提出了 Electronic Business(E-Business)的概念。E-Business 翻译成电子商务，是利用网络实现所有商务活动业务流程的电子化，它所强调的是在网络计算机环境下的商业化应用，是把买方、卖方、厂商及其合作伙伴在 Intranet(企业内部网)和 Extranet(企业外部网)结合起来的应用，也被称为广义的电子商务。SUN 公司提出，电子商务就是利用 Internet 网络进行的商务交易，技术上包括 Web、Java、Intranet、Extranet，以及 PC、电话、手机、PA(个人数字助理) Java 设备等。

《中华人民共和国电子商务法》(简称《电子商务法》)，是政府、企业和个人以数据电文为交易手段，通过信息网络所产生的，因交易形式所引起的各种商事交易关系，以及与这种商事交易关系密切相关的社会关系、政府管理关系的法律规范的总称。2013 年 12 月 7 日，中国全国人大常委会正式启动了《电子商务法》的立法进程，历时五年后，《电子商务法》在 2018 年 8 月 31 日第十三届全国人民代表大会常务委员会第五次会议上正式通过，该法于 2019 年 1 月 1 日正式实施。《电子商务法》第一章第二条列明："中华人民共和国境内的电子商务活动，适用本法。本法所称电子商务，是指通过互联网等信息网络销售商品或者提供服务的经营活动。"

美国学者瑞维-卡拉科塔和安德鲁-惠斯顿在其专著《电子商务的前沿》中提出："广义地讲，电子商务是一种现代商业方法。这种方法通过改善产品和服务的质量，提高服务传递速度，满足政府组织、厂商和消费者的降低成本的需求。这一概念也用于通过计算机网络寻找信息以支持决策。一般地讲，今天的电子商务通过计算机网络将买方和卖方的信息、产品和服务联系起来，而未来的电子商务则通过构成信息高速公路的无数计算机网络中的一条将买方和卖方联系起来。"一般而言，E-Commerce 强调的是以交易各方为主体，以银行支付和结算为手段，以客户数据库为依托的全新商业模式；而 E-Business 强调的是通过使用计算机和 Internet 对关键业务过程的转变，这个转变过程是一个综合 Internet 技术、信息技术、商务技术转变业务方式的过程。从技术上来讲，电子商务是指交易者之间，依托计算机网络，按照一定规则或标准进行的各种商务活动，商务包括商务信息、商务管理和商品交易，广义上还包括企业内部事务处理。也有人认为"电子商务是建立在互联网信息技术充分发达和供求双方信息充分表达基础上的商务活动，是众多商务模式在互联网环境中的整合和统一。电子商务不是某一形式的商务，电子商务是一个系统，是建立在互联网上的各种商务模式统一的系统。"

另外还有很多学者认为，电子商务应该有广义的定义和狭义的定义之分。

狭义上讲，电子商务(Electronic Commerce，EC)是指：通过使用互联网等电子工具(包括电报、电话、广播、电视、传真、计算机、计算机网络、移动通信等)在全球范围内进行的商务贸易活动，是以计算机网络为基础所进行的各种商务活动，包括商品和服务的提供者、广告商、消费者、中介商等有关各方行为的总和。人们一般理解的电子商务是指狭义上的电子商务。

广义上讲，电子商务一词源自 Electronic Business，就是通过电子手段进行的商业事务活动。通过使用互联网等电子工具，使公司内部、供应商、客户和合作伙伴之间，利用电子业务共享信息，实现企业间业务流程的电子化，配合企业内部的电子化生产管理系统，提高企业的生产、库存、流通和资金等各个环节的效率。

即使电子商务在各国或不同的领域有不同的定义，但其关键依然是依靠着电子设备和网络技术进行的商业模式。随着电子商务的高速发展，它已不仅仅包括其购物的主要内涵，还应包括物流配送等附加服务等。电子商务包括电子货币交换、供应链管理、电子交易市场、网络营销、在线事务处理、电子数据交换（EDI）、存货管理和自动数据收集系统。在此过程中，利用到的信息技术包括互联网、外联网、电子邮件、数据库、电子目录和移动电话。

1.1.2　电子商务的特点

电子商务的一个重要技术特征是利用 IT 技术来传输和处理商业信息。

电子商务是因特网爆炸式发展的直接产物，是网络技术应用的全新发展方向。因特网本身所具有的开放性、全球性、低成本、高效率的特点，也成为电子商务的内在特征，并使得电子商务大大超越了作为一种新的贸易形式所具有的价值。它不仅会改变企业本身的生产、经营、管理活动，而且将影响到整个社会的经济运行与结构。以互联网为依托的"电子"技术平台为传统商务活动提供了一个无比宽阔的发展空间，其突出的优越性是传统媒介手段根本无法比拟的。

电子商务具有以下特征。

1. 协调性

商业活动本身是一种协调过程，它需要客户与公司内部、生产商、批发商、零售商间的协调。在电子商务环境中，它更要求银行、配送中心、通信部门、技术服务等多个部门的通力协作，电子商务的全过程往往是一气呵成的。

2. 集成性

电子商务以计算机网络为主线，对商务活动的各种功能进行了高度的集成，同时也对参加商务活动的商务主体各方进行了高度的集成。万维网的真实商业价值在于协调新老技术，使用户能有效地利用他们已有的资源和技术，更加有效地完成他们的任务。电子商务的集成性还在于处理事务的整体性和统一性，它能够规范事务处理的工作流程，将人工操作和电子信息处理集成为一个不可分割的整体，这样不仅能提高人力和物力的利用率，也可以提高系统运行的严密性。高度的集成性使电子商务进一步提高了效率。

3. 商务性

电子商务最基本的特征为商务性，即提供买卖交易的服务、手段和机会（如网上购物提供一种客户所需要的方便途径）。因而，电子商务对任何规模的企业而言都是一种机遇。就商务性而言，电子商务可以扩展市场，增加客户数量；通过将万维网信息连至数据库，企业能记录下每次访问、销售、购买形式和购货动态以及客户对产品的偏爱情况，这样企业就可以通过统计这些数据来获知客户最想购买的产品是什么。

4. 可扩展性

要使电子商务正常运作，必须确保其可扩展性。万维网有数以万计的用户，因此传输过程中会时不时地出现高峰状况。倘若一家企业原来设计每天可受理 40 万人次访问，而事实上却有80万人次,这时就必须尽快配备一台扩展的服务器,否则访问速度将急剧下降,甚至服务器还会拒绝数千次可能带来丰厚利润的客户的来访。对于电子商务来说,扩展的系统才是稳定的系统。如果在出现高峰状况时能及时扩展,就可以使得系统阻塞的可能性大为降低。

5. 服务性

因特网的跨越时空性给消费者提供了更多样化的选择,产品与服务共同影响着消费者购买行为的决策。为了把商品销售给更大区域内的顾客,企业传统的经营方式与商务活动不得不结合因特网等平台来开展,因特网在信息传递方面的快速与低成本优势无疑使其成为企业向客户提供完整性服务的新型关键手段。比如将资金从一个存款户头移至另一个支票户头、查看一张信用卡内的余额、记录货物运送过程,乃至申请退换货等售后服务,这些都可以使得客户足不出户而实时完成。显而易见,电子商务提供的客户服务具有明显的优势:便利、高效、低成本。

1.2 电子商务的发展现状及趋势

1.2.1 电子商务的发展现状

电子商务最早产生于20世纪60年代,发展于90年代。下面对其发展现状进行简要概括。

1. 世界电子商务的发展现状

(1) 全球电子商务市场规模。

2018年,全球网络零售交易额为2.8万亿美元,同比增长23.3%。比较来看,2018年全球零售总额为23.9万亿美元,同比增长5.8%,网络零售额占全球零售总额的比重由2017年的10.2%上升至2018年的11.9%,具体如表1-1所示。网络零售逐渐成为全球民众消费者的重要渠道。

表1-1 2018—2021年全球零售及电子商务零售的相关数据及预测

(单位:万亿美元)

年 份	总零售额	增 速	网络零售额	增 速	网络零售占比
2018	23.946	5.80%	2.842	23.30%	11.90%
2019e	25.271	5.50%	3.453	21.50%	13.70%
2020e	26.610	5.30%	4.135	19.80%	15.50%
2021e	27.920	4.90%	4.878	18.00%	17.50%

资料来源:eMarketer。

分地区来看,亚太地区仍然是全球范围内电子商务零售市场的领先区域,无论是电商零售规模还是渗透水平,均位居首位。2018年,亚太地区的电商零售额达到了1.7万亿美元,增速接近30%。同时,亚太地区的移动电商零售渗透水平也明显高于其他地区,移动电商零售占网络零售比重接近八成,是唯一一个超过全球平均水平的地区。预计未来几年亚太地区在电商零售领域的全球领先地位仍将持续,具体如表1-2所示。

表1-2 2018—2021年全球各地区电子商务零售额及预测

(单位:百亿美元)

地 区	2018	2019e	2020e	2021e
亚太	174.44	220.28	272.54	329.94
中东欧	5.41	6.45	7.54	8.60
拉美	5.27	6.23	7.17	8.10
中东及非洲	2.86	3.47	4.16	4.90
北美	56.46	65.13	74.61	85.06
西欧	39.76	43.74	47.52	51.20

资料来源:eMarketer。

北美和西欧地区属发达经济体地区,扎实的基础设施和新技术、新业态的成长,为这两个地区电商零售市场的发展奠定了基础,2018年两个地区电商零售交易额分别达到了5 646亿美元和3 976亿美元,位列全球二、三位。但这两个地区的实体零售行业发展较早,线下市场条件完善,相对于其他地区,消费者对于电商零售渠道的需求较低,因而这两个地区的电商零售市场增速目前处在全球最低水平。

相对而言,中东欧、拉美、中东及非洲三个区域的电商零售市场规模较为有限,仍处在发展初期,电商零售交易额较上述三个地区相差较大。但此三个地区的电商零售行业发展势头良好,潜力巨大,且已经呈现出了不同的发展特征,如表1-3所示。例如,中东及非洲地区虽然网络零售市场规模处于全球末位,但该地区移动电商渗透水平很高,移动电商零售额占网络零售额比重近六成,在全球范围内仅次于亚太地区,甚至优于北美和西欧地区。这些特征显示,虽然全球各地区经济发展水平不一导致,各地电商市场前进步伐有所差异,但经济发展较靠后地区的电商市场仍有很大的发展空间,未来线上市场开发空间巨大。

表1-3 2018年全球各地区电子商务零售相关数据

(单位:百亿美元)

地 区	电商零售额	增 速	占全球总份额比重	占地区总零售额比重	移动电商零售额	增 速	占网络零售零比重
亚太	174.44	29.30%	61.40%	17.60%	138.66	35.00%	79.50%
中东欧	5.41	20.60%	1.90%	4.70%	1.82	27.10%	33.70%
拉美	5.27	18.30%	1.90%	2.70%	1.33	31.10%	25.10%
中东及非洲	2.86	22.60%	1.00%	2.20%	1.71	28.60%	59.70%
北美	56.46	16.00%	19.90%	9.90%	21.94	32.20%	38.90%
西欧	39.76	11.90%	14.00%	10.20%	14.99	19.30%	37.70%
全球	284.20	23.30%	100.00%	11.90%	180.44	33.00%	63.50%

资料来源:eMarketer。

(2) 世界主要国家电子商务发展情况。

美国统计局数据显示,2018年电子商务交易额约为5 125亿美元,同比增长14.3%,电子商务交易额占到零售销售总额的9.63%。据《2019年全球电子商务市场排名》统计,美国在线购物人数继中国与印度两个人口大国之后,排名第三,人数达到2.6亿,占总人口比例的78.9%。美国聚集了全球主要电商平台。全球市场排名前21名的电商平台中有8家美国公司,2018年电子商务零售份额排名前五位依次是亚马逊、eBay、Apple、沃尔玛、The Home Depot,市场份额分别是48.0%、7.2%、4.0%、3.9%、1.6%。

在区域数字一体化加速进程的影响下,欧盟电子商务保持平稳增长,一直是世界电子商务增长的重要增长极。根据欧盟2018年的电子商务报告,2017年,欧盟电子商务交易额达6 012亿美元,继续保持两位数增长。从区域分布来看,欧洲的大多数电子商务活动仍然集中于西欧地区,约占欧洲电子商务交易额的68%。南欧、北欧和东欧的份额分别为12%、8%和6%,尽管这些地区所占份额相对较低,但这些地区正是欧洲电子商务发展最快的地区,以罗马尼亚为例,该行业去年增长了37%。

日本2018年的最新报告,日本国内B2C市场2016年到2017年整体呈增长趋势,B2B市场规模也继续保持着前一年的增长基调。2017年日本国内B2C市场规模扩大至1 518.5亿美元,较上年同期增长9.1%;B2C市场电商化率为5.79%,较上一年同期增长0.36%,该比率近年来一直保持增长趋势,较2010年增长近一倍,具体见图1-1。

图1-1 日本2010—2017年国内B2C市场规模和电商化率

日本国内B2B市场规模2017年达到了29 183亿美元,和2016年相比增加了9.1%。根据日本经济省统计的2017年美国、中国、日本三国间的跨境电子商务规模及流向显示,日本对华和对美的输出额远高于其从中美两国的购入额。以B2C市场计,日本自美国通过跨境电商购入21.4亿美元,较上年增长7.2%;自中国通过跨境电商购入2.24亿美元;总金额为23.64亿美元,总年增长率为7.3%,是三国中最低的。但日本的输出额达到了185亿美元,与上年相比增加了21.7%,其中对美输出65.6亿美元,对华输出119.4亿美元,是三国中最高的。

韩国目前是东亚地区第三大电子商务市场,仅次于中国和日本。2017年,韩国网络零售交易额达到9 130亿韩元,其中移动网络零售交易额达到5 227.9亿韩元。移动网络零售交易额占到全部网络零售交易额的比例达到57.3%,如表1-4所示。

表 1-4　韩国 2017—2018 年网络零售相关数据

(单位：十亿韩元/％)

分　类	2017 年		2018 年		年增长	
	全年	12 月	11 月预测	12 月预测	交易额变化	增长百分比
全部网络零售交易额(A)	913.00	86.248	105.817	107.298	21.050	24.4
移动网络零售交易额(B)	522.790	52.314	65.722	67.307	14.993	28.7
占比(B/A)	57.3	60.7	62.1	62.7	—	2.0

移动电子商务的快速发展是韩国电子商务蓬勃发展的主要推动力。2018 年，韩国移动端零售额达到 432.5 亿美元，占韩国网上零售总额的 67.4％，占韩国零售总额的 11.8％，同比增长 21.6％，超过了韩国网上零售总额的增速，但低于世界同期的 33％。韩国的跨境电商稳步发展，韩国 2018 年第一季度的网上海外销售额为 7.4 亿美元，较去年同比增长 8％，主要出口国家及地区分别为中国、日本、东南亚。

俄罗斯 2018 年电子商务市场收入预计将超过 190 亿美元，到 2021 年，这一数据有望达到 300 亿美元。根据《俄罗斯电子商务报告 2018》，2018 年俄罗斯互联网用户占比由 2017 年 61.46％上升至 62.4％，互联网用户中网购者占比由 44％增加至 47％。

印度电子商务市场的发展前景巨大，2018 年市场规模达到 653 亿美元，电商用户数量位居世界第二，电商渗透率还有巨大发展空间，市场潜力正在释放，内外投资者都加大了对印度电子商务市场的投资，未来印度电子商务市场发展可期，数据如图 1-2 所示。

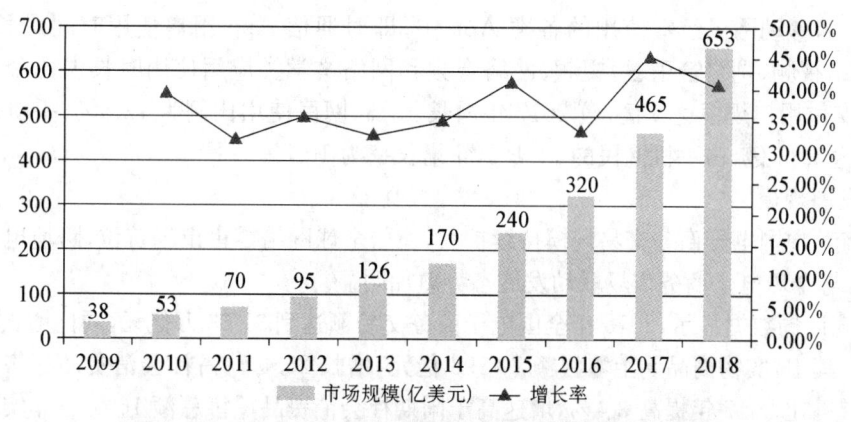

图 1-2　2011—2018 年印度电子商务发展规模相关数据

根据澳大利亚邮政局发布的报告，2017 年澳大利亚网络零售额为 213 亿澳元，同比增长 18.7％，占传统零售额的 8％。

2. 中国电子商务的发展现状

(1) 发展基础。

截止到 2018 年 12 月，我国的电子商务交易总额，如图 1-3 所示。

同时，截止到 2018 年 12 月，我国 IPv4 地址数量为 3.38 亿个，拥有 IPv6 地址 41 079 块/32，较 2017 年年底增长 75.3％。我国域名总数为 3 792.8 万个。其中，".CN"域名总数为 2 124.3 万个，在域名总数中占比 56.0％。".CN"域名下网站数量为 326 万个，较 2017 年年底增长3.4%。国际出口带宽为8 946 570 Mbps,较2017年年底增长22.2%。

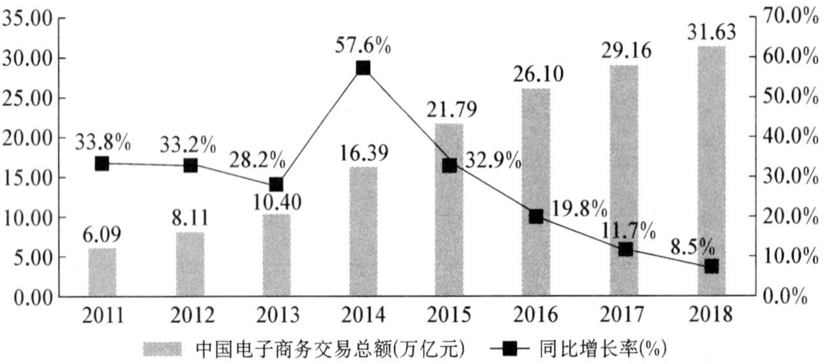

图1-3 2011—2018年中国电子商务交易总额

数据来源:中国统计局。

2018年,移动互联网接入流量消费达711.1亿GB,较2017年年底增长189.1%。我国市场上监测到的移动应用程序(App)在架数量为449万款。

截至2018年12月,网民规模达8.29亿,全年新增网民5 653万,互联网普及率为59.6%,较2017年年底提升3.8%。手机网民规模达8.17亿,我国网民使用手机上网的比例达98.6%,新增手机网民6 433万,较2017年年底提升1.1%,网民使用电视上网的比例达31.1%,较2017年年底提升2.9%;使用台式电脑上网的比例为48.0%,较2017年下降5%。网民的人均上网时长为27.6小时,较2017年年底提高0.6个小时。

2018年,移动网民经常使用的各类App中,即时通信App用户使用时间最长,占比为15.6%,网络视频、网络音乐、短视频、网络音频和网络文学类应用使用时长占比分列二到六位。网络支付用户规模达6亿,较2017年增长13%,网民使用比例为72.5%,手机网络支付用户规模达5.83亿,占手机网民的71.4%,年增长率为10.7%。

(2)发展规模。

2018年,中国电子商务交易规模持续扩大,稳居全球网络零售市场首位,跨境电子商务再上新台阶,与全球电子商务市场联动发展态势愈加明显。

国家统计局数据显示,2018年全国电子商务交易额达到31.63万亿元,同比增长8.5%(见图1-3)。其中,实物商品网上零售额70 198亿元,增长25.4%,占社会消费品零售总额的比重为18.4%,比2017年提高3.4%,增速高于同期社会消费品零售总额16.4%;非实物商品网上零售额1.99万亿元,同比增长18.7%。2018年,电子商务服务业营业收入规模为3.52万亿元,同比增长20.3%。其中,电子商务交易平台服务营业收入规模为6 626亿元,增长31.8%;支撑服务领域中的电子支付、物流、信息技术等服务营业收入规模为1.30万亿元,增长16.1%。

2017年,我国B2B平台服务营业收入规模为630亿元,同比增长18.9%。网络零售B2C市场份额继续扩大,增速保持领先。商务大数据显示,2018年,B2C零售额占全国网络零售额的比重为62.8%,较上年提升4.4%;B2C零售额同比增长34.6%,增速高于C2C零售额22.1%。随着消费升级不断深化,消费者对网购的品牌、品质、服务的关注度逐渐提高,B2C市场优势更加明显。分品类看,根据商务大数据监测,服装鞋帽纺织品、日用品、家用电器及音像器材零售额排名前三,分别占实物商品网络零售额的 25.2%、14.4% 和 10.6%。智能产品受到越来越多消费者的青睐,成为市场增长亮点。智能手表、智能音箱、智能翻译机等产品销售额同比增速均超过 80%。分地区看,电商发展区域集中度下降。商务大数据监测显示,东部、中部、西部、东北地区网络零售额占全国比重分别为 83.1%、9.0%、6.4% 和 1.6%,其中东部地区占比较上年下降 0.7%,其他区域占比均有所提升。从增速来看,东部、中部、西部和东北部地区增速分别为 23.6%、28.2%、27.7% 和 27.7%。

农村电子商务步入新一轮创新增长空间,2018 年全国农村网络零售额达到 1.37 万亿元,同比增长 30.4%。跨境电子商务促进正常效力持续显现,海关总署数据显示,2018 年全国海关通过系统验收的跨境电商进出口商品总额 1 347 亿元,同比增长 50%,其中,出口 561.2 亿元,增长 67%;进口 785.8 亿元,增长 39.8%。

电子商务与实体经济融合发展加速,带动了更多人从事电子商务相关工作,据相关数据,2018 年,中国电子商务从业人员达 4 700 万人,同比增长 10.6%。

网络支付保持高速增长态势,2018 年非银行支付机构处理网络支付业务 5 306.1 亿笔,金额 208.07 万亿元,同比分别增长 85.05% 和 45.23%。

国家邮政局数据显示,2018 年,全国快递服务企业业务量达 507.1 亿件,同比增长 26.6%。其中,同城业务量达 114.1 亿件,同比增长 23.1%;异地业务量 381.9 亿件,同比增长 27.5%;国际/港澳台业务量达 11.1 亿件,同比增长 34%。

(3) 发展特点。

一方面,法治建设取得重大突破。2018 年 8 月 31 日,第十三届全国人民代表大会常务委员会第五次会议通过了《中华人民共和国电子商务法》,2019 年 1 月 1 日正式实施。《电子商务法》的出台标志着中国电子商务发展进入有法可依的新阶段。

另一方面,创新驱动保障了市场快速增长。基于人工智能、大数据、物联网的全数字化消费场景,提升了用户体验,形成了推动电子商务规模持续增长的数字技术引擎。同时,智能物流进一步提高了消费者对网络购物的满意度。2018 年"双十一"当天,物流企业高效完成了全国主要电子商务企业所产生的 4.16 亿件快递物流订单。

1.2.2 电子商务的发展趋势

随着电子商务发展的日益繁荣与稳定,新的商业模式会逐渐诞生,互联网普及率会接近饱和,新技术与电子商务融合进程越来越明显,本书认为未来电子商务的发展趋势有以下若干方面。

1. 电子商务与产业发展深度融合,加速形成经济竞争新态势

电子商务广泛深入渗透到生产、流通、消费等各个领域,改变着传统经营管理模式和生产组织形态,正在突破国家和地区局限,影响着世界范围内的产业结构调整和资源配置,加速经济全球化进程。发达国家和新兴工业化国家把电子商务作为强化竞争优势的战略举措,制订了电子商务发展政策和行动计划,力求把握发展主动权。随着我国对外开放水平的提高和市场化进程的加快,大力发展电子商务成为我国参与全球经济合作的必然选择。

2. 跨境电商成"一带一路"重要落脚点,打开供给侧改革新通道

中国与其他国家展开的跨境电商总量最为有力地体现了电子商务对全球化进程的推动效果。2016 年,中国跨境零售电商市场规模为 785 亿美元(约 5 400 亿人民币);到 2021 年,这一规模有望超过1 400亿美元(约9 600亿人民币)。跨境电商是互联网时代的产物,是"互联网＋外贸"的具体体现。跨境电商新供给创造外贸新需求,提高发展的质量和效益,对接"一带一路",助力"中国制造"向外拓展,并搭建一条"网上丝绸之路",成为建设"丝绸之路经济带"新起点的重要支撑。

3. 新兴技术领域保持良好发展势头,保障电子商务市场快速发展

2018年,我国在基础资源、5G、量子信息、人工智能、云计算、大数据、区块链、虚拟现实、物联网标识、超级计算等领域发展势头向好。在5G领域,核心技术研发取得突破性进展,政企合力推动产业稳步发展;在人工智能领域,科技创新能力得到加强,各地规划及政策相继颁布,有效推动人工智能与经济社会发展深度融合;在云计算领域,我国政府高度重视以其为代表的新一代信息产业发展,企业积极推动战略布局,云计算服务已逐渐被国内市场认可和接受。

1.3　电子商务的优势及存在的问题

1.3.1　电子商务的优势

1. 成本低廉化

在电子商务的生产领域中,企业可以通过降低产品的设计成本以及劳动成本进而降低企业的生产成本。在电子商务中,企业与消费者们不再受路径、距离以及交流过程中的语言障碍的影响,销售过程中人员不足的问题得到缓解,销售状况能得到及时整理与归纳,销售环节中出现的问题可以得到快速解决,因此,交易成本能够得以降低。此外,电子商务利用网络的时效性、系统性、开放性等特征,帮助企业管理人员对每一个环节进行及时的了解、计划、实施与控制,极大地提高了企业管理者的管理能力,扩大了每一位管理者的管理范围,使得管理成本得以下降。

2. 市场全球化

电子商务在时空上扩展了企业的销售,为企业提供巨大的潜在顾客群,给企业带来了无限的商机。传统卖家受时间与空间的限制,产品或服务的目标市场是相对固定的,所以有限的市场限制了企业获得更多利润的能力。基于互联网的电子商务能让小企业将信息推广到全球的每个国家,即网站上广告做得好,互联网在时间与空间上的开放性使得企业借助网站能最大限度地向外介绍自己的产品和服务,企业的营销面向世界网民,买家可以提前预定几天甚至几年的产品,大大地增加了卖家销售商品或提供服务的机会。相应地,基于互联网的电子商务同样增加了买家的购买机会,公司在采购时可以利用电子商务找到新的供应商和贸易伙伴。

3. 交易的快捷化与高效性

在电子商务中,讨价还价和交易条款的传递都十分快捷,因为互联网可以快速有效地在企业间传递竞投标信息,电子商务增强了企业间的信息交换的速度和准确性。传统交易以面对面方式展开,交易过程包括交易前的有形产品展示与信息咨询,交易中的商品下单、支付货款与提货以及交易后的售后服务等。在电子商务模式下,有形的产品摆放被虚拟的产品上架所取代,信息咨询通过更快捷的在线实时沟通来进行,在线下单与在线支付靠鼠标点击即可完

成,售后服务机制也逐渐变得有序而规范,企业在处理客户售后问题方面建立起来的标准化流程,使得交易后相关服务的交付也变得更方便且迅速。

4. 选择的多样性与自主性

同传统商务相比,电子商务给购买者提供了更多的选择,因为买家能从很多的卖家中考虑更多的产品和服务。买家每天 24 小时都可上网,对网上所提供的各种产品进行评估。有的买家在决定购买时喜欢获取大量的信息,有的买家喜欢信息少一点,电子商务给买家提供了一种方便的方式,能让买家根据自己的需要决定获取信息的详细程度,允许客户创建自己理想的信息环境,自主选择商品。

5. 经营风险的可控性

由于在互联网上运作,企业可以减少对实物基础设施的依赖,从而实现企业"轻资产"战略,进而帮助企业降低库存,实现"零库存"管理;开展电子商务的企业可以在全球范围内寻找合作伙伴,与其建立稳固的合作关系,将全球的合作伙伴纳入外联网进行信息的交流与共享,构建极具竞争力的供应链,帮助企业缩短生产周期,抢占市场先机。随着数据分析与数据挖掘等技术的应用与逐渐成熟,企业可以基于大数据快速地进行产品的创新,生产环节的快速响应,营销环节的精准投放,客户服务环节的强交互性,因此能有效地降低企业的经营风险,增强企业经营的可控性。

6. 福利的正外部性

电子商务所带来的好处延伸到社会的整体福利。电子支付代替现金支付,使买家免去随身带现金及卖家找零的麻烦,代替传统支票,更易于监督和审计,有效地防止欺诈并减少偷盗;此外,电子商务可以让人们在家工作,减少交通拥堵和空气污染,每个人都能从中受益。电子商务还可以将产品和服务送到偏远地区。例如,不管人们住在哪里,也不管他们何时有空,都能通过远程教育学习,获得学位。

1.3.2 电子商务存在的问题

1. 成本和收入的可预见性

企业在采取任何一项技术之前都需要计算投资回报率。对电子商务进行投资,其收益是很难计算的。成本与技术呈函数关系,当底层技术快速改变的时候,以技术为自变量的成本变化幅度很大,即使在短期项目的实施中也会出现这种情况,因为电子商务的关键技术发展太快。

2. 人才需求尚未得到满足

对很多准备实施电子商务的企业来说,招聘并留住掌握在线业务所需技术、设计、熟悉业务流程的员工是一件难事。多数企业通常采用的方法是使用企业原有员工,但这些员工习惯于传统业务方式,很难将自己所了解的业务方式用到电子商务中。此外,电子商务运营、网络营销等人才是当前多数企业急需的缺口人才。

3. 技术集成问题

企业开展在线业务所面临的另一个难题是,企业现有按照传统业务流程所设计的软件和数据库如何与电子商务的软件有效整合。虽然很多软件公司和咨询公司声称能够提供软件设计和咨询服务,保证将现有系统与新的在线业务系统整合,结合成一体,但这样的服务费用很高,并且集成系统将来工作状况如何具有高度的不确定性。

4. 安全问题

电子商务的安全问题一直是人们关注的话题,尤其在移动商务发展成为趋势的当前阶段,信息泄露或隐私曝光多次成为各类媒体报道的热点,企业电子商务系统遭受勒索软件威胁、网民担心个人社交账号被人盗用,网上购物的顾客担心信用卡号在网络上传输时被盗窃等现实问题仍亟待解决。我国经济是由计划经济脱胎而来的,社会信用经济发展较晚,市场信用交易不发达,社会普遍缺乏市场经济条件下的信用意识和信用道德规范。这种现实状况无疑制约了电子商务的发展。

5. 文化法律问题

很多企业在实施电子商务时还面临文化和法律上的障碍。目前情况下,我国虽然已经颁布了《电子商务法》,但这只是从法律层面对电子商务企业进行制约的开始,距离形成成熟的法律环境还有一段距离。网络使公司变成了一个国际性企业,公司需要比只在某一特定物理区域经营的传统公司遵守更多的法律,而互联网上管辖权的复杂性、各国不同地区间的法律冲突又使得交易方利用法律空白和漏洞从事网上欺诈活动依然成为可能。此外,网上企业的国际性又使企业纳税义务也变得更复杂。这些都会制约电子商务的持续快速发展。

1.4　电子商务的经营模式

电子商务经营模式是指电子化企业(E-business)如何运用资讯科技与互联网,来经营企业的方式。电子商务的主要参与主体有 B(Business,企业)、C(Consumer,消费者)、G(Government,政府)。划分电子商务类型的一个有效并被普遍认同的方法是按照交易过程或商务过程参与方所属类型进行划分,电子商务通常划分为 B2B、B2C、C2C(Consumer to Consumer,消费者对消费者)、O2O(Online to Offline,线上线下)、企业交易与业务流程、其他类型等经营模式。

1.4.1　企业与企业之间的电子商务

1. B2B 模式概述

B2B 电子商务是企业对企业的电子商务,或者说是企业间的电子商务交易模式,即企业与企业之间通过互联网进行产品、服务及信息的交换。目前,世界上 80% 的电子商务交易额是在企业之间完成,而不是企业和消费者之间完成的。通俗的说法是指进行电子商务交易的供需双方都是商家(或企业、公司),他们使用了 Internet 的技术或各种商务网络平台,完成商务交易的过程。这些过程包括发布供求信息,订货及确认订货,支付过程及票据的签发、传送和接收等。

B2B 电子商务模式是电子商务中的最主要模式。在 B2B 电子商务运行模式中,参与主体主要包括认证机构、采购商、供应商、B2B 服务平台、物流配送中心、网上银行等。

B2B 电子商务有两种基本模式:一种是在企业间直接进行,如制造商的在线采购和在线供货;另一种是通过第三方网站平台进行,阿里巴巴就是一个 B2B 电子商务网站,中小企业可以通过阿里巴巴进行企业间的电子商务,如发布和查询供求信息,与潜在客户或供应商进行在线交流和商务洽谈等。

2. B2B 模式的特点

（1）相对于 B2C 和 C2C 来说，B2B 的交易次数会相对较少，但交易金额往往会大于前两者。

（2）从较传统的企业间的交易来看，B2B 的交易操作相对规范化、标准化及流程化，大大降低了企业的经营成本及时间，大大提高了工作效率。

（3）从较传统的企业间的交易来看，B2B 交易不再受地区限制，可以横跨各大洲。

（4）从较传统的企业间的交易来看，B2B 交易对象广泛，可以是任何一种产品原料，也可以是半成品或成品。

3. 我国 B2B 市场规模

B2B 市场规模正处于上升通道，根据艾瑞咨询集团 2015 年中国电子商务市场交易数据，2015 年中国 B2B 电子商务市场交易规模达 11.8 万亿元。B2B 电子商务仍有较大的发展空间。

根据工业和信息化部《信息化和工业化深度融合专项行动计划（2013—2018）》和艾媒咨询集团综合评估估值模型预测：B2B 市场规模在未来数年内仍将维持平稳增长，并将在 2018 年超过 18 万亿元。

1.4.2 企业与消费者间的电子商务

1. B2C 模式概述

B2C 就是企业通过网络将产品或服务销售给个人消费者，即企业直接将产品或服务推上网络，并提供充足的咨询与便利的接口吸引消费者选购。B2C 模式是我国最早应用的电子商务模式，目前采用 B2C 模式的主要以当当网、亚马逊等为代表，此外比较大型的还有天猫、京东商城、唯品会、1 号店等。这也是目前一般的电子商务模式。例如，网络购物、证券公司网络下单作业、一般网站的资料查询作业等，都是属于企业直接接触顾客的作业方式。

2. B2C 模式的特点

（1）降低了消费者的购买成本：消费者为了购买一件自己想要的商品，不用花时间跑遍所有的商城。另外，由于卖家在网上开店不需要大量的资金投入（不用租赁门面、缴纳国家税收），因此降低了开店成本，降低了商品的成本，也就降低了商品的售价，这样消费者在网络上购买的商品通常会比实体店便宜。

（2）商品不受区域限制：网络商店没有区域界限，只要能上网，世界各地的消费者都可以成为客户。同理，只要上网，消费者就可以购买到世界各地的商品。

（3）可以对所有同类商品进行比价（给消费者带来实惠）：只要是网络上存在的，所有商品都就可以进行清晰的比价，通过单击就可以列出所有的相同商品，同时进行价格排列，让消费者在最短时间内找到商品的最低售价。

3. 中国 B2C 网站市场份额占比

据中国电子商务研究中心报告，B2C 网络零售市场占有率，2016 年上半年中国 B2C 网络零售市场，天猫排名第 1 位，占 53.2% 份额，京东商城名列第 2 位，占据 24.8% 份额，唯品会位于第 3 位，占 3.8% 份额；位于第 4～10 位的电商依次为：苏宁易购（3.3%）、国美在线（2.2%）、亚马逊中国（1.6%）、1 号店（1.5%）、当当（1.4%）、聚美优品（0.8%）、易迅网（0.3%），具体数据如图 1-4 所示。

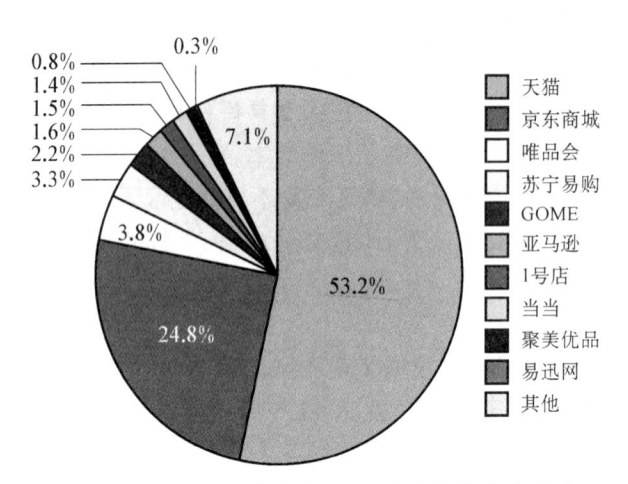

图 1-4　2016 年上半年中国 B2C 网站市场份额占比

1.4.3　消费者与消费者间的电子商务

1. C2C 模式概述

C2C 是个人对个人的电子商务模式,C2C 电子商务平台是通过为买卖双方提供一个在线交易平台,使卖方可以主动提供商品并上网拍卖,而买方可以自行选择商品进行竞价。

C2C 是指消费者与消费者之间的互动交易行为,这种交易方式是多变的。例如,消费者可同在某一竞标网站或拍卖网站中,共同在线上出价而由价高者得标。或由消费者自行在网络新闻论坛或 BBS 张贴布告出售二手货品,诸如此类因消费者间的互动而完成的交易,就是 C2C 的交易。其代表是 eBay、淘宝网电子商务模式。

C2C 模式的产生以 1998 年 eBay 的成立为标志,目前采用 C2C 模式的主要以 eBay、淘宝等为代表。C2C 电子商务模式是一种个人对个人的网上交易行为,目前 C2C 电子商务企业采用的运作模式是通过为买卖双方搭建拍卖平台,按比例收取交易费用,或者提供平台方便个人在平台上开设网上商店,以会员制的方式收取服务费。

2. C2C 模式的特点

(1) 辅助性:C2C 电子商务对于人类的日常活动来说,是一种互换有无、互相方便的买卖关系,是人类正常购买行为的辅助。

(2) 节约性:C2C 电子商务的节约性体现在对生活资源的节约上。真正的 C2C 交易主要应该是二手商品,对二手商品的再次利用本身就是对地球资源的节约,是对人类当前不当消费模式的一种矫正。当然,信息搜寻成本的节约、买卖过程的节约也是 C2C 节约性的体现。

(3) 繁杂性:无论 C2C 中消费者的信息,还是 C2C 上海量的虚拟商品信息以及少量的消费者的言论评价信息,都说明了 C2C 的繁杂性。另外,C2C 交易形式的随意性和多元性也是繁杂性的体现。

(4) 创造性:C2C 电子商务模式不是专业化的模式,而是广大消费者具有创意的交易形式。在 C2C 交易中,网络消费者可以选择物物交换,也可以选择议价交易,还可以选择拍卖方式,即网络消费者完全可以选择任意一种交易方式。当然,网络消费者之间还可以创造出新的交易形式。

1.4.4 线上与线下模式

1. O2O 模式概述

O2O 是近年来新兴起的一种新的电子商务商业模式,即将线下商务的机会与互联网结合在一起,让互联网成为线下交易的前台。这样线下服务就可以在线上来揽客,消费者中以在线上来筛选服务,在线结算。该模式最重要的特点是推广效果可查,每笔交易可跟踪。O2O 营销模式的核心是在线预付。

O2O 通过网络导购机制,把互联网与地面店对接,实现互联网"落地"。让消费者在享受线上优惠价格的同时,又可享受线下贴心的服务。中国较早转型 O2O 并成熟运营的企业代表为家具网购市场领先的美乐乐,其 O2O 模式具体表现为线上家具网与线下体验馆的平台运营。

2. O2O 模式的分类

(1) 轻型 O2O。

电子商务平台解决人与商品的关系,而本地生活消费平台 O2O 解决人与服务的关系。轻型 O2O 本地服务介入程度浅,如大众点评、美团、易到用车;它的优势是资产相对较轻,属于网络型应用,易于跟踪数据,零星购买相对容易,团队构成单一,文化冲突较少。

(2) 重型 O2O。

重型 O2O 本地服务的介入程度较深,如安居客、神州租车、到家美食会。重型 O2O 的优势:对服务体验有较强的控制和保障,在商家合作中有较强议价能力,能很快收到佣金,能提供个性化服务,而且不易被复制。重型 O2O 面临的挑战:实体资产比例大,规模化难度大,推广有较大限制,团队构建难度高。

① O2O 对用户而言具有的特点:获取更丰富、全面的商家及其服务的内容信息;更加便捷地向商家在线咨询并进行预售;获得相比线下直接消费较为便宜的价格。

② O2O 对商家而言具有的特点:能够获得更多的宣传、展示机会,吸引更多新客户到店消费;推广效果可查,每笔交易可跟踪;掌握用户数据,大大提升对老客户的维护与营销效果;通过与客户进行沟通、释疑,更好地了解用户心理;通过在线有效预订等方式合理安排经营模式,节约成本;对拉动新品、新店的消费更加快捷;降低线下实体对黄金地段旺铺的依赖,大大减少租金支出。

1.4.5 企业交易与业务流程

企业内部支持性业务流程的电子化改造也是电子商务模式的一种,如企业通过视频会议的方式讨论内部决策或者通过信息化手段开展员工培训,通过企业电子邮箱应用实现经验分享、电子期刊共享。企业交易与业务流程的电子商务模式的价值很难估量,至今在所有电子商务交易额中,以企业交易与业务流程模式开展的电子商务为公司带来的价值远超过 B2B 和 B2C 之和。

1.4.6 其他电子商务类型

ABC 电子商务模式是新型电子商务模式的一种,被誉为继 B2B 模式、B2C 模式、C2C 模式之后电子商务的第四大模式。ABC 电子商务模式由代理商(Agents)、商家(Business)和消费者(Consumer)三者共同搭建成集生产、经营、消费为一体的电子商务平台。三者相互服务、相互支持,真正形成一个利益共同体。

此外,G2B(Government to Business)是企业与政府之间的电子商务,G2C(Government to Consumer)是政府与消费者之间的电子商务。其中 G2B 可纳入 B2B,G2C 可纳入 B2C。

1.5 电子商务平台

1.5.1 电子商务平台概述

1. 电子商务平台基本介绍

电子商务平台即是一个为企业或个人提供网上交易洽谈的平台。企业电子商务平台是建立在 Internet 网上进行商务活动的虚拟网络空间和保障商务顺利运营的管理环境,是协调、整合信息流、货物流、资金流有序、关联、高效流动的重要场所。企业、商家可充分利用电子商务平台提供的网络基础设施、支付平台、安全平台、管理平台等共享资源有效地、低成本地开展自己的商业活动。

电子商务平台搭建的原因主要有以下两方面:一方面可以避免网上商家以一种无序的方式发展,造成重复建设和资源浪费;另一方面通过建立一个业务发展框架系统,可以更好地规范网上业务的开展,为各种业务级别的商家(尤其是开展简单业务的商家)提供完善的网络资源、安全保障、安全的网上支付和有效的管理机制,有效地实现资源共享,实现真正的电子商务。电子商务平台的建设,不仅仅是初级网上购物的实现,它能够有效地在 Internet 上构架安全且易于扩展的业务框架体系,实现 B2B、B2C、C2C、O2O、B2G、C2G 模式等应用环境,推动电子商务的发展。

2. 电子商务平台的特点

(1)电子商务将传统的商务流程电子化、数字化,以电子流代替了实物流,可以大量减少人力、物力,降低成本。

(2)电子商务平台突破了时间和空间的限制,使得交易活动可以在任何时间、任何地点进行,从而大大地提高了效率,为企业创造了更多的贸易机会。

(3)电子商务平台使企业可以以较低的成本进入全球电子化市场,使得中小企业有可能拥有和大企业一样的信息资源,提高了中小企业的竞争能力,为社会经济要素的重新组合提供了更多的可能,影响到社会的经济布局和结构。

(4)电子商务平台重新定义了流通模式,减少了中间环节,使得生产者和消费者的直接交易成为可能,从而在一定程度上改变了整个社会经济运行的方式。

(5)电子商务平台增强了交易双方之间的互动性。商家之间可以直接交流、谈判、签合同,消费者也可以把自己的反馈建议反映到企业或商家的网站,企业或者商家则可以根据消费者的反馈及时调查产品种类及服务品质,做到良性互动。

3. 电子商务平台的分类

(1)第三方 B2C 平台。

第三方 B2C 平台也是开放性 B2C。虽然数据显示,近几年的流量增速将减慢,但是依然抵挡不了 B2C 的持续发展。B2C 平台仍然是很多企业选择网上销售平台的第一目标,如天猫、京东、1 号店、亚马逊等。由于不同的入口受众不一样,为了追求更大的用户规模,商家在资金充裕的情况下通常会选择多个平台同时进入。

(2) 独立商城。

独立商城就是凭借商城系统打造含有顶级域名的独立网店。早期的京东、当当网、唯品会、亚马逊都是独立性的商城,除此以外,海尔、戴尔、小米等公司建立的独立性网站也属于这类。独立性的商城可以享受顶级域名、自有品牌、企业形象、节约成本、自主管理、不受约束等各项好处。

(3) C2C 平台。

C2C 开启了个人网上创业的时代,国内的易趣网、淘宝网、拍拍网都属于 C2C。2018 年,网络零售中 B2C 的销售额增长率高于 C2C 的销售额增长率 22.1%,且未来 B2C 也将继续主导网络零售的发展。

(4) O2O 平台。

美团网、大众点评网、百度糯米和拉手网等团购网站是采用 O2O 电子商务模式的典型代表。该平台的实现原理为:线下商家将产品及服务信息在网上展示,消费者上网通过在线搜索找到满足需求的商品和服务信息,并在线支付,继而进入线下实体店现场体验,最终实现实体虚拟打通。O2O 电子商务模式的关键在于:将线上消费者引入线下实体店中。

(5) 银行网上商城。

初期,许多银行开设网上商城的目的是为使用信用卡的用户分期付款而设立。随着电子商务普及、用户需求增强、技术手段提升,银行网上商城也逐步成熟起来。银行网店为用户提供了全方位服务,包括积分换购、分期付款等,也覆盖支付、融资、担保等,最为显著的是给很多商家提供了展示、销售产品的平台和机会。

(6) 运营商平台。

中国移动、中国联通、中国电信,现阶段各运营商都有属于自己的商城平台。由于通信业务的硬性需求,运营商平台的用户具有一定的依赖性和黏性,运营好该平台对运营商来说具有战略性意义。

(7) B2B 平台。

B2B 电子商务平台分为综合性 B2B 平台、垂直性 B2B 平台、自建 B2B 平台。综合性 B2B 和垂直性 B2B 的区别在于行业类别上,综合性平台包括各行各业,垂直类即只定位于某一个行业,以上两种一般是中小企业依赖第三方提供的公共平台来开展电子商务(如阿里巴巴、环球资源、敦煌网、钢铁在线等),服务能力专业化,具有"公用性"和"公平性"的第三方服务平台,对信息流、资金流、物流三个核心流程能够很好地运转。平台的目标是为企业搭建一个高效的信息交流平台,创建一个良好的商业信用环境。自建 B2B 平台一般是单独一个企业作为平台的搭建与运营者,主要为自身电子商务服务,比如海尔面向其全球分销商建立的海尔官网。

1.5.2 电子商务平台的盈利模式

1. 会员费

企业通过第三方电子商务平台参与电子商务交易,必须注册为相关平台网站的会员,每年要缴纳一定的会员费,才能享受网站提供的各种服务。目前会员费已成为中国多数第三方电商平台最主要的收入来源。

2. 广告费

网络广告是门户网站的主要盈利来源,同时也是第三方电子商务网站的主要收入来源。例如,阿里巴巴网站的广告根据其在首页位置及广告类型来收费;中国化工网有弹出广告、漂浮广告、BANNER 广告、文字广告等多种表现形式可供用户选择。

3. 竞价排名

企业为了促进产品的销售,都希望在电子商务平台的信息搜索中将自己的排名靠前,而网站在确保信息准确的基础上,根据会员交费的不同对排名顺序做相应的调整,比如淘宝网的直通车。但是海外平台的排名规则与中国略有不同,如 EC21 采用自然排名,同样级别的会员谁更新得快,谁的排名就更先,从而避免了不必要的开支。

4. 增值服务

电子商务平台通常除了为企业提供贸易供求信息以外,还会提供一些独特的增值服务,包括企业认证、独立域名、提供行业数据分析报告、云服务等。

5. 线下服务

线下服务,主要包括展会、期刊、研讨会等。通过展会,供应商和采购商面对面地交流。

6. 商务合作

商务合作,包括广告联盟、政府、行业协会合作、传统媒体的合作等。广告联盟通常是网络广告联盟,亚马逊通过这个方式已经取得了不错的成效,但在中国,联盟营销还处于萌芽阶段,大部分网站对于联盟营销还比较陌生。国内做得比较成熟的广告联盟有百度联盟等。

1.5.3 电子商务平台提供的服务

1. 广告宣传

企业可凭借电子商务平台,在 Internet 上发布各类商业信息。客户可借助网上的检索工具(Search)迅速地找到所需商品信息,而商家可利用网上主页(HomePage)和电子邮件(E-mail)在全球范围内做广告宣传。与以往的各类广告相比,网上的广告成本最为低廉,而给顾客的信息量却最为丰富。

2. 咨询洽谈

电子商务可借助非实时的电子邮件(E-mail),新闻组(NewsGroup)和实时的讨论组(Chat)来了解市场和商品信息、洽谈交易事务,如有进一步的需求,还可用网上的白板会议(Whiteboard Conference)来交流即时的图形信息。网上的咨询和洽谈能超越人们面对面洽谈的限制,提供多种方便的异地交谈形式。

3. 网上订购

网上的订购通常都是在产品介绍的页面上提供十分友好的订购提示信息和订购交互格式框。当客户填完订购单后,通常系统会回复确认信息单来保证订购信息的收悉。订购信息也可采用加密的方式使客户和商家的商业信息不会泄漏。

4. 网上支付

电子商务要成为一个完整的过程,网上支付是重要的环节,客户和商家之间可采用信用卡账号进行支付,在网上直接采用电子支付手段将可省去交易中很多人员的开销。网上支付将需要更为可靠的信息传输安全性控制以防止欺骗、窃听、冒用等非法行为。

5. 服务传递

对于已付款的客户应将其订购的货物尽快地传递到他们的手中。交易对象如果是数字产品或信息产品，电子商务平台可以设置在线下载或相关在线传递的渠道完成交易环节中的货物递交。

6. 意见征询

电子商务平台能十分方便地采用网页上的"选择""填空"等格式文件来收集用户对销售服务的反馈意见，最常见的客户评价也是商家收集意见或建议的有效途径。这会使企业的市场运营形成一个封闭的回路。客户的反馈意见不仅能提高售后服务的水平，更能使企业获得改进产品、发现市场的商业机会。

7. 交易管理

整个交易的管理将涉及人、财、物多个方面，企业和企业、企业和客户及企业内部等各方面的协调和管理。

1.5.4 电子商务的平台选择

电子商务平台的选择主要考虑以下因素。

1. 流量

理想电子商务平台的特征之一是具备较高流量。流量越大，就说明被曝光的概率越高，信息量越大，被知名搜索引擎蜘蛛程序搜索到的机会越多。

2. 性价比

企业不要盲目地追求知名度和名气，而是需要综合考虑一个大型电子商务网站的性价比。比如企业要考虑的是加入这个电子商务网站所能带来多少业务，带来多少目标顾客关注，同时需要多少时间才能见效，有多少反馈，有多少咨询电话，费用是多少，企业还要考虑的是网站给企业自身的宣传是多少。虽然综合性电子商务平台名气很大，但加入的企业很多，因此竞争性很大，被推荐的次数和概率相对少。所以企业在加入大型综合电子商务网站时，一定要考虑网站给予企业多少的推荐。

3. 专业性

综合性电子商务平台的市场虽大，但是可能会出现缺乏对各行业的深入理解和对各行业的资源深层次整合的现象，导致供求信息的精准度不够，进而也会影响到买卖双方供求关系的长期确立。

第二章　智能商务概述

本章知识点

智能商务的架构体系、智能商务的起源与发展驱动力、智能商务需要用到的核心技术、智能商务系统的主要功能、智能商务的价值与数据模式、智能商务的事务处理与分析和智能商务应用中的问题分析等。

2.1　智能商务架构

2.1.1　智能商务的概念

在企业竞争日益激烈的今天,信息化已经成为企业的必然选择。智能商务(Intelligence Business,IB),又称商业智能,是个涵盖性术语,包括构架、工具、数据库、分析工具、应用和方法,它是企业利用现代信息技术收集、管理和分析结构化和非结构化数据,将积累的数据转换为知识和见解,辅助企业制定商业决策的技术。简单理解,就是将企业业务数据转换为知识用来支持决策。企业业务数据一般包括合同信息、零售户信息、销售信息等,可能还有来自经营期非企业内部的信息,如与企业合作者的信息,物流公司提供服务等信息。

智能商务包括许多复杂的技术手段。其中,最主要的技术包括数据仓库、联机分析处理技术、数据挖掘手段以及最终的数据可视化技术。现代智能商务的概念已经不只局限于一系列的复杂技术的集合,而开始真正面向企业管理,并辅助企业管理者进行决策的转变。

2.1.2　智能商务的简史

智能商务的出现是一个逐步演变的过程,在过去的几十年间,它经历了很多个发展阶段,最终成为今天的智能商务。智能商务技术在20世纪末期开始进入我国。纵观我国智能商务的发展历程,大致可分为三个阶段。

1. 20世纪末期

早在20世纪80年代,国外就已经开始出现经理信息系统(Executive Information System,EIS),它是智能商务的的雏形,其包括多维分析报表、预测与预报等功能。而此时,我国多数传统及小微企业因为缺乏数据系统的支持,还处于手工分析阶段,仅仅依靠传统的Excel完成数据分析,能做的分析十分有限。20世纪末期,智能商务技术开始进入我国,部分IT人才开始从事智能商务领域的探索与实践。

2. 2000—2013年

经过长时间的铺垫,2000年开始,我国智能商务市场开始进入快速发展时期。2005年至

2010年期间,国内最先开始使用的是金融、保险、银行、电信、电网、医疗为主的大客户群体,他们最早上线了适应自己业务的应用系统,类似于企业资源计划(Enterprise Resourse Planning, ERP)、客户关系管理(Customer Relationship Management, CRM)、办公自动化(Office Automation, OA)、医院信息系统(Hospital Information System, HIS)等。

智能商务开始为国内的政府、金融机构以及大型企业提供日常分析报告,企业的数据资源整合能力得到了大幅提升。但由于传统智能商务产品成本高、实施周期长、使用难度较大等原因,用户期望与传统智能商务的实际应用开始出现矛盾,从2013年开始传统智能商务开始衰退并且进入快速调整期,多个新型自助式智能商务厂商开始涌现。

3. 2014年至今

2014年开始整个市场和智能商务成长的主要特点就是传统智能商务开始向敏捷智能商务的转型,可视化数据分析、自助式智能商务(Self-IB)集中在国内市场出现,智能商务开始转变为以业务人员为中心的自助式数据分析方向发展。

随着IT信息化系统建设的成本越来越低,越来越多的中小型企业逐步重视起自己IT应用系统的建设和发展,这一时期智能商务开始逐步走向中小企业市场。

一方面,一些稍具规模的中小企业开始上线了各种业务系统,自从业务系统运转,传统手工作坊式的纸质的数据记录逐步被抛弃,业务系统开始源源不断地生产数据,中小企业开始对数据分析有了需求。另一方面,由于云计算技术的普及与大数据的推广,中小企业智能商务技术成本大幅降低,外部数据的获取更为便捷,中小企业开始迫切想利用智能商务技术来参与自己的经营决策,谋求更多企业利润。于是,众多智能商务厂商开始将中小企业视为新一轮的利润增长点,如图2-1所示。

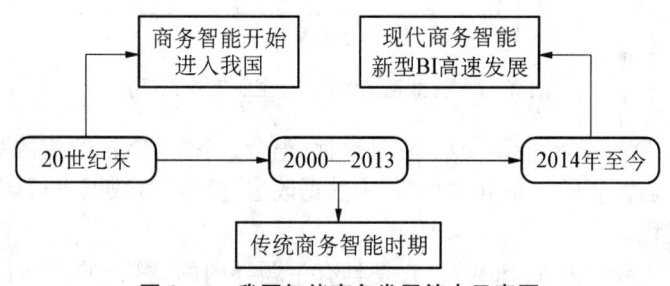

图2-1 我国智能商务发展简史示意图

2.1.3 智能商务的架构体系

智能商务的架构体系是智能商务的整体的结构和底层的基础设施,智能商务与其架构体系的关系就如房屋与地基之间的关系,没有科学的、牢固的、完善的架构体系,智能商务的建造和效能发挥几乎是不可能的。关于智能商务的架构体系,业界有六大颇有影响力的方案:恩门的企业信息工厂、扎克曼的企业框架、美国数据仓库研究的智能商务组件架构、Gartner的智能商务框架、智能商务厂商Business Object的智能商务架构、智能商务厂商Microstrategy的智能商务架构。在上述六大智能商务架构方案中,最被推崇的是恩门的企业信息工厂。如图2-2所示,企业信息工厂的关键组成部分如下:

(1) 运作系统(Operating Systems)。它是支持日常运作的内部和外部的核心系统(如ERP遗留系统等)。这些运作系统是数据仓库和数据运营店的数据来源,可以通过软件编程接口(Application Programming Interface,API)来访问。

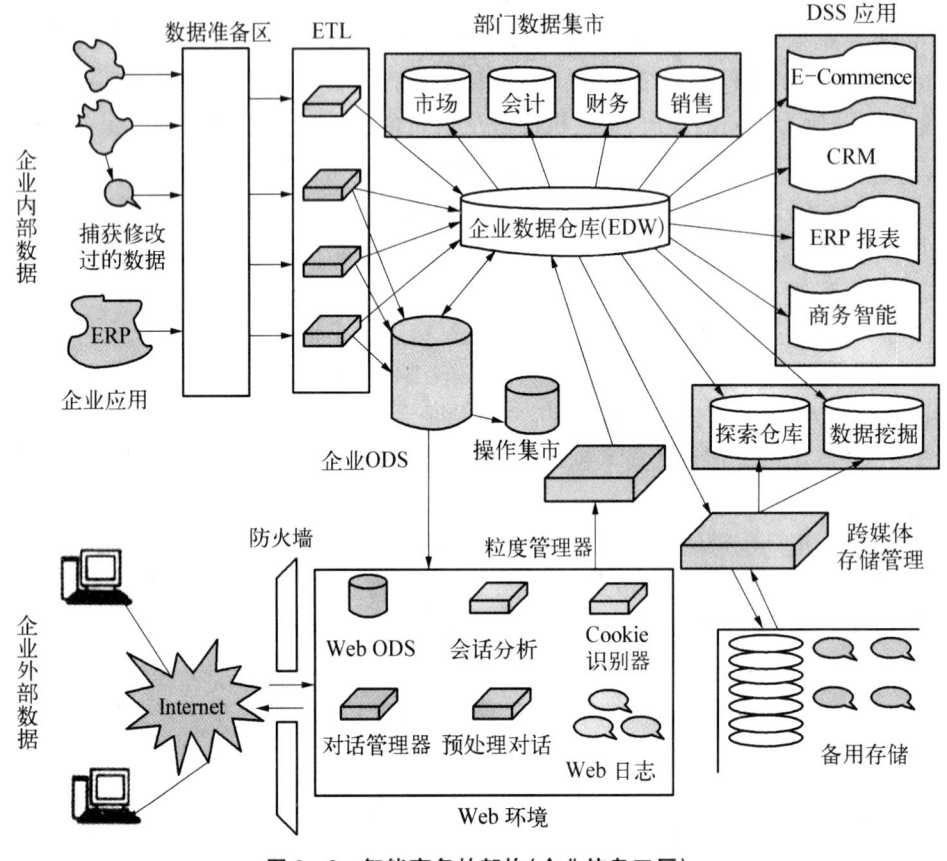

图 2-2　智能商务的架构(企业信息工厂)

(2) 数据获取(Data Acquisition)。它是捕捉、整合、转换、清洗、改造源数据和把源数据装到数据仓库和数据运营店的一系列过程,其中数据改造过程是对数据进行调查、标准化、清洗,进而整合数据的过程。

(3) 数据仓库(Data Warehouse)。它是具有主题导向的、整合的、因时间而变异的、已有数据不变动的数据集合,常见的类型有企业数据仓库、探索型数据仓库、挖掘型数据仓库。

(4) 企业数据仓库(Enterprise Data Warehouse)。它是整个架构的中心,它容纳着小粒度的、经过整合的、富含历史信息的、全面的数据,这些数据是数据集市、探索型数据仓库、挖掘型数据仓库、运营数据店的数据源,因此,企业数据仓库是所有数据仓库、所有决策支持系统的基石。

(5) 数据集市(Data Mart)。数据集市是从数据仓库中演化出来、用来专门支持某一业务单位或商务职能的具体的分析要求的、定制化的或总结过了的数据。它利用对战略性数据的共同的企业视图来为业务单位提供更大的灵活性、控制能力和履行职责的能力。

(6) 运营数据店(Operational Data Store)。它是用来支持企业的战术性的决策过程的、具有主题导向的、整合的、当前的、变化的数据集合,它是业务管理的数据整合的中心点,提供一个企业数据的共同视图。

(7) 存储管理(Storage Manager)。它由管理数据的众多流程构成,包括数据的备份、恢复、分解、总结、聚合,从备用存储系统中存取数据。

(8) 网络环境(Web Environment)。它是企业内部系统与外部系统的交接口,由本地数据运营店(Local ODS)、会话分析(Session Analysis)、Cookie 识别(Cookie Cognition)、网络日志(Web Log Tapes)、预先对话(Preformatted Dialogue)、对话管理(Dialogue Manager)等构成。

(9) 粒度管理(Granularity Manager)。它是一种对网络环境下网络日志里的点击流数据进行简化、归纳、编辑、转换的软件。

2.1.4 智能商务的起源和驱动力

1. 企业的"数据监狱"现象

商务活动从办公自动化出现的早期开始就在其运作过程中收集大量的数据,包括销售、成本、质量控制、库存、客户服务等各方面息息相关的企业数据,分别存储于数据库、数据集市、数据仓库、多维数据库、第三方的应用或其他文件中。因此,对大部分企业来说数据处理的问题不是数据缺乏,而是大量的数据冗余和数据不一致。庞大的数据量和传统数据管理方法的缺陷,使大部分企业出现了"数据拥挤"(数据监狱,Data Jail)现象,既不利于企业的管理,也不利于信息的有效利用。因此,如何解决数据拥挤,同时又能使这些数据充分地发挥作用这已成为企业商务发展的一个热点问题。

2. "数据=资产"新企业观念的建立

在企业界,数据资产的观念正在进入企业的资源规划(ERP)系统中,而把数据转换为资产的方法和技术也正在成为企业投资 IT 的热点。因为目前大部分大中规模的企业都是信息丰富的组织,而一个信息丰富的组织的绩效不仅仅依赖于产品、服务或地点等因素,更重要的是依赖知识。数据—信息—知识是一个并不简单的过程。商业智能的本质正是把数据转化为知识,致力于知识发现和挖掘,使企业的数据资产能带来明显的经济效益,减少不确定性因素的影响,使企业取得新的竞争优势。

3. 企业运营模式的变化

电子商务正在改变着全球商务活动的方式,信息在经济活动中越来越占据着重要的地位。对企业来说,信息包括生产、销售、市场、顾客和竞争对手的信息,信息是企业竞争的战略性资源。建立在 Internet 之上的企业经营模式电子商务有电子邮件、电子数据交换、电子支付系统、电子营销等,这些技术的发展和应用为商业智能系统提供了市场和生存环境。

4. 数据库和人工智能技术的发展

商业智能的发展也得益于相关技术的发展,并行处理系统、廉价数据存储、新数据挖掘算法、神经网络技术、人工智能技术、决策支持技术、从大量数据中发现其后潜藏的商业机会等技术的发展,使企业能以更低的成本投资商业智能,并取得更高的 IT 投资回报率。

2.2 智能商务的核心技术

2.2.1 数据仓库技术

1. 数据仓库的定义

智能商务系统的实施要从其他的信息系统[如客户关系管理(CRM)、供应链管理(Supply

Chain Management,SCM)、企业资源规划(ERP)系统等]数据源收集和提取数据,并通过数据仓库和数据集市技术等技术进行数据转换和合并。数据仓库(Data Warehouse)是指通过从多个数据源收集信息,再以统一的存储方式保存所得到的数据集合。一般可以将数据仓库定义为:"数据仓库是一个面向主题的、集成的、稳定的、包含历史数据的数据集合,它用于支持企业管理中的决策制定过程。"数据仓库的构造,需要经过数据的清洗、数据的抽取转换、数据集成和数据加载等多个步骤。为了满足不同企业的决策和管理需求,必须对数据进行清洗,从而实现数据的准确性,然后将数据转换成数据仓库所需要的形式,再加载到数据仓库中。

实际上,数据仓库技术(Extract-Transform-Lord,ETL)是对数据的处理技术的集成,而智能商务系统的核心是解决商业问题,它把数据处理技术与商务规则相结合,以提高商业利润减少市场运营风险,是数据仓库技术、决策支持技术和商业运营规则的结合。数据仓库由数据库管理系统(Database Maintain System,DBMS)、数据(Data)、索引(Index)三部分构成。图2-3是数据仓库体系结构图。

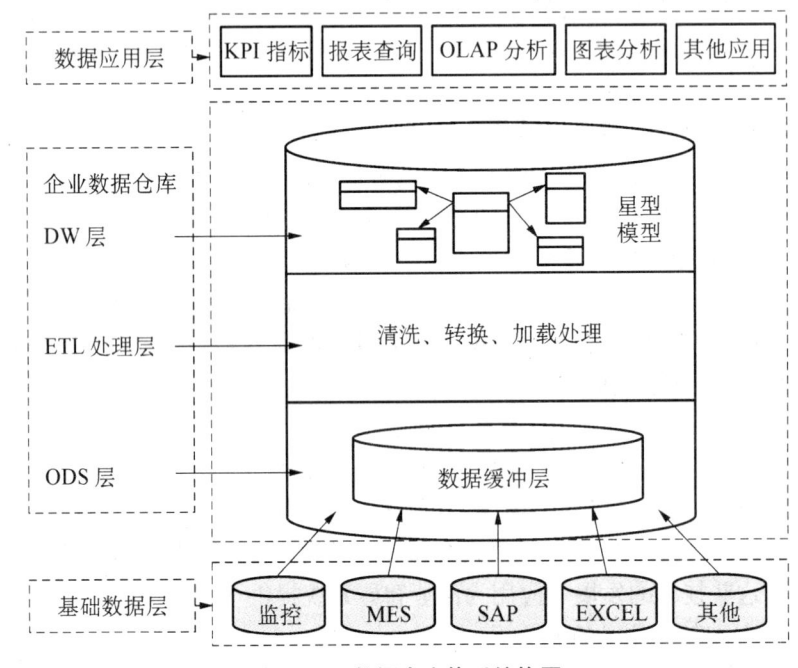

图 2-3 数据仓库体系结构图

2. 数据仓库与数据库的比较

数据库主要用于事务处理,而数据仓库的应用目的在于数据分析,因此两者具有完全不同的特点,见表 2-1。

表 2-1 数据库与数据仓库的比较

数据库应用系统的特点	数据仓库应用系统的特点
(1) 首要的性能是事务处理	(1) 支持长远的企业战略决策
(2) 支持日常的业务	(2) 支持日常的业务
(3) 事务驱动	(3) 分析驱动

续 表

数据库应用系统的特点	数据仓库应用系统的特点
(4) 数据是实时变化的动态数据	(4) 数据是实时变化的动态数据,除刷新外
(5) 存储的是具体详细数据	(5) 数据是汇总性的总体数据
(6) 面向应用	(6) 面向主题
(7) 优化设计可以预定义	(7) 数据反映的是某个时间点或时段
(8) 使用模式可预见	(8) 查询可以实现优化,而不是更新
(9) 应用者主要是企业执行人员	(9) 应用者主要是中高层管理人员

数据仓库的数据包括历史性数据,并非是最新的、专有的数据。数据仓库的建立并不是要代替原有的数据库,而是基于较全面的信息应用基础,建立支持决策分析的一种数据仓库。数据仓库要实现真正高效地运行,首先要解决各类数据存储和管理问题,最终实现快速、方便地查询信息。

3. 数据仓库的特点

(1) 面向主题。

操作型数据库的数据组织面向事务处理任务,各个业务系统之间是相互独立的,而数据仓库中的数据则是按照不同的主题进行分布的。主题是一个抽象的概念,是指用户通过数据仓库进行管理决策时,所注重的管理关键点,一个主题通常会涉及多个信息系统。

(2) 集成性。

面向事务处理的操作型数据库之间是相互独立的,而且通常是异构的。而数据仓库中的数据基于原有分散的数据库数据,对其进行抽取和清理之后,再进行系统的加工、汇总和整理,这个过程也消除了源数据中的不一致性,从而可以保证数据仓库内的信息与企业其他应用系统的数据保持一致性。

(3) 相对稳定性。

操作型数据库中的数据往往会被实时更新,数据因为企业需要而不断发生变化。而数据仓库的数据主要用于企业管理者进行决策分析,其数据操作主要是进行数据查询,数据仓库内的数据一旦被存储,往往会被长期保存并成为历史数据。所以数据仓库中虽然会有很多的查询操作,但却很鲜有修改和删除的操作,一般只是定期对数据实行新型加载和更新。

4. 数据仓库的体系结构和组成

数据仓库的体系结构往往通过工作过程来进行分析,其体系分类一般有三方面:数据抽取、数据存储与管理和数据表现。

(1) 数据抽取。

数据抽取是数据进入仓库的主要方式。数据仓库是一个相对独立的数据环境,它对数据的抽取过程如下:首先将数据从联机事务处理系统、外部数据源、或脱机的数据存储介质中导出,然后导入数据仓库。数据抽取在技术上主要涉及互连、复制、转换、调度和监控等方面。数据仓库中的数据不一定与联机事务处理系统保持数据同步,因此数据抽取可以定时进行,但多个抽取操作执行的时间、相互的顺序、成败等对数据仓库中信息的有效性则至关重要。数据在载入数据仓库之前一般还要经过转换和清理,以获得有效、一致的数据。

(2) 数据存储与管理。

数据的存储和管理是数据仓库的核心应用。数据仓库的数据库是整个数据仓库环境的核心,它可以在实现数据存放的同时提供对数据查询的支持。

(3) 数据表现。

数据表现即数据仓库的使用方式,它可以实现用户对数据仓库中数据的查询功能,其分析结果往往更加直观。数据表现的性能如何,主要体现在多维分析、数理统计和数据挖掘等方面,其中多维分析是数据仓库的重要表现形式。分析工具是用户实现对数据仓库访问的重要手段,而Web信息发布系统则是对大量客户访问最有效的方法。

2.2.2 数据挖掘技术

数据挖掘(Data Mining)是从大量数据和文档中挖掘以往未知的、可以被理解的信息的过程。通过数据挖掘可以建立扫描数据仓库或建立非常复杂的查询,同时数据和文本挖掘工具通常具有很高的吞吐量和并行处理功能。数据挖掘涉及多种技术,包括数据库、统计分析和人工智能等,它具有预测和验证功能,而且能够对企业经营行为的特征和规律进行描述。

数据挖掘分析模型通常包括分类模型、预测模型、聚类模型和评分模型等。

分类模型:对数据进行分类,并发现各类数据的共同属性,当然也可以分析一些本身就相关的数据,了解各个数据之间关系的紧密程度。

预测模型:根据预测算法综合分析被预测指标将要发生的数值,目前提供两种预测方法——时间序列预测法和多元线形回归预测法。

聚类模型:将一组未分类记录按需要进行分类。

评分模型:以专家的经验和知识为基础,对于给定的分析主题和评价对象,选取相关的多个评价对象的描述指标(属性),按照一定的方法对每一个指标进行评分,最终得出对于评价对象的综合评分。

数据挖掘的工作原理是基于既定的计算规则,对数据库和数据仓库中已有的大量数据进行信息采集、挖掘和分析。数据挖掘的基础数据具备海量的、随机的、有噪声的、不完全的、模糊的特征。将这些未加工的数据进行抽取、转换、加载,并转换为有用的信息,是当前的一大技术难题。因此,数据挖掘技术也是集团门户系统中实现智能商务的一大关键技术点。

数据挖掘的模式主要有两大类:预测型(Predictive)模式和描述型(Descriptive)模式。预测型模式是通过数据项的值来准确确定某种结果的模式。挖掘预测型模式所使用的数据也都是可以明确知道结果的。描述型模式是对数据中存在的规则做一种描述,或者根据数据的相似性把数据分组。描述型模式不能直接用于预测。在实际应用中,根据模式的实际作用,可细分为分类模式、回归模式、时间序列模式、聚类模式、关联模式和序列模式六种。其中包含的具体算法有货篮分析(Market Analysis)、聚类检测(Clustering Detection)、神经网络(Neural Networks)、决策树方法(Decision Trees)、遗传算法(Genetic Analysis)、连接分析(Link Analysis)、基于范例的推理(Case Based Reasoning)和粗集(Rough Set)以及各种统计模型。

2.2.3 联机分析处理技术

分析处理技术(On-Line Transaction Processing,OLAP)作为一种新的联机事务处理技术,在功能及数据性能等方面具有独特的分析优势,它可以更好地满足用户对数据分析和利用的需求。OLAP模型的核心概念主要包括立方体、维、事实、层次和度量。

在OLAP数据模型中,数据的属性分为维和度量,OLAP将数据由原来的二维关系表组织成多维立方体,这样更有利于充分挖掘信息。每一维内,数据被按不同的层次进行组织,每个层次描述了不同的数据详细信息。例如,时间维上可以有三个具体分层,如年、月和日。OLAP模型的每个维都有确定的值,数据仓库中的数据就按照这些维来组织,维也可以实现对数据仓库中识别数据的索引。

对于OLAP的分析操作主要包括钻取、钻出和切片等。钻取实现的是从宏观到微观的分析转换过程,钻取过程从数据仓库的高层数据开始,并逐步向低层数据探索,进而帮助用户实现对概括性数据具体细节的了解;钻出则是一个相反的过程,它从较低层次的数据开始,逐步地将数据按照层次进行概括性处理,用户可以通过在层次间钻取或钻出,进而浏览更详细或更简略的信息;切片则实现的是从报表视图中的某一点到另一角度的视角转换的功能。

根据底层数据存储的不同,我们可以将OLAP分为两种:基于关系数据库的ROLAP(Relational OLAP,ROLAP)和基于多维数据库的MOLAP(Multidimensional OLAP,MOLAP)。

ROLAP是以关系数据库为核心的,它主要按照关系型结构进行多维数据的表示和存储。ROLAP的几个核心概念有维度、指标和类别。维度主要指时间、地区或产品等物理特性,它是访问和表达企业信息的基本手段。时间维是数据仓库中必不可少的一个维度。而指标主要被应用于对经营绩效的定量衡量。它通常以一个标准为基准,通过比较得出一些数量、容量或资金。类别即分类。

MOLAP是基于多维数据库的分析方法,它将数据存放在一个n维数组中,而不是像关系数据库那样以记录的形式存放。因此,它内部包含大量稀疏矩阵,用户往往可以通过多维视图来观察数据,它比关系数据库的数据处理速度更高,反应时间更快,查询效率更高。多维视图可以更完整地描述决策目标的意义,对用户提出的问题可以更精确地进行分析处理。

2.3 智能商务系统的功能

智能商务系统是基于企业资源计划系统及其他业务系统的业务信息,建立适应企业长足发展的数据仓库,采用方便、易用、表现力强的报表体系及可交互的数据智能分析平台,来进一步满足企业从战略决策层到管理层再到操作层的各种需求。

IB智能商务系统主要有数据仓库、企业战略管理、智能平台和报表应用等几个功能。

2.3.1 数据仓库

通过数据收集、数据仓库的模型建立、数据仓库应用平台、数据展示技术建立一套完整的技术方案。使企业可以综合信息、分析数据信息和分发关键信息,提供可在所有层次上支持决策的功能强大的工具。这些工具可创建和发布企业自定制的交互式报告和各种应用。

抽取数据、合并数据然后存储数据、分析数据。数据仓库的处理流程包括数据建模、数据萃取以及数据管理(通过管理员工作台);拥有先进的数据仓库技术架构,以及先进的工具包括OLAP处理器、数据挖掘和报表、元数据库、业务计划和模拟等。

提供给用户一个简单易用的报表和分析界面。满足信息使用者根据本公司的工作需要对信息进行有效的组织和个性化设置包括定制查询、定制报表和各种分析功能。支持以电子邮件方式给信息使用者发送分析报表与企业门户无缝对接,并且可满足用户使用移动设备进行报表分析。

2.3.2 企业战略管理

支持集团设置 KPI(Key Performance Indicator,关键绩效指标)指标体系,可实现从集团层面到下级单位的全覆盖。同时系统应提供集团层面的信息查询和监控功能,可以从不同层级的下级单位和不同的系统中抽取需要的数据,并支持用户自定义的报表逻辑和格式,生成报表、打印、下载成本地文件。

支持自定义企业的价值动因数,将财务和非财务的大量指标结合进行分析;支持参考及自定义的平衡计分卡,并且可以用于个人评估和绩效考核;支持建立企业管理驾驶舱,根据企业所需指标的种类调用各种系统标准的图形展示工具,帮助企业直观地掌握企业整体的经营状况。

2.3.3 智能平台

为用户提供决策支持工具,引导用户对数据从不同层次、不同角度进行观察和分析,使决策依据数据化。系统应支持建模功能并可以进行预测和模拟。在智能决策信息方面,不只是提供报表系统,还提供丰富的分析模型。

建立数据仓库,综合、分析和分发关键信息,用于创建和发布定制的交互式报告和应用。采用大众普及的 Microsoft Excel 和 Web 浏览器的工具,满足用户对易用性的需求。具备支持开发分析应用功能,支持访问多维(OLAP)和表格性数据、提供 Web 应用程序设计。

2.3.4 报表应用

(1) 支持应用 Crystal Reports 功能,支持对项目进度监控系统、资金系统、决策计划系统的优化和整合;
(2) 提供复杂的中国格式报表,分析图表、表格和图表混排的分析报表;
(3) 提供上钻、下钻、切片、旋转等多维分析功能;
(4) 支持复杂的层级结构,支持用户自定义的计算;
(5) 提供企业仪表盘;
(6) 能进行决策分析(What-IF);
(7) 具有预警功能。

2.4 智能商务的价值分析

2.4.1 智能商务价值简介

许多组织雇用了大量的信息技术人员来为用户提供他们所需要的数据和信息,这样的组织非常适合使用智能商务系统。智能商务应用系统可以为这些企业带来的好处有:① 缓和信息处理部门中信息请求大量堆积的窘境;② 使用户可以快速而且便捷地访问数据和信息;

③ 提供了结构化分析数据的新思路,帮助用户更好地理解数据库;④ 通过基于事实的决定来改善整个决策过程;⑤ 通过分享信息,营造出合作进取的环境。智能商务技术可以使用户根据自己的需求方便并且快捷地查询和获取信息,而不需要了解关系数据库的数据结构。被授权使用智能商务系统的管理者便可以基于事实做出最有利的决策。

2.4.2 组织管理数据模式

组织管理数据模式可以分为四种:独裁模式、无政府模式、使馆模式和民主模式。组织管理数据模式可能很明显地属于这四种模式中的一种,也有可能是其中几种模式的混合体。了解到什么样的信息管理模式适合自己的组织之后,管理者就可以确定实现信息系统中信息价值的方法和进程。智能商务系统可以帮助企业更好地获取和处理信息,但是用户也要以对组织有用为目标,更好地使用信息。

2.4.3 智能商务的需求者

使用智能商务技术可以帮助企业更好地决策,但不同企业对智能商务的需求大小是不一样的。有些企业对智能商务的需求可能很小,但有些企业可能必须要使用智能商务才能继续生存下去。Gartner 公司将组织分为四种类型,并描述了它们对于智能商务的需求程度:① 对传统实体模式的小型企业来说,智能商务技术没有重要价值;② 对垄断性企业来说,智能商务的价值也不大;③ 对电子商务公司来说,需要信息系统来支持网站运营,就需要智能商务技术;④ 对大型组织来说,使用管理信息系统为客户关系、企业资源规划和销售自动化收集和处理数据,要分析大型商务活动的组织就需要使用智能商务系统。

2.4.4 智能商务价值的具体表现

智能商务价值有以下具体表现:① 定制适合的营销战略。利用智能商务技术建立一个适合的商业模式,确定最佳的营销策略。② 提高客户管理。客户管理是智能商务在客户关系管理(CRM)中的应用。现代企业运营思维已经正在从把产品作为核心向把顾客作为核心变化。③ 经营成本与收入分析。使用智能商务系统分析成本与收入数据,制作相关报表,发现实际成本与预期成本的差异,找出原因并寻求解决方案,最终降低成本和提高收入。④ 提高风险管理能力。在某些涉及经济与财务的领域,智能商务会通过分析数据给出有欺诈问题的用户的特征。⑤ 提高业务洞察力。智能商务使管理者能够轻松地收集数据和访问信息,加快决策进程。⑥ 提高市场响应能力。管理者可以应用智能商务预测市场变化,从而根据外部环境及时改进企业经营策略。

2.5 智能商务适用行业分析

智能商务最大的特点是能从海量庞杂的业务数据中提取出规律性的信息和数据,进而帮助企业决策者做出准确的市场决策,制订合理的投资计划。因此,智能商务的应用行业大多是有海量经营数据产生的行业。基于此,智能商务最适合有以下任一特征的行业:

(1) 规模大的企业,如制造行业、保险、航空、金融、石化石油等行业,这些行业中的企业运营成本高，员工数量较多，拥有多家有分、子公司，并且这些分、子公司分布在不同地区和国家，这些企业每天产生的经营数据量大、多、杂；

（2）拥有客户数量较多的行业，如电信、通信、广告、咨询、零售等，这些行业企业拥有的客户数量众多，而且客户数量的变更也很频繁，对客户数量的判断和预测对这些行业的企业非常重要；

（3）产品种类多，供应链条复杂的企业，如制造、零售、物流等行业，这些行业背后的上下游供应链不仅复杂且链条多，每日业务数据、财务数据变动频繁，产品和客户数据对企业经营效益影响较大；

（4）现金流波动较大的行业，如银行、证券、基金、通信、零售、物流、航空等，这些行业的用户数量庞大，销售金额较大，现金流量的波动很频繁，且波动范围较大，因此实施智能商务对这类行业的企业非常重要；

（5）政府部门，如铁路、水利、竣工、财税、统计、社保、计委、经贸委等，这些部门信息量大，很多数据信息都与国计民生息息相关，对信息的保密性具有较高的要求。

2.6　智能商务的事务处理与分析

BI(Business Intelligence)用现代数据仓库技术线上分析处理技术、数据挖掘和数据展现技术进行数据分析以实现商业价值。我们都很熟悉支持日常事务的信息系统，比如银行存款机、ATM 取款机，日常便利店的支付宝和微信这些付款扫码机等。这些事务处理系统支持持续处理操作型的数据库更新。例如，在一次 ATM 取款交易中，需要相应地减少银行存款余额；一笔银行存款会增加相应的金额到银行账户中；便利店的一次购买最终会反映到商店一天的总销售计算中，并且同时应该反映相应的商店库存减少量等。这些在线事务处理（Online Transaction Processing，OLTP），也称为联机事务处理，系统处理公司的日常实时业务。相反，数据仓库是一个截然不同的系统，它存储分析中用到的数据。分析的目的是为管理者提供搜索数据获得商业信息的能力，能够用来提供战术或操作决策支持。例如，一线人员借由数据仓库系统，可以很容易地获得数据并进行分析，进而可以更快，且更有依据地做出决策。数据仓库很会利用在线分析处理（Online Analytical Processing，OLAP）系统使用的数据。

大多数企业资源计划（Enterprise Resources Planning，ERP）系统以及供应链管理（Supply Chain Management，SCM）系统或者客户关系管理（Customer Relationship Management，CRM）等互补系统中的业务数据都存储在 OLTP，即在线事务处理系统。这是一种典型的计算机处理，计算机快速响应用户请求，每个请求被看作一个事务，即一个离散事件的计算机处理，如库存收据或者客户订单。换句话说，一个事务需要两个或多个数据库更新，并且所有更新都必须执行或者都不执行（All-or-nothing）。

OLTP 系统能够有效进行事务处理，但对于终端用户的即席报表（Adhoc Report）、查询和分析效率却比较低。在 20 世纪 80 年代，许多商业用户将他们的主机称为"黑洞"，因为所有的信息都输入系统，但是却没有信息输出。所有的报表请求必须由 IT 人员编写程序，但仅仅生成千篇一律预订报表（Pre-canned Report）的，即实时查询基本无法实现。虽然 20 世纪 90 年代的基于客户机/服务器的 ERP 系统可能更适用于报表，但它无法满足常规的、非技术的终端用户对于运营报表、交互分析等方面的需求。为了解决这些问题,产生了数据仓库(Data Warehouse,DW)和智能商务的概念。

数据仓库包含多种类型的数据,这些数据能够展现某个时间点上的商业状况。基本想法是创建一个永远在线并且包含所有来自OLTP系统信息的数据库架构,包括历史数据,但这些数据以一种快速有效地进行查询、分析和决策支持的方式重新组织和结构化。

将OLTP从分析和决策支持中分离出来,可以实现前面描述的智能商务优点,并提供竞争智能和优势。

2.7 成功的智能商务实施

实施和部署智能商务系统可能是一个漫长的、成本不菲的项目,并且极易失败。下面我们就智能商务的实施探讨一些问题。

2.7.1 智能商务实施时存在的主要问题

随着智能商务的快速崛起,它也存在着一些问题。由于智能商务的很多研究局限于理论层面上,但是真正在企业实施过程中有很多公司管理上、技术上以及企业文化等方面的困难。根据统计资料显示,国外投资建设智能商务的企业很多以失败告终,而在国内失败概率更高。国内的智能商务实施的时候存在的主要问题有以下几个方面:

(1) 企业对智能商务的认知存在偏差。从智能商务的发展来看,前期研究较少,争议较多,近几年随着大数据、互联网的发展,它也迅速发展起来。但是目前我国很多企业的信息化程度从总体上看还不太成熟,很多人对智能商务的了解不多,公司的管理者又对智能商务的期望过高,很多人认为只要有了智能商务系统就会达到理想的效果,但实际结果却并不如意。很多公司把重点放在了与竞争对手的对比上而忽略了自身企业的管理,从而使得在具体实施过程中把控出现偏差,很多企业员工不愿意参与或者没有认识到智能商务的真正价值。

(2) 企业所获得的数据质量不能保证。因为智能商务的很多数据分析依托于历史数据,这些数据必须要具有完整性、准确性和及时性。但是很多企业自身的信息系统不健全,造成数据源本身存在问题,很多数据错误或数据标识不统一,影响了数据统计的维度。这些问题同时会增加智能商务对数据进行加载、转换、抽取等的成本代价,对分析结果也会有很大的影响。所以说,当前企业要想真正使用智能商务技术,就要保证信息系统的完善性。

(3) 数据分散比较严重,难以实现集成数据源。现在一个公司包含很多个部门,每个部门都有自己处理问题的系统软件,以至于各个部门之间的沟通存在很大问题,使得信息都是独立的,很难共享起来被应用。而智能商务系统的应用需要这些部门共有的信息资源整合到一起,需要一种无障碍式的信息沟通,这样才能对企业的整体数据源进行分析,得出较为准确的方案。这种问题的解决需要企业较长时间的调整沟通,可能会打破原有的管理模式,所以目前还是一个难题。

2.7.2 智能商务自身存在的缺陷

与传统的DSS(Directory Service System,决策支持系统)相比,智能商务无论是在理论方法,还是在体系结构方面都取得了突破性进展,能够把计算机技术和先进的企业管理理论进行有机的融合,使得智能商务系统具有强大的功能和广泛的应用范围。但是,由于智能商务正处于由起步阶段向发展阶段的转变时期,所以还存在一些缺陷,有待进一步改进。

1. 在辅助决策方面

虽然智能商务的目标与 DSS 一样,是为了提高企业决策的效率和准确性,但智能商务的决策支持功能主要是通过所提供的数据分析、趋势预测功能体现出来的,不像专门的决策支持系统那样提供方案生成、方案协调、方案评估等功能,更不具备群体决策和智能决策的能力。当智能商务的用户需要决策支持服务时,用户必须自己根据各种数据分析结果,运用现有的企业知识和经验进行判断,做出决策。因此与 DSS 相比,智能商务的决策支持功能比较弱。

2. 在 Web 支持方面

虽然智能商务强调面向企业内外环境,将系统的用户扩大到企业内外部所有与企业运营有关的各类人员,但是在技术上智能商务仅实现了与其合作伙伴、客户、雇员等显性资源的网络连接,并没有充分利用外界的隐性信息和知识资源。

3. 在系统的智能性方面

智能商务系统可以用数据挖掘技术从数据仓库中发现新知识,不断更新和扩充系统的知识库,来增加用户对企业信息的理解,扩充现有的企业知识,以帮助企业决策人员做出正确决策,及时把握机遇。但由于现有数据挖掘算法大多不太成熟,效率较低,加之作为智能商务数据基础的数据仓库或数据集市中的数据量一般比较大,新知识形成的速度和准确性比较低,因此现有的智能商务系统在知识发现方面的能力尚不能满足用户要求。此外,由于目前大多数智能商务系统的功能集中在分析方面,对系统的智能性不够重视,很少有开发商在系统中配备推理工具,导致智能商务系统中虽然有知识却没有充分发挥知识的作用。因此,智能商务系统的智能性仍然较差。

4. 在系统工具方面

智能商务的系统工具都集中于联机分析处理(OLAP)、联机事务处理(OLTP),数据可视化等数据分析工具,多数系统不能提供 WHAT-IF 分析、智能决策、企业优化等工具。

2.7.3 成功实施智能商务的注意事项

1. 正确评价智能商务用户群体

智能商务可能拥有更大、更多样的用户群体。智能商务的成功一部分取决于组织中的哪些人使用智能商务系统。智能商务成功的最重要方面之一是必须为整个企业带来价值。这意味着企业中的许多用户应该在 DW 的开始阶段就参与进来,因为企业可能会有专注于战略层的用户,也会有专注于战术层的客户。

组织中不同类别的用户有助于确定 DW 的架构,需要智能商务工具和其他所需要的支持软件。一旦 DW 就绪,每个类别的成员都是评估特定智能商务成本和利润的绝佳信息源。擅长智能商务实施企业的一个重要特征就是能正确地评价不同类别的潜在用户。

2. 统一合理规划与业务战略

首先,投资智能商务的根本原因必须与公司的业务战略一致。智能商务不能仅仅是信息系统部门的技术实践,它必须改进商业流程,并将决策制定过程转变为数据驱动型,以改善公司的经营方式。许多曾经参与智能商务成功实施的咨询和实战专家建议:计划框架是必须的先决条件。Gartner 公司(2004 年)曾经开发过一个框架,将计划和执行过程分解为商务、组织、功能、基础设施几个部分。在商务和组织层,需要定义战略和运营目标,同时考虑实现这些目标可用的组织技能。高层管理人员还应该考虑智能商务项目所处的组织文化,唤起组织人员的热情,建立智能商务最佳实践在组织内的分享活动,同时还要制订计划应对组织变化。在这个过程中,首先要考虑评估信息系统(IS)组织、潜在用户的基本技能以及组织文化是否适应变革。经过这些评估,公司有理由和需要继续实施,那么就可以准备一个更详细的行动计划。另一个智能商务成功实施的关键问题是多个智能商务项目之间的整合(多数企业应用多个智能商务项目),以及智能商务与其他存在于组织、商业伙伴中的 IT 系统之间的整合。

如果企业的战略与实施 DW 和智能商务的原因一致,公司的 IS 组织能够胜任这样的项目,所需的用户团体和合适的动机就绪,那么开始实施智能商务并在公司中建立一个智能商务能力中心(IB Competency Center,IBCC)是非常明智的。这个能力中心能够实现以下功能:

(1) 证明智能商务是如何与企业战略和战略实施联系在一起的。
(2) 鼓励潜在业务客户全体与 IS 组织之间的交流互动。
(3) 中心能够作为不同业务之间的知识库和最好的智能商务实践传播者。
(4) 在智能商务实施中,好的标准能够在企业中得到拥护与鼓励。
(5) IS 组织能够在与用户团体交流互动的过程中学到很多,如所需要的各种分析工具的知识。
(6) 业务用户群体和 IS 组织能够更好地理解,为了适应不断变化的业务要求,数据仓库平台必须非常灵活的原因。
(7) 帮助重要的利益相关者都像高级管理人员一样明白智能商务是如何发挥重要作用的。

第三章 电子商务智能管理

本章知识点

电子商务智能管理中应用的基本理论：交易成本理论、资源依赖理论、技术接受理论、精准营销的相关理论和信息安全风险理论等；电子商务中智能商务的基本应用：电子商务档案的智能管理、电子商务订单的智能管理、电子商务决策系统的智能管理、电子商务交易的智能管理和智能推荐的概念及分类等。

3.1 电子商务智能管理的基本理论

3.1.1 交易成本理论

如今在电子商务的环境下，网络购物已经成为一种大众化的消费方式，与传统的消费方式相比，凸显出了更显著的优势：第一，消费者可以在任何时间、任何地点通过网络与商家进行在线交易、网络购物，这样就为消费者提供了便捷的消费环境。第二，较线下实体店而言，借助于第三方电子商务平台或者网上开店的经营成本比较低廉，既节省了房租又降低了人工成本，消费者也不用为花费很多时间寻找自己喜欢的商品而受累，为消费者查找自己的目标商品提供了极大的便捷。第三，以网络购物的方式，消费者不再需要以面对面的形式同商家进行交流和协商，只需要通过网络获取更有价值的商品信息和"私人个性化的定制服务"。以上的这些优势，正在逐渐转变着消费者的观念，影响着消费者的购买行为，使更多的消费者愿意在网上购买商品，这便刺激了网络购物的快速发展。虽然网络购物有着诸多的优点，但无论在国内还是国外，线下收入却远远超出线上收入，这表明网络购物虽然优点很多但也存在着一些不足的地方。例如，消费者浏览商家在网络商店中的商品信息时，只能通过商家提供的图片、文字描述、视频描述等获取商品信息对商品进行判断。由于买卖双方信息的不对称性导致了在交易过程中的许多不确定因素。网络购物的诸多不确定性和交易相关方的信任度问题导致的交易成本增加一直都是阻碍网络购物发展的几个大的障碍。

我们把消费者在购买某些特定产品主观概率和可能性称之为消费者的购买意愿。通过对消费者购买意愿的研究，可以对消费者的行为进行预测，这对了解消费者的行为有着指导性的作用，具有重要的现实意义。关注电子商务环境下（B2B、C2C）不同消费个体（群体）在网络购物时感知交易成本的差异，以及差异对消费者在网络购物中的决策过程和购买意愿的影响，这有助于商家了解消费者的购物心理活动和行为，针对不同消费个体（群体）采取不同的对应策略来降低消费者感知的网络购物的交易成本，引导消费者从线下交易到线上交易的购买意愿，只有这样才能真正促进网络购物的发展。

当前存在三种具有代表性的交易成本理解，主要可以归纳为三种不同观点：第一，机会主义是否是交易成本理论组成条件；第二，机会主义以外是否存在类似因素构成交易成本理论；第三，界定交易成本的理论对市场运行机制指导意义的作用性大小。根据这三种观点，可以得出以下交易成本定义：

交易成本定义1(Transaction Cost Definition 1，TCD1)：在市场中，企业交易中须在调查分析交易对象的基础上选择最优交易对象与交易价格、签合同、完善合同以及履行合同的支出。

交易成本定义2(TCD2)：在交易成本定义1的基础上，增加人为参与寻找机会主义主动对价格协商的费用。在实际社会中，价格协商发生频率很频繁，但至今仍没有具体标准区分是否存在投机主义，价格协商直接决定交易成本的高低。价格协商的结果可能存在三种状态：第一，企业协商占主导地位，提高了价格，增加收益，交易成本就降低了；第二，企业协商无果，价格维持不变；第三，企业交易对象占主导地位，价格降低，收益亦相应降低，交易成本就相应增加。

交易成本定义3(TCD3)：在交易成本定义2的基础上，增加为促进交易达成所需的附加条件或者交易失败的费用，即为企业在市场中交易关系改变的费用。

TCD1是单一的交易成本理论，TCD2与TCD3是对前者理论的不断补充与完善。

电子商务是将企业传统商务的运转通过现代信息技术(Business Process Reengineering，BPR)、客户关系管理(Customer Relationship Management，CRM)、供应链管理(Supply Chain Management，SCM)等协同实现。电子商务对企业的核心价值体现在企业的供应组织等关系的优化，通过优化为可以有效减少交易成本。

基于交易成本的视角，对于企业，电子商务的优势可以体现在以下三点：

（1）降低企业组织内部交易成本。通过简化企业内部组织并以现代信息技术进行优化，加强组织信息沟通，提高效率，有效降低交易成本。

（2）降低企业供应链交易成本。通过优化企业供应链，减少企业与供应商的供应需求处理流程，控制供应量等，优化供应链管理，降低交易成本。

（3）提高企业竞争力。通过线上与线下两种渠道为消费者服务，全方面提高消费者满意度。以低成本方式经营，提高竞争力。企业竞争力的提高会降低企业交易成本。

3.1.2 资源依赖理论

现代企业所处的市场环境均是自由开放的，企业可以相互共享一定的资源，实现生存与发展。企业为寻求更好的发展，必然会弥补自身缺陷，通常会补充缺少的资源来完善企业，就形成了企业要依赖的资源。因此，资源依赖理论可以理解为，企业会降低自身对其他资源的依赖，增加其他企业对自身资源的依赖，控制市场关系的主导性。企业通过与其他企业结盟互补资源，就有可能从共享的资源中分析出关键资源。美国学者格拉特在企业联盟中实践资源依赖理论，通过实践显示，企业资源相似程度差异较大且对双方均存在价值，有效共享程度高，两个企业的互相依赖的程度就越高。在信息化时代，这一理论观点将同样适用于电子商务企业。

企业对资源依赖程度越高说明该企业越具有加入企业联盟获取资源的必要性。通过资源依赖理论分析结论与双边联盟体系具有一定程度上的一致性。双边联盟体系是指邻边国家相互借用资源谋求发展，验证资源依赖理论具有科学性。换言之，企业在决定市场中合作企业时,通过分析合作企业是否有自身所欠缺资源而决定。

企业是否会加入周围的新多方联盟,取决于该企业在现有的社会网络中的地位。在电子商务环境中,企业在企业联盟中离联盟中心越近,就说明该企业更能获得优势资源,从而通过弥补资源修补自身缺陷来提高企业竞争力。企业拥有优势资源多,说明其他企业对其拥有依赖性,因此加入新的多方联盟的概率越高。社会网络理论与资源依赖理论相互补充,相辅相成。这种经济资源考虑和社会环境因素考虑同时存在,两者一同作用于电子商务企业的战略抉择。现阶段在网络中心度较高的电子商务企业对周围的中心度较低的其他电子商务企业表现出浓厚的兴趣,较大企业更愿意购买或者投资较小的企业以扩大自身的信息资源储备。

3.1.3 技术接受理论

对于信息用户而言,只有接受信息技术,相应的信息应用才会产生价值,而技术接受往往在软件开发中展开深入研究。通常在软件开发时,提高软件 UI 设计、增加功能等,能够提高用户技术接受程度。但是,技术接受程度的高低受到人为因素影响较大,包括主观感受以及自身经验水平。因此,增加技术接受程度具有重要研究意义。

随着现代信息技术的不断发展,企业生产率亦不断被带动提高。而提高的前提就是信息技术能被用户认可与接受。技术接受程度是时代发展的焦点,学术界已对此展开研究,至今主要提出三种理论模型:理性行为理论(Theory of Reasoned Action,TRA)、技术采纳模型(Technology Acceptance Model,TAM)以及计划行为理论(Theory of Planned Behavior,TPB)等。其中,TPB 和 TAM 是在 TRA 基础上发展而来,是 TRA 的提升。

1. 理性行为理论

美国学者 Fishbein 关于技术接受研究的成果是提出理性行为理论模型。理论模型整体思路是行为个体的态度转变为意向的研究。TRA 理论模型建立个体有做出技术接受可能性的或者有某种意向。而能影响个体技术接受可能性的或者有某种意向的因素又主要包括对于技术接受可能性的或者有某种意向的选择时是否存在外部施加压力,若存在施压力,必然导致技术接受程度失真。

2. 计划行为理论

计划行为理论(TPB)是美国学者 Ajzen 在基于 Fishbein 的理性行为理论基础之上不断完善的模型。在理性行为理论模型中,受到诸如施加压力等外部因素影响较大,存在缺陷较大,用户把受到施压的形成的因素考虑在内。针对理性行为理论的缺陷,Ajzen 等在原理论中做出改进优化,在理性行为理论模型内增加行为控制分析,通过计划方式分析人对其自身行为控制能力。TPB 表明,人的意向是直接决定其实施的决定条件,通过计划控制行为因素,而这些计划即为人的意向的外部施加压力的直接体现。至今,存在学者将计划行为理论用于研究电子商务领域并取得一定成效,但不能直接用来进行技术接受模型研究。

3. 技术接受模型

美国学者 Davis 同样是基于理性行为理论视角,在人的行为意向与态度关系基础上分析研究,提出新型技术接受模型。而 Davis 研究的目标是提高计算机软件或者管理信息系统的界面与功能的友好度,提高计算机领域信息用户对技术的接受程度。

技术接受模型主要思路是分析用户体验与易用性、态度、意向以及外部影响因素之间的关系。技术接受模型内容为：通过用户体验优良以及易用性分析人的态度到行为意向的过程，而态度制约意向行为实施，解释软件或者系统在使用某段时期后，对技术的接受情况，因此用户体验以及易用性是影响用户接受技术的关键因素。用户根据自己的使用体验感受决定其技术使用的频率。技术接受模型是跨领域多角度适用且最具影响力的研究技术的理论方法。

信息用户对于技术的易用性、作用性、体验性满意程度越高，就说明用户对技术接受程度越高。换言之，技术接受模型说明用户体验以及易用性是影响用户接受技术的关键因素，用户根据自己的使用体验感受决定其技术使用的频率。目前，学术界通常是通过建立模型方法研究技术接受，技术接受模型在计算机领域或者电子商务智能管理领域得到一定范围内的使用且取得了一定的成效，实际使用价值较大。

3.1.4 精准营销的相关理论

精准营销的理论依据可以概括为三个，包括市场细分理论、客户让渡价值理论以及"一对一"直接沟通理论。

1. 市场细分理论

所谓市场细分理论就是指依据一定的特征对目标客户进行归类，不同的客户其产品需求各异，但一般而言都会比较契合个人的兴趣和爱好，因此营销者可以对客户做综合的分析，从而将客户进行分类，将具有相似或者相近需求特征的人划分为一类，从而采取针对性的营销手段。就市场划分而言，可以有很多种依据进行消费群体的归类，比如人口年龄特点、地域特点、人的个性行为特点等。但是，在进行消费群体的归类时，企业应该对信息的传递和交流给予重视，将信息的沟通和对接融入市场归类之中，达到市场的合理划分，从而保证营销目标的实现。

2. 客户让渡价值理论

菲利普·科特勒是客户让渡价值理论的提出者，他于1994年提出了这一理论并对客户让渡价值理论的定义做出了界定。所谓客户让渡价值就是指价值在企业与客户之间的转换，是由企业转向客户的一个活动，然而在其价值转移的过程中价值却是各异的，这种价值是经过客户总价值和客户感受相减得到的有别于客户总成本的价值。产品的服务价值、形象外观价值以及人员成本价值共同组成了客户价值，而综合的客户成本则由经济、时间、物理和技术等成本共同构成，客户在购买产品进行消费时，往往都趋向于选择低成本的优质产品，寻求以较低的投入来满足自己需求的最优化。也就是说，客户通常选择为其提供最有价值的产品的公司。精准营销迎合了消费客户希望减少总成本的需要，买方客户可以高效全面地了解到信息的产品，定位自己需要的产品，从而节约了消费客户寻找消费对象所需的时间和金钱。所以要在一定程度上增加客户的满意度和忠诚度，就必须使得买方客户的购买过程便捷化，同时也可以以较低的成本获得最优的产品或服务。另外，精准营销充分利用了现代高科技技术的优势，对营销的各个环节进行了有效的监测和分析，以寻求适应和满足客户的需求，提供具有较强针对性的产品，使客户的需求得到最大化的满足。与此同时，精准营销可以通过双方的互动性沟通，使企业和客户双方得以深入了解，从而帮助企业从客户的个性特点入手，为客户提供体系化的个性服务，节约消费客户的购买成本，增加其价值，实现企业与客户的互利共赢。

3. "一对一"直接沟通理论

精准营销让企业和目标客户进行直接的接触,这就给予了双方在沟通交流上的便利,节约了双方花费在沟通媒介上的时间和精力,这种接近于"零距离"接触的直接沟通不仅可以提高沟通的效率,也可以优化沟通的结果。精准营销能够对目标客户做出精确的界定,从而使得企业的营销手段可以依据目标客户进行有针对性的调整,及时高效地了解客户的需求,提供与之相对应的服务,满足客户的需求,这会极大地消除客户消费过程中遇到的各种各样的问题。精准营销的关键就是这种互动性的交流和沟通。良好的交流和互动对于企业开拓营销范围,提高客户消费的满意程度和忠诚程度不可或缺。精准营销必须在与客户的交流沟通中全面收集相关信息,并对这些信息进行整合和评析,从而调整营销的各个环节,以期适应客户的需求,并在未来一段时间内不断加以优化和提高。

3.1.5 信息安全风险理论

在人工智能的浪潮中,决策者为充分收集信息,发挥信息优势,将人工智能技术运用到市场营销。智能营销的优势显而易见,然而在当前科技、经济以及文化背景下,其带来巨大效益的同时,也会产生相应的信息安全风险。

(1)波斯纳:共谋。在《反托拉斯法》一书中,波斯纳将"竞争者之间的信息交换"阐述为"共谋",他指出:信息是一柄"双刃剑",它对于竞争过程的正常运作是必不可少的,但它也能够促进共谋,它能够同时发挥这两种效应,在共谋安排使社会总成本最小化的意义上,可以存在"有效率"的共谋,因为这种安排在降低成本方面的效应压倒了在提高价格方面的效应。

波斯纳所说的"共谋"即少数拥有行业信息的巨头竞争者通过信息交换产生的不正当竞争。无疑,掌握市场信息意味着走在了市场前沿,决策者可通过对信息数据的分析解读以最高的效率做出前瞻性决断,节省时间成本。但如果对于某一行业,市场关键信息只掌握在极少数的企业手中,该行业处于科技底端的其他竞争者将无立足之地。进一步来说,如果上述极少数企业进行信息交换,甚至组成一个整体,从而在更大程度上掌控市场供求趋势,那么对于他们所谓的利益共享、互利共赢,在市场中则表现为大企业的垄断,恶意排除其他竞争因素,进而可能控制和操纵市场价格,不利于经济良性发展。信息不对称本身是一种正常的状态,追求信息的绝对对称也是不可能的,但如果超越一定限度,则不利于持续发展。

(2)因内思·马克-斯达德勒:信号传递。因内思·马克-斯达德勒指出:合约签订后,当信息不对称出现时,我们就有了道德风险问题;合约签订之前,当代理人具有相应的私人信息时,就有了逆向选择问题;最后,在协议形成之前,知情的一方能够通过个人行为披露私人信息,信号传递的境况就生成了。

合约关系开始前,当信息不对称涉及委托人个人特征时,代理人可能会试图从保持信息的私人性中获利,委托人则会减少其信息劣势,这是逆向选择;每当具有私人信息的参与人做出一项决策时,这一决策可能会传递他人的私人信息,形成信号传递。在这一过程中,可以看出,私人信息具有高度的私密性,而在交易或合约的签订中,若不加以妥善防范,很容易泄露从而被利用。但因为合约双方的信息以及地位的不对等,在一方掌握私人信息后,难以监督其将私人信息用于何处,从而无法有效保障私人信息一方利益,而私人信息者对于自身信息的保护也在现实中受到困境与阻碍。因内思·马克-斯达德勒在提出了以上理论后,对如何应对和解决相关风险提出了模型及论证。

3.2 电子商务系统的智能管理

3.2.1 电商网店数据分析

1. 网店数据分析的概念

所谓网店数据分析，就是指在网店上线以后，对运营数据和服务器流量数据的统计分析，主要目的是评估网站效益、营销策略、访客特性和行为等。

从商务应用背景的角度来说，网店分析不仅是关注服务器每天的访问量，还要注意不同地区或不同时段访问量的变化情况，同时也要观察网店中各个商品页面的点击情况，并根据点击率来改善页面结构和内容，不断优化网店布局和质量；此外，也要对有商业交易的行为进行追踪等。因此，电子商务网站网店的数据分析，就是要针对网店运营中的各种流量数据，如服务器的访问量、访客特征和行为、商品页面的访问情况、不同时段不同地区顾问的购买情况等，进行定期定量的统计分析，并以报告形式，揭示网店的运营状况，找出内在的规律和问题，从而使公司获得更多的效益。

2. 网店数据分析的基本流程

（1）定义（Define）。原意是用户需求的识别和确定，还要定义任务的目标和意义。对于网店数据分析来说，可以这样表述，确定这次分析所针对的问题，分析最终需要达到何种目的，对网店有何实际的意义，同时需要确定分析的范围及规划本次分析工作的进度。

（2）测量（Measure）。原意是收集数据，量化分析。对于网店数据分析来说，同样也要有一个获取数据的过程，尽量保证获得的流量数据真实、准确，同时要做好数据的预处理工作，便于下一个分析的顺利进行。

（3）分析（Analyze）。原意是使用数据统计和分析的方法找到问题的本质。网店数据的分析，不仅仅是对日常数据的简单统计，其结果也不应该只是一张报表和图形这么简单。分析的本质应该是从大量表面的数据中找到问题的本质，进行归纳和总结；同时，还要注意紧跟第一步的"定义"，不能偏离分析问题的范围。

（4）改进（Improve）。原意是找到最优的解决方案，使问题得到解决或者使问题的负面影响降到最低。这一步极为重要，也是目前很多网店数据分析工作中落实不到位的一步，很多只是将分析结果呈现出来，缺少解决实际问题的方案。

（5）控制（Control）。很多改进方案实施后，根本不会再去关注反馈情况，甚至有些改进的方案治标不治本，就像网店的访问量无法通过两次的推广活动得到提升，关键还在于网店本身的质量。推广活动可能会让数据在短期内获得一定的提升，但想要保持长期地增长，还需要不断地优化和改进网站本身。所以，"控制"要的是持续的反馈和监控，并不断寻找能从最根本上解决问题的最优方案。

3. 网店数据分析的指标

网店运营过程中对网店各种流量数据进行分析，已经成了网店后台管理中必备的功课，根据这些数据指标，经营者可以准确地抓住用户行为和网店的运营状况。

网店流量数据的内容指标最重要的有以下几项：

(1) 总访问次数。网店分析的常见度量之一,用于总体评估网店的人气,具体指的是从上线运行至今网店被访问的次数。

(2) 访问量。用于衡量用户一次访问的数量,具体指的是用户从进入网店到离开网店的过程中的行为,浏览商品页面情况、不同时段不同地区买家数据,如服务器的访问量。访客特征以报告形式揭示网店的运营状况,找出购买情况的内在联系等,进行定期定量的统计分析,从而使公司获得更多的效益。

(3) 独立访问数(Unique Visitor,UV)。独立访问数是指一定时间内网店的访问量。即使某个客户端在一段时间内多次访问该网店,独立访问数也只是一次,与访问次数无关。使用独立访问数作为统计量,可以更加准确地了解单位时间内网店访问量。

(4) 页面访问量(Page View,PV)。页面访问量是指在一定的时间范围内,页面被打开或请求的次数,它也是网店分析中最常见的度量之一。

(5) 用户会话数。会话是指用户从访问网店的时刻开始,查看了一些页面后到关闭浏览器或者离开网店的一个浏览过程,即用户的一次访问行为,而会话数就是指所有浏览过程的个数。

(6) 用户停留时间。用户停留时间包括页面停留时间和网店停留时间两个方面。其中,页面停留时间是指用户从打开页面到离开页面的时间间隔,这个度量只有当用户在网店中点击了下一个页面时才会有记录,否则为0;网店停留时间是指每个访客的停留时间,具体就是一个会话从开始到结束的时间。

(7) IP数。一般是指在一天之内,访问网店的独立IP数。一天之内相同IP地址访问目标网店只计算1次。IP地址还可以指出用户的地理位置。

(8) 浏览器类型。它是用于定位和浏览超文本标记文档的程序,了解用户使用的浏览器的意义在于某些网页在某一种浏览器中表现得更好些,这样可以针对用户浏览器对网页进行优化设计。

3.2.2 客户关系的智能管理

1. 客户关系智能管理的内容

客户关系对电子商务的重要性是不言而喻的,优质良好的客户关系甚至决定了一个企业的长远发展趋势。而企业在进行电子商务活动中,通过电子商务网站和客户建立联系成为一种新型的与客户交流沟通模式。随着互联网技术的发展和在线购物规模的不断增加,电子商务网站的重要性日益显著,新型的客户关系模式就是现在企业所不可忽视的,企业应该对这种模式建立一个长远宏观的认识和把握。这种客户关系模式是以客户为中心而建立的,企业在对其进行管理时应该利用客户关系智能管理系统来提高此方面的管理工作。此系统作用表现在以下几方面:智能管理系统可以促使企业更好地了解客户对产品方面的需求,为客户提供更好的产品和服务。可以挖掘出用户的潜在需求,进一步扩大企业业务范围和利润来源,同时客户也会因此增加对企业产品的购买意愿和产品满意度。从整体层面来看,应用客户关系管理系统的作用还体现在据此可以将客户、企业、产品与市场这些要素紧密整合起来,成为一个各方面紧密联系的有机整体,以此来实现多赢的效果。另外还可以促使企业不断提高其管理水平,更好地适应市场趋势的变化,从而在激烈的市场竞争中处于有利地位。

电子商务客户关系智能管理的开展需要建立在了解客户需求的基础上,它涉及许多方面的内容。

(1) 客户数据分析。这项工作的内容主要是分析客户的现实背景,针对不同背景的客户所对应的不同需求特质和购买行为,以此为基础,将客户所产生的无规律的数据轨迹加以分析,提炼出客户价值,影响客户对企业产品的忠诚度的因素,顾客个体、群体差异化对企业利润的影响等。

(2) 企业对客户的承诺。由于客户购买一项产品和服务时首先会站在自己的主观角度考虑企业产品的功能、价格、质量以及社会环境和心理方面的因素会增加客户购买产品时的不确定性,因而企业需要通过对客户做出某种承诺来降低这种不确定的因素。企业做出承诺的宗旨是让客户满意,明确企业将会提供什么样产品和服务,使客户在购买产品后不会后悔,让其没有顾虑,达到最好的购买效果。

(3) 企业与客户交流。在社会网络中离不开人与人的交流,以客户为中心的客户关系管理要更加重视这一点。企业与客户开展有效的信息交流能够让企业与客户建立良好的关系,更好地了解双方的情况,以此来建立深层次的互信合作关系。

(4) 留住客户。企业若想和客户建立长期稳定的关系就必须取得客户的信任,增强客户对企业的信任感。留住客户是客户关系智能管理的最终目的,企业需要根据不同类型的客户采取不同的方式,在进行差异化区别的基础上,分析客户关系情况与质量,分析客户数据并对获得的结果采取措施,只有这样才能够让客户一直忠诚于企业。

(5) 客户反馈。客户的反馈建立在以上四方面内容的基础上,如何检验客户智能管理实施的效果,关键就在于收集并分析客户的反馈信息。客户所反馈的信息能够直观地表现出企业目标实现的程度,帮助企业及时发现问题、解决问题,尽量避免客户流失的问题。客户关系管理智能化通过上文提到的几种方式使得客户信任感增强,进而减少了不适应交易的成本亦减少了确保安全交易的成本,减少了解决争议的成本。同时通过客户关系智能管理建立客户智能档案(即对客户交往年限、客情关系级别、客户历次成交点以及客户决策者的公关实例等信息和细节进行智能归类及智能分级)能够节约大量的信息成本、签约成本、履约成本。由于数据的支持避免了许多重复性和不必要的公关,因而在组织内部的管理中节约了大量的人力,避免了许多内部人员之间所产生的误差及摩擦,进而节约了企业内部组织成本。

2. 客户关系智能管理的功能

(1) 定位高回报顾客。

制定自客营销策略。例如,某化妆品公司通过对顾客的历史数据分析客户属性、地理位置、收入贡献、交易额、价值等顾客指标,把顾客分成高回报顾客、一般回报顾客和非盈利顾客。分析发现创造某产品大量利润的顾客是年龄在 30~45 岁之间,年收入在 30 000~100 000 元之间的已婚女性。该公司根据上述结论调整了营销策略,邀请一位世界著名已婚的女明星做产品代言人,并把广告的播放时间调整在黄金时段,让更多的主妇能够及时了解该产品。该公司还把产品重心群体转移到主妇群体身上,针对她们的肤质特点开发新产品。通过以上策略,该公司的销售额得到了稳步提高。

(2) 市场划分。

不同特征顾客群的心理活动和购买习惯都会有所差别,企业需要对不同特征的顾客群实施不同的、有针对性的营销手段。例如,某购物网站通过分析顾客的历史购买记录,了解到即将结婚的顾客的心理特征和购买习惯。该网站在结婚高峰期推出了新婚礼盒套餐服务,向新人推荐一系列价廉物美的家居用品、卫浴用品等套装,使他们在最短的时间内购买到所有需要的物品,并且让他们体验到了该网站的关心,从而提高了用户的满意度和忠诚度。

(3)获取新的目标顾客。

企业不仅要防止老顾客的流失,还需要不断吸引新顾客的关注,通过对已有顾客群体的分析,企业可以确定不同顾客群的特征,从而更有针对性地推销产品,吸引潜在顾客。例如,在数据库营销或目标营销(Targeted Marketing)中,确定可能响应的潜在新的顾客是十分重要的,这样可以获得更多的利润抵销营销的成本(邮寄、打印、推广和广告等费用)。

考虑到客户关系管理的重要性,本书将在第七章对此做进一步深入分析,这里仅简单概述智能客户关系管理的基础内容。

3.2.3 电子商务档案的智能管理

电子商务档案是指买方和卖方在线上进行交易过程中产生的所有原始数据,如电子合同、交易记录、E-mail、买卖双方评价等数据资料。这些数据资料较传统的纸质资料更加庞杂,运用智能化系统对其进行管理是时代发展和现实需要的必然要求。从广义上来说,电子商务档案是企业在进行电子商务活动过程中由利益相关方直接形成的最具保存价值的原始记录。电子商务时代的到来让电子商务数据量瞬间爆炸,如果不能及时对传统的纸质资料、移动硬盘资料、光盘资料、网络硬盘资料进行收集管理和其他各种处理,就无法真正实现对其有效利用,也就无法发挥其在提供信息和管理方面的作用,其价值也就无法体现出来,从而造成资源浪费。因此,对档案进行智能管理具有重要的意义。电子商务档案的各种数据信息来源(电子邮件、电子合同、交易记录、客户评价等)主要产生于营销环节中的种种痕迹,传统的管理方式很难达到对这些记录的系统化分类和归档,同时检索也比较烦琐,耗费的时间成本很高。相比而言,电子商务档案的智能管理仅仅是依赖系统,它可以最大限度地降低这类工作对人力资源的依赖。依据交易成本理论,它可以减少企业内部组织的成本,并且很大程度上减少产生风险的概率,进而间接减少解决争议成本。

3.2.4 电子商务订单的智能管理

随着电子商务行业的快速发展,电子商务企业的订单也与日俱增,电子商务订单的处理也急需智能管理。传统的电子商务订单包含产品的交易基本信息,其他与之相关的附加信息并没有被记录或存储起来,这样这些信息就无法实现深度价值的开发利用。相对于这些传统的产品交易信息,电子商务订单的交易信息更为丰富具体,在记录传统产品服务信息方面还增加了与产品配送过程有关的信息,如产品在发送路途中的地点信息可以被实时显示出来,这些信息对客户来说是很重要的。因此就需要对这些订单信息进行智能化管理。通过智能管理系统对电子订单进行统计分析和数据挖掘可以实现以下几方面的功能:首先,可以对客户的兴趣习惯和购物喜好等信息有具体详细的了解,在订购产品时更具有针对性,并且根据这些信息对库存产品进行对比分析,以便决定是增加某种产品还是对其尽快促销处理。此外市场发展趋势和供需变化也可以通过这些信息反映出来,企业可以据此调整其营销策略或者开发新产品。

其次，订单智能管理系统可以根据产品订单信息，和实际的物流货运和线路信息进行综合分析计算，以便对物流配送线路进行优化，选择出时间较短、距离较近的线路，在为客户尽快运输产品的同时，降低企业的物流成本。现在已经有一些专门的模型公式可以对这些物流配送信息进行优化计算并选择出最佳配送，并以此来调节客户与企业之间的配送关系，选择时间、空间、资源成本最少的高效配送服务，完成电子商务订单智能管理的过程。

订单管理可以说是企业的营销工作中最重要的一个环节，当客户的意向达到了成交点时，既是成交的完成也是客户服务的开始。电子商务订单的智能管理可以把一次电子商务订单的数据与以往的电子商务订单数据库中的信息匹配类比，可以很容易地关联出客户好评的客服方式，这样会很大程度上减少履约成本。电子商务订单的智能管理在这一环节展示出的无可比拟的低差错率，不仅可以大大降低客户服务过程中的履约成本，而且可以很轻松地间接降低不适应交易的成本。

用资源依赖理论解释就是这个环节是刚刚获取（或即将获取）有形资源中的财务资源。同时这个环节也能显示出商家是否使客户满意以及与同行业的对手相比是否有竞争性，这一环节商家是在获取品牌资源、信息资源、可控市场资源等无形资源。

3.2.5　电子商务决策系统的智能管理

电子商务决策智能化与企业的发展阶段和规模有较为紧密的关系。随着企业的规模不断扩大，其日常经营管理中会产生大量的数据信息，如何管理这些信息并统计分析，以便充分利用使其发挥价值，对企业而言是比较重要的事情。在此情形下需要建立一套智能管理系统来对电子商务决策系统进行高效管理。对不同层次的企业管理者而言，商务智能技术所起到的作用也有相应的差异：智能化管理系统便于企业研究人员搜集相关信息，并将这些信息加工整理后提供给企业高层管理者，以便为后者在进行一些决策时提供参考。这些信息主要包括市场需要、行业整体利润水平、产品供需状况及竞争者的商务数据信息等。研究者应该对其分类整理，选择出最有利用价值的信息。对企业中层管理者而言，可以利用商务智能管理系统来对信息进行研究分析，并制订一些自身职能范围内的计划或者将之交给高层管理者。企业高层领导可以据此做出重大决策，为企业的长远发展奠定基础，而一些决策时出现的失误和不合理也会因此有效地减少。商务智能系统的另一个重要用途就是它可以和企业的其他智能化信息管理系统相互兼容，对信息进行高效整合，将企业经营活动中的各要素紧密联系起来，为企业的长远发展提供信息管理方面的基础。

从电子商务管理角度来讲，商务决策是否正确、高效和客观主要取决于决策人的素质、决策速度以及决策的依据。电子商务决策系统的智能管理能实现信息的收集、过滤及筛选，这个过程具有较高的系统化，使得决策速度提高了许多；和传统意义的电子商务决策相比，各个环节更多是依赖数据，而较少依赖人力，从而保证了许多信息的客观性。电子商务决策系统的智能管理，通过更高层次商务决策提高了正确率、高效度和客观性，大大降低了企业内部组织成本。

电子商务决策系统的智能管理在减少决策系统对人的依赖程度的同时也节省了更多的人力资源，使得人力资源能更多倾注于产品、营销的工作中。而这也进一步优化了企业财务管理中对生产成本、营销费用与管理费用的比例配置，进而优化了财务资源。

3.2.6 电子商务交易的智能管理

电子商务交易智能管理是企业对其交易信息进行管理的一种高效智能管理模式,主要是通过一些信息处理软件和模型对交易过程中产生的信息进行智能分析统计,使企业通过对交易信息进行管理而为其整体发展提供一定支持。这些数据信息包括交易总量、交易时间频率和产品类型特点,以及一些退货处理及虚假交易信息等。这方面目前最为常用的技术手段就是数据挖掘技术,这种信息处理技术可以从大量看似无关或者无规律的信息中找出一些有用信息,以便企业对交易信息更好地利用并制订相应的决策计划。具体来说,可以通过智能管理系统分析用户的消费习惯、在购物方面的喜好和时间频率等相关信息,将这些信息通过数据挖掘等技术处理后,分析出一些具有较强购买力且对本企业产品具有一定忠诚度的客户。然后在此基础上企业就可以专门针对这些客户进行定向营销,在为客户提供更好的服务的同时,增加用户黏度,为企业带来实际的好处。通过分析一些退货产品或者不满意产品信息,可以找出其中的缺陷和一些不足之处,制定出相应的应对措施,以便尽量满足客户需要,增强企业产品的市场竞争力。此外通过智能管理系统还可以帮助企业找出交易系统中的一些安全问题,并及时建立安全防范体系,为电子商务的进行提供安全的交易环境。

电子商务交易的智能管理在数据挖掘技术方面的应用已经较为普遍。通过该技术,在交易的检索阶段挖掘客户的意向和需求,把相关的商品和服务推送给客户。这样就提高了客户成交的概率和交易额,缩短了客户由信息检索、产生意向到成交这一过程中花费的时间,进而减少改变购买意愿的概率,最终间接在电子商务运营过程中减少了签约成本。

3.2.7 智能推荐

1. 智能推荐产生的背景与定义

互联网的普及和快速发展产生的大量信息,满足了用户对信息的需求,但同时也大大降低了用户对信息的使用效率,这就产生了另外一个问题——信息超载。随着电子商务规模的进一步扩大,为客户提供越来越多商品选择的同时,信息结构也变得更加复杂。一方面,客户面对大量的商品信息束手无策,经常会迷失在大量的商品信息空间中,无法顺利地找到自己需要的商品;另一方面,商家数据库里保存着大量客户的信息,当商家有商品要促销时,无法从大量的客户中找到正确的促销对象。

智能商务针对信息超载问题有一个非常有效的办法,就是智能推荐。它是根据用户的信息需求、兴趣等,将用户感兴趣的信息、产品等推荐给用户的个性化信息推荐系统。与搜索引擎相比,智能推荐系统(Intelligent Recommendation System)通过研究用户的兴趣偏好、日常行为等数据,进行个性化计算,由系统发现用户的兴趣点,从而引导用户发现自己的信息需求。一个好的智能推荐系统不仅能为用户提供个性化的服务,还能与用户建立密切关系,让用户对推荐产生依赖。这里的智能推荐系统是广义的概念,它的功能在于发现具有潜在市场价值的客户和商品,包括通常所说的推荐(Recommendation)功能和营销(Direct Marketing 或 Targeted Marketing)功能。之所以强调个性化,是因为需要推荐系统能为每个用户推荐适合其偏好和兴趣的产品,而不是千篇一律地推荐。

智能推荐是一种信息过滤技术。在信息过载的电子商务时代,智能推荐系统可以通过预调客户的偏好和兴趣,来帮助客户找到需要的信息、商品等,同时也可以间接地提升商品的销售额。利用个性化商品推荐，还可以帮助商家有效提升客户的生命周期价值和转化率。因此，电子商务智能推荐系统具有良好的发展和应用前景。目前，几乎所有大型的电子商务平台（如淘宝、京东、亚马逊、当当等）都不同程度地使用了各种形式的智能推荐系统。各种提供个性化服务的 Web 站点也需要智能推荐系统的大力支持。

总之，智能推荐系统能够在用户没有给出明确需求的情况下，帮助用户快速发现有用的信息。系统根据用户的注册、浏览、交易和评论等历史行为数据对其兴趣进行建模，然后把用户模型中的兴趣需求信息和推荐对象模型中的特征信息匹配。同时使用相应的推荐算法进行计算筛选，找到用户可能感兴趣的推荐对象，然后推荐给用户。

2. 智能推荐的作用

智能推荐系统在电子商务中发挥了什么作用呢？或者说，电子商务应用智能推荐系统后，有哪些好处呢？不论是客户还是商家，都能受益于智能推荐系统。

首先，节省了客户购买商品的时间和精力。智能推荐系统通过分析客户的购买习惯，为客户提供个性化的服务，直接推荐客户感兴趣的商品。

其次，促进了电子商务系统的交叉销售。智能推荐系统在客户购买过程中向客户提供其他有价值的商品推荐，客户能够从提供的推荐列表中购买自己确实需要但在购买过程中没有想到的商品，从而有效提高电子商务系统的交叉销售额。

再次，保留客户。智能推荐系统分析客户的购买习惯，根据客户需求向客户提供有价值的商品推荐。如果智能推荐系统的推荐质量很高，那么客户会对该智能推荐系统产生依赖。因为智能推荐系统不仅能为客户提供个性化的推荐服务，而且能与客户建立长期稳定的关系，从而能有效保留客户，防止客户流失。

最后，发现潜在的客户，智能推荐系统通过客户数据，分析客户的购买习性和趋向，预测客户对响应营销方式的响应率，发现有利于客户的特征，有目的性地开展广告和销售业务。通过对客户的忠诚度分析，相应地调整商品的价格和类型，改进销售服务。有利于保留现有客户，寻找潜在的客户。

3. 智能推荐的技术基础

电子商务系统自身的特点也有利于智能推荐系统的顺利部署，主要原因如下：

（1）丰富的数据。电子商务环境下收集的各种数据比较丰富，如客户注册数据、客户交易数据、客户评分数据、客户购物篮信息、客户浏览数据等。丰富的数据为建立推荐模型和产生高质量的推荐提供了可能。

（2）方便的数据收集方式。为电子商务环境中的各种数据的收集提供了方便，减少了数据收集的时间，降低了数据收集的成本。

4. 智能推荐的分类

智能化为电子商务推荐系统提供了不同的推荐方式，是电子商务推荐系统实现个性化推荐的基础。个性化推荐技术是电子商务推荐系统智能化的具体体现，也是电子商务推荐系统中最核心、最关键的技术，很大程度上决定了推荐系统性能的优劣。

（1）根据推荐的主动性分类。

从电子商务个性化推荐系统的主动性分类，可以将推荐技术分为主动式推荐和被动式推荐。所谓主动式推荐，是指推荐系统通过对用户信息和行为的分析，给出恰当的意见和建议，从而引导消费；而被动式推荐是指用户通过自己的努力获得所需要的商品和服务信息，包括网络信息的浏览与查询。被动式推荐的技术主要是分类浏览和关键词搜索。该类技术的优点是技术比较成熟、用户易于使用,但是被动式推荐自动化程度低,不能发现用户的潜在兴趣与需求。因此,目前智能推荐的发展趋势是主动式推荐,即主动根据客户过往信息,预测客户当前需求,给客户发送各种推荐。

① 被动式推荐。

被动式推荐的优点是,用户目标明确,易于实现但个性化程度低,要求用户具备一定的专业知识。被动式推荐的方式主要有下面两类:

第一,分类浏览式推荐。分类浏览是基于主题分类的一种信息查询方法,这种方法产生的是等级结构的分类树,将商品及服务信息分类,用树型结构表示之间的隶属关系,几乎所有的电子商务交易网站都提供这种方式的推荐。分类浏览式推荐在技术上易于实现,用户使用方便;缺点是推荐效率低,分类查询花费时间多,且分类方法不统一,对新出现的商品和信息很难准确归类。

第二,关键词查询式推荐。关键词查询由用户提出查找目标的关键词,系统在被查找范围内,寻找与关键词匹配的内容进行推荐。这种方法也是比较常见的推荐方法,优点在于方法技术较为成熟,且用户易于接受查找结果;缺点是对关键词的选择要求较高,要求用户具备一定的提炼关键词的能力,且不易发现用户的潜在兴趣点。

② 主动式推荐。

主动式推荐自动化程度较高,不需要用户掌握专业知识,能获得比较个性化的推荐。目前主动式推荐正在逐步展开,也取得了很好的进展。主动式推荐基于不同主体和推荐目标,实现的方法也不同。

(2) 根据推荐的结果是否相同分类。

根据推荐的结果是否相同,推荐引擎可以分为两种,一种是基于大众行为的推荐引擎,另一种就是个性化推荐引擎。

① 基于大众行为的推荐引擎。这是最简单的推荐引擎,一般推荐结果是固定的,由人工根据不同的情形进行修改,对每个用户都推荐相同的信息。例如,我们平时见到的超市海报,就是一种基于大众行为的推荐引擎。

② 个性化推荐引擎。顾名思义,就是对不同的用户推荐不同的信息。这要求推荐系统必须对每一个用户都建立一个用户模型,从而实现智能、准确的推荐。亚马逊、Facebook、Twitter以及豆瓣等知名网站都是采用的个性化推荐。

我们平时讨论的推荐引擎,如无特殊说明,一般都是指个性化推荐引擎。

(3) 根据推荐引擎的数据源分类。

根据推荐引擎的数据源,就是推荐引擎根据哪些数据的相似度来决定推荐的结果。根据推荐引擎不同的数据源分类,分为基于人口统计学的推荐、基于内容的推荐和基于协同过滤的推荐。

① 基于人口统计学的推荐(Demographic-based Recommendation)。每个系统在用户使用之初,都会让用户填写一些基本的信息进行注册,推荐系统依据这些注册信息来计算用户之间的相似度从而完成推荐功能。

② 基于内容的推荐(Content-based Recommendation)。每个物品或内容都有相关的属性,根据物品或内容的属性值来计算它们之间的相似度。

③ 基于协同过滤的推荐(Collaborative Filtering-based Recommendation)。为用户找到一群爱好相同的人，然后根据这些人的爱好向该用户进行推荐。

（4）根据推荐模型的建立方式分类。

如果一个系统中，用户和物品的数量非常多，要做到实时推荐，可以想象这要求推荐引擎的计算能力是相当强大的。因此，我们需要建立一个推荐模型来缓解。根据推荐模型的建立方式，推荐引擎又分为以下几种：

① 基于物品和用户本身的推荐。将用户和物品看作独立的实体，根据现有的用户和物品之间的关系数据，构建一个二维矩阵，计算出每个用户的偏好物品。由于用户只对一小部分物品感兴趣，其数量大大小于总的物品数量，这将导致大量的数据空置，因此前面构建的二维矩阵往往是一个稀疏矩阵，我们需要将其归一化。

② 基于关联规则的推荐(Rule-based Recommendation)。关联规则挖掘在数据挖掘中是一个很重要的课题，其目的就是在一个大数据集中找出项与项之间的关系。关联规则又被称为"购物篮分析"，其典型事例就是"啤酒与尿布"的故事。我们可以使用关联规则进行挖掘，挖掘出经常被同时购买的那些物品的集合，我们可以根据这些集合，结合用户的购买行为，给用户进行推荐。

③ 基于模型的推荐(Model-based Recommendation)。将已有的数据随机分成多份，一部分作为训练集，剩余的作为测试集。在训练集上进行训练，得到一个可以预测用户喜好的模型，然后在测试集上不断测试，以达到满意的准确度。该推荐机制的问题在于如何将用户的实时行为传到模型进行计算，提供预测的准确度。

第四章　智能商务的数据采集与处理

本章知识点

电子商务智能管理中可能需要采集的各类数据类型、常用的几种数据采集系统和方法、常用的数据预处理方法与数据规约、商务数据的表示方法、商务数据的存储方法、常用的商务数据分析方法与分析软件等。

4.1　数据类型

4.1.1　基于营销绩效层面的数据

1. 财务绩效层面

企业的财务数据表现了企业的销售情况,企业采取各种网络营销措施,最终目的都是获得销售额和销售利润的增长,因而电商进口平台的有关财务数据能够直观地反映出所实施的网络营销策略的绩效水平。由于目前国内大多电商进口平台仍未上市,相关的财务数据较少,考虑到指标的可测量性,选择利润增长率、销售增长率和存货周转率三个指标作为财务绩效的二级指标。

(1) 利润增长率。它是指与某一时期的利润总额相比,电商进口平台本年利润增长额与基期利润总额的比率。

(2) 销售增长率。它是指与某一时期的销售额相比,电商进口平台该期增长的销售额占基期销售额的比率。

(3) 存货周转率。它是指电商进口平台销货成本与平均存货余额的比率。

2. 市场绩效层面

市场绩效能较为直观地反映进口平台一定时期内的网络营销效果,包括市场占有率、市场扩大率、平台知名度、价格竞争力四个方面。

(1) 市场占有率。它是指电商进口平台的销售额在市场同类平台总销售额中的比重。

(2) 市场扩大率。它是指与某一时期的市场份额相比,该期市场扩大额与基期市场份额的比率。

(3) 平台知名度。它是指用户对电商进口平台的知晓程度。

(4) 价格竞争力。它是指某电商进口平台与其他同类平台的商品平均价格的竞争力。

3. 平台绩效层面

电商进口平台作为消费者进行购物行为的唯一场景,分析平台层面的绩效极其重要,既包括平台推广产生的效果,也包括平台基础设计。

(1) 注册用户增长率。它是指在某一段时间内,注册用户增长的数量与原注册用户数量的比率。

(2) 用户忠诚度。它是指一定时间内相同用户访问电商进口平台的次数。

(3) 交互便捷性。它是指用户与电商平台的营销人员和客服人员沟通交流的便捷程度。

(4) 搜索功能便捷性。它是指用户在电商进口平台浏览时,搜索到自己想要的商品的便捷程度。

(5) 视觉吸引力。它是指平台的页面布局、色调、内容等风格的新意给用户浏览时带来的视觉冲击和留下深刻印象的程度。

4. 服务绩效层面

电商进口平台是虚拟的线上商城,消费者无法亲身感知到产品,而且跨境产品,也让消费者更加担忧。而平台的服务质量能很大程度上解决消费者网购过程中遇到的问题,消除消费者的担忧和不满情绪。对平台服务绩效层面的评价包括用户满意度、物流速度、用户投诉率、问题解决效率、正品保障率、种类丰富性、商品退换率。

(1) 用户满意度。它是指用户对电商进口平台的商品和服务等的满意程度。

(2) 物流速度。它是指用户从电商平台下单到收到订单商品的时间间隔大小。

(3) 用户投诉率。它是指消费者在网购的过程中因不满而进行投诉的次数占下单次数的比率。

(4) 问题解决效率。它是指用户购物过程中遇到问题,电商进口平台处理问题的解决效率。

(5) 正品保障率。它是指电子商务进口平台的商品是否都为正品的可信度。

(6) 种类丰富性。它是指电子商务进口平台的商品种类多样性的程度。

(7) 商品退换率。它是指消费者因对收到商品的大小、质量、款式等不满意而进行退货或者换货的数量占总售出的商品数量的比率。

一般而言电子商务营销绩效的评价指标随电商平台的经营理念和具体环境不同会有所区别,但一般而言,电子商务平台经营绩效的主要指标如表 4-1 所示。

表 4-1 电子商务营销绩效评价指标体系

目标层	准则层	方案层	指标属性
电子商务网络营销绩效评价指标体系	财务绩效	销售利润率	定量指标
		利润增长率	定量指标
		销售费用率	定量指标
		资产负债率	定量指标
		存货周转率	定量指标
	市场绩效	销售额增长率	定量指标
		市场占有率	定量指标
		市场扩大率	定量指标
		价格竞争力	定性指标
		网站知名度	定量指标
		网络美誉度	定量指标

续 表

目标层	准则层	方案层	指标属性
电子商务网络营销绩效评价指标体系	网站绩效	注册用户增长率	定量指标
		用户忠诚度	定性指标
		访问者增长率	定量指标
		与用户交互便捷性	定性指标
		检索功能便捷性	定性指标
		视觉吸引力	定性指标
		信息更新频率	定量指标
	安全绩效	网上交易安全性	定性指标
		网上支付安全性	定性指标
		用户信息安全性	定性指标
		收到商品完好性	定性指标
	服务绩效	顾客满意度	定性指标
		收到商品快慢度	定性指标
		商品退换率	定量指标
		顾客投诉率	定量指标
		问题解决效率	定性指标

4.1.2 基于物流绩效层面的数据

1. 人员沟通质量

人员沟通质量是指第三方物流企业的服务人员在与客户交流过程中的服务知识水平、服务态度和处理问题的能力,反映了第三方物流企业的整体服务理念、形象,并以此作为人员沟通质量的3个二级指标(服务态度、服务知识、积极解决问题的能力)。

2. 服务可靠性

服务可靠性是指物流服务的最终结果与对客户的服务承诺或客户对服务的需求相一致,物流服务的结果在多次的服务中表现出一致性。只有供应链成员之间的作业保持高度可靠性、协调性,才能最大限度地降低生产运营中的不确定性,从而提高供应链的运营效率。因此,服务的可靠性是供应链下对第三方物流服务质量评价一个关键指标。服务可靠性可以通过订单处理正确率、账货相符率、货物准确率、货物完好率、货物准时送达率5个二级指标来衡量。

3. 服务响应性

服务响应性是指第三方物流企业愿意帮助客户解决实际中出现的问题,并以尽量迅速有效的方式提供物流服务。该指标可以通过订购过程、订单释放数量、误差处理3个二级指标来衡量。

4. 信息质量

信息质量是指在供应链管理中,第三方物流企业为客户提供产品、物流相关信息的多少、准确与否、及时与否。信息质量由信息传递准确率、信息反馈时间和信息充分性3个二级指标构成。

5. 服务时间

服务时间由订货提前期,订货提前期的变动两个二级指标衡量。第一个指标反映的是物流服务的速度,第二个指标反映的是服务速度的稳定性。

6. 服务柔性

物流服务的柔性是指在市场发生变化时,以合适成本有效响应客户变化服务需求的能力。第三方服务柔性可以由库存物品柔性、运输配送柔性、交付货物柔性、服务内容与流程柔性4个指标构成。

同样,电子商务物流绩效的评价指标也会随电商平台的经营理念和具体环境不同而有所区别。但一般而言,电子商务物流绩效的主要指标如表4-2所示。

表4-2 电子商务物流绩效评价指标体系

目标层	准则层	方案层	指标属性
电子商务物流绩效评价指标体系	人员沟通质量	服务态度	定性指标
		服务知识	定性指标
		积极解决问题的能力	定性指标
	服务可靠性	订单处理正确率	定量指标
		账货相符率	定量指标
		货物准确率	定量指标
		货物完好率	定量指标
		货物准时送达率	定量指标
	服务响应性	订购过程	定性指标
		订单释放数量	定性指标
		误差处理	定性指标
	信息质量	信息传递准确率	定量指标
		信息反馈时间	定量指标
		信息充分性	定性指标
	服务时间	物流服务的速度	定量指标
		服务速度的稳定性	定性指标
	服务柔性	库存物品柔性	定性指标
		运输配送柔性	定性指标
		交付货物柔性	定性指标
		服务内容与流程柔性	定性指标

4.1.3 基于供应链层面的数据

Robert S. Kaplan 等人提出了"平衡记分卡"(Balanced Scorecard, BSC)评价体系。BSC不仅是一种评价体系而且是一种管理思想的体现,其最大的特点是集评价、管理、沟通于一体,即通过将短期目标和长期目标、财务指标和非财务指标、滞后型指标和超前型指标、内部绩效和外部绩效结合起来,使管理者的注意力从短期的目标实现转移到兼顾战略目标实现。

该体系分别从财务角度、顾客角度、内部过程角度、改进角度建立评价体系。其中,财务角度指标显示企业的战略及其实施和执行是否正在为供应链的改善做出贡献;顾客角度指标显示顾客的需求和满意程度;内部过程角度指标显示企业的内部效率;改进角度显示企业未来成功的基础。

平衡记分卡法已经被许多地方采用,从供应链业务流程、财务、客户、学习及发展四个方面建立绩效评价指标体系。也有学者在对平衡记分法与基准法分析的基础上,提出了供应链绩效评价的基准平衡记分法,克服了传统的单一财务评价的模式,把财务评价与非财务评价置于新的评价体系之下。

平衡记分法分为四个方面,代表了三个利害相关的群体:股东、客户、员工,确保企业组织从系统的角度进行战略的实施。

1. 客户角度

企业为了获得长远的财务业绩,就必须创造出客户满意的产品和服务。平衡记分法给出了两套绩效评价方法,一是企业为客户服务所期望达到绩效而采用的评价指标,主要包括市场份额、客户保有率、客户获得率、客户满意等;二是针对第一套各项指标进行逐层细分,制定出评分表。

2. 流程角度

这是平衡记分法突破传统绩效评价的显著特征之一。传统绩效评价虽然加入了生产提前期、产品质量回报率等评价指标,但是往往停留在单一部门绩效上,仅靠改造这些指标,只能有助于组织生存,但不能形成组织独特的竞争优势。平衡记分法从满足投资者和客户需要的角度出发,从价值链上针对内部的业务流程进行分析,提出了四种绩效属性:质量导向的评价、基于时间的评价、柔性导向评价和成本指标评价。

3. 改进角度

这个方面的观点为其他领域的绩效突破提供手段。平衡记分法实施的目的和特点之一就是避免短期行为,强调未来投资的重要性。同时并不局限于传统的设备改造升级,而是更注重员工系统和业务流程的投资。注重分析满足需求的能力和现有能力的差距,将注意力集中在内部技能和能力上,这些差距将通过员工培训、技术改造、产品服务得以弥补。相关指标包括新产品开发循环期、新产品销售比率、流程改进效率等。

4. 财务角度

企业各个方面的改善只是实现目标的手段,而不是目标本身。企业所有的改善都应通向财务目标。平衡记分法将财务方面作为所有目标评价的焦点。如果说每项评价方法是综合绩效评价制度这条纽带的一部分,那么因果链上的结果还是归于"提高财务绩效"。

同样,电子商务供应链的评价指标也会随着电商平台的经营理念和具体环境不同而有所区别，但一般而言，电子商务供应链评价的主要指标如表4-3所示。

表4-3 电子商务供应链评价指标体系

目标层	准则层	方案层
电子商务供应链评价指标体系	客户角度	市场份额
		客户保有率
		客户满意
		客户获得率
	流程角度	质量导向的评价
		基于时间的评价
		柔性导向评价
		成本指标评价
	改进角度	新产品开发循环期
		新产品销售比率
		流程改进效率
	财务角度	销售利润率
		利润增长率
		销售费用率

4.1.4 基于企业能力的数据

1. 生产能力分析

生产是企业进行资源转换的中心环节，它必须在数量、质量、成本和时间等方面符合要求的条件下形成有竞争性的生产能力。有学者认为竞争能力的构成要素包括以下几个方面：

(1) 加工工艺和流程。加工工艺和流程的决策主要涉及决定整个生产系统的设计。这种决策的具体内容包括工艺技术的选择，工厂的设计，生产工艺流程的分析，工厂的选择，生产能力和工艺的综合配套，生产控制和运输的安排。

(2) 生产能力。生产能力的决策主要涉及决定企业的最佳生产能力。这种决策包括产量预测、生产设施和设备的计划、生产日程的安排。

(3) 库存。库存决策是要确定原材料、在制品和产成品的合理水平。具体的内容包括订货的品种、时间、数量以及原材料的存放。

(4) 劳动力。劳动力的决策主要涉及工作的设计、绩效测定、工作的丰富化、工作标准和激励方法等内容。

(5) 质量。质量决策是要确保企业生产和提供高质量的产品和服务。具体内容包括质量的控制、样品、质量监测、质量保证和成本控制。

以上五个方面的优劣势可以决定企业的成败，因此企业生产系统的设计和管理必须与企业的战略相适应。另一方面，企业战略管理者在着手制定新的企业战略的时候，要对生产部门和生产管理进行认真的分析。

2. 营销能力分析

从战略角度进行的营销能力分析,主要包括三方面的内容:一是市场定位的能力,二是营销组合的有效性,三是管理能力。市场定位的能力直接表现为企业生产定位的准确性。它又取决于企业在以下四个方面的能力:① 市场调查和研究的能力;② 把握市场细分标准的能力;③ 评价和确定目标市场的能力;④ 占据和保持市场位置的能力。

市场营销人员可以根据构成这些能力的因素及自身的经验来评价企业在这些方面的长处和短处。

评价市场营销组合的有效性主要把握两个方面:一是营销组合是否与目标市场中的需求一致,二是是否与目标市场产品寿命周期一致。

3. 科研与开发能力分析

科研与开发能力是企业的一项十分重要的能力,企业科研与开发能力分析主要包括以下几个方面:

(1) 企业科研成果与开发成果分析。企业已有的科研与开发成果是其能力的具体体现,如技术改造、新技术、新产品、专利以及商品化的程度,给企业带来的经济效益等。

(2) 科研与开发组合分析。企业的科研与开发在科学技术水平方面有四个层次:科学发现、新产品的开发、老产品的改进、设备工艺的技术改造。一个企业的科研与开发水平处于哪个层次或哪个层次的组合,决定着企业在科研、开发方面的长处和短处,也决定着企业开发的方向。一个好的科研或开发部门,应该能够根据企业战略的要求和实力决定选择哪一个或哪几个层次的有效组合。

(3) 科研与开发能力分析。企业科技队伍的现状和变化趋势从根本上决定着企业的科研开发能力和水平。分析科研队伍的现状和趋势就是要了解其是否有能力根据企业的发展需要开发和研制新产品,是否有能力改进生产设备的生产工艺。如果没有这样的人员,是否能在短期内找到这样的人才。否则,企业就要考虑和高等院校或科研单位合作,以解决技术开发和技术改造的问题。

(4) 科研经费分析。企业的科研设施、科研人才和科研活动要有足够的科研经费予以支持,因而应根据企业的财务实力做出预算。确定科研预算经费的方法一般有三种:按照总销售收入的百分比确定;根据竞争对手的状况来制定;根据实际需要来确定。

下面是企业进行研究与开发分析应该回答的若干问题:

(1) 企业是否有恰当的人才进行有效的研究与开发工作?

(2) 企业是否有使研究与开发工作有效所需要的设施与设备?

(3) 企业是否有使企业的研究与开发工作有效的信息与资源?

(4) 企业是否调查了改进老产品和开发新产品的利弊?

(5) 企业是否比较了下列两种选择:开发新产品和改进老产品与开发新产品和改进生产过程?

(6) 企业是否有专门的研究与开发部门?

(7) 企业是否为研究与开发提供了足够的人力与资金?

(8) 企业是否利用了现有的各种关于新产品的设想?

(9) 在不知道成本和收益的情况下,企业是否敢于对研究与开发作长期投资?

(10) 企业在研究与开发方面是否有明确的战略、目标和政策？
(11) 企业是否了解竞争对手的研究与开发战略？
(12) 企业是否考虑和其他研究机构建立合资、合作的关系？

4. 组织效能分析

企业的一切活动说到底都是组织的活动，组织是实现目标的工具，是进行有效管理的手段。分析组织效能、发现制约企业长远发展的组织管理问题并加以改进，则为企业战略的正确制定和成功实施奠定了坚实的组织基础。

进行组织效能分析，首先必须明确评价组织效能的一般标准。良好组织应符合以下基本原则：目标明确、组织有效、统一指挥、责权对等、分工合理、协作明确、信息通畅、有效沟通、管理幅度与管理层次有机结合、有利于人才成长和合理使用、有良好的组织氛围。

遵从以上评价标准，具体进行组织效能分析时可以从多角度进行：

(1) 从分析组织任务分解入手，对组织任务的分解过程和分解结果进行逻辑分析，进而对组织任务分解的合理性做出判断。例如，分析职能管理体系的分工，如果任务分解不合理，任务交叉、任务割裂、任务空档、轻重不分、横向协调不畅等，那么据此建立的职能组织结构也不可能合理。

(2) 从分析岗位责任制、职责权限对等性入手发现改善的机会。在企业组织的等级链上，每一个环节即职位上都要贯彻责权对等原则。如果各个职位的责权不清晰、不对等，等级链就缺乏牢固的连接环，整个组织就会松垮、低效。

(3) 从分析管理体制入手，对企业集权与分权的有效性进行分析。在分析时要注意分析影响本企业职权集中和分散的各种因素，如组织的规模、职责和决策的重要性、组织文化、下级管理人员数量和素质、控制技术的发展程度、环境的影响等，切忌"一刀切"。一般而言，规模较大的企业职权应适度分散，反之则需适度集中；从内部扩展起来的公司集权较多，合并或联合起来的公司分权较多；各级管理人员数量、素质不足则倾向于职权集中，反之则倾向于职权分散；实行多角化经营分权较多，实行单一化经营集权较多。其实集权和分权对于一个组织而言都是必要的，没有绝对的集权，也没有绝对的分权。该由下级获得的权力过于集中，是上级"越权"；该由上级掌握的权力过于分散，是上级"失职"。分析组织效能时，要考虑的不是分权好还是集权好，而是如何合理确定集权与分权的程度，以及哪些应集权，哪些该分权。

(4) 从分析组织结构入手，确定现有组织结构是否适应未来战略方向。现代企业组织形式主要有直线职能式、事业部式、矩阵式、扁平式、网络式、虚拟式等。各种组织形式各有优势，此项分析旨在确定适应未来战略方向的最佳组织形式。

(5) 从分析管理层次和管理幅度入手，发现新增或合并管理职能部门的可能性。管理层次决定组织的纵向结构，管理幅度决定组织的横向结构。古典组织学家主张狭窄的管理幅度以实现有效的控制；现代组织学家认为下级憎恶限制人们动机和行为的严密管理，主张管理的宽幅度以减少管理层次，加速组织中信息的传递。现实中，管理幅度和管理层次的确定需综合考虑企业规模、生产特点、经营性质、授权程度、组织协调程度、管理者的能力、下级的成熟程度、工作的标准化程度、工作条件、工作环境等多种因素。

(6) 从分析人员入手，根据组织任务分解、职位标准和职务手册等对企业所有现职管理者承担现职工作的能力和职业前景进行分析判断，看现职管理者的胜任程度和职位标准等是否应当修正。

5. 企业文化分析

所谓企业文化是基于共同价值观之上,企业全体职工共同遵循的目标、行为规范和思维方式的总称。当今,企业文化的价值愈益为企业界所重视。人们从海尔等许多大企业成功的范例中发现,这些企业之所以能在快速发展中立于不败之地,是由于它们成功地创造了具有自身特色的企业文化。哈佛学者约翰-科特和詹姆斯-赫斯科特在对数百家企业长期研究基础上撰写了《企业文化和经营业绩》一书,得出如下研究结论:

第一,企业文化对企业的长期经营业绩具有重大影响;

第二,企业文化在下一个十年内很可能成为决定企业兴衰的关键要素;

第三,影响企业长期发展的、起负面作用的企业文化并不罕见,而且容易孽延,即便在那些汇集了许多通情达理、知识程度高的人才的公司中也是如此;

第四,企业文化尽管不易改变,但它们完全可能转化为有利于企业经营业绩增长的企业文化。

理论界的研究和企业界的实践均已证明,企业文化的力量既可能支持企业的战略管理,助其成功,也可能抵制企业的战略管理,促其失败。因此,分析企业文化的现状,从中找出能够制约企业战略的关键,加以改进,就成为战略的关键要素,加以加强或改进,就成为企业战略管理者面临的重要挑战。对企业文化进行分析应注意把握以下内容:

(1) 企业文化现状分析。应对企业的物质文化层、制度文化层、精神文化层逐一分析。例如,精神文化层需求重点分析已成为绝大多数员工认同的经营宗旨,包括价值观、思维方式、行为道德准则、心理期望、信念、具有企业个性特点的群体意识等内容。

(2) 企业文化建设过程分析。企业领导人是如何塑造企业文化的?是否有科学的文化建设目标、计划、工作内容、预算保证等?企业是如何宣传贯彻现行企业文化的?现行企业文化是否为广大员工接受并付诸实践?

(3) 企业文化特色分析。企业文化是企业独特的传统、习惯和价值观的积淀。企业文化的生命力和感召性在于其独具特色、震撼人心。例如,海尔文化中海尔生存理念的特色是突出危机意识、居危思进、开拓进取。CEO张瑞敏形象地将其归结为"永远战战兢兢,永远如履薄冰"。做好企业文化特色分析,准确把握企业文化的特色,是成功进行文化建设的关键。

(4) 企业文化与战略目标、战略和内外环境的一致性分析。分析过去几年,企业文化是否与制定的战略目标和战略协调一致,所起的作用是正面的,还是负面的,对企业绩效的影响有多大;分析企业文化是否与社会文化环境和产业文化环境相适应。

(5) 企业文化形成机制分析。分析研究现有企业文化的形成机制,弄清企业未来战略目标、战略方向、战略业务选择以及政策方针与员工已接受的企业文化的相容或相悖程度,进而明确下一步文化建设的方向与思路。

4.1.5 基于产品层面的数据

同样,电子商务产品的评价指标也会随着电商平台的经营理念和具体环境不同而有所区别。但一般而言,电子商务产品评价的主要指标如表4-4所示。

表4-4 电子商务产品评价指标体系

目标层	准则层	方案层
电子商务产品评价指标体系	产品诊断	提供第三方产品认证书
		提供第三方产品检验书
		提供防伪码/二维码/RFIP跟踪溯源
	产品信任	产品文字评论
		产品好评率
		产品累计销量数量
		产品价格
	卖家信任	电商平台信誉
		店铺性质和规模
		店铺中差评/售后/发出数量
		支持货到付款
		店铺级别和会员数量
	信息描述和沟通	卖方及产品相关信息描述详细程度
		细节图片丰富和真实程度
		提供多种联系方式并耐心沟通
		有其他展示方式,如视频、3D等
	社会存在	产品修理、退换货等售后服务承诺
		提供正规发票
		提供安全可靠的物流
		有实体店铺或提供线下体验服务

4.1.6 基于电商体系建设和管理维度的数据

同样,电子商务体系建设与管理维度的数据指标也会随着电商平台的经营理念和具体环境不同而有所区别。但一般而言,电子商务体系建设与管理维度的主要数据指标如表4-5所示。

表4-5 体系建设和管理维度指标体系

一级指标	二级指标	三级指标	指标属性
电商体系建设与管理维度	电商发展水平	结算条件	定性指标
		支付支持条件	定性指标
		物流支持条件	定性指标
		法律支持文件	定性指标

续　表

一级指标	二级指标	三级指标	指标属性
电商体系建设与管理维度	网站设计	域名选择	定性指标
		风格和视觉效果	定性指标
		检索功能	定性指标
		其他网站的链接数量	定量指标
		链接有效性	定性指标
		链接合理性	定性指标
		信息更新频率	定量指标
	网站推广效果	价格竞争效果	定性指标
		搜索引擎推广效果	定性指标
		网络广告效果	定性指标
		推广效果自我满意度	定性指标
	网络营销管理	营销管理队伍	定性指标
		营销评价管理	定性指标
		营销反馈管理	定性指标

4.1.7　基于顾客满意与信任维度的数据

同样,电子商务顾客满意与信任维度的数据指标也会随电商平台的经营理念和具体环境不同而有所区别。但一般而言,电子商务顾客满意与信任维度的主要数据指标如表4-6所示。

表4-6　顾客满意与信任维度指标体系

一级指标	二级指标	三级指标	指标属性
顾客满意与信任维度	顾客满意效果	服务相应速度	定性指标
		客户需求反馈速度	定性指标
		客户需求反馈时间	定量指标
		客户投诉解决速度	定量指标
		合同纠纷处理能力	定性指标
	网站流量	独立访问者的数量	定量指标
		日均页面浏览量	定量指标
		访问者网站停留时间	定量指标
		网站注册用户数量	定量指标
		网站流量增长率	定量指标
		网络广告点击量	定量指标
		网络广告点击频率	定量指标

续　表

一级指标	二级指标	三级指标	指标属性
顾客满意与信任维度	网站建设效果	网站功能全面性	定性指标
		搜索引擎排名	定量指标
		网站主页下载速度	定量指标
		网络安全性	定性指标
		信息发布及时性	定性指标
		客户互动性	定性指标
		网络广告不良反应率	定量指标
	顾客竞争效果	品牌知名度	定量指标
		企业知名度	定性指标
		市场占有率	定量指标
		消费者渗透率	定量指标
		顾客忠诚度	定性指标
		顾客保持率	定量指标
		顾客满意度	定量指标
		顾客增长率	定量指标
	国际物流配送效果	收到商品完整性	定性指标
		国际物流流转速度	定性指标
		国际差错率	定量指标
		国际物流延迟率	定量指标
		国际物流费用率	定量指标
		国际物流信息技术应用	定性指标
	国际支付效果	国际支付安全性	定性指标
		国际支付便捷性	定性指标
		国际支付费用率	定性指标

4.2　商务数据采集方法

发展至今,电子商务智能数据已经步入大数据时代。随着互联网技术的迅速发展,大数据的各项技术应用模式也变得更加复杂,同时也便捷了人们的生活和工作。因此,需要我们合理地利用大数据并对其进行精确管理,使其更好地为社会服务。互联网大数据已融入政治、经济、文化、外交以及军事等不同领域之中,也与我们每个人的日常生活息息相关,对数据进行甄别,从而有效利用,是数据信息处理过程的重要一环,影响深远。

大数据采集技术就是对数据进行 ETL 操作,通过对数据进行提取、转换、加载,最终挖掘数据的潜在价值,然后提供给用户解决方案或者决策参考。ETL,是英文 Extract-Transform-Load 的缩写,数据从数据来源端经过抽取(Extract)、转换(Transform)、加载(Load)到目的端,然后进行处理分析的过程。用户从数据源抽取出所需的数据,经过数据清洗,最终按照预先定义好的数据模型,将数据加载到数据仓库中去,最后对数据仓库中的数据进行数据分析和处理。数据采集位于数据分析生命周期的重要一环,它通过传感器数据、社交网络数据、移动互联网数据等方式获得各种类型的结构化、半结构化及非结构化的海量数据。由于采集的数据种类错综复杂,对于这种不同种类的数据,我们在进行数据分析时,必须通过提取技术将复杂格式的数据进行数据提取,从数据原始格式中提取出我们需要的数据(这里可以丢弃一些不重要的字段)。对于数据提取后的数据,由于数据源头的采集可能存在不准确,所以我们必须进行数据清洗,对于那些不正确的数据进行过滤、剔除。针对不同的应用场景,对数据进行分析的工具或者系统不同,我们还需要对数据进行数据转换操作,将数据转换成不同的数据格式,最终按照预先定义好的数据仓库模型,将数据加载到数据仓库中去。

4.2.1 常用的数据采集系统

在现实生活中,数据产生的种类很多,并且不同种类的数据产生的方式不同。对于大数据采集系统,主要分为以下三类系统。

1. 系统日志采集系统

许多公司的业务平台每天都会产生大量的日志数据。通过对这些日志信息进行日志采集、收集,然后进行数据分析,挖掘公司业务平台日志数据中的潜在价值,为公司决策和公司后台服务器平台性能评估提供可靠的数据保证。系统日志采集系统做的事情就是收集日志数据,提供离线和在线的实时分析使用。目前常用的开源日志收集系统有 Flume、Scribe 等。Apache Flume 是一个分布式、可靠、可用的服务,用于高效地收集、聚合和移动大量的日志数据,它具有基于流式数据流的简单灵活的架构。其可靠性机制和许多故障转移和恢复机制,使 Flume 具有强大的容错能力。Scribe 是 Facebook 开源的日志采集系统。Scribe 实际上是一个分布式共享队列,它可以从各种数据源上收集日志数据,然后放入它上面的共享队列中。Scribe 可以接受 Thrift Client 发送过来的数据,将其放入它上面的消息队列中。然后通过消息队列将数据 Push 到分布式存储系统中,并且由分布式存储系统提供可靠的容错性能。如果最后的分布式存储系统 Crash 时,Scribe 中的消息队列还可以提供容错能力,它会把日志数据写到本地磁盘中。Scribe 支持持久化的消息队列,来提供日志收集系统的容错能力。

2. 网络数据采集系统

通过网络爬虫和一些网站平台提供的公共 API(如 Twitter 和新浪微博 API)等方式从网站上获取数据。这样就可以将非结构化数据和半结构化数据的网页数据从网页中提取出来,并将其提取、清洗、转换成结构化的数据,将其存储为统一的本地文件数据。目前常用的网页爬虫系统有 Apache Nutch、Crawler4j、Scrapy 等框架。Apache Nutch 是一个高度可扩展和可伸缩性的分布式爬虫框架。Apache 通过分布式抓取网页数据,由 Hadoop 支持,通过提交 MapReduce 任务来抓取网页数据,并可以将网页数据存储在 HDFS 分布式文件系统中。

Nutch 可以进行分布式多任务爬取数据,存储和索引。由于多个机器并行做爬取任务,Nutch 充分利用机器的计算资源和存储能力,大大提高了系统爬取数据的能力。Crawler4j、Scrapy 都是一个爬虫框架,提供给开发人员便利的爬虫 API 接口。开发人员只需要关心爬虫 API 接口的实现,不需要关心具体框架怎么爬取数据。Crawler4j、Scrapy 框架大大提高了开发人员开发速率,开发人员可以很快地完成一个爬虫系统的开发。

3. 数据库采集系统

一些企业会使用传统的关系型数据库 MySQL 和 Oracle 等来存储数据。除此之外,Redis 和 MongoDB 这样的 NoSQL 数据库也常用于数据的采集。企业每时每刻产生的业务数据,以数据库一行记录形式被直接写入数据库中。通过数据库采集系统直接与企业业务后台服务器结合,将企业业务后台每时每刻都在产生的大量的业务记录写入数据库中,最后由特定的处理分析系统进行系统分析。

针对大数据采集技术,目前主要流行以下大数据采集分析技术。Hive 是 Facebook 团队开发的一个可以支持 PB 级别的可伸缩性的数据仓库。这是一个建立在 Hadoop 之上的开源数据仓库解决方案。Hive 支持使用类似 SQL 的声明性语言(HiveQL)表示的查询,这些语言被编译为使用 Hadoop 执行的 MapReduce 作业。另外,HiveQL 使用户可以将自定义的 Mapreduce 脚本插入查询中。该语言支持基本数据类型,类似数组和 Map 的集合以及嵌套组合。HiveQL 语句被提交执行。首先,Driver 将查询传递给编译器 Compiler,通过典型的解析,类型检查和语义分析阶段,使用存储在 Metastore 中的元数据,编译器生成一个逻辑任务,然后通过一个简单的基于规则的优化器进行优化。最后生成一组 MapReduce 任务和 HDFS Task 的 DAG 优化后的 Task。执行引擎使用 Hadoop 按照它们的依赖性顺序执行这些 Task。Hive 简化了对于那些不熟悉 Hadoop MapReduce 接口的用户学习门槛,Hive 提供了一系列简单的 HiveQL 语句,对数据仓库中的数据进行简要分析与计算。

在大数据采集技术中,其中有一个关键的环节就是 Transform 操作。它将清洗后的数据转换成不同的数据形式,由不同的数据分析系统和计算系统进行处理和分析,将批量数据从生产数据库加载到 Hadoop HDFS 分布式文件系统中或者从 Hadoop HDFS 文件系统将数据转换到生产数据库中。这是一项艰巨的任务,用户必须考虑确保数据的一致性,生产系统资源消耗等细节。使用脚本传输数据效率低下且耗时,Apache Sqoop 就是用来解决这个问题的,Sqoop 允许从结构化数据存储(如关系数据库,企业数据仓库和 NoSQL 系统)轻松导入和导出数据。使用 Sqoop 可以将来自外部系统的数据配置到 HDFS 上,并将表填入 Hive 和 HBase 中。运行 Sqoop 时,被传输的数据集被分割成不同的分区,一个只有 MapperTask 的 Job 被启动,MapperTask 负责传输这个数据集的一个分区。Sqoop 使用数据库元数据来推断数据类型,因此每个数据记录都以类型安全的方式进行处理。

4.2.2 常用的数据采集方法

1. 传感器法

传感器法主要是通过测试一些物品的物理特性,通常情况下包括物体的音量、温湿度、电压等物理符号信息,采集完毕后将这些数学值转变为一些电脑能够准确识别的信号,然后上传到数字终端进行归纳,完成数据的工作。

2. 系统日志采集方法

一般来说,数据源系统能够产生系统的日志文件数据,用来对数据源发生的各项操作过程进行实时记录,比如一些 Web 服务器记录的用户访问行为和网络流量的实时监管和金融软件的股票记账等。许多的互联网企业都有自己的海量数据采集工具,多用于系统日志采集,如 Hadoop 的 Chukwa,Cloudera 的 Flume,Facebook 的 Scribe 等,这些工具均采用分布式架构,能满足每秒数百兆(MB)的日志数据采集和传输需求。

3. Web 网络爬虫

网络爬虫是指为搜索引擎下载并存储网页的程序,它是搜索引擎和 Web 缓存的主要的数据采集方式。通过网络爬虫或网站公开 API 等方式从网站上获取数据信息。该方法可以将非结构化数据从网页中抽取出来,将其存储为统一的本地数据文件,并以结构化的方式存储。它支持图片、音频、视频等文件或附件的采集,附件与正文可以自动关联。数据类型十分的复杂,同时产生数据的方法和路径也在不断增多,数据的表现形式自然更为多变,由原先简单的文字、图片和视频转变为一些更为复杂的保留信息和具有时空信息价值的抽象信息。

4.2.3 三种软件系统的数据采集方法

1. 软件接口方式

各个软件厂商提供数据接口,实现数据采集汇聚。其实现过程如下:

(1) 协调多方软件厂商工程师到场,了解所有系统业务流程以及数据库相关的表结构设计等,细节推敲,确定可行性方案;

(2) 编码;

(3) 测试、调试阶段;

(4) 交付使用。

接口对接方式的数据可靠性与价值较高,一般不存在数据重复的情况;数据通过接口实时传输,满足数据实时性的要求。

接口对接方式的缺点是接口开发费用高;协调各个软件厂商,协调难度大、投入人力大;扩展性不高,如由于业务需要各软件系统开发出新的业务模块,其和大数据平台之间的数据接口也需做相应修改和变动,甚至要推翻以前的所有数据接口编码,工作量大、耗时长。

2. 开放数据库方式

实现数据的采集汇聚,开放数据库是最直接的一种方式。

两个系统分别有各自的数据库,同类型的数据库之间实现数据的采集是比较方便的:

(1) 如果两个数据库在同一个服务器上,只要用户名设置的没有问题,就可以直接相互访问,只需要在 from 后将其数据库名称及表的架构所有者带上即可。

(2) 如果两个系统的数据库不在一个服务器上,建议采用链接服务器的形式处理,或者使用 open set 和 open data source 的方式,这个需要对数据库的访问进行外围服务器的配置。

而不同类型的数据库之间的连接就比较麻烦,需要做很多设置才能生效,这里不做详细说明。

开放数据库方式可以直接从目标数据库中获取需要的数据,准确性高,实时性也能得到保证,是最直接、便捷的一种方式。

但开放数据库方式也需要协调各个软件厂商开放数据库,难度大;一个平台如果同时连接多个软件厂商的数据库,并实时获取数据,这对平台性能也是巨大挑战。而且,出于安全性考虑,软件厂商一般不会开放自己的数据库。

3. 基于底层数据交换的数据直接采集方式

通过获取软件系统的底层数据交换、软件客户端和数据库之间的网络流量包,基于底层 IO 请求与网络分析等技术,采集目标软件产生的所有数据,将数据转换与重新结构化,输入到新的数据库,供软件系统调用。

技术特点如下:
(1) 无须原软件厂商配合;
(2) 实时数据采集,数据端到端的响应速度达秒级;
(3) 兼容性强,可采集汇聚 Windows 平台各种软件系统数据;
(4) 输出结构化数据,作为数据挖掘、大数据分析应用的基础;
(5) 自动建立数据间关联,实施周期短、简单高效;
(6) 支持自动导入历史数据,通 I/O 人工智能自动将数据写入目标软件;
(7) 配置简单、实施周期短。

基于底层数据交换的数据直接采集方式摆脱了对软件厂商的依赖,不需要软件厂商配合,不需要投入大量的时间、精力与资金,不用担心系统开发团队解体、源代码丢失等原因导致系统数据采集成死局,直接从各式各样的软件系统中开采数据,源源不断地获取精准、实时的数据,自动建立数据关联,输出利用率极高的结构化数据,让不同系统的数据源有序、安全、可控地联动流通,提供决策支持、提高运营效率、产生经济价值。

4.2.4 基于数据仓库的数据采集方式

1. 离线采集

工具:ETL。

在数据仓库的语境下,ETL 基本上就是数据采集的代表,包括数据的提取、转换和加载。在转换的过程中,需要针对具体的业务场景对数据进行治理,如进行非法数据监测与过滤、格式转换与数据规范化、数据替换、保证数据完整性等。

2. 实时采集

工具:Flume/Kafka。

实时采集主要用在考虑流处理的业务场景,比如,用于记录数据源的执行的各种操作活动,如网络监控的流量管理、金融应用的股票记账和 Web 服务器记录的用户访问行为。在流处理场景,数据采集会成为 Kafka 的消费者,就像一个水坝一样将上游源源不断的数据拦截住,然后根据业务场景做对应的处理(如去重、去噪、中间计算等),之后再写入对应的数据存储器中。这个过程类似传统的 ETL,但它是流式的处理方式,而非定时的批处理 Job,这些工具均采用分布式架构,能满足每秒数百 MB 的日志数据采集和传输需求。

3. 互联网采集

工具:Scribe。

Scribe 是 Facebook 开发的数据(日志)收集系统,又被称为网页蜘蛛,网络机器人,是一种按照一定的规则自动地抓取万维网信息的程序或者脚本,它支持图片、音频、视频等文件或附件的采集。

4.2.5 互联网大数据的分类和采集方法

大数据主要指超过数据系统收集和处理能力的数据,是网络环境中常见的数据信息。大数据对信息规模和传送能力的要求都比较高,由于与原数据系统不相匹配,大数据信息并不会得到系统很好的整理及处理。大数据对于当今时代的发展具有重要作用,能促进新生产力的发展。所以,在信息更迭速度加快的信息时代,为了获取大数据所隐藏的信息价值及促进生产力发展,相关技术人员应有所行动,采取行之有效的方法对之进行采集和处理。

1. 互联网大数据的分类

(1) 以实时性特点划分,分为实时数据分析和离线数据分析。

实时数据分析应用的领域主要是 B2C 产品,包括金融、互联网和移动领域内的 B2C 产品。这类产品往往会要求在限定时间内反馈上亿次的信息,以此来达到提高用户体验的目的。实时数据分析比离线数据分析对处理体系的要求要高,而当前对大数据采集和处理的研究也主要针对的是实时数据信息。对于大多数对反馈时间要求不高的应用,如机器学习、推荐引擎计算、离线统计分析等,可以采用离线数据分析的方式,通过采集的数据将其转移到专用的分析平台上。面对海量数据的冲击,传统 ETL 工具往往会出现崩溃的问题。ETL 在格式转换上对资金的需求较高,所以在性能上根本无法满足对海量数据的采集和处理需求。从实时数据分析与离线数据分析来看,大数据在量上远高于其他物质流量,因此需要抓紧对大数据采集和处理体系的研究。

(2) 以数据量分类,分为内存级别、海量级别、BI 级别。

大数据中的内存级别是指不超过群体的内存最大值;海量级别是指对于 BI 产品和数据库都已经失效或者成本过高的数据量;BI 是区别于内存较小来说,具有过大特征的数据量。这类数据一般可以放在传统 BI 产品和量身定做的 BI 数据中进行分析。无论是内存级别还是海量级别或 BI 级别的数据,都是以数据量为基础进行分析,同时也都满足大数据的概念。所以,在具体应用中需要对数据类型进行分类比较,以采取适当的采集及处理方法。海量级别的大数据流量是当前发展的一个主要趋势,所有的数据信息都会汇聚于此。而当前技术发展的要求是建立具体的海量数据分析系统,以确保信息特征的有效分类采集和处理。

2. 互联网大数据的采集

数据采集的整体框架主要包括六大板块:网站页面、链接抽取、链接过滤、内容抽取、爬虫 URL 队列和数据。这些板块各自所带有的功能如下:网站页面的功能是获取网站的网页内容;链接抽取是抽取网站页面中的链接地址;链接过滤是辨别该链接地址下的网页内容是否被抓取过;内容抽取是从网页内容中抽取需要的属性,然后提取所需内容值;URL 队列是为爬虫提供需要抓取数据网站的 Url;数据主要包括 Site Url,被抓取的数据网站中的 Url、Spider Url,已经抓取过的网站数据 Url 和 Spider Content,被抓取的网页内容。

网络大数据的采集过程主要包括将被抓取的网站 Url 信息写入 Url Queue 程序中;在 URL 队列中获取被抓取网站的信息;集中获取某一网站的网页内容;在网页内容中抽取链接地址;在数据库中读取被抓取网站的网页地址;过滤 Url,对比抓取前后的 Url 信息;分类处理,将没有被抓取过的网页地址写入 Spider Url 数据库,已抓取过的防止对该网页地址的抓取;获取网页地址内容,抽取所需属性的内容值;将抽取的内容值写入数据库。对大数据的处理必须具备条理清晰的处理流程和方法,这样才能井然有序地对海量数据信息进行处理。此外,在处理大数据时还要针对数据信息的特征来进一步分析处理,以确保其精准度。

数据采集的关键是布隆过滤器。链接过滤技术的核心是判断当前链接是否在已被抓取过的链接里面。在进行网页大数据的采集时,可以增加布隆过滤器来完成对链接的筛选。运用布隆过滤器的想法是:当集合中加入一个新元素,可以通过 X 个散列函数实现对该元素的 X 个映射点数组,并将这些数组置为 1。在检索的过程中,我们只需要观察这些点是否为 1 就基本能判断该集合中有没有这个新元素了。若这些点数组中存在一个 0,则被检测的元素一定不存在;若都是 1,则被检测的元素很可能会存在于这些点数组中。布隆过滤器在横向和纵向上都具有很大的优势:

(1) 在简洁程度方面,布隆过滤器的简洁程度达到了最大值,该过滤器的储存空间和插入、查询时间都为常数。

(2) 在相互关系上,散列的函数并没有连接关系,有利于各硬件的并行运行。

(3) 在储存方面,布隆过滤器并不储存元素本身,这一点是布隆过滤器在保密性要求较高的场合中的优势。布隆过滤器的运行方法是,已被抓取的 Url,以 X 个 Hash 函数计算,得出 X 个值,再与一个 Bit 数组的这 X 个位置的元素对应起来(元素值已被设为 1)。根据上面所论述过的方法即可得出判断。

3. 互联网大数据的筛选

网络大数据筛选的整体框架和处理过程主要包括四个板块:分词、排重、整合、数据。四个板块的功能主要如下:分词,是对抓取到的网页进行切词处理;排重,是对网页内容进行多重排重检查;整合,是对不同源信息进行格式层面的整合;数据,主要指 Spider Data 和 Dp Data 两方面的数据。网络大数据处理的基本流程主要有六个步骤:将抓取的网页进行分词;将分词处理的结果写入数据库;将抓取网页进行排重检查;将排重结果写入数据库;根据分词和排重结果,对数据进行整合;将整合结果写入数据库。

网络大数据筛选的关键技术之一是排重技术,而排重技术需要依靠 Simhash 算法来实现高效排重。Simhash 算法是实现对海量数据进行文本排重的算法,在一定程度上避免了文本比较的复杂方式,于余弦角、Jaccard 相似系数而言,效率得到了有效提高。运用 Simhash 算法对抓取的网页内容进行排重,可以有效扩大数据容量,更快速地进行数据处理。运用 Simhash 算法的想法是:输入一个为 K 的维向量 V,如文本的特征向量,但需要保证每个特征都具有一定的权重。输出一个 N 位的二进制签名 X。

(1) 初始化一个 N 维向量 Q 为 0,N 位的二进制签名 S 为 0。

(2) 对向量 K 中的所有特征使用传统的 Hash 算法算出一个 N 位的散列值 H。判断式子为 $1 \leqslant i \leqslant N$,如果 H 中的第 i 位数是 1,则 Q 的第 i 个元素减去该特征的权重。

(3) 如果 Q 的第 i 位元素大于 0,则 S 的第 i 位数为 1;反之,则为 0。

(4) 返回签名 S。在 Simhash 算法得出每篇文档的签名之后,需要再计算两个签名间的海明距离。根据实践经验,64 位的 Simhash 海明距离在 3 以内可以认为相似度较高。

数据筛选的又一关键技术便是整合技术,整合就是把抓取来的网页同各企业间建立连接关系。对于企业来说,可以使用一组关键词对企业进行描述,同样,经过处理的网页内容也可以使用一组关键词来进行描述。所以,整合就成了两组关键词之间的信息整合。网页内容的分词结果通常表现出两个特点:分词结果数量大;大部分分词对网页内容来说没有价值。所以,需要对网页内容的分词进行简化处理,使用常频词汇来描述网页内容。简化之后,关键词信息的整合效率得到了很大的提升,精度也得到了保障。在关键词的信息整合之后,抓取来的网页内容就与企业之间建立了联系,就能知道某一企业的相关数据信息了。

4.3 商务数据预处理

4.3.1 数据预处理方法

1. 数据清理

数据清理通过填充缺失值,光滑噪声,识别离群点,并纠正数据中的不一致等技术来进行。这里我们主要介绍缺失值、噪声数据和不一致数据的数据清理方法。

(1) 缺失值填充。

缺失值对于无监督学习结果会带来影响,通常采用以下方法进行填充:

① 删除含有缺失值的样本:无监督学习过程中不使用有缺失值的元组,即在无监督学习过程中删除含有缺失值的样本。此方法的缺点是删除含有缺失值的样本可能使得留下的样本用于学习的样本不能完全正确反映原始数据的分布状态,使得学习结果偏离真实情况,不能发现数据的原始分布。因此该方法不是很有效的样本缺失值处理方法,除非元组有多个属性值空缺时才采用此方法,否则不采用此方法。

② 人工填写缺失值:该方法就是人工补充样本的缺失值,因此非常费时,不适于大规模数据集的无监督学习数据预处理。

③ 使用一个全局常量填充缺失值:该方法虽然简单,但并不是很可靠,因为仍然存在偏离数据原始分布信息的问题,从而使得学习结果无法发现所学习数据中隐藏的真实信息。

④ 使用属性的均值填充缺失值:该方法相对上一方法要好些,但仍然存在偏离原始数据分布信息的潜在危险。

⑤ 使用与给定元组同一类的所有样本的属性均值填充相应的缺失值:该方法比使用属性均值填充缺失值更好,更能接近原始数据的分部信息。

⑥ 使用最可能的值填充缺失值:可以使用回归、决策树归纳来确定最有可能的值来填充缺失信息。该方法是填充缺失值的最好方法。

总结以上填充缺失值的方法可见:方法③~⑥填充的值都有可能不正确。但与其他方法相比,方法⑥是最常用和最可靠的填充缺失值的方法,它使用已有数据的大部分信息来预测缺失值。

(2) 噪声平滑。

噪声(Noise)是被测量变量的随机误差或偏差。给定一个数值属性,可以使用以下数据光滑技术来平滑噪声:

① 分箱(Binning)法:通过考察数据的"近邻"(即周围的数据值)来光滑存储数据的值。存储的值被划分到一些箱中。由于仅考察近邻的值,所以分箱方法进行的是局部光滑。

② 回归法:使用拟合数据函数来光滑数据(如回归函数)。线性回归涉及找出拟合两个属性的最佳线,使得一个属性能够预测另一个。多元线性回归是线性回归的扩展,涉及多个属性,将数据拟合到一个多维曲面。利用回归方法获得拟合函数,能够帮助平滑数据并消除噪音数据。

③ 聚类法:使用聚类来检测离群点。将相似的样本归为一个类簇,簇内极其相似而簇间

极不相似,则落在簇之外的样本被直观地视为离群点。

(3) 不一致数据清理。

在实际数据库中,由于一些人为因素或者其他原因,记录的数据可能存在不一致的情况,因此,需要对这些不一致数据在分析前进行清理。例如,数据输入时的错误,可通过和原始记录对比进行更正。知识工程工具也可以用来检测违反规则的数据。又如,在已知属性间依赖关系的情况下,可以查找违反函数依赖的值。

数据清理是一项繁重的任务。数据清理过程的第一步是偏差检测。引起偏差的因素会有多种,如人为错误、数据退化、有意错误等。通过把握数据趋势和识别异常来发现噪音、离群点以及考察不寻常的值。除考虑由字段过载引起的错误之外,数据分析还应根据唯一性规则、连续性规则和空值规则考察数据。

随着大数据的出现,将多源数据进行数据集成,并根据需要将数据转换为适于处理的形式进行学习,以发现其中隐藏的潜在模式与规律。

2. 数据集成

数据集成需要考虑许多问题,如实体识别问题,主要是匹配来自多个不同信息源的现实世界实体。冗余是另一个重要问题。如果一个属性能由另一个或另一组属性"导出",则此属性可能是冗余的。属性或维命名的不一致也可能导致结果数据集中的冗余。有些冗余可通过相关分析检测到,如给定两个属性,根据可用的数据度量一个属性能在多大程度上蕴含另一个。常用的冗余相关分析方法有皮尔逊积距系数、卡方检验、数值属性的协方差等。考虑到本教材的受众,具体的皮尔逊积距系数、卡方检验、数值属性的协方差计算方法,感兴趣的同学可以参阅相关教材自行学习,这里不予评述。

3. 数据转换

通过数据转换将数据转换为适于学习的形式。常用的数据转换方法有五个。

(1) 数据光滑。使用分箱、回归或聚类技术,去掉数据中的噪声。

(2) 数据聚集。对数据集进行汇总或聚集,如聚集日产量数据,计算年和月的产量。

(3) 数据泛化。使用概念分层,用高层概念替换底层或"原始"数据。

(4) 数据规范化。将属性数据按比例缩放,使之落入一个特定的小区间,如[-1,1]区间,或[0,1]区间。

(5) 属性构造(也称为特征构造)。可以构造新的属性并添加到属性集中。

4.3.2 数据规约

随着大数据的出现,基于传统无监督学习的数据分析变得非常耗时和复杂,往往使得分析不可行。数据归约技术是用来得到数据集的规约表示,在接近或保持原始数据完整性的同时将数据集规模大大减小。对规约后的数据集分析将更有效,并可产生几乎相同的分析结果。常见的数据规约方法有:数据立方体聚集、数据属性子集选择、维规约、数值规约、离散化和概念分层产生。

1. 数据立方体聚集

聚集操作用于数据立方体结构中的数据。数据立方体存储多维聚集信息。每个单元存放一个聚集值,对应于多维空间的一个数点,每个属性可能存在概念分层,允许在多个抽象层进行数据分析。

2. 数据属性子集选择

当待分析数据集含有大量属性时,其中大部分属性与挖掘任务不相关或冗余,属性子集选择可以检测并删除不相关、冗余或弱相关的属性或维。其目标是找出最小属性集,使得数据类的概率分布尽可能地接近使用所有属性得到的原分布。其优点是减少了出现在发现模式的属性数目,使得模式更易于理解。对于属性子集选择,穷举搜索找出最佳属性子集可能是不现实的,因此,常使用压缩搜索空间的启发式算法。这些方法常为贪心算法,在搜索属性空间时总是做当下的最佳选择。策略是做局部最优选择,期望由此导致全局最优解。

3. 维规约

维度规约使用数据编码或变换得到原数据规约或"压缩"表示。减少所考虑的随机变量或属性个数。若规约后的数据只能重新构造原始数据的近似表示,则该数据规约是有损的;若可以构造出原始数据而不丢失任何信息,则是无损的。广泛应用的有损维规约方法有小波变换和主成分分析等。

4. 数值规约

数值规约通过选择替代的数据表示形式来减少数据量,即用较小的数据表示替换或估计数据。数值规约技术可以是有参的,也可以是无参的。如参数模型(只需要存放模型参数,而不是实际数据)或非参数方法。

5. 离散化和概念分层产生

数据离散化将属性值域划分为区间,来减少给定连续属性值的个数。区间的标记可以代替实际的数据值。用少数区间标记替换连续属性的数值,从而减少和简化原始数据,使得无监督学习的数据分析结果简洁、易用,且具有知识层面的表示。近年来,已经研发了多种离散化方法。根据如何进行离散化可将离散化技术进行分类,如根据是否使用类信息或根据进行方向(即自顶向下或自底向上)分类。若离散化过程使用类信息,则称其为监督离散化;反之,则是非监督的离散化。若先找出一点或几个点(称为分裂点或割点)来划分整个属性区间,然后在结果区间上递归地重复这一过程,则为自顶向下离散化或分裂;自底向上的离散化或合并则恰好与之相反。可以对一个属性递归地进行离散化,产生属性值的分层划分,称为概念分层。概念分层对多抽象层学习是有用的。概念分层定义了给定数值属性的离散化,也可以通过收集较高层的概念并用其替换较低层的概念来规约数据。尽管通过这种数据泛化丢失了细节,但泛化后的数据更有意义,更易于展示。这有助于将多种无监督学习任务的学习结果进行一致表示。此外,与未进行泛化的大型数据集的无监督学习相比,规约后的数据进行无监督学习所需的 I/O 操作更少,更有效。因此,离散化技术和概念分层作为预处理步骤,在无监督学习之前而不是无监督学习过程中进行。

4.4 数据表示

4.4.1 一般数据的表示方法

1. 列表式

这是表达实验数据的最常用的方法。把实验数据列入简明合理的表格中,使得全部数据一目了然,便于进一步的处理、运算与检查。一张完整的表格应包含表的顺序号、名称、项目、说明及数据来源五项内容。因此,制作表格时要注意以下几点:

(1) 每张表格都应编有序号,有完全而又简明的名称。

(2) 表格的横排称为"行",竖排称为"列"。每个变量占表中一行,一般先列自变量,后列应变量。每一行的第一列应写出变量的名称和量纲。

(3) 每一行所记数据,应注意其有效数字位数。同一列数据的小数点要对齐。数据应按自变量递增或递减的次序排列,以显示出变化规律。

2. 图解法

通常是在直角坐标系中,用图解法表示实验数据,即用一种线图描述所研究的变量间的关系,使实验测得的各数据间的关系更为直观,并可由线图求得变量的中间值,确定经验方程中的常数等。现举例说明图解法在实验中的作用。

(1) 表示变量间的定量依赖关系。

将主变量做横轴,应变量做纵轴,所得曲线表示二变量间的定量关系。在曲线所示范围内,对应于任意主变量的应变量值均可方便地从曲线上读得。如温度计校正曲线、比色法中的吸光度—浓度曲线等。

(2) 求外推值。

对一些不能或不易直接测定的数据,在适当的条件下,可用做图外推的方法取得。所谓外推法,就是将测量数据间的函数关系外推至测量范围以外,以求得测量范围以外的函数值。但必须指出,只有在有充分理由确信外推所得结果是可靠时,外推法才有实际价值。即外推的那段范围与实测的范围不能相距太远,且在此范围内被测变量间的函数关系应呈线性或可认为是线性。外推值与已有的正确经验不能相抵触。例如,测定反应热时,两种溶液刚混合时的最高温度值不易直接测得,但可测得混合后随时间变化的温度值,通过做温度—时间图,外推得到最高温度值。

4.4.2 基于混合型数据的表示方法

数据可分为数值型数据、符号型数据和混合型数据。例如,匿名统计学生信息 S＝{身高,体重,班级}时,既统计身高、体重等数值型信息,也统计班级等符号型信息,这种类型的数据被称为混合型数据。

令 $X=\{X_1, X_2, \cdots, X_n\}$ 表示具 n 个样本的数据集,其中 $X_i=\{x_{i1}, X_{i2}, \cdots, X_{in}\}$ 表示第 i 个样本的 m 个属性,数据集表示成 $n \times m$ 的矩阵。对数据集进行 T 次聚类,$R_i=\{R_{i1}, R_{i2}, \cdots, R_{in}\}$ 表示第 i 个样本在 T 次聚类下的结果,基聚类结果表示成 $n \times T$ 的矩阵。

将基聚类结果看作原数据的符号型属性,其和原数据合并成一个 $n \times S$ 的混合型数据。混合型数据中 $X_i=\{X_{i1}, X_{i2}, \cdots, X_{im}, X_{i(m+1)}, \cdots, X_{is}\}$ 表示第 i 个样本的第 s 个属性,其中下标为 $1 \sim m$ 的属性为数值型属性,下标为 $m+1 \sim s$ 的属性为符号型属性,即基聚类。

对数据集进行 T 次 K-Means 聚类得到基聚类结果,为了将原数据类结构考虑到集成过程中,在集成策略的选择上将基聚类结果作为原数据的符号型属性,将符号型数据与原数据结合,看作一个混合型数据来进行聚类。聚类方法采用 K-Prototypes,对混合型数据进行 T 次 K-Prototypes 聚类,得到 T 个聚类集成结果。将 T 个聚类集成结果看作新的符号型数据集,代替原先的符号型数据再进行聚类集成,循环 Q 次结束,通过不断迭代优化,得到更好的基聚类。在最后一次得到的 T 个集成结果中,将目标函数值最小的集成结果选为最后的类标签。

算法具体步骤如下：

(1) 对数据集进行 T 次 K-Means 聚类，将基聚类结果看作数据集的符号型属性，将原数据与其合并成一个混合型数据。

(2) 在混合型数据中随机选取 T 个样本作为初始类原型。

(3) 对数据集中的每个样本，计算其与每个类原型的相异性，并将样本分配到与其最近的类原型所代表的类中。

(4) 重新计算每个类的类原型。数值型属性部分取类内全部对象的均值，符号型属性部分取出现次数最多的属性组成类原型。

(5) 循环(3)、(4)，直到每个类中的样本不再发生变化为止。

(6) 将(2)~(5)循环 T 次，用每次得到的结果矩阵替换(1)中的基聚类。

(7) 将(6)循环 Q 次结束，在最终的结果矩阵中选取结果类标签。

算法的最大优势在于在集成过程中既保证了最终结果对基聚类的一致性，也考虑了原数据类结构与结果的一致性。算法的时间复杂度为 $O(knstTQ)$，空间复杂度为 $O(ns)$，其中 k 为聚类的目标类数；n 表示数据集中的对象数；s 为混合型数据的属性个数；t 为(5)中的迭代次数；T 为(6)中的循环次数；Q 为(7)中的循环次数。

4.5 商务数据存储

以互联网发展为依托的人工智能和物联网技术，在改变生活方式的同时，也带来了数据规模的持续攀升，加速了数据集的增长态势。据统计，百度搜索引擎需要每天处理数据集达 100 PB，Facebook 每天新增 600 TB 数据。如何对这种超大规模数据进行有效存储和高效查询，已经成为人工智能和物联网应用的各行业普遍面临的突出问题。如何构建一套应用于大数据存储系统，能够在存储性能、功能、稳定性、易用性等方面均有良好表现，是大数据存储与管理面临的重要问题。

数据存储对象包括数据流在加工过程中产生的临时文件或加工过程中需要查找的信息。数据以某种格式记录在计算机内部或外部存储介质上。数据存储要命名，这种命名要反映信息特征的组成含义。数据流反映了系统中流动的数据，表现出动态数据的特征；数据存储反映系统中静止的数据，表现出静态数据的特征。

4.5.1 大数据文件存储策略

1. 小文件聚类策略

对于小文件写入 HDFS，要进行聚类合并。本文使用聚类策略为 MFCR(Most Frequent Conbin Read)最常读取组合策略，基本思想为，由 Master 维护一个 $n \times n$ 二维表 MFCR 表，其中 n 为最常读取数据的客户机个数，用这个二维表来记录客户机数据组合查询情况。文件合并模块中每个主机设置一个标志信息，标识目前该主机目前已缓存数据客户机编号。二维表中各 CR 系数(Conbin Read)初始化为 0，当查询结果来自客户机 s 和客户机 t 时，执行 $CRst = CRst + 1$ 操作。当缓存层 Master 监听到来自客户主机 a 发出的写文件请求时，判断文件为小文件需要合并后，同时遍历 MCR 系数表并询问各 Chunkserver 状态，找到最大 $CRab$，其中 b

为 Chunksever 中目前待合并数据客户主机编号,将该 Chunksever 编号返回给主机 a,建立 a 主机与该 Chunksever 连接,开始传输合并数据。在系统初始阶段,MFCR 表值为空,此时有客户机发出数据存储请求后,根据负载情况分配主机。

2. 大文件拆分算法

对于结构化的大数据,需要将数据拆分为若干个子表,以方便后期管理维护和查询等。当主节点接收到结构化数据的写请求后,由主节点中数据拆分模块完成数据分解,根据负载情况分配存储副本节点,再由副本节点执行递归算法,对文件大小进行二次判断,对超出阈值的文件进行二次分解,直至所有文件大小在写入缓存阈值范围内,最后由各副本节点异步写入缓存。本设计中对于结构化大数据拆分,采用基于列存储的关键字分组策略。设置数据集为 D,用于分组的关键字组合为 $k=\{k_1,k_2,\cdots,k_n\}$,分组时,先依据 k_1 对数据集划分,然后依据 k_2 取值不同在 k_1 分组的基础上继续分组,以此类推,直至分组结束。

4.5.2 数据中心存储技术

1. 传统存储技术

(1) DAS。

DAS 是使用时间最长的存储技术,其将外部存储设备和服务器总线直接相连。DAS 是服务器的一部分,依赖服务器操作系统实现数据的 I/O 读写操作。DAS 具有使用简单、技术成熟等优势,但其传输距离短、连接服务器的数量有限,并且服务器会制约存储数据的 I/O 读写性能。

(2) NAS。

NAS 是一种专用的网络文件存储服务器,通过网络协议与网络中的其他应用服务器相连,并以文件的方式传输数据,从而实现文件信息的存储和共享。NAS 将存储和服务器分离,确保应用服务器具有更多的计算资源,以满足用户的各种业务需求,减轻服务器的负载。NAS 具有可扩展性好、部署简单和性价比高等优势,但 NAS 采用的文件传输方式会带来巨大的网络协议开销,不适合存储数据访问速度要求高的应用场景。此外,NAS 没有解决数据备份和恢复过程中的网络带宽消耗问题。

(3) SAN。

SAN 是一种通过高速专用网络将存储设备和服务器相连的网络结构。与 NAS 的传输方式不同,SAN 采用数据块级别的 I/O 存取方式传输数据。根据数据传输过程中所采用的协议不同,SAN 技术可分为两种,即 FC SAN 和 IP SAN。FC SAN 将存储设备从以太网中分离出来,成为独立的存储区域网络,通过 FC 协议实现应用服务器和存储设备的高速互联。IP SAN 将 SCSI 指令集封装到 IP 协议中,通过 IP 网络运行 SCSI 协议,实现应用服务器和存储设备块级别的数据传输。IP SAN 构建在传统以太网的基础上,不需要专用的 FC 存储交换机,降低了部署成本,同时采用传统的以太网协议,突破了传输距离的限制。虽然 FC SAN 性能稳定可靠,技术成熟,但是配置复杂、成本昂贵。相比而言,IP SAN 具有部署简单、性价比高和扩展能力强等优点。

2. 分布式存储技术

(1) 分布式存储概述。

传统存储技术将数据集中存储在固定的中心节点,存储系统的性能往往受到中心节点的限制,不能实现横向扩展,很难满足大规模存储应用的需求。相比于传统的集中式存储,分布式存储具有更好的横向扩展能力、更强的数据处理能力以及更高的系统可靠性。分布式存储将数据分散存储在多个独立的节点,这些存储节点通过虚拟化软件整合成一个巨大的存储资源池。分布式存储系统中,每新增一个存储节点,不仅扩大了系统的总容量,而且提升了系统整体的I/O性能。分布式存储系统通常采用副本或者纠删码技术实现数据在其他存储节点中的冗余或校验,当一个存储节点发生故障时,整个系统仍然可以正常运行。由于体系架构上的明显优势,分布式存储克服了集中式存储在性能和容量方面的不足,能够满足数据中心对海量数据存储业务的需求。

(2) 软件定义存储。

软件定义存储是一种新的数据存储方式,理念是存储系统软件化,即把数据存储和策略控制部分从硬件平台中独立出来,并放置在软件中,采用软件和硬件平台解耦的方式提高存储系统的灵活性和对硬件平台的适应性。软件定义存储不需要使用专门为存储业务特殊设计的硬件平台,而是使用标准化的硬件平台。软件定义存储可以让用户按照不同应用的个性化需要求,精细化控制业务数据存储,其带来的直接优势是允许硬件平台和存储软件分别升级,极大地降低了数据中心运营的成本和复杂度。

(3) Server SAN。

基于服务器组成的分布式存储称为 Server SAN,也叫分布式块存储系统。它利用分布式存储软件将多个服务器中内置的存储设备抽象为一个共享存储,提供类似集中式存储的功能。Server SAN 的实现方式是将一个较大的数据块切成几个较小的切片,使用 Hash 算法将这些切片均衡放置到所有存储服务器的节点,每个切片在其他节点中保存多个副本。当某个节点的存储设备发生故障时,可以借助其他节点存储设备中的数据块进行快速重构。Server SAN 是软件定义存储的一种实现方式,有效地解决了集中式存储共享性能不足、横向扩展能力受限等问题。但是,当存储设备出现故障时,数据重构过程会占用较多的网络带宽,在一定程度上影响了前端用户的使用体验。

(4) 超融合。

超融合提供了一种更高效的数据存储方式,其将存储、计算和存储网络功能融合,允许在一台服务器上同时运行应用软件和存储软件,并且采用分布式架构,将多个服务器节点组成一个分布式系统,实现横向扩展,提高了数据弹性和存储效能。超融合的核心技术是软件定义,超融合架构是软件定义存储的具体实现,即通过内置硬盘的分布式计算节点,完成以往通过专用存储设备实现的应用,不需要部署复杂的高端专用存储系统,提高了存储管理的高度灵活性,极大地节约了管理成本。传统业务不是基于分布式系统而设计,应用存储设备时需要经历两个网络,而在超融合架构下,应用存储设备时只需跨越一个网络。

(5) 云存储。

云存储是一种网络在线存储模式,其核心技术之一是存储虚拟化。云存储在集群技术、网格技术和分布式存储技术的基础上,将任何形式的异构存储设备通过虚拟化软件进行整合,实现云存储中多个存储设备之间的协同工作,使这些设备共同为用户提供数据存储服务。云存储中,数据分散存储于多个存储设备,存储虚拟化技术统一分配管理存储设备,屏蔽了存储设备间的异构特性,实现了存储资源对用户的透明性,降低了构建、管理和维护存储资源的成本,从而提升了云存储的资源利用率。云存储实现了存储资源管理的自动化和智能化,所有的存储资源被整合在一起,用户看到的是单一存储空间。云存储能够实现规模效应和弹性扩展,降低了运营成本,避免了资源浪费。

4.6 常用的商务数据分析方法

数据分析是指用适当的统计分析方法对收集来的大量数据进行分析,提取有用信息和形成结论而对数据加以详细研究和概括总结的过程,是为了寻求问题的答案而实施的有计划、有步骤的行为。

4.6.1 常规方法

1. 描述性分析

最简单的数据分析形式是描述性分析。描述性分析列出并总结了数据集中每个变量的值。例如,如果调查受访者针对特定问题提供了1到10的评分,则描述性分析可能会显示每个评级的受访者数量和百分比,平均评分和中位数,模式或最常见评级,以及某些评分,中心趋势如标准差。描述性分析可熟悉数据集并识别数据问题,如未提供任何评级的受访者或显示响应为99%的数据。

描述性统计分析是应用统计特称、统计表、统计图等方法,对资料的数量特征及其分布规律进行测定和描述。描述性统计是进行高级数据分析的基础,如图4-1所示。

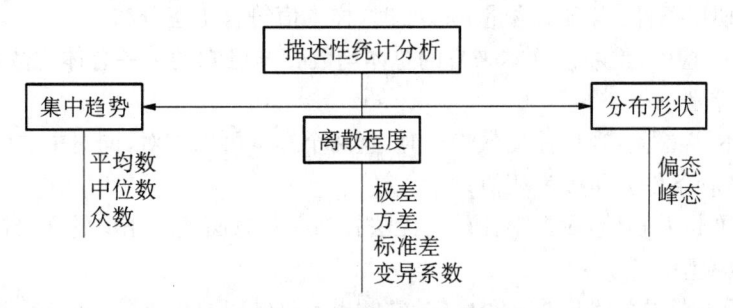

```
                描述性统计分析
                      |
      ┌───────────────┼───────────────┐
   集中趋势         离散程度         分布形状
      |                |                |
   平均数            极差             偏态
   中位数            方差             峰态
   众数             标准差
                   变异系数
```

图4-1 描述性数据分析图

2. 探索性分析

一旦了解了所拥有的数据,下一步就是寻找数据元素之间的关系,这称为探索性数据分析,一般侧重于变量之间的相关性。例如,一个数据集显示了孩子的蛀牙数量和其词汇量之间的极高相关性。然而,这并不意味着孩子有了更多的蛀牙,其词汇也会增长。可能还有其他因素导致数据集中没有的结果,如年龄。

3. 推理分析

为了制定消费者信心指数,会议委员会并未向每个消费者询问他对经济的信心。它使用推理分析,根据较小样本人口的数据得出消费者的结论。理解推理分析中使用的采样方法非常重要,因为通常可以通过选择不同的样本从相同的数据集中得出非常不同的结论。与许多推理分析一样,消费者信心指数从其数据集中选择随机样本,以便结果大致相同,无论选择何种样本。

4. 预测分析

预测分析在商业智能应用程序中非常流行。目标是使用拥有的数据来预测未知结果,然后根据该预测采取行动。例如,保险公司使用性别、年龄、婚姻状况和信用评分等数据来预测哪些客户最有可能发生事故。然后,他们提高了落入高风险群体的客户的保险费率。分析人员通过在已知结果的数据集的一部分上训练模型来开发预测模型,然后将模型应用于结果未知的剩余数据。

4.6.2　20种大数据分析方法

1. 描述统计

描述性统计是指运用制表和分类,图形以及计筭概括性数据来描述数据的集中趋势、离散趋势、偏度、峰度。

(1) 缺失值填充:常用方法有剔除法、均值法、最小邻居法、比率回归法、决策树法。

(2) 正态性检验:很多统计方法都要求数值服从或近似服从正态分布,所以之前需要进行正态性检验。常用方法:非参数检验的K-量检验、P-P图、Q-Q图、W检验、动差法。

2. 假设检验

(1) 参数检验。

参数检验是在已知总体分布的条件下(一般要求总体服从正态分布)对一些主要的参数(如均值、百分数、方差、相关系数等)进行的检验。

① U检验使用条件:当样本含量n较大时,样本值符合正态分布。

② T检验使用条件:当样本含量n较小时,样本值符合正态分布。

A. 单样本T检验:推断该样本来自的总体均数μ与已知的某一总体均数μ_0(常为理论值或标准值)有无差别;

B. 配对样本T检验:当总体均数未知时,且两个样本可以配对,同对中的两者在可能会影响处理效果的各种条件方面极为相似;

C. 两独立样本T检验:做配对比较时无法找到在各方面极为相似的两个样本。

(2) 非参数检验。

非参数检验不考虑总体分布是否已知,常常也不是针对总体参数,而是针对总体的某些一般性假设(如总体分布的位置是否相同,总体分布是否正态)进行检验。

适用情况:顺序类型的数据资料,这类数据的分布形态一般是未知的。

① 虽然是连续数据,但总体分布形态未知或者非正态;

② 总体分布虽然正态,数据也是连续类型,但样本容量极小,如10以下。

非参数检验主要方法包括卡方检验、秩和检验、二项检验、游程检验、K-量检验等。

3. 信度分析

检查测量的可信度,如调查问卷的真实性。

外在信度:不同时间测量时量表的一致性程度,常用方法为重测信度。

内在信度:每个量表是否测量到单一的概念,同时组成两表的内在体项一致性如何,常用方法分半信度。

4. 列联表分析

用于分析离散变量或定型变量之间是否存在相关。

对于二维表,可进行卡方检验;对于三维表,可做 Mentel-Hanszel 分层分析。列联表分析还包括配对计数资料的卡方检验、行列均为顺序变量的相关检验。

5. 相关分析

研究现象之间是否存在某种依存关系,对具体有依存关系的现象探讨相关方向及相关程度。

(1) 单相关:两个因素之间的相关关系叫单相关,即研究时只涉及一个自变量和一个因变量;

(2) 复相关:三个或三个以上因素的相关关系叫复相关,即研究时涉及两个或两个以上的自变量和因变量;

(3) 偏相关:在某一现象与多种现象相关的场合,当假定其他变量不变时,其中两个变量之间的相关关系称为偏相关。

6. 方差分析

使用条件:各样本须是相互独立的随机样本;各样本来自正态分布总体;各总体方差相等。

(1) 单因素方差分析:一项试验只有一个影响因素,或者存在多个影响因素时,只分析一个因素与响应变量的关系。

(2) 多因素有交互方差分析:一项实验有多个影响因素,分析多个影响因素与响应变量的关系,同时考虑多个影响因素之间的关系。

(3) 多因素无交互方差分析:分析多个影响因素与响应变量的关系,但是影响因素之间没有影响关系或忽略影响关系。

(4) 协方差分析:传统的方差分析存在明显的弊端,无法控制分析中存在的某些随机因素,使之影响了分析结果的准确度。协方差分析主要是在排除了协变量的影响后再对修正后的主效应进行方差分析,是将线性回归与方差分析结合起来的一种分析方法。

7. 回归分析

(1) 一元线性回归分析。

只有一个自变量 X 与因变量 Y 有关,X 与 Y 都必须是连续型变量,因变量 Y 或其残差必须服从正态分布。

(2) 多元线性回归分析。

使用条件:分析多个自变量与因变量 Y 的关系,X 与 Y 都必须是连续型变量,因变量 Y 或其残差必须服从正态分布。

① 变量筛选方式:选择最优回归方程的变量筛选法包括全横型法(CP 法)、逐步回归法、向前引入法和向后剔除法。

② 横型诊断方法:

A. 残差检验:观测值与估计值的差值要服从正态分布;

B. 强影响点判断:寻找方式一般分为标准误差法、Mahalanobis 距离法;

C. 共线性诊断:

a. 诊断方式:容忍度、方差扩大因子法(又称膨胀系数 VIF)、特征根判定法、条件指针 CI、方差比例。

b. 处理方法:增加样本容量或选取另外的回归(如主成分回归、岭回归等)。

(3) Logistic 回归分析。

线性回归模型要求因变量是连续的正态分布变量,且自变量和因变量呈线性关系,而 Logistic 回归模型对因变量的分布没有要求,一般用于因变量是离散时的情况。

Logistic 回归模型有条件与非条件之分,条件 Logistic 回归模型和非条件 Logistic 回归模型的区别在于参数的估计是否用到了条件概率。

(4) 其他回归方法。

非线性回归、有序回归、Probit 回归、加权回归等。

8. 聚类分析

样本个体或指标变量按其具有的特性进行分类,寻找合理的度量事物相似性的统计量。

(1) 性质分类。

Q 型聚类分析:对样本进行分类处理,又称样本聚类分析,使用距离系数(如欧式距离系数、极端距离系数、绝对距离系数等)作为统计量衡量相似度。

R 型聚类分析:对指标进行分类处理,又称指标聚类分析,使用相似系数(相关系数、列联系数等)作为统计量衡量相似度。

(2) 方法分类。

① 系统聚类法:适用于小样本的样本聚类或指标聚类,一般用系统聚类法来聚类指标,又称分层聚类。

② 逐步聚类法:适用于大样本的样本聚类。

③ 其他聚类法:两步聚类、K 均值聚类等。

9. 判别分析

(1) 判别分析。

根据已掌握的一批分类明确的样品建立判别函数,使产生错判的事例最少,进而对给定的一个新样品,判断它来自哪个总体。

(2) 与聚类分析的区别。

① 聚类分析可以对样本进行分类,也可以对指标进行分类;而判别分析只能对样本进行分类。

② 聚类分析事先不知道事物的类别,也不知道分几类;而判别分析必须事先知道事物的类别,也知道分几类。

③ 聚类分析不需要分类的历史资料,直接对样本进行分类;而判别分析需要根据分类历史资料去建立判别函数,然后才能对样本进行分类。

(3) 判别分析方法。

① Fisher 判别分析法:

以距离为判别准则来分类,即样本与哪个类的距离最短就分到哪一类,适用于两类判别;以概率为判别准则来分类,即样本属于哪一类的概率最大就分到哪一类,适用于多类判别。

② Bayes 判别分析法:

Bayes 判别分析法比 Fisher 判别分析法更加完善和先进,它不仅能解决多类判别分析,而且分析时考虑了数据的分布状态,所以一般较多使用。

10. 主成分分析

将彼此相关的一组指标变量转化为彼此独立的一组新的指标变量,并用其中较少的几个新指标变量综合反映原多个指标变量中所包含的主要信息。

11. 因子分析

一种旨在寻找隐藏在多变量数据中、无法直接观察到却影响或支配可测变量的潜在因子、并估计潜在因子对可测变量的影响程度以及潜在因子之间的相关性的一种多元统计分析方法。

与主成分分析比较：

如果相同：都能够起到济理多个原始变量内在结构关系的作用。

如果不同：主成分分析重在综合原始变适的信息，而因子分析重在解释原变量间的关系，是比主成分分析更深入的一种多元统计方法。

用途：

（1）减少分析变量个数；

（2）通过对变量间相关关系探测，将原始变量进行分类。

12. 时间序列分析

动态数据处理的统计方法，研究随机数据序列所遵从的统计规律，以用于解决实际问题；时间序列通常由4种要素组成：趋势、季节变动、循环波动和不规则波动。

主要方法：移动平均滤波与指数平滑法、ARIMA 模型、量 ARIMA 模型、ARIMAX 模型、向呈自回归模型、ARCH 族模型。

13. 生存分析

用来研究生存时间的分布规律以及生存时间和相关因素之间关系的一种统计分析方法。

（1）包含内容：

① 描述生存过程，即研究生存时间的分布规律。

② 比较生存过程，即研究两组或多组生存时间的分布规律，并进行比较。

③ 分析危险因素，即研究危险因素对生存过程的影响。

④ 建立数学模型，即将生存时间与相关危险因素的依存关系用一个数学式子表示出来。

（2）方法：

① 统计描述：包括求生存时间的分位数、中数生存期、平均数、生存函数的估计、判断生存时间的图示法，不对所分析的数据做出任何统计推断结论。

② 非参数检验：检验分组变量各水平所对应的生存曲线是否一致，对生存时间的分布没有要求，并且检验危险因素对生存时间的影响。

A. 乘积极限法（PL 法）。

B. 寿命表法（LT 法）。

③ 半参数横型回归分析：在特定的假设之下，建立生存时间随多个危险因素变化的回归方程，这种方法的代表是 Cox 比例风险回归分析法。

④ 参数模型回归分析：已知生存时间服从特定的参数模型时，拟合相应的参数模型，更准确地分析确定变量之间的变化规律。

14. 典型相关分析

相关分析一般分析两个变量之间的关系，而典型相关分析是分析两组变量（如3个学术能力指标与5个在校成绩表现指标）之间相关性的一种统计分析方法。

典型相关分析的基本思想和主成分分析的基本思想相似，它将一组变量与另一组变量之间单变量的多重线性相关性研究转化为对少数几对综合变量之间的简单线性相关性的研究，并且这少数几对变量所包含的线性相关性的信息几乎覆盖了原变量组所包含的全部相应信息。

15. 趋势分析

趋势分析是最简单、最基础，也是最常见的数据监测与数据分析方法。通常我们在数据分析产品中建立一张数据指标的线图或者柱状图，然后持续观察，重点关注异常值。

在这个过程中，我们要选定第一关键指标(One Metric That Matters，OMTM)，而不要被虚荣指标(Vanity Metrics)所迷惑。

以社交类 App 为例，如果我们将下载量作为第一关键指标，可能就会走偏；因为用户下载 App 并不代表他使用了你的产品。在这种情况下，建议将 DAU(Daily Active Users，日活跃用户)作为第一关键指标，必须是启动并且执行了某个操作的用户才能算上去，这样的指标才有实际意义，运营人员要主要关注这类指标。

趋势分析(Trend Analysis)最初由 Trigg's 提出，采用 Trigg's 轨迹信号(Trigg's Tracking Signal)对测定方法的误差进行监控。此种轨迹信号可反映系统误差和随机误差的共同作用，但不能对此二者分别进行监控。其后，Cembrowski 等单独处理轨迹信号中的两个估计值，使之可对系统误差和随机误差分别进行监控，其一即为"准确度趋势"(均数)指示系统——Trigg's 平均数规则，其二即为反映随机误差的"精密度趋势"(标准差)指示系统——Trigg's 方差卡方规则。趋势分析与传统的 Shewhart 控制图在表面上有类似之处，即用平均数来监测系统误差，而用极差或标准差来监测随机误差。然而，在趋势分析中，平均数(准确度趋势)和标准差(精密度趋势)的估计值是通过指数修匀(Exponential Smoothing)方法获得的。指数修匀要引入权数来完成计算，而测定序列的每一次测定中，后一次测定的权数较前一次为大，因此增加了对刚刚开始趋势的响应，起到了"预警"和"防微杜渐"的作用。

16. 用户分群

用户分群主要有两种分法：维度和行为组合。

第一种根据用户的维度进行分群，比如从地区维度分，有北京、上海、广州、杭州等地的用户；从用户登录平台进行分群，有 PC 端、平板端和手机移动端用户。

第二种根据用户行为组合进行分群，比如说每周在社区签到 3 次的用户与每周在社区签到少于 3 次的用户的区别，具体的会在后面的留存分析中介绍。

17. 漏斗分析

漏斗分析是一套流程式数据分析，它能够科学地反映用户行为状态以及从起点到终点各阶段用户转化率情况的重要分析模型。漏斗分析模型已经广泛应用于网站用户行为分析和 App 用户行为分析的流量监控、产品目标转化等日常数据运营与数据分析的工作中。

漏斗分析最常用的是转化率和流失率两个互补型指标。用一个简单的例子来说明，假如有 100 人访问某电商网站，有 30 人点击注册，有 10 人注册成功。这个过程共有三步，第一步到第二步的转化率为 30%，流失率为 70%；第二步到第三步转化率为 33%，流失率为 67%；整个过程的转化率为 10%，流失率为 90%。该模型就是经典的漏斗分析模型。

可以根据所从事业务的需求，设置"有序漏斗""无序漏斗"。

有序漏斗：严格限定漏斗多个步骤之间事件发生的顺序。

无序漏斗：不限定漏斗多个步骤之间事件发生的顺序。

比如某网站注册转化漏斗"查看首页-注册"当日触发"查看首页"的有1 000人,触发"注册"的有50人;第一步触发"查看首页"、第二步触发注册的有20人。那么,注册转化"查看首页-注册"无序漏斗的转化率为5%,有序漏斗的转化率为2%。

漏斗分析除了能帮助运营者找到哪些环节产生了泄漏,进一步分析堵住泄漏点,排除影响主进程转化的意外环节外,还可以结合时间趋势对比、多维度对比、客户类型细分分析、表单分析等高级分析功能,帮助我们分析转化趋势,挖掘用户细节行为。

漏斗分析要注意的两个要点:

第一,不但要看总体的转化率,还要关注转化过程中每一步的转化率;

第二,漏斗分析也需要进行多维度拆解,拆解之后可能会发现不同维度下的转化率也有很大差异。

18. 留存分析

留存分析是一种用来分析用户参与情况/活跃程度的分析模型,考察进行初始行为的用户中,有多少人会进行后续行为。这是用来衡量产品对用户价值高低的重要方法。产品用户留存分析方法是对某个或某批用户,在第一次使用产品后,以后每天的活跃情况。用户越活跃越能说明运营方向确立没有问题,侧面反映出了用户的质量较高、产品对用户的黏性很好、生命周期较长;相反则会反映出运营方向出现了误差,用户的质量较低、产品对用户的黏性低下、产品生命周期短。

衡量留存的常见指标有次日留存率、7日留存率、30日留存率等。

留存分析可以帮助回答以下问题:

一个新客户在未来的一段时间内是否完成了我们期许用户完成的行为,如支付订单等。

某个社交产品改进了新注册用户的引导流程,期待改善用户注册后的参与程度,如何验证?

想判断某项产品改动是否奏效,如新增了一个邀请好友的功能,观察是否有人因新增功能而多使用产品几个月?

分析留存数据可以得到非常有效的结论:

(1) 新周期内用户普遍在哪个时间点流失?

数据中一般新用户会在第二个周期内流失三到五成,下一个周期后剩一成也是常态,并且许多用户根本就没有用到产品的核心功能就流失了。

因此,在产品规划运营工作中,活动和产品设计越来越针对新进用户,有关于活跃新手的任务,加强用户对产品核心功能的体验。比如妇幼知识付费App,会给新进用户大量的优惠和现金抵扣。

(2) 各渠道引入的新用户存在的差异性较大,渠道运营策略需要调整。

在渠道运营中,将引流渠道留存进行留存率高低排序,可以发现某些渠道带来的用户量较大,留存却很低,能够进一步分析渠道质量或渠道弊端。对高流量低留存的渠道进行将投操作,以达到节约资源,优化渠道运营策略的目的。

(3) 通过周内维度计算用户留存率可以获得用户在产品中的生命周期。

单个用户生命周期的计算,一般采用末次活跃日期减去首次访问日期,除以当前周期新增用户即可得到所有用户的平均生命周期。这个结果刚好是每日留存之和。

19. 决策树分析

决策树分析法是一种运用概率与图论中的树对决策中的不同方案进行比较,从而获得最优方案的风险型决策方法。树是连通且无回路的有向图,入度为 0 的点称为树根,出度为 0 的点称为树叶,树叶以外的点称为内点。决策树由树根(决策节点)、其他内点(方案节点、状态节点)、树叶(终点)、树枝(方案枝、概率枝)、概率值、损益值组成。

决策树分析法是常用的风险分析决策方法。该方法是一种用树形图来描述各方案在未来收益的计算。比较以及选择的方法,其决策是以期望值为标准的。人们在未来可能会遇到好几种不同的情况,每种情况均有出现的可能,人们现无法确知,但是可以根据以前的资料来推断各种自然状态出现的概率。在这样的条件下,人们计算的各种方案在未来的经济效果只能是考虑到各种自然状态出现的概率的期望值,与未来的实际收益不会完全相等。

整个决策树由决策节点、方案分枝、状态节点、概率分枝和结果点五个要素构成。

决策树法是管理人员和决策分析人员经常采用的一种行之有效的决策工具。它具有下列优点:

(1) 决策树列出了决策问题的全部可行方案和可能出现的各种自然状态,以及各可行方法在各种不同状态下的期望值。

(2) 能直观地显示整个决策问题在时间和决策顺序上不同阶段的决策过程。

(3) 在应用于复杂的多阶段决策时,阶段明显,层次清楚,便于决策机构集体研究,可以周密地思考各种因素,有利于做出正确的决策。

当然,决策树法也不是十全十美的,它也有缺点,如使用范围有限,无法适用于一些不能用数量表示的决策;对各种方案的出现概率的确定有时主观性较大,可能导致决策失误;等等。

20. AARRR 分析法

AARRR 是 Acquisition、Activation、Retention、Revenue、Refer 这个五个单词的缩写,分别对应用户生命周期中的 5 个重要环节。

(1) 获取用户(Acquisition)。

这个阶段,最初大家最关心的数据是下载量。到今天,一些媒体的报道中也还经常用下载量来衡量一个应用的用户规模和是否成功。不过,下载了应用不等于一定会安装,安装了应用也不等于一定使用了该应用。所以激活量成为这个层次中大家最关心的数据,甚至是有些推广人员唯一关注的数据。通常激活量(即新增用户数量)的定义是新增的启动了该应用的独立设备的个数。从字面上看,激活量似乎更应该是第二层 Activation 的指标,但是因为下载量、安装量这些数据都比较虚,不能真实反映用户是否已经被获取,所以激活量才是真正获取到了新的用户的指标。

另一个非常重要的数据,就是分渠道统计的激活量。因为在渠道推广时,很多应用开发者选择了付费推广。结算的时候,自然要了解在某个渠道有多少真正激活的用户。即使没有付费关系,开发者也需要知道哪个渠道是最有效果的。

(2) 提高活跃度(Activation)。

看到活跃度,大家首先会想到的指标是 DAU(日活跃用户)、MAU(月活跃用户)。这两个数据基本上说明了应用当前的用户群规模,在网络游戏行业这是运营人员必看的两个指标。通常活跃用户是指在指定周期内有启动的用户。但是启动是否真的等于活跃呢?如果在指定周期内只启动了一次,而且时间很短,这样的用户活跃度其实并不高(当然对某些特殊的应用来说可能算高,如用来记录女性生理周期的应用,一个月启动一次就够了)。所以其实还要看另两个指标:每次启动平均使用时长和每个用户每日平均启动次数。当这两个指标都处于上涨趋势时,可以肯定应用的用户活跃度在增加。

针对使用时长和启动次数的渠道统计同样很重要。我们把它们称为渠道的质量数据,如果某个渠道上来的用户这两个指标很差,那么在这个渠道上投入太多是没有意义的。最典型的就是水货刷机的用户,很多预置的应用都是在刷机完成时被激活的。针对这种被动激活的用户,可以看另一个指标,叫一次性启动用户数量,也就是迄今为止只启动过一次的用户的数量。

除了渠道,另一个和活跃度相关的分析维度是版本。各个版本的使用时长和启动次数也会有差异。对产品经理来说,分析不同版本的活跃度差异有助于不断改进应用。

此外跟活跃度相关的,还有日活跃率、周活跃率、月活跃率这些指标。当然活跃率和应用的类别是很有关系的,比如桌面、省电类的应用的活跃率就比字典类的应用高。

(3) 提高留存率(Retention)。

有些应用在解决了活跃度的问题以后,又发现了另一个问题:"用户来得快、走得也快"。有时候我们也说是这款应用没有用户黏性。

我们都知道,通常保留一个老客户的成本要远远低于获取一个新客户的成本。所以狗熊掰玉米(拿一个、丢一个)的情况是应用运营的大忌。但是很多应用确实并不清楚用户是在什么时间流失的,于是一方面他们不断地开拓新用户,另一方面又不断地有大量用户流失。

解决这个问题首先需要通过日留存率、周留存率、月留存率等指标监控应用的用户流失情况,并采取相应的手段在用户流失之前,激励这些用户继续使用应用。

留存率跟应用的类型也有很大关系。通常来说,工具类应用的首月留存率可能普遍比游戏类的首月留存率要高。

(4) 获取收入(Revenue)。

获取收入其实是应用运营最核心的一块。极少有人开发一款应用只是纯粹出于兴趣,绝大多数开发者最关心的就是收入。即使是免费应用,也应该有其盈利的模式。

收入有很多种来源,主要有三种:付费应用、应用内付费以及广告。付费应用在国内的接受程度很低,包括 Google Play Store 在中国也只推免费应用。在国内,广告是大部分开发者的收入来源,而应用内付费目前在游戏行业应用比较多。

无论是以上哪一种,收入都直接或间接来自用户。所以,前面所提的提高活跃度、提高留存率,对获取收入来说,是必需的基础。用户基数大了,收入才有可能上升。

(5) 自传播(Refer)。

以前的运营模型到第四个层次就结束了,但是社交网络的兴起,使得运营增加了一个方面,就是基于社交网络的病毒式传播,这已经成为获取用户的一个新途径。这个方式的成本很低,而且效果有可能非常好;唯一的前提是产品自身要足够好,有很好的口碑。

从自传播到再次获取新用户,应用运营形成了一个螺旋式上升的轨道。而那些优秀的应用就很好地利用了这个轨道,不断扩大自己的用户群体。

通过 AARRR 模型可知,获取用户(推广)只是整个应用运营中的第一步,如果只看推广,不重视运营中的其他几个层次,任由用户自生自灭,那么应用的前景必定是暗淡的。

4.7 常用商务数据分析软件

4.7.1 常见的几种数据分析软件

1. Stata

Stata 以其简单易懂和功能强大受到初学者和高级用户的普遍欢迎。使用时可以每次只输入一个命令,也可以通过一个 Stata 程序一次输入多个命令。这样的话即使发生错误,也较容易找出并加以修改。尽管 Stata 的数据管理能力没有 SAS 那么强大,它仍然有很多功能较强且简单的数据管理命令,能够让复杂的操作变得容易。Stata 主要用于每次对一个数据文件进行操作,难以同时处理多个文件。Stata 也能够进行大多数统计分析(回归分析,Logistic 回归,生存分析,方差分析,因子分析,以及一些多变量分析)。Stata 最大的优势可能在于回归分析(它包含易于使用的回归分析特征工具),Logistic 回归(附加有解释 Logistic 回归结果的程序,易用于有序和多元 Logistic 回归)。

2. Eviews

Eviews 是 Windows 操作系统中计量经济学软件里的世界性领导软件,是对社会经济关系与经济活动的数量规律,采用计量经济学方法与技术进行"观察"。Eviews 因其强大灵活和便于使用的功能,使其在科学数据分析与评价、金融分析、经济预测、销售预测和成本分析等领域应用非常广泛。也是撰写计量模型论文最方便的软件之一。

3. SPSS

SPSS 非常容易使用,故最为初学者所接受。它有一个可以点击的交互界面,能够使用下拉菜单来选择所需要执行的命令。它也有一个通过拷贝和粘贴的方法来学习其"句法"语言,但是这些句法通常非常复杂而且不是很直观。SPSS 有一个类似于 Excel 的界面友好的数据编辑器,可以用来输入和定义数据(缺失值、数值标签等)。SPSS 主要用于对一个文件进行操作,难以胜任同时处理多个文件。它的数据文件有 4 096 个变量,记录的数量则是由用户的磁盘空间来限定。SPSS 也能够进行大多数统计分析(回归分析、Logistic 回归、生存分析、方差分析、因子分析、多变量分析)。它的优势在于方差分析(SPSS 能完成多种特殊效应的检验)和多变量分析(多元方差分析、因子分析、判别分析等)。

4. SAS

SAS 由于其功能强大而且可以编程,很受高级用户的欢迎,同时,它也是最难掌握的软件之一。使用 SAS 时需要编写 SAS 程序来处理数据,进行分析。如果在一个程序中出现一个错误,找到并改正这个错误是十分困难的。在数据管理方面,SAS 是非常强大的,能让用户用任何可能的方式来处理数据。它包含 SQL(结构化查询语言)过程,可以在 SAS 数据集中使用 SQL 查询。但是要学习并掌握 SAS 软件的数据管理需要很长的时间,在 Stata 或 SPSS 中,完成许多复杂数据管理工作所使用的命令要简单得多。SAS 能够进行大多数统计分析(回归分析、Logistic 回归、生存分析、方差分析、因子分析、多变量分析)。SAS 的最优之处可能在于它的方差分析、混合模型分析和多变量分析;而它的劣势主要是有序和多元 Logistic 回归(因为这些命令很难),以及稳健方法(它难以完成稳健回归和其他稳健方法)。

5. R 语言

R 语言与前几种软件相比,已经彻底上升为一款相当热门的编程软件了。这款软件强大、免费、包罗万象、开源、扩展性好、丰富的资源涵盖了多种行业数据分析中几乎所有的方法,是专门为统计和数据分析开发的语言,也是统计前沿的主流语言。R 与 SAS 相比,速度快、有大量统计分析模块,但可扩展性稍差、昂贵;与 SPSS 相比,具有复杂的用户图形界面,简单易学,但编程十分困难。

6. Matlab

Matlab 的应用范围非常广,包括信号和图像处理、通信、控制系统设计、测试和测量、财务建模和分析以及计算生物学等众多应用领域。附加的工具箱(单独提供的专用 Matlab 函数集)扩展了 Matlab 环境,以解决这些应用领域内特定类型的问题。数学函数可用于线性代数、统计、傅立叶分析、筛选、优化以及数值积分等。

7. Python

Python 非常简单,非常适合阅读。阅读一个良好的 Python 程序就感觉像是在读英语一样,尽管这个英语的要求非常严格。Python 的这种伪代码本质是它最大的优点之一,使用户能够专注于解决问题而不是去搞明白语言本身。Python 是 FLOSS(自由/开放源码软件)之一,可以自由地发布这个软件的拷贝、阅读它的源代码、对它做改动、把它的一部分用于新的自由软件中。Python 相比于 Matlab 的最大优势是:Python 是一门通用编程语言,实现科学计算功能的 Numpy、Scipy、Matplotlib 只是 Python 的库和 Package 而已,而这些科学计算数据处理的库,在处理大数据方面有奇效。

4.7.2 其他数据分析软件

1. 数说立方

数说立方是数说故事新推出的一款面向数据分析师的在线商业智能产品。最重要的特点是配备百亿级社交数据库,同时支持全网公开数据实时抓取,从数据源端解决分析师难点;另外数说立方搭载了分布式搜索、语义分析、数据可视化三大引擎系统的海量计算平台,实现数据处理"探索式分析"和"秒级响应"的两个核心功能。同时数说立方是数说故事三大主打产品之一,并与其他两大产品数说聚合和数说雷达实现从数据源、数据分析到数据展示完整的数据解决方案。

2. 数加平台

数加是阿里云发布的一站式大数据平台,可以提供数据采集、结构化、加工到展示分析整套的一站式数据服务。可采集不同系统及物理存储的源头数据,在分布式计算平台上进行数据的深度整合、计算、挖掘,将计算的结果通过可视化的工具进行个性化的数据分析和展现,也可直观地展示分析现有云上业务系统的数据库数据。

3. Tableau

Tableau 是目前市面上较为成功的 BI 工具。产品既有针对性,又有普适性。拖放式界面,操作简单。数据兼容性强,适用于多种数据文件与数据库,同时也兼容多平台,Windows、Mac、Online 均可使用。而且重要的一点是免费为用户安排现场培训或按需求进行在线培训。

4. Qlik

QlikView 只需轻轻单击几下,就可以对所有数据源进行合并、搜索、可视化和分析,可在不影响性能的前提下连接到多个数据源;其次视图种类丰富,界面简洁,互动性强,总体来说是一款简单易用的 BI 产品。Qlik 用户可通过各类可视化效果,将 Qlik 扩展到任何应用程序中。另外,用户也可以通过使用标准的和最新的网络 API,将可视化效果数据嵌入网站或应用程序。

5. Spotfire

Spotfire 服务对象是一线工作人员和日常决策人员,其交互界面形象易懂,无须写脚本语言和编写程序就可以对数据进行添加、分离操作。内置搜索引擎,可以随意查找任意信息。支持 R、S+ 等统计、挖掘功能;有丰富、开源的 R 模型。标记有自身特色,提供了过滤、钻取等功能,多个标记同时还可以实现图形化的集合运算。

6. 神策分析

神策分析的产品有完整的使用文档,每个模块都有详细的使用说明以及示例,降低了用户的学习成本。而且支持私有部署、任意维度的交叉分析,并帮助客户搭建专属的数据仓库。目前提供事件分析、漏斗分析、留存分析、数据管理等功能,未来预计会增加用户分群、用户人群分析、推送和异常维度组合挖掘等,工具需要付费使用。

7. BDP

BDP 个人版使用免费,只需导入数据,设定分析维度,即可实时得到图表分析结果。产品示例和视频教学很细致,交互页面很友好。每次数据更新,对应的图表也会自动更新,可以免去一些重复分析、制作图表的数据工作。另外,分享环节也很贴心,数据仪表盘可以一键导出,也可直接生成链接分享给他人或分享到微信、微博等社交平台。

8. 永洪 BI

永洪 BI 是一款可在前端进行多维分析和报表展现的 BI 软件。支持拖曳操作,数据源格式多样,提供不同级别的查询支持,支持跨库跨源连接。另外,永洪提供了一款数据存储、数据处理的软件——MPP 数据集市,可与 BI 打通,使得数据查询、钻取和展示的速度大幅度提高。不过其产品用户体验一般,拖曳过于自由,导致仪表盘布局不好控制;主题样式虽多,但给人感觉样式还是很传统。

9. 数据观

数据观的功能设计理念是极简、无门槛,所以它最大的特点就是简单。数据观数据来自云端,如百度网盘、微盘、Salesforce 等。数据上传后,马上有推荐图表,引导明确。另外,产品的使用没有技术门槛,无须专业 IT 知识,同时适用于非专业分析师出身的业务人员,可以快速地将数据转化成直观的图表,适合一开始接触数据分析工具的非专业数据从业人员。

10. FineBI

FineBI 分为数据处理、可视分析和分享公用三大功能模块。支持多种数据源,图表风格清爽美观,可选择任意维度分析。分析页面由控件和组件组成,控件和组件的数量是可以添加至任意多个,但是布局的交互比较僵硬,且使用逻辑有点乱,引导不明确。需要安装本地客户端才能使用。

11. 魔镜

魔镜支持自动拖拽建模,同时可视化效果库十分酷炫。用户可以邀请团队成员到自己的项目，合作进行探索分析，并且按照需求有效控制访问数据的成员权限。产品模块规划完整，有基础企业版到 Hadoop 等 5 种选择，而且可以支持定制化服务。但是可能是云平台版的缘故，使用过程中出现不少 BUG，企业版的体验可能会相对好一点。

12. Hadoop

Hadoop 是一个能够对大量数据进行分布式处理的软件框架，是以一种可靠、高效、可伸缩的方式进行处理的。Hadoop 是可靠的，因为它假设计算元素和存储会失败，因此它维护多个工作数据副本，确保能够针对失败的节点重新分布处理。Hadoop 是高效的，因为它以并行的方式工作，通过并行处理加快处理速度。Hadoop 还是可伸缩的，能够处理 PB 级数据。此外，Hadoop 依赖于社区服务器，因此它的成本比较低，任何人都可以使用。

Hadoop 是一个能够让用户轻松架构和使用的分布式计算平台。用户可以轻松地在 Hadoop 上开发和运行处理海量数据的应用程序。它主要有以下几个优点：

(1) 高可靠性。Hadoop 按位存储和处理数据的能力值得人们信赖。

(2) 高扩展性。Hadoop 是在可用的计算机集簇间分配数据并完成计算任务的，这些集簇可以方便地扩展到数以千计的节点中。

(3) 高效性。Hadoop 能够在节点之间动态地移动数据，并保证各个节点的动态平衡，因此处理速度非常快。

(4) 高容错性。Hadoop 能够自动保存数据的多个副本，并且能够自动地将失败的任务重新分配。

13. HPCC

HPCC 是 High Performance Computing and Communications（高性能计算与通信）的缩写。1993 年，由美国科学、工程、技术联邦协调理事会向国会提交了"重大挑战项目：高性能计算与通信"的报告，也就是被称为 HPCC 计划的报告，即美国总统科学战略项目，其目的是通过加强研究与开发解决一批重要的科学与技术挑战问题。HPCC 是美国实施信息高速公路而上实施的计划，该计划的实施将耗资百亿美元，其主要目标要达到：开发可扩展的计算系统及相关软件，以支持太位级网络传输性能，开发千兆比特网络技术，扩展研究和教育机构及网络连接能力。

该项目主要由五部分组成：

(1) 高性能计算机系统（HPCS），内容包括今后几代计算机系统的研究、系统设计工具、先进的典型系统及原有系统的评价等。

(2) 先进软件技术与算法（ASTA），内容有巨大挑战问题的软件支撑、新算法设计、软件分支与工具、计算计算及高性能计算研究中心等。

(3) 国家科研与教育网格（NREN），内容有中接站及 10 亿位级传输的研究与开发。

(4) 基本研究与人类资源（BRHR），内容有基础研究、培训、教育及课程教材，被设计通过奖励调查者开始的，长期的调查在可升级的高性能计算中来增加创新意识流。通过提高教育和高性能的计算训练和通信来加大熟练的和训练有素的人员的联营，并提供必需的基础架构，来支持这些调查和研究活动。

(5) 信息基础结构技术和应用（IITA），目的在于保证美国在先进信息技术开发方面的领先地位。

14. Storm

Storm 是自由的开源软件,一个分布式的、容错的实时计算系统。Storm 可以非常可靠地处理庞大的数据流,用于处理 Hadoop 的批量数据。Storm 很简单,支持许多种编程语言,使用起来非常有趣。Storm 由 Twitter 开源而来,其他知名的应用企业包括 Groupon、淘宝、支付宝、阿里巴巴、乐元素、Admaster 等。

Storm 有许多应用领域:实时分析、在线机器学习、不停顿的计算、分布式 RPC(远程调用协议,一种通过网络从远程计算机程序上请求服务)、ETL(Extraction-Transformation-Loading 的缩写,即数据抽取、转换和加载)等。Storm 的处理速度惊人:经测试,每个节点每秒钟可以处理 100 万个数据元组。Storm 可扩展、容错,很容易设置和操作。

15. Apache Drill

为了帮助企业用户寻找更为有效、加快 Hadoop 数据查询的方法,Apache 软件基金会近日发起了一项名为"Drill"的开源项目。Apache Drill 实现了 Google's Dremel。

据 Hadoop 厂商 MapR Technologies 公司产品经理 Tomer Shiran 介绍,"Drill"已经作为 Apache 孵化器项目来运作,将面向全球软件工程师持续推广。

该项目将会创建出开源版本的谷歌 Dremel Hadoop 工具(谷歌使用该工具来为 Hadoop 数据分析工具的互联网应用提速)。而"Drill"将有助于 Hadoop 用户实现更快查询海量数据集的目的。

"Drill"项目其实也是从谷歌的 Dremel 项目中获得灵感,该项目帮助谷歌实现海量数据集的分析处理,包括分析抓取 Web 文档、跟踪安装在 Android Market 上的应用程序数据、分析垃圾邮件、分析谷歌分布式构建系统上的测试结果等。

通过开发 Drill Apache 开源项目,组织机构将有望建立 Drill 所属的 API 接口和灵活强大的体系架构,从而帮助支持广泛的数据源、数据格式和查询语言。

第五章 电子商务智能物流管理

本章的知识点

智能物流的定义与特点;电子商务发展智能物流的基础条件与意义;电子商务智能物流管理的核心技术和基本设备等;电子商务智能物流系统的结构与功能;电子商务智能物流管理实施与应用中的要素和规划步骤等。

5.1 智能物流的定义与特点

5.1.1 智能物流的定义

所谓智能物流,就是电商企业利用集成的智能化技术,使得物流系统能够模仿人类的智能,从而具有思维、感知、学习、推理判断的能力,进而能够自行解决物流过程中出现的某些问题。因此,智能物流在未来的发展中将会展现出如下几个特点:智能化、一体化、层次化、柔性化与社会化。所谓"智能化",就是在物流作业的过程中,实现智能的运筹和决策;而"一体化"与"层次化"则是以物流的管理为核心,从而在物流过程中实现包装、运输、装卸和存储等环节的一体化以及智能物流体系的层次化;"柔性化"则更多体现在电商企业的智能物流在未来的发展将会更突出展现"以顾客为中心"的理念,并根据消费者的需求变化灵活调整自身的生产工艺;"社会化"则体现在电商企业的智能物流在未来的发展中将更多地以促进区域的经济发展与优化资源的配置为主,从而实现电商企业智能物流体系的社会化。

因此,我们在判断某个物流中心是否构建了"智能物流体系",只需要从其设备和数据是否进行了互联互通、是否实现了无人参与和自动判断、商品能否完好无损坏并快捷无误地送达消费者手中这三方面入手即可。而在这其中,成本低廉、效率较高以及客户体验优质则是我们判断该智能物流中心是否适应市场需求的标准。

5.1.2 智能物流的特点

智慧物流在发展中有三个特点:首先,它具有很强的纳入性,通过网络能够获取更多的数据信息,实现互联网之间的能力相通。其次,就是现代信息和传感技术。在互联网环境的推动下,可以促进物流发展的信息交换,实现在运营过程中对货物的清点及监督,降低物流发展中投资的浪费,以提高物流产业的优化以及客户对于服务的满意度。最后,采用互联网背景来实现物流的生产和配送。通过企业与客户之间的协同性调整,就可以将可控化、智能化、系统化、可视化、电子化、自动化作为智能物流发展的综合能力,形成智慧物流的发展概念。其中,智慧物流就包括自动化、智能化、信息化。所以智能物流在发展时,主要的部分就是它的自动化能力,真正实现智慧物流就要与仓储、配送等步骤融合在一起考虑,使其具备自动化的硬件外,各个环节都要具备相应的感知化和电子化,并对其建立起信息平台来完善智能物流的追溯化能力和可视化能力。

5.2 电子商务发展智能物流的基础与意义

5.2.1 电子商务发展智能物流的基础

1. 人力资源基础

智能物流虽然表现出智能化,是一个完善的物流体系,具有极其明显的复杂性与系统性,但仍离不开人的直接接触和管控,因此,职业的物流操控人员对智能物流的发展具有决定性的影响。从这个角度而言,人才是决定智能物流在今后良性发展的关键因素。而且,当前的物流市场急需高端的复合型人才,在这样的形势下,政府需要加大力度,采取积极的鼓励措施培养并扩充电商企业智能物流的人力资源基础。

2. 物联网发展基础

随着现代信息技术的发展,物联网已经广泛应用于我们生活的方方面面。物联网是电商企业的智能物流系统中最重要的应用之一,也是电商企业物流智能化发展的必然趋势,其借助了先进的科技,综合使用了先进的大数据信息系统,从而独立地完成商品的物流作业,实现了物流的智能化发展。在物联网中,最重要的就是智慧交通系统,其包含了数据的采集、传输系统、信息的处理系统以及控制系统,而其中的数据采集系统中,电商企业通过利用雷达技术和导航技术,有效地提高了对物品在交通信息方面实时的采集,为智慧交通信息处理提供及时而准确的数据。同时,信息传递系统将采集到的各种数据及时传送到智能管理平台上,通过专门的存储处理装置对信息进行筛选并处理,为物流两端的买卖双方提供有效的信息支持。

3. 车联网基础

在当前的物流环节中,不论是自建物流体系还是"四通一达+顺丰"的快递模式,都离不开交通系统。同样,在未来的智能物流体系建设中,交通物联网也是行业发展的必然趋势。因此,在传统智慧交通系统基础上进行的技术改造与理念创新,是实现"车联网"的基础,同时也为智慧交通发展开拓了更加美好的发展前景。此外,车联网极大地促进了交通网络更加有序地进行构建,使得物流在信息采集的宽度、广度以及信息的准确度与利用效率方面都更有优势。

5.2.2 电子商务发展智能物流的意义

1. 智能物流是现代商务发展的必然选择

物流的稳步发展推动了我国经济的进步,但是信息化在物流的应用方面与发达国家相比,差距仍然很大。虽然目前大型的电子商务企业进行联合,形成现代智能物流的大数据平台,跨境电商业务聚集区等,来提升智能物流发展的营销效率。但是,物流企业与电商企业的摩擦、信息安全风险大、法律法规漏洞等问题,这都是物流企业在发展智能转型方面的重点和难点。目前,在物流发展中,智能物流已成为企业发展的主流方向。2013年,我国就为加快物流企业发展出台了相应的信息建设对策;2014年又发布了第三方物流信息指导,希望从中对企业发展进行管理和规划;2015年物流企业在发展过程中,结构转型升级进入到推进期,企业景气指数超过60%;2016年企业景气指数比2015年增长了12%。所以行业在发展效率上就能看出明显的升高,物流对于人才的吸纳也越来越多,并形成了自己发展的空间。因此,智能物流的发展也是社会发展的必然选择。

2. 智能物流催生了新的物流模式

人类的演进是以自我为中心起步的,无论是婴儿的呱呱落地,还是社会人际关系的融合发展,均是将"我"视为事物发展坐标系的原点。物流的起步也是从企业自身的分工开始的。制造企业为了提升生产绩效,需要对生产或管理流程进一步细分,这时,就陆续从企业生产经营或管理机构中划分出一些部门,物流部门就是其中之一。这种由制造企业自己设置并运营管理的物流活动就是今天人们所称谓的"第一方物流"。

随着社会的进步,人类的商业体系逐步发达。商业精英利用其精明的谋划在统筹调节人类社会的生产和消费需求,产生了批发业和零售业。批发商或零售商为了主导由制造、批发或零售直至最终用户各环节所构成的价值链条,主动承担物品由制造环节向批发或零售环节的物流活动的运营,这就形成了"第二方物流"。

伴随生产工具的改进和区域连接道路的通畅,市场经济愈加发达,信息技术快速发展。集团之间的竞争模式不断创新,非核心业务变成了企业发展的瓶颈,将这部分业务外包变成了大家的共识,由居于制造商和批发、零售商之外的专司物流业务的企业承担,第三方物流商应运而生。第三方物流是相对于"制造商"主导的第一方物流、"批发或零售商"主导的第二方物流而言的,是社会化大生产背景下市场细分的产物。它是在信息流的支持下,由独立法人的物流企业实施的经营和管理的物流活动。

在信息共享理念下,价值链得到人们的普遍重视。供应链物流就是在这个背景下,产生的与"第一方物流""第二方物流""第三方物流"所不同的另一个概念。它不是依据从事物流活动的企业或部门的身份去定义,而是从价值链的视角,充分考虑在产供销"一条龙"上的各个企业整体绩效最优的条件下,去经营和管理物流活动的过程。其经营者一般由专业物流公司(即第三方物流商)承担。供应链物流作为一种新的物流模式,其最显著的特点在于它的一体性、协调性和优化性。它从整个物流活动的节点链考虑,追求整个链条的效率和效益,通过信息共享,有效规避风险。

人工智能增强了供应链管理的功能,有效支撑了跨境电商物流体系的运作。由于供应链管理一般都有一个核心节点,通过这个节点来整合链条上的各种资源。电商物流就是以电商平台为核心逐步形成的一种更专门化、专业化的供应链物流系统。电商物流是供应链物流的一种重要表现形式,是配合电商平台,实施商流、资金流、信息流和物流"四流"一体化运作的智能性物流体系。在大数据、云平台的引领下,逐步实现了以追求电商平台为核心节点的供应链系统的整体效益最优的运营目标。

3. 智能物流能够有效地提升物流效率

在当前大数据、人工智能环境下,对信息掌握的比例就意味着对资源市场占有的比例,各个环节产生的信息数据,均为市场反应提供准确的方向,抓住信息的准确性、及时效性就是掌握市场机遇。由于信息的价值衰减速度快、及时性要求高,所对应的物流就要求在其各个环节提高效率、把握速度。

在市场的多元化需求下,用户产生的偏好性的信息为物流服务商及商品流通商提供了很好的个性化服务需求,信息流在大数据环境下通过精确分析及有效提取,进一步赋予物流的精准化服务走向人性化和个性化。

物流与人工智能的融合完美地体现在物流平台的运营效率上。物流平台由于人工智能因素增强了对订单处理、线路优化、支付结算、风险控制诸环节的管理,大幅提升了时间效能和空间效能。另一方面,人工智能系统中的物流信息本身具有商业市场价值,通过物流信息在专业平台中的有效利用,并与物流相关要素有机组合,进而形成了现实的社会生产力,增强了物流供应链的整体效能。

4. 智能物流对电商平台的支撑强化了电商物流的地位

人工智能、互联网与电子商务毫无疑问是21世纪经济发展的主旋律。在这样的时代背景下,物流与电商平台融合发展应时而生。阿里的菜鸟网络、顺丰的速递、海尔的日日顺、京东的商城、中国邮政的EMS等,均是物流与电商融合的典型案例。

电商平台的产生,让民众的消费习惯发生了改变。便捷的操作,琳琅满目的商品,已让传统的市场消费方式受到了巨大的冲击。实体商品市场也在顺应时代发展背景,及时推出线上与线下相结合的经营模式,这时,优质的物流服务无疑将成为当前市场商品流通的重要支撑。

在电子商务平台实现了商品交易之后,就必须依靠高水平的第三方物流企业来进行商品派送服务。在物流服务过程中,为保持信息交流的及时性与高效性,电商平台与相关的物流企业必须建立相应的信息管理系统,以实现信息数据的实时联通。

"互联网+物流"不仅仅是物流模式的创新,更是现代信息技术、人工智能在物流这一新兴产业中的成功应用。人工智能时时调节仓储货物的调配,优化配送线路,共享市场信息,拓展了与电商平台相配套的专业物流体系的发展路径。

5. 降低企业成本

在很多的企业中,物流成本在整个销售过程中占很大比重,因此,利用现代化信息技术加强对物流活动的管理和各关键环节的控制,有效降低物流运转过程中的费用就成为企业降低成本的必经之路。

物流的成本一般包括库存、运输和物流管理。在库存方面主要用于仓储、包装、装卸和途中损耗等产生的费用。在运输成本上,由于部分地区的公路、铁路等基础设施尚不完善,网点分布不合理,极大地增加了运输成本。近年来,随着各地主干线的陆续连通,交通状况逐渐改善,有效地节约了物流的运输成本。在物流管理上,我国多数物流企业依靠管理者的经验,然而随着互联网的普及,传统的管理办法不适应信息化时代的物流管理要求,而与互联网结合的物流企业迅速崛起。

总之,智能物流能够在信息处理、系统整合以及成本控制等多方面实现高效化、精准化,从而帮助企业降低物流成本。

6. 提升消费者购物体验

随着互联网技术的发展,许多以前无法实现的事情都可以借助互联网完成。淘宝、京东的诞生,极大地缩短了商家和消费者的距离,价格更加实惠,购物方式也更为便利。电商的崛起颠覆了人们的消费方式,如今足不出户就可以轻松购物并享受送货上门的服务。同时,这也意味着消费者对于购物的体验好坏决定了企业的收益高低,只有能快速响应顾客,为顾客提供优质的产品以及迅速准确的物流服务,才能够在激烈竞争的市场站稳脚跟。

7. 智能物流有效地促进了各具体行业物流发展需求

冷链运输的高损耗现状,需要进行有效监督和预防。从世界电子商务的发展情况来看,目前我国电商的发展水平处于较高地位,但从物流系统的发展来看仍处于较低水平,特别是冷链物流发展的滞后,严重制约了我国网购向纵深发展的进程。冷链物流在我国之所以落后的原因一部分是智能化发展缓慢,无法实现物流、商业与信息的相互作用。因此智能物流能够有效促进我国冷链物流乃至我国网购向纵深发展。

智能化的改变可以有效地加快物流运送的效率,使得物流的价格成本能够降低。以医药领域为例,相关数据显示,我国中成药和化学药品的出厂价格并不高,分别只有市场零售价20%~25%和10%~20%。不过,落后的物流体系却大大抬升了医药物流成本,最终造成零售价格高昂。医药作为一种比较特殊的商品,会因商品品种、形态等方面的差异而对物流系统有着不同的要求。在冷藏运输系统上,要求依然很高。然而,大部分我国医药行业在物流体系中都采取自主经营。不仅导致了系统规模小、重复性严重,还导致不同医药厂商的物流体系难以在整体上形成协同效应。通过智能化对现有的医药物流体系进行改进和完善,不仅能够提高效率、降低成本,而且能大幅提高行业的市场竞争能力。

物流集约化和智能化转型,有利于拓展供应物流发展空间。与医药物流一样,当前我国汽车零部件供应物流系统也是相关供应商自建自营的。智能化变革还能够为原材料供应商、零部件供应商和整车厂商提供一个网络化、信息化和智能化的即时连接与交互平台,从而增强生产与物流的精准性和时效性。

对于许多行业来说,智能物流也是其物流周期短、周转性强特性的必然要求。以服装业为例,由于服装销售具有的很强的周期性和季节性,在生产销售过程中容易产生大量库存积压,甚至有些厂商的服装库存额几乎等同于市场销售额。产品的大量堆积和高额成本,势必会影响厂家的资金流转,并降低其可持续发展的能力。建设智能物流体系无疑是降低服装行业的产品成本、提高市场竞争能力的一个重要途径。

5.3 电子商务智能物流的核心技术

5.3.1 自动识别技术

自动识别技术是以计算机、光、机、电、通信等技术的发展为基础的一种高度自动化的数据采集技术。它通过应用一定的识别装置,自动地获取被识别物体的相关信息,并提供给后台的处理系统来完成相关后续处理的一种技术。它能够帮助人们快速而又准确地进行海量数据的自动采集和输入,在运输、仓储、配送等方面已得到广泛的应用。经过近30年的发展,自动识别技术已经发展成为由条码识别技术、智能卡识别技术、光字符识别技术、射频识别技术、生物识别技术等组成的综合技术,并正在向集成应用的方向发展。

1. 条码识别技术

条码识别技术是目前使用最广泛的自动识别技术,它是利用光电扫描设备识读条码符号,从而实现信息自动录入。条码是由一组按特定规则排列的条、空及对应字符组成的表示一定信息的符号。不同的码制,条码符号的组成规则不同。较常使用的码制有 EAN/UPC 条码、

128条码、ITF-14条码、交插二五条码、三九条码、库德巴条码等。条码识别技术的发展也先后经历了一维条码和二维条码技术阶段。

(1) 一维条码技术。

条码技术是最传统的一种自动识别技术。从20世纪70年代产生后经过30多年的发展，条码技术作为一种关键的信息标志和信息采集技术，在全球范围内得到了迅猛发展。国际上，随着应用的不断深入，条码技术正处于一个强劲的集成创新发展期，是商业贸易、物流、产品追溯、电子商务等领域的主导信息技术。国际上，从20世纪70年代至今，条码技术及应用都取得了长足的发展：条码技术介质由纸质发展到特殊介质甚至到手机载体；条码的应用已从商业领域拓展到物流、金融等经济领域，并向纵深发展，面向企业信息化管理的深层次的集成；条码技术产品逐渐向高、精、尖和集成化方向发展。根据美国的专业研究机构VDC(Venture Development Corp.)的统计，全球条码市场规模一直在持续稳步增长。到2008年，全球条码技术装备的市场规模将增长到155亿美元，其中美洲地区年平均增长率将超过6%，欧洲、中东和非洲地区年平均增长率接近7%，亚太地区年平均增长率将达到12%。国际条码技术产业的前景方兴未艾。随着应用的深入，条码技术装备也朝着多功能、远距离、小型化、软件硬件并举、安全可靠、经济适用方向发展，出现了许多新型技术装备。具体表现为：条码识读设备向小型化、与常规通用设备的集成化、复合化发展；条码数据采集终端设备向多功能、便携式、集成多种现代通信技术和网络技术的设备一体化发展，从而得到更加广泛和深入的应用。条码生成设备向专用和小批量印制方向发展。例如，基于GPRS(General Packet Radio Service,通用分组无线服务技术)、CDMA(Code Division Multiple Access,码分多址)的条码通信终端，使条码手段更为简便。技术在现场服务、物流配送、生产制造等诸多领域应用。又如，由于现阶段手机广泛普及，通信网络更加完整，于是，能够识读条码的手机可以成为一种集数据采集、处理、交互、显示、认证等多种功能为一体的移动式数据终端，实现手机价值的最大化。

我国条码产业经过多年的发展，从无到有，从小到大，目前已具雏形。我国从事条码识别技术的企业和科研院所已超过1 000多家，部分企业还开发出了具有自主知识产权的条码识别技术设备，并在利用国外先进技术和产品进行二次开发和集成应用等方面也取得重大突破。虽然，我国在低端条码设备上获得了一些技术突破和竞争优势，但是，拥有自主知识产权的条码技术和产品非常有限，大部分产品的核心技术还被国外企业所掌握。目前，国内市场上的产品主要来自国外自动识别产品制造商，并已经形成了较为完整的系列，应用到国内各个行业，在市场占有率、技术方面占有绝对优势。在知识产权方面，属国外企业所有的条码识读设备专利在全球范围内形成了一个庞大的技术壁垒。随着国内市场需求的增长，国外品牌产品在中国制造的趋势逐步显现。相比之下，我国能够研发、制造具有核心自主知识产权的条码采集器的厂商还为数不多，产品品种不全，标准化程度不高，尚不能稳定形成一定的市场份额。条码打印机的关键技术——打印头生产技术掌握在全球少数几家公司手里。目前，已有不少国产打印机系列产品，可为大量推广应用提供配套，年市场销量增长迅速，在技术指标、性能、质量上有了明显提高。总体上，我国条码打印设备生产企业品牌影响力不够大，国际市场竞争能力有待进一步提高。总体来说，目前我国条码技术产业还处于初级阶段，产业规模偏小，在国际市场上所占份额偏低，并且也与我国巨大的条码技术应用市场不相匹配。

(2) 二维条码技术。

二维条码是用某种特定的几何图形按一定规律在平面(二维方向)上分布的黑白相间的图

形记录数据符号信息的:在代码编制上巧妙地利用构成计算机内部逻辑基础的"0""1"比特流的概念,使用若干个与二进制相对应的几何形体来表示文字数值信息,通过图像输入设备或光电扫描设备自动识读以实现信息自动处理。二维条码能够在横向和纵向两个方位同时表达信息,因此能在很小的面积内表达大量的信息。

二维条码技术是在一维条码技术基础上发展而来的一种自动识别技术。一般来说,与一维条码相比,二维条码具有信息密度更高、容量更大,能够表示中文、英文等字符,具有纠错功能等特性,是一种具有独特技术特点与优势的自动识别技术。二维条码技术最早诞生于20世纪80年代,其发展经历了层排式—矩阵式的发展历程,众多国际自动识别巨头,如Symbol、Denso等公司都非常重视二维条码技术,研发完成了PDF417、QR、Data Matrix等二维条码码制并制定了相应的国际标准。与一维条码研制情况类似,二维条码的识读器市场也主要由国外企业(如Symbol、Denso、HHP、霍尼韦尔、卡西欧等)垄断。

目前,二维码已经是一项非常成熟的技术,在许多国家已经开始广泛的应用。目前全球一维码、二维码的码制多达250种以上,其中常见的有PDF417、QRCode、DM等,众多的码制中以DM码与QR码的应用最为广泛。DM码起源于1989年,包括NASA、USDOD两种标准,DM的特点是采用了复杂的纠错码技术,该码有超强的抗污染能力,目前DM码是韩国市场上的主流码制,我国移动与福建新大陆公司共同运营的翼码项目中也采用DM码制。QR码是日本DENSO公司于1994年研制成功的,这个码制的特点就是可以高效地表示汉字,是日本主流的二维码技术标准。

2. 射频识别技术(RFID)

射频识别(Radio Frequency Identification,RFID)技术是20世纪90年代开始兴起的一种非接触式自动识别技术,基本原理是利用射频信号通过空间耦合实现无接触信息传递,并通过所传递的信息达到识别目的。它是一种利用射频方式进行非接触式双向通信的自动识别技术,具有多目标识别、非接触识别、高速物体识别、抗干扰能力、具备耐久性等相关特征,展现了巨大的发展的潜力,是21世纪最有发展前途的信息技术之一。

当RF标签进入读写器的读取范围时,标签和读写器之间建立起无线方式的通信链路,标签向读写器发送存储在标签内的自身信息,读写器接受这些信息并进行解码,然后传送给后台计算机处理,从而完成整个信息处理过程。

RFID技术实际上发展较早,早在20世纪的60年代,RFID技术的理论就已经得到了发展,并且开始了相关的尝试性应用。但是一直到了20世纪90年代,这项技术才真正实现了较有规模的商业应用,经过这些年的发展,13.56MHZ以下的RFID技术已经日趋成熟。目前业界着力攻关的是860MHZ到960MHZ的高频段领域,这些远距离RFID技术的发展非常快。

综合来说,RFID技术大致经历了下述发展历程:

1961—1970年RFID技术理论得到发展,开始应用性尝试。

1971—1980年这段时期是RFID技术与相关产品取得较大发展的时期,各种RFID技术的测试以及研究工作开始开展,出现了最早的RFID应用。

1981—1990年RFID技术及相关产品开始进入商业应用阶段,各种封闭系统应用开始出现。

1991—2000年RFID技术标准化问题日益得到重视,相关的一些标准开始规划与出台,产品应用范围逐步广泛。

2000年—至今,标准化问题逐步解决,产品种类更加丰富,有源电子标签、无源电子标签及半无源电子标签都得到了发展,电子标签成本不断下降,各类商业应用层出不穷。

传统RFID技术基本由射频标签、射频识读器以及计算机应用系统3部分构成。随着RFID技术自身以及互联网技术的飞速发展,RFID技术开始与网络技术结合,并于2002年诞生了具有革命性的物联网概念。按照该概念的构想,加贴了射频标签(在EPC系统中称为EPC标签)的物品在整个物流供应链中进行流转,通过识读EPC标签,能够随时随地记录与通过网络获取与物品物流过程有关的信息,从而提供跨系统的供应链透明度。这一概念带来了RFID技术研发与应用的热潮,RFID技术也被人们视为是下一代最具有发展前途的自动识别技术。

近年来,国际上对国际RFID技术发展投入巨大,新的技术、产品与应用模式层出不穷,总体来说,国际RFID技术发展呈现出技术研发驱动的模式。虽然中国的RFID产业发展较晚,但是几年来仍然取得了长足的进步,RFID广泛应用于餐饮、物流、零售、制造、医疗、身份识别、支付等众多领域,大大改善了人们的生活质量,提高了企业的经济效益,加强了公共安全。根据ABI公司的预测,在未来的几年内中国的RFID产业将保持每年30%及其以上的良好增长态势。

RFID与二维码技术相比,其共同优点在于可非接触式识读,且保密性好,抗污性强。相对而言,RFID的容量上限要高出许多,可读写而具有回收再利用价值,且读取时可作用于高速运动物体,并可同时识别多个标签,操作更快更方便;缺点就是用户推广成本高,更新成本也高。而二维码最大的相对优势就是通过手机向用户发布,快捷方便,成本低廉。

3. 生物识别技术

生物识别技术是利用人类自身生理或行为特征进行身份认定的一种技术。生物特征包括手形、指纹、脸形、虹膜、视网膜、脉搏、耳郭等,行为特征包括签字、声音等。由于人体特征具有不可复制的特性,这一技术的安全性较传统意义上的身份验证机制有很大的提高。人们已经发展了虹膜识别技术、视网膜识别技术、面部识别技术、签名识别技术、声音识别技术、指纹识别技术等六种生物识别技术。

5.3.2 数据挖掘技术

数据仓库出现在20世纪80年代中期,它是一个面向主题的、集成的、非易失的、时变的数据集合,数据仓库的目标是把来源不同的、结构相异的数据经加工后在数据仓库中存储、提取和维护,它支持全面的、大量的复杂数据的分析处理和高层次的决策支持。数据仓库使用户拥有任意提取数据的自由,而不干扰业务数据库的正常运行。数据挖掘是从大量的、不完全的、有噪声的、模糊的及随机的实际应用数据中,挖掘出隐含的、未知的、对决策有潜在价值的知识和规则的过程。一般分为描述型数据挖掘和预测型数据挖掘两种。描述型数据挖掘包括数据总结、聚类及关联分析等,预测型数据挖掘包括分类、回归及时间序列分析等。其目的是通过对数据的统计、分析、综合、归纳和推理,揭示事件间的相互关系,预测未来的发展趋势,为企业的决策者提供决策依据。

从商业角度看,数据挖掘是一种商业信息处理技术,特点是对商业数据库中的数据进行抽取、转换、分析等,从中提取可用于辅助商业决策的关键数据。数据挖掘的目标是从大量数据中,发现隐藏于其后的规律或数据间的关系,从而服务于决策。数据挖掘一般有以下几类任务。

1. 分类

分类分析就是通过分析样本数据库中的数据,为每个类别做出准确的描述,或挖掘出分类规则,然后用这个分类规则对其他记录进行分类。

2. 聚类

聚类是把一组个体按照相似性归成若干类别,即"物以类聚"。聚类将没有分类的记录,在不知道应分成几类的情况下,按照数据内在的差异性,合理地划分成几类,并确定每个记录所属类别。

3. 关联分析

数据关联是数据库中存在的一类重要的可被发现的知识。若两个或多个变量的取值之间存在某种规律性,就称为关联。关联分析的目的是找出数据库中隐藏的关联网。

4. 预测

预测是根据对象属性之过去观察值来预测该属性未来之值。数据挖掘自动地在大型数据库中寻找预测性信息。

5. 偏差检测

数据库中的数据常有一些异常记录,称之为偏差。偏差包括很多潜在的知识,如分类中的反常实例、不满足规则的特例等。

现代物流系统是一个庞大复杂的系统,特别是全程物流,包括运输、仓储、配送、搬运、包装和再加工等环节,每个环节信息流量十分巨大,使企业很难对这些数据进行及时、准确的处理。为了帮助决策者快速、准确地做出决策,提高企业的运作效率,降低物流成本、增加收益,就需要一种新的数据分析技术来处理数据。数据挖掘技术能帮助企业在物流信息系统管理中及时、准确地收集和分析各种信息,对客户的行为及市场趋势进行有效的分析,了解不同客户的爱好,从而为客户提供有针对性的产品和服务,提高各类客户对企业和产品的满意度。

物流决策系统是一种结合了数据挖掘和人工智能的新型经营决策系统,主要通过人工智能对从原料采购、加工生产、分销配送到商品销售的各个环节的信息进行采集,并利用数据仓库和数据挖掘对其进行分析处理,确定相应的经营策略。

数据仓库作为数据挖掘的基础,它具有面向主题的、集成的、随时间变化的特性。各个联机事务处理系统作为数据仓库的原始数据源,以文件方式提供企业在日常活动中收集的数据资料和报表,同时还有大量的外部信息等数据。基于数据挖掘的物流信息的体系结构主要由以下几部分组成:

(1)采购进货管理系统。主要功能是面对供货商的作业,包括向厂商发出订购信息或接收厂商的出货信息、采购决策、存货控制、采购价格管理等信息管理子系统。

(2)销货出货管理系统。其功能是收集客户需求信息、记录客户购买信息、管理销售价格、处理应收货款及退款等。

(3)库存储位管理系统。该系统包括储存管理、进出货管理、机械设备管理、流通加工等功能子系统,负责相关信息的处理。

(4)财务管理和结算系统。财务管理系统主要功能是对销售管理系统和采购系统所形成的应付、应收账进行会计操作,同时对物流中心的整个业务与资金进行平衡、测算和分析,编制财务报表,并与银行进行转账。结算系统主要功能是利用现有的业务信息管理系统和计算机处理能力,自动地为客户提供各类业务费用信息,为广大物流企业的自动结算提供一套完整的解决方案。

(5) 运输配送管理系统。该系统包括出货配送管理、运输调度计划、分配计划等功能子系统。

(6) 物流分析系统。其主要功能是应用 GIS 技术与运筹决策模型,完善物流分析技术。

(7) 物流决策支持系统。此系统的功能获取内部各系业务信息,取得外部信息,并结合内部和外部信息编制各种报告,提供分析图表。通过建立决策支持系统,及时地掌握商流、物流、资金流和信息流所产生的信息并加以利用,在数据仓库技术、运筹学模型的基础上,运用数据挖掘工具对历史数据进行多角度、立体的分析,实现对物流中心的资源的综合管理,为决策提供科学决策的依据。

随着物流信息化水平的提高,物流战略已从内部一体化向外部一体化转变,数据挖掘有效地促进企业的业务处理过程重组,改善并强化对客户的服务,强化企业的资产,负债管理,促进市场优化,加速资金周转,实现企业规模优化,有效地提高企业的竞争力。

5.3.3 人工智能技术

人工智能就是探索研究用各种机器模拟人类智能的途径,使人类的智能得以物化与延伸的一门学科。它借鉴仿生学思想,用数学语言抽象描述知识,用以模仿生物体系和人类的智能机制,主要的方法有神经网络、进化计算和粒度计算三种。

1. 神经网络

神经网络是在生物神经网络研究的基础上模拟人类的形象直觉思维,根据生物神经元和神经网络的特点,通过简化、归纳,提炼总结出来的一类并行处理网络。神经网络的主要功能主要有联想记忆、分类聚类和优化计算等。虽然神经网络具有结构复杂、可解释性差、训练时间长等缺点,但由于其对噪声数据的高承受能力和低错误率的优点,以及各种网络训练算法如网络剪枝法和规则提取算法的不断提出与完善,使得神经网络在数据挖掘中的应用越来越为广大使用者所青睐。

2. 进化计算

进化计算是模拟生物进化理论而发展起来的一种通用的问题求解的方法。因为它来源于自然界的生物进化,所以它具有自然界生物所共有的极强的适应性特点,这使得它能够解决那些难以用传统方法来解决的复杂问题。它采用了多点并行搜索的方式,通过选择、交叉和变异等进化操作,反复迭代,在个体的适应度值的指导下,使得每代进化的结果都优于上一代,如此逐代进化,直至产生全局最优解或全局近优解。其中最具代表性的就是遗传算法,它是基于自然界的生物遗传进化机理而演化出来的一种自适应优化算法。

3. 粒度计算

早在 1990 年,我国著名学者张钹和张铃就进行了关于粒度问题的讨论,并指出"人类智能的一个公认的特点,就是人们能从极不相同的粒度上观察和分析同一问题。人们不仅能在不同粒度的世界上进行问题的求解,而且能够很快地从一个粒度世界跳到另一个粒度世界,往返自如,毫无困难。这种处理不同粒度世界的能力,正是人类问题求解的强有力的表现"。随后,Zadeh 讨论模糊信息粒度理论时,提出人类认知的三个主要概念,即粒度(包括将全体分解为部分)、组织(包括从部分集成全体)和因果(包括因果的关联),并进一步提出了粒度计算。他认为,粒度计算是一把大伞,它覆盖了所有有关粒度的理论、方法论、技术和工具的研究。目前主要有模糊集理论、粗糙集理论和商空间理论三种。

市场研究公司 IDC 预测,到 2020 年,50%的成熟供应链将使用人工智能和高级数据分析。人工智能程序和机器人不会像人一样感到劳累,也不会感到厌烦和失误,它们可以被用来做任何事情,从最基层的、重复的工作到供应链中复杂的规划。这不再是遥远未来的幻想,在一些供应链中,这些已经迅速成为经营中的一个重要组成部分。这即将会颠覆我们所熟知的行业,就像电商一样,颠覆了人们整个购物方式。

5.3.4 GIS 技术

GIS(Geographic Information System 或 Geo-Information System,地理信息系统)是打造智能物流的关键技术与工具,使用 GIS 可以构建物流一张图,将订单信息、网点信息、送货信息、车辆信息、客户信息等数据都在一张图中进行管理,实现快速智能分单、网点合理布局、送货路线合理规划、包裹监控与管理。

GIS 技术可以帮助物流企业实现基于地图的服务,比如以下几点:

(1) 网点标注。将物流企业的网点及网点信息(如地址、电话、提送货等信息)标注到地图上,便于用户和企业管理者快速查询。

(2) 片区划分。从"地理空间"的角度管理大数据,为物流业务系统提供业务区划管理基础服务,如划分物流分单责任区等,并与网点进行关联。

(3) 快速分单。使用 GIS 地址匹配技术,搜索定位区划单元,将地址快速分派到区域及网点,并根据该物流区划单元的属性找到责任人以实现"最后一公里"配送。

(4) 车辆监控管理系统,从货物出库到到达客户手中全程监控,减少货物丢失;合理调度车辆,提高车辆利用率;各种报警设置,保证货物司机车辆安全,节省企业资源。

(5) 物流配送路线规划辅助系统用于辅助物流配送规划。合理规划路线,保证货物快速到达,节省了企业资源,提高了用户满意度。

(6) 数据统计与服务,将物流企业的数据信息在地图上可视化直观显示,通过科学的业务模型、GIS 专业算法和空间挖掘分析,洞察通过其他方式无法了解的趋势和内在关系,从而为企业的各种商业行为,如制定市场营销策略、规划物流路线、合理选址分析、分析预测发展趋势等构建良好的基础,使商业决策系统更加智能和精准,从而帮助物流企业获取更大的市场契机。

5.4 电子商务智能物流的基本设备

5.4.1 动态信息采集设备

企业竞争的全球化发展、产品生命周期的缩短和用户交货期的缩短等都对物流服务的可得性与可控性提出了更高的要求,实时物流理念也由此诞生。如何保证对物流过程的完全掌控,物流动态信息采集应用技术是必需的要素。动态的货物或移动载体本身具有很多有用的信息,如货物的名称、数量、重量、质量、出产地或者移动载体(如车辆、轮船等)的名称、牌号、

GPS 知识应用位置、状态等一系列信息。这些信息可能在物流中反复的使用，因此，正确、快速读取动态货物或载体的信息并加以利用可以明显地提高物流的效率。

5.4.2 物流自动化设备

物流自动化设备技术的集成和应用的热门环节是配送中心，其特点是每天需要拣选的物品品种多、批次多、数量大。因此在国内超市、医药、邮包等行业的配送中心部分地引进了物流自动化拣选设备。一种是拣选设备的自动化应用，如北京市医药总公司配送中心，其拣选货架（盘）上配有可视的分拣提示设备，这种分拣货架与物流管理信息系统相连，动态地提示被拣选的物品和数量，指导着工作人员的拣选操作，提高了货物拣选的准确性和速度。另一种是一种物品拣选后的自动分拣设备。用条码或电子标签附在被识别的物体上（一般为组包后的运输单元），由传送带送入分拣口，然后由装有识读设备的分拣机分拣物品，使物品进入各自的组货通道，完成物品的自动分拣。分拣设备在国内大型配送中心有所使用。但这类设备及相应的配套软件基本上是由国外进口，也有的是进口国外机械设备，国内配置软件。立体仓库和与之配合的巷道堆垛机在国内发展迅速，在机械制造、汽车、纺织、铁路、卷烟等行业都有应用。例如，昆船集团生产的巷道堆垛机在红河卷烟厂等多家企业应用了多年。国产堆垛机在其行走速度、噪音、定位精度等技术指标上有了很大的改进，运行也比较稳定。但是与国外著名厂家相比，在堆垛机的一些精细指标如最低货位极限高度、高速（80 米/秒以上）运行时的噪音，电机减速性能等方面还存在不小差距。

5.4.3 信息跟踪和控制设备

物流设备跟踪主要是指对物流的运输载体及物流活动中涉及的物品所在地进行跟踪。物流设备跟踪的手段有多种，可以用传统的通信手段如电话等进行被动跟踪，可以用 RFID 手段进行阶段性的跟踪，但目前国内用得最多的还是利用 GPS 技术跟踪。GPS 技术跟踪利用 GPS 物流监控管理系统，它主要跟踪货运车辆与货物的运输情况，使货主及车主随时了解车辆与货物的位置与状态，保障整个物流过程的有效监控与快速运转。物流 GPS 监控管理系统的构成主要包括运输工具上的 GPS 定位设备、跟踪服务平台（含地理信息系统和相应的软件）、信息通信机制和其他设备（如货物上的电子标签或条码、报警装置等）。

5.5 电子商务智能物流系统结构与功能

5.5.1 系统结构

1. 智能物流服务系统的总体框架结构

智能物流服务平台是指在物流行业的建设与发展中，在生产经营、安全管理领域，充分应用信息通信技术，智慧的感知、分析、协同以应对企业在智能运输与经营活动中的需求，同时可以协同物流企业更好地管理下属的运力，创造一个安全高效的物流系统。该平台是利用标准化物流服务平台结合一体化智能终端实现物流在途监控，物流订单管理，物流服务过程作业管理，服务过程支付结算等物流行业信息化服务需求；是将货物、金融及信息整合为一体的一个智能服务平台。物流服务平台基于 Web 2.0 软件开发理念创新性地提出开放式、交互性的物流服务平台建设思路,旨在为物流公司提供标准化的物流作业服务、信息资讯服务、支付结算服务、电子商务服务等。一体化智能终端则利用最新的 GPRS 通信、二维码、RFID 等技术开发技术,实现物体识别,信息实时采集,刷卡移动支付等物联网行业应用。终端与平台的一体化解决方案在方案的完整性、技术的前瞻性、业务的扩展性上都独具特色,开创了互联网时代的物流信息化的新模式。智能商务的总体框架结构如图 5-1 所示。

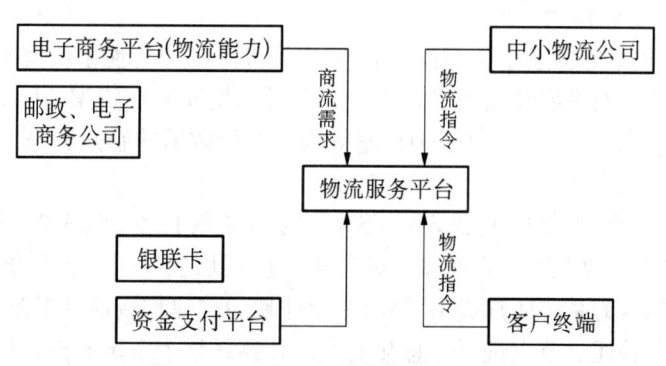

图 5-1 智能商务的总体框架结构图

物流服务平台旨在整合电子商务平台、资金支付平台,借助平台行业软件以及数据信息终端为中小物流公司提供物流管理服务订单需求管理、物流过程管理、订单支付结算。物流服务平台作为核心节点,起到整合其他各个节点的作用。该平台可以直接对接电子商务平台获取商流信息以及物流需求,通过服务平台转发给可以承接的中小物流公司,同时进行成本和风险的控制。此外物流服务平台还提供客户终端的接入,快递员可以将取派件的信息上传至物流服务平台,由平台统一转发至相应的物流公司管理系统,实现对物流过程的管理。与资金支付平台的对接则为物流公司提供了丰富的资金结算方案,可以借助支付渠道进行代收货款,代收代付等业务,未来还可以结合平台自身的信用体系引入商业融资等其他业务。综合来说,该平台的定位就是整合商流、物流、资金流等数据流,并在整合的基础上提供各种衍生应用,满足行业多样化的需求。

该平台基于二维码、RFID 射频识别技术、GPS 电子定位技术、网络视频技术、无线通信技术将人员、设备以及网络连接起来,通过信息交互与通信实现更为高效的管理与资源分配,实现人与人、人与物、物与物间的通信与互动。

通过智能物流服务平台可以针对海量的运单需求信息进行整理,实现高效的一次分配,体现集约、节能、低成本的相关特性。中小物流公司只需要通过一台电脑就可以直接访问智能物流服务平台,获得物流行业需求,通过该平台完成订单合约签订、订单执行等操作,同时通过该平台对取货、送货等整个环节进行统一过程管理,同时实现自己的结算。其对于电子商务行业具有重大意义,解决电子商务过程中信息流、资金流、信用流、商流、物流整合的问题。完善物流信息平台就是完善电子商务,并且可以利用物流平台实现支付、商务过程验证等具体的服务功能。目前业内其实存在两种模式:模式一,类似星晨急便与阿里巴巴合作的"云物流"模式,通过云物流信息平台与电子商务平台的对接提供物流信息服务,整合社会运输资源,实现"多流整合"。模式二,类似京东商城的方式,使用自建物流体系的方式来实现物流过程中的"多流整合"。智能物流服务平台属于上述提到的模式一的范畴。

与平台对接的电子商务网站为平台提供海量的需求信息,源自电子商务网站的订单会产生对应的物流运输需求。智能物流服务平台根据订单信息提供的相关数据进行优化配置,然后指导匹配的物流企业进行实体的运输,当物品到达离客户"最后一公里"时,持有物联网信息终端(移动POS终端)的配送人员可以通过这个终端识别运输的物品,整合其所有运单后通过物流信息平台的服务器快速计算最优的配送路径,将物品以最小的成本送达收货人手中,并同时完成验货及支付的商务流程。

2. 系统的内部层级结构

按照智能物流技术的体系结构及技术框架,电子商务物流智能系统框架结构分为三层,由下至上分别为感知层、网络层和应用层。感知层主要利用安装在货架、托盘、运输工具等实物上的EPC传感器、射频识别技术(RFID)标签等设备进行数据的感知和采集,同时进行智能计算及初步处理。

网络层主要采用无线传感网技术(WSN)、网络通信技术、低速短距离无线通信技术(ZigBee)等将感知层的数据进行高速安全的传输。应用层主要采用大数据、云计算等技术实现系统的智能化转变,为系统用户提供服务,主要体现为构建物流信息服务平台。信息平台分为内外两个网络,能够通过节点进行信息交换。云计算是整个系统的核心技术,对海量的产品信息进行及时传递,并进行分析、计算、整理、归纳,形成功能模块,供相关人员调出使用。内部网络主要为物流公司内部使用,包含产品信息管理系统、配送管理系统等5个子系统,为管理人员做出决策。外部网络主要为合作企业及相关客户进行使用,包括信息查询、信息发布等4个板块,通过用户等级制度对所获取的信息范围进行区分。

5.5.2 系统功能

电子商务物流环节主要包括包装、仓储、运输、配送等环节,基本没有生产物流及销售物流环节。结合这一特点,为该系统设计了4个功能模块,分别是智能追踪与安全管理子系统、仓储管理子系统、运输管理子系统、配送管理子系统。

1. 智能追踪与安全管理子系统

包装环节是电子商务物流环节的起点,合适的包装必须根据物品的特性及形态进行选择。该子系统通过在产品的包装内安装EPC、RFID标签,对每一个产品进行编码,将产品的运输、中转等信息写入标签中,可以实现定位追踪、防伪防盗等功能,实现对产品的透明化管理。根据电子商务产品小、客户对产品流转过程敏感的特点,在产品上安装微型GPS定位仪,用户只需使用网络搜索就能清楚地看到物品位置,解决了之前只能经过扫码入库才能看到位置的问题,实现即时定位功能。通过在某些价值高或危险性高的产品包装上加装开箱报警装置,在到达目的地前,任何非正常开箱行为都会实时报警并通过手机软件传递给物流企业和客户,实现防伪防盗功能。

2. 仓储管理子系统

如京东商城这样的B2C平台,仓储管理比一般企业更加复杂化。自营产品种类繁多,消费者需求各不相同,既需要管理种类繁多的货品,又需要及时分拣产品,与配送环节进行对接。在追求速度及准确性的前提下,对仓库的储存、拣选、打包等环节提出了更高的要求。

首先,可以建立叉车智能系统,将入库产品、货箱、托盘、货架等设施上安装EPC、RFID编码标签,规划仓库路径,安装RFID识别器。识别器可以实时掌握产品的进出库信息,指引叉车自动定位，快速分拣产品；在仓库装卸口安装地面天线，为每辆车辆安装 RFID 标签，能实现装卸自动对位；通过视频感应器能够实时感知仓库作业及管理状况；产品及车辆的数据存入智能系统信息平台，能够与运输管理子系统信息进行互动，实现提前调度、备货等功能。其次，可以对仓库进行全面改造，使用激光定位机器人自动取货、智能叉车与立体化仓库系统等，能够极大地提高仓库空间利用效率，实现全自动清点库存，降低人工盘点的成本和失误，实现仓储管理自动化、智能化，降低成本，提高准确率。当然这样的改造需要大量资金及较长的改造期，更适合新建仓库的提前规划。

3. 运输管理子系统

电子商务消费的巨大物流信息需要通过云计算、大数据等技术进行分析与利用。建立车辆信息平台，在货运车辆上安装 PFID 标签、GPS、GIS 定位仪、摄像头图像处理等硬件设施，实时记录车辆信息，与仓储管理子系统对接，可完成产品、车辆进出仓信息自动记录、提前备货、车辆自动放行功能，在途可实现车辆车况报告、货物车辆调配、负载率查询等功能。

若能在信息处理中心预留与其他信息平台的接口，将数据转成标准格式，可实现信息交换功能。例如，与智能气象网及智能交通网实现对接，系统可以根据当前车辆所在路线的天气及交通状况进行实时分析，选择合适路线。与海关、检验检疫等部门系统进行对接，当产品需要报关报检时，可将标准化信息传给相关部门。该信息平台能够使物流公司进行快速、集成化的管理，增强行业竞争力；也能够为客户提供一个及时的信息查询平台，增加客户满意度。该平台的进一步发展能够形成一个完整的物流运输相关用户群，扩大交易范围，增加企业效益。

4. 配送管理子系统

电子商务物流产品配送的主要场地是中转仓，这种仓库的目的不是储存产品，而是要尽快地将产品转运出去，工作模式通常为"7×24"不停歇地进行周转，面对大量订单需要始终保证敏捷性、准确性，提高效率，减少运输工具停留时间。这对物流的分拣及配送过程要求度比一般物流模式更高，需要自动化程度高的分拣系统。通过将配送人员的手持扫描设备更换为可穿戴设备，可提高使用手持扫码器时的效率。采用立体传送带分拣装置，将 RFID 读取设备放置传送带两侧，产品包装上的 EPC/RFID 标签内含有产品的目的地、流转路径、重量、大小、货架等信息。从传送带经过时读取标签信息，使用机械手臂自动分拣。该自动分拣配货系统采用 EPC 技术能够快速识别物品，不仅革新了传统的人工持纸笔查阅的方式，而且比现在大多数仓库拣货时采用的手持扫码器能更加提高效率。这种方式降低了产品在每一个中转仓内的停留时间，对库存压力有所缓解，能够提高拣选与分发过程的效率与准确率，大大加快了配送的速度。

5.6 电子商务智能物流系统的实施与应用

5.6.1 打造电子商务智能物流系统的要素

在物流互联网技术下打造智能物流体系应具备四个要素。

（1）动态化要素，通过互联网及时调整物流配送车辆行驶路线、物流设备运行状态等具体作业落实情况；

(2) 实时感知因素,利用智能物流系统做到实时管控物流作业进程,并做好物流跟踪、记录、信息归档等工作;

(3) 自动纠错,对物流作业中订单或产品不合格等影响物流系统运行质量的消极问题做出及时反应,促使智能系统可通过及时且自动的纠错行为提高系统运行效率;

(4) 智能分析要素,科学技术的不断发展,促使当今大数据时代乘着互联网的春风扩散到了世界各个角落,而为了使智能物流系统分析分类管理更强、科学分析决策更合理,将大数据作为基础以智能分析为导向落实建设与发展就显得至关重要。

5.6.2 打造智能物流系统的规划步骤

(1) 建立基础数据库。建立内容全面丰富、科学准确、更新及时且能够实现共享的信息数据库是企业建立信息化建设和智能物流的基础。尤其是数据采集挖掘、商业智能方面,更要做好功课,对数据采集、跟踪分析进行建模,为智能物流的关键应用打好基础。

(2) 推进业务流程优化。目前企业传统物流业务流程信息传递迟缓,运行时间长,部门之间协调性差,组织缺乏柔性,制约了智能物流建设的步伐。企业尤其是物流企业需要以科学发展观为指导,坚持以客户的利益和资源的节约保护为出发点,运用现代信息技术和最新管理理论对原有业务流程进行优化和再造。企业物流业务流程优化和再造包括观念再造、工作流程优化和再造、无边界组织建设、工作流程优化(主要指对客户关系管理、办公自动化和智能监测等业务流程的优化和再造)。

(3) 重点创建信息采集跟踪系统。信息采集跟踪系统是智能物流系统的重要组成部分。物流信息采集系统主要由 RFID 射频识别系统和传感器数据处理系统组成。每当识读器扫描到一个 EPC(电子编码系统)标签所承载的物品制品的信息时,收集到的数据将传递到整个数据处理系统,为企业产品物流跟踪系统提供数据来源,从而实现物流作业的无纸化。

而物流跟踪系统则以数据处理系统作为支撑,主要包括对象名解析服务和实体标记语言,包括产品生产物流跟踪、产品存储物流跟踪、产品运输物流跟踪、产品销售物流跟踪,以保证产品流通安全,提高物流效率。当然,创建信息采集跟踪系统,要先做好智能物流管理系统的选型工作,而其中信息采集跟踪子系统是重点考察内容。

(4) 实现车辆人员智能管理。车辆调度:提供送货派车管理、安检记录等功能,对配备车辆实现订单的灵活装载;车辆管理:管理员可以新增、修改、删除、查询车辆信息,并且随时掌握每辆车的位置信息,监控车队的行驶轨迹,同时可避免车辆遇劫或丢失,并可设置车辆超速告警以及进出特定区域告警;监控司机、外勤人员实时位置信息以及查看历史轨迹;划定告警区域,进出相关区域都会有告警信息,并可设置电子签到,并最终实现物流全过程可视化管理。实现车辆人员智能管理,还要能做到高峰期车辆分流控制系统,避免车辆的闲置。

企业尤其是物流企业可以通过预订分流、送货分流和返程分流实行三级分流。高峰期车辆分流能够均衡车辆的分布,降低物流对资源、自然的破坏,有效确保客户单位的满意度,对提高效率与降低成本的矛盾具有重要意义。车辆人员智能管理也是智能物流系统的重要组成模式,在选型采购时要加以甄别,选好选优。

(5) 做好智能订单管理。推广智能物流一个重点就是要实现智能订单管理,一是让公司呼叫中心员工或系统管理员接到客户发(取)货请求后,录入客户地址和联系方式等客户信息,管理员就可查询、派送该公司的订单;二是通过定位某个区域范围内的派送员,将订单任务指派给最合适的派送员,而派送员通过手机短信来接受任务和执行任务;三是系统还要能提供条码扫描和上传签名拍照的功能,提高派送效率。

(6) 积极推广战略联盟。智能物流建设的最后成功需要企业尤其是物流企业同科研院校、研究机构、非政府组织、各相关企业、IT 公司等通过签订协议契约而结成资源共享、优势互补、风险共担、要素水平双向或多向流动的战略联盟。战略联盟具有节省成本、积聚资源、降低风险、增强物流企业竞争力等优势,还可以弥补建设"物流企业"所需资金、技术、人才之不足。

(7) 制定危机管理应对机制。智能物流的建设不仅要加强企业常态化管理,更应努力提高危机管理水平。企业尤其是物流企业应在物联网基础上建设智能监测系统、风险评估系统、应急响应系统和危机决策系统,这样才能有效应对火灾、洪水、极端天气、地震、泥石流等自然灾害、瘟疫、恐怖袭击等突发事件对智能物流建设的冲击,尽力避免或减少对客户单位、零售终端、消费者和各相关人员的人生和财产造成的伤害和损失,实现物流企业健康有序地发展。

(8) 将更多物联网技术集成应用于智能物流。物联网建设是企业未来信息化建设的重要内容,也是智能物流系统形成的重要组成部分。目前在物流业应用较多的感知手段主要是 RFID 和 GPS 技术,今后随着物联网技术不断发展,激光、卫星定位、全球定位、地理信息系统、智能交通、M2M 技术等多种技术也将更多集成应用于现代物流领域,用于现代物流作业中的各种感知与操作。例如,温度的感知用于冷链物流,侵入系统的感知用于物流安全防盗,视频的感知用于各种控制环节与物流作业引导等。

5.7 电子商务智能物流系统的应用案例

智能物流系统在仓储、运输等方面的应用越来越多,许多企业正在努力实现智能物流以提升企业的业务处理效率。

5.7.1 京东物流的"亚洲一号"

1. 京东物流的"亚洲一号"介绍

京东可以称得上是智能物流的创新者,京东从电商运作模式开始,推出"货到付款"的订单模式,大大降低了客户的顾虑。同时京东通过其他电商平台与潜在用户一起分析产品销量和价格。为了解决配送的问题,京东建立了自己独特的配送机制,并使得物流成为其核心竞争力之一。甚至在创立自营物流之前,就专注于用户大数据分析,能预测核心城市区域主流产品的销量需求,这为其布局网点打下了基础。

京东当前正在致力于打造"亚洲一号"智能物流系统的建设与完善。"亚洲一号"是京东物流自建的亚洲范围内建筑规模最大、自动化程度最高的现代化智能物流项目之一。

"亚洲一号"是京东物流自建的智能物流园区,通过智能的 WMS 系统打通各环节的人货数据和操作步骤,在仓库内搭建大型成套的货物储存、分拣、处理设备,实现软件、硬件、员工作业一体化协同和智能物流模式的创新。通过在商品的立体化存储、拣选、包装、输送、分拣等环节大规模应用自动化设备、机器人、智能管理系统,来降低成本和提升效率。同时,京东物流根据全国各个区域的商品属性和分拣需求进行统筹规划和布局,针对性地解决大、中、小件订单不均衡、场景复杂的难题,实现物流综合处理能力的有机匹配和全面提升。

目前，"亚洲一号"拥有两套大型自动化立体存储系统，高达22米，存储效率是普通存储的3倍，商品品类主要涉及3C、图书、个护、母婴等，系统囊括货到人拣选系统、巷道堆垛机、输送系统、自动控制系统和智能库存管理系统。其中，货到人拣选系统用于对商品进行自动存取、补货，提升了客户订单的出库效率，高速自动化分拣系统，采用了全自动的供包、分拣技术，最大化地降低了人员投入，提高了分拣效率。当仓内的自动化分拣机和人机CP的矩阵式作业并行生产订单时，其整套系统的处理能力高达10万件/小时，多层阁楼货架系统向空间要储能，提升了整个园区的效能。同时，京东物流大批量应用了行业前沿的自动化设备，立体仓库、地狼仓、天狼仓、智能分拣机运营效率均是传统仓库的至少3倍以上，机器人自动打包机的订单处理速度更是传统仓库的5倍以上。

2. 京东物流的"亚洲一号"应用效能

在整个物流环节，京东实现了物流、信息流的快速运转，实现了货物的快速送达和信息的准确传递，也为用户带来更好的消费体验。凭借强大的订单处理能力、快速的配送能力，物流成了京东的核心竞争力之一。

5.7.2 耐克物流的绝密仓库

1. 耐克物流的绝密仓库介绍

雄心万丈的本土体育用品品牌李宁、安踏们一直梦想着在中国市场超越耐克，但是，耐克为这项挑战赛增加了一个新难度。2011年年初，耐克中国物流中心在江苏太仓启用，这也是其全球第七个、第二大物流中心。当耐克在大中国区的年销售额达到18.64亿美元（财报披露2016年12月至2017年11月数字），什么是它现在最优先、最重要的和应该做的事？不是品牌，不是营销，而是一个能够高效管理库存和快速补货的强大的物流支持系统。

以下数字，足以让李宁、安踏们艳羡。这个巨型方盒的建筑面积达20万平方米，拥有超过10万个货品托盘，年吞吐能力超过2.4亿个件次，同时可满足79个集装箱货车装卸货。更重要的是，耐克将借此缩短15%的交货时间——一件货品从门店下单到发货将只需要数小时。

这里就像是一个巨型的中央处理器。所有商品分拣和管理的基础都依赖于强大的数字化采集和处理能力。所有货品都嵌入了电子标签，并逐一扫描，工人们根据电子显示屏上的信息来分拣配送货品，其信息通过专门数据端口与耐克全球连接，每天都会有完整的共享数据反馈给相关部门。海量信息如此之多，以至于计算机所需要的编码数量几乎与全球最大的购物网站亚马逊一样多——这里是物流专家们把对数字和技术的热爱转化为成果的乐园。

总长达9公里的传送带、顺序拣货机、无线射频扫描仪、自动化仓库管理系统等在内的诸多物流技术与装备，让这座仓库在分配效率、吞吐力、弹性力三项指标上均达到了全球最高水准。

这座耐克在中国的第一家大型物流中心有两幢建筑，分别储存鞋类和服装类货品，两者之间通过传送带装置接驳。仓储区被分为整箱区和托盘区两大单元，散装托盘区分布其间。如果有大订单到来，整箱区即可直接配送；小订单补货则可以直接从托盘区内散装货品中抽取。根据配送分拣需求，服装配送楼层被分割为三层：顶层是拥有4.5万个设置了独立编码的货架区，二层则是两套自动分拣系统，一层为打包和装车配送区。

出人意料的是，拥有4.5万个独立编码的顶层货架区的编码其实并无规律可言，这主要是为了避免操作员因频繁操作会熟记下编码，从而产生误操作。取货操作员运用机器语音系统与计算机对话，核对存货信息——取货前自动控制系统会告知操作员取货区域，操作员到达后，通过麦克风和耳机先向电脑系统报告货架区编码以及取货数量进行确认。这套语音识别系统由耐克独立研发完成，它可以识别各国语言，甚至包括方言，系统会事先采集记录每一个操作员的音频信息。为以防万一，耐克另配备了一套应急装置，一旦语音识别系统发生故障，取货员可以用手持扫描设备救急，这也是货架编码的另一用途。

同时，这些货架安放的角度按照人体工程学设计，最大限度地避免员工腰肌劳损。耐克规定，在货架充裕的情况下货品必须先存在中间层，方便员工取货。在货架最下端，底层货架与地板的间隙可以容纳临时扩充的货架，便于其在发货高峰期存放物料。

耐克中国物流中心三楼顶层的仓储区高达10多米，为了最大限度提高空间使用率、增加货品容纳量，耐克采用了窄巷道系统，货架之间的巷道宽度也被压缩到最低，与叉车的宽度相差无几。耐克在地板下方安装了用于叉车牵引的特殊磁力导线系统。这套智能引导系统可以令驾驶员在磁力线的自动引导下，以最精确的行车姿态进入取货巷道，完全避免任何碰撞。在自动引导取货时，叉车只能沿着磁导线的分布前后直来直往，而不会左右摇摆；取货小车装运完毕，关掉磁导线开关，货车方可左右拐弯。

耐克中国物流中心配送货品的一般流程是：接到订单，区分订单大小，仓储区取货。仓储区整箱订单货品通过传送带运至二楼分拣区，操作员和传送带会进行两次核对分拣；订单货品的余额件数由三楼操作员人工补货，自动分拣机验货、装箱后，再运至一楼，进行扫描核对、装车及发运。

作业过程中，最关键的要素是精确。以服装分拣为例，当三楼仓储区的整箱货品通过传送装置送到二楼时，操作员会通过手持扫描设备进行标签扫描。所有货品标签的贴放位置和高度都有严格规定，以提高核对效率。核对无误后，在传送带送至一楼的过程中，沿途每隔数米均有扫描设备对包装箱条码进行扫描，记录下位置信息。这些信息又与分布于物流中心各功能区的自动化分拣设备相连，使产品可以快速被传送至不同的操作区。一旦分拣有误，传送带会自动将错误货品甩出，进入特殊通道交由专人处理。

当货品经过层层校验，从分拣来到打包环节时，物流中心的系统会自动打印一张货品标签单，清楚地标明货品编号和件数。电脑还能估算出货物体积，并提示操作员大概选用何种型号的包装箱最为合适。

装箱操作员除了核对货品件数和编码外，另一重要工作就是要把货品发货标签贴到规定位置，便于下一个环节的机器或人工再次抽查核对。在装车发货之前，仓储管理系统再次进行信息甄别，根据订单的时间配送要求，采用不同的交通工具和多级物流网络，确保产品高效、准确、及时以及最低成本送达。

2. 耐克物流的绝密仓库应用效能

耐克在太仓的智能仓库，主要特点是系统、精准、高效、安全。利用电子标签的方式，一方面减少了入库时分拣的工作量，另一方面避免了工作人员在取货时出现错误。在这个系统里，除了收货、仓储、分拣、发货外，该中心还会在收货之前对接客户系统，确定交货的时间和数量以及相应的仓储位置安排，接到订单后进行配送方案的设计，并且在发货配送完毕将相应的数据存入系统。

根据订单的时间配送要求，仓储管理系统会选择采用不同的交通工具和多级物流网络，在节约成本的同时确保产品高效、准确、及时以及最低成本送达，减少客户的等待时间，提升了消费体验，还能高效管理库存和快速进行补货，避免缺货情况的发生。

第六章 电子商务智能营销管理

本章知识点

智能营销的概念与特征;商务数据的作用;从 4P 到 4E 的智能营销基础知识体系(包括 4P、11P、4C、4R、4S、4V、4I 和 4E 等);营销的基本应用(包括移动搜索、搜索引擎优化、企业 SEM 制定、线下流量跟踪、互动营销和互动广告等)等。

6.1 智能营销的概念

6.1.1 互联网时代的商务数据

智能数据能够科学处理海量数据,并将其应用到实际营销中,通过了解客户兴趣爱好、行为轨迹等内容设置自动触发信息推动,降低企业营运成本,提高企业总体收入与工作效率,实现真正意义上的智能营销,促进企业可持续发展。

智能数据可看作是一个大数据子集,它能够利用数据解决问题。具体来说就是通过激活、分析以及归纳非结构化数据与结构化数据,帮助企业决策管理者做出科学的决策,提高企业在同行业中的竞争优势,进而提高企业总体收益。伯克利劳伦特是加利福尼亚大学的教授,他的 EIGHAOUI 机器学习成果为:人工智能与机器学习正向(人机共存)方向发展,即智能型机器通过工作获取一定洞察力,并将其与人类思维想法相结合,从而提升人们对事物的判断决策能力。这是一项高效的专业型互动,它促使双方做各自最擅长的事情。

大数据只有变成能操作的智能数据,使其在使用时具有准确目标,并能得到可观察行为的有关指导,才能使大数据的价值最大化。但就目前而言,大数据向智能化发展是一个缓慢前进的过程,首先要从收集数据和技术的发展入手,其次逐步向机器学习;再次逐渐加深对规则、算法和策略学习;最后向智能化转换。与传统的大数据比较,智能数据主要有三大优势:可靠有用性;可执行性;可多方面搜集。这同时也是智能数据的三大特征。

在互联网快速发展的背景下,数据以"几何式"的速度增长,企业不仅有多种非实时数据,如内部系统、客户管理系统、数据库、客户销售系统等;还有多种实时数据,如物联网、终端 App、移动端、电脑、互联网广告等。企业若将这些数据进行智能化分析与管理,将从中得到许多有价值的信息,提高内部工作效率与在同行业中的竞争优势,增强企业的整体商业价值。下面通过一个关于尿不湿与啤酒的故事来解释这个问题。

超级商业零售连锁巨无霸公司——沃尔玛(WalMart)拥有世界上最大的数据仓库系统之一。为了能够准确了解顾客在其门店的购买习惯,沃尔玛对其顾客的购物行为进行了购物篮关联规则分析,从而知道顾客经常一起购买的商品有哪些。在沃尔玛庞大的数据仓库里集合了其所有门店的详细原始交易数据,在这些原始交易数据的基础上,沃尔玛利用数据挖掘工具对这些数据进行分析和挖掘。一个令人惊奇的意外结果出现了:跟尿不湿一起购买最多的商品竟是啤酒!这是数据挖掘技术对历史数据进行分析的结果,反映的是数据的内在规律。那么这个结果符合现实情况吗?是否是一个有用的知识?是否有利用价值?

为了验证这一结果,沃尔玛派出市场调查人员和分析师对这一结果进行调查分析。经过大量实际调查和分析,他们揭示了一个隐藏在"尿不湿与啤酒"背后的美国消费者的行为模式:在美国,到超市去买婴儿尿不湿是一些年轻的父亲下班后的日常工作,而他们中有30%~40%的人同时也会为自己买一些啤酒。产生这一现象的原因是:美国的太太们常叮嘱她们的丈夫不要忘了下班后为小孩买尿不湿,而丈夫们在买尿不湿后又随手带回了他们喜欢的啤酒。另一种情况是丈夫们在买啤酒的时候突然记起他们的责任,又去买了尿不湿。既然尿不湿与啤酒一起被购买的机会很多,那么沃尔玛就在他们所有的门店里将尿不湿与啤酒并排摆放在一起,结果得到了尿不湿与啤酒的销售量双双增长。

按常规思维,尿不湿与啤酒风马牛不相及,若不是借助数据挖掘技术对大量交易数据进行挖掘分析,沃尔玛是不可能发现数据内在这一有价值的规律的。

互联网时代的到来给市场带来了新的发展机遇和方式,尤其是在营销方面更是带来了极大的变化,精准营销借助互联网的优势实现了自身方式的愈加多元化,促进了有关营销手段和产品应用更深入地融入市场机制。这些实践的发展变化也带来了理论界的研究和关注,2005年,"精准营销"的定义第一次被菲利普·科特勒教授提出,它在自己的著作《菲利普·科特勒之夜》中对这一概念做出了详尽的界定,他认为精准营销就是将营销的策略以及成果融入营销的推广规划之中,使营销的推广和策略趋向于精确化和可预见性,即收益和风险都要在可预估的范围之内,即需要在营销方面做出革新(除了投资更直接的销售和更多的重视观察)。

企业推行精准营销的手段,在于智能数据系统增加了更超前的功能和估算模型,它能够更精确地分析综合数据和多维数据,以便于企业能够精准无误地找到消费者群体,并能够根据消费者的消费需要做出精确的判断。比如在电子商务范围,企业能够利用智能数据更明确地知晓客户消费行为、消费意向、消费者满意度,以及对购买商品进行合理猜测。企业也可以通过数据处理获得广告信息,比如哪种广告植入能够实现利益最大化,为企业节约在广告营销方面的预算。在移动互联网范围,智能手机为移动互联网建立了庞大的客户数据。对智能用户的行为估算,能够为企业未来提供商机,如手机的应用程序哪个更贴近人们生活,哪一款游戏更适合青年人玩,哪一类套餐能够实现企业和客户的利益最大化。

6.1.2 智能营销的概念

1. 智能营销案例

案例1

手机百度春运火车票营销之《过年我不回家了》病毒视频

手机百度从2014年开始推广"连接人与服务"的战略,需要完成从连接信息到连接服务的战略转型,帮助用户在搜索需求后快速便捷地得到生活服务。

春运期间,全国都面临买火车票回家过年的问题,买火车票成为刚需。当时市场环境中官方12306和非官方的各类抢票助手(如360、猎豹等)软件已经拥有一部分稳定受众。作为生活服务的重要分类,火车票业务是手机百度不能错过的时机。手机百度作为后加入者进入了竞争激烈的火车票市场,通过购买火车票培养用户使用手机百度购买生活服务的习惯。

手机百度希望用技术的力量为用户带来最为快速便捷的火车票服务,真正实现实时、稳定、快速地买到火车票。但是火车票垂直类作为手机百度连接生活服务的新产品,对于用户来说功能和利益点的认知度较低,是手机百度迫切需要解决的问题。而官方的12306和非官方的抢票助手,历经多次更新迭代有了较高的知名度和用户忠诚度。如何让用户在已有火车票软件之外选择使用手机百度订票,实现从搜索火车票信息到买火车票服务的转型,是手机百度面临的巨大挑战。

手机百度拍摄了一支真实记录的视频。找到真实的没有买到回家车票的打工者,没有导演编剧,只用一台摄像机真实地记录那些买不到票而无法回家过年的人与家人打电话的过程。积攒了一年的对家人的思念,最后却只能说出"买不到票"四个字,意味着和亲人的相见又要无限期后延,通过视频引发买火车票回家的游子的共鸣。新媒体在微博、微信与用户从情感层面沟通,引起网友快速转发。同时,投放爱奇艺视频前贴片,短时间内快速扩大覆盖人群。

最后,手机百度日均出票较2013年提升81%,百度指数上涨382.5%,新浪的微博指数上涨136%,微博共覆盖3亿粉丝,转评量超过2万,"春运也任性"话题阅读量为2.2亿,讨论量为1.1万,视频播放量1646万,"病毒"视频《过年我不回家了》,获超过1000个微信公众号的自发转发,总阅读量超过147万。

案例2

Target和怀孕预测指数

关于数据挖掘的应用,2012年还有这样一个真实案例在数据挖掘和营销领域广为流传。

美国一名男子闯入他家附近的一家美国零售连锁超市Target(美国第三大零售商塔吉特)的店铺进行抗议:"你们竟然给我17岁的女儿发婴儿尿片和童车的优惠券!"店铺经理立刻向来者承认错误,但是其实该经理并不知道这一行为是总公司运行数据挖掘的结果。一个月后,这位父亲来道歉,因为这时他才知道自己的女儿的确怀孕了。Target比这位父亲知道他女儿怀孕的情况足足早了一个月。

Target能够通过分析女性客户购买记录,猜出哪些是孕妇。他们从Target商品数据库的数万类商品和存放交易记录的数据仓库中挖掘出25项与怀孕高度相关的商品,制作"怀孕预测"指数,并以此可以推算出预产期,抢先一步将与孕妇相关的产品推送给客户。

有一位住在亚特兰大的23岁的女性顾客Susan,在三月份购买了按摩乳霜、一个够放置纸尿片的手提包、富含锌钾元素的营养维生素和一块亮蓝色的地毯,那么Target的后台程序会显示有超过80%的可能性是她怀孕了,而且预产期大约在八月,就抢先一步将孕妇装、婴儿床等折扣券寄给客户来吸引客户购买。而且因为Target有Susan的所有消费记录,他们很清楚地知道只需要给她在周五邮寄一张免费的星巴克咖啡消费券,她就会在该周的周末来到Target实体店中使用这张消费券,那么她很可能也会使用自己收到的尿不湿之类的折扣券。有客户的详尽信息,Target很有把握给客户提供的商品一定是其喜欢和需要的。

Target的案例是基于数据挖掘所做的用户行为分析的结果。当然,这样做是否不合伦理道德标准或者侵犯个人隐私的问题已经在美国各大媒体上讨论得沸沸扬扬,就不在我们评论之列了。

案例 3

云纵的口碑营销

在 2017 年口碑"双 12"狂欢节中,全国人民嗨出了新纪元。无数商圈和线下商家也创造了自己的全年交易纪录,口碑更是创造了全新的数据记录。据官方披露的数据显示全国总共有 300 多个城市的商家参与,仅"双 12"一天,口碑就帮商家发出了 1.4 亿张优惠券,当天转化了 6 500 万笔交易。与此同时,在"双 12"的利好刺激下,口碑 App 的下载量直线上升,在"双 12"当天冲到第一。

口碑华丽数据背后,是其构建的生态策略在支撑。自 2016 年口碑从北京出发,正式开启全国行业解决方案落地策略之时,全年在各地十几场解决方案发布会中,策略落地一直都是由云纵承担。云纵是一家专注于互联网 CRM(Customer Relationship Management,客户关系管理)工具研发和营销服务落地的公司,是口碑的核心的战略合作伙伴,当然,口碑也参与了云纵的 A 轮投资。

进入 2017 年,人工智能爆火,加之新消费习惯的快速蔓延,云纵的智能营销解决方案也同步升级,率先实现了互联网 CRM 2.0 的升级,再一次领跑互联网 CRM 领域。这一升级在"双 12"中也得到充分的价值验证:2017 年"双 12",云纵超过 9 万名商家参加线下狂欢活动,"双 12"当天云纵借助纵横客为这些商家创造了 2.8 亿的营收。也因此,在 12 月 18 日举办的第十五届互联网经济论坛现场,云纵获得"最具投资价值奖"。

2. 案例分析与智能营销的概念

博弈论告诉我们信息对于决策和战略的选择起到至关重要的作用,所掌握的信息的差异通常会造成策略选择及决策结果的不同,尤其是在需要做出多次选择的博弈过程中,每一次信息范围、数量、深度的更新,都直接影响决策人对于投入产出、成本收入等指标的考虑。如果在博弈过程中没有或者只有少量的有效信息,那么决策人就会陷入一定的盲目与相对高风险的境地。

因此,充分掌握信息资源十分重要,快速掌握有效信息是企业立足发展的重要因素。因此掌握丰富的商务数据,并据此进行有效的数据分析和挖掘,是智能营销成功的前提条件。正是在拥有海量的用户交易数据基础上实施数据挖掘,以上三个案例中的电商平台或企业才可能做到如此精准的营销。

关于智能营销的具体概念目前业内尚未有统一的、精确的描述,许多专家和学者在此方面也做了深入的研究和探讨,提出了许多具有实践意义的指导性意见。业内认可度相对较高的、代表性的智能商务概念包括以下几个:

(1) 陈欣(2012)提出基于开放式基金的跨平台智能化营销模式"F * OPIM"(Fund-Over Platform Intelligent Market-ing),为客户量身定制个人专属网上基金投资平台,满足客户投资理财的个性需求,打造基金电子商务的第一品牌。在传统的营销模式基础之上,拓宽基金网上营销平台的业务横向跨度和纵向领域,力图将咨询传递、基金营销和售后服务三者相结合,构建成基金营销的一体化门户网站。业务的横向跨度,整合目前大大小小数十家银行、证券机构推出的数以百计的开放式基金,并依据基金的发行方、基金规模、基金表现等多个指标进行灵活分类,以满足客户对于基金选择的需求;业务的纵向领域,基金从开始申购到最终出售需要涉及多个程序,通过三位一体的基金电子商务平台,"IIOP"(Internet Inter-ORB Protocol,

互联网内部对象请求代理协议)、"EMOP"(Equipment Management Opportunity,能源管理开放平台)、"SOSS"(智能优化服务)三大功能板块构建开放式基金"一站式营销",可以实现选择、申购、支付、出售"一站式"的服务体验,极大地节省了客户时间,增加了服务价值。

(2)盛凡(2015)认为电子商务平台为商家提供消费者需求的相关信息,通过数据挖掘技术,商家能够科学地制订生产计划与营销方案,从而实现标准的订单化生产模式,构建产品产销一体化平台,实现"一对一"智能营销模式。

(3)田淑云(2017)认为人工智能技术不断发展,企业为充分收集信息,在市场竞争中发挥信息优势,将人工智能运用到市场营销领域,通过线上线下的大数据收集及时掌握消费者意愿,实现广告及产品的精准推送,提升市场占有率。智能营销技术发挥巨大优势,在大数据浪潮中受到推崇,但在这一过程中,消费者私人信息的大量聚集对信息安全产生冲击,包括信息泄露风险及不正当竞争风险,个人信息掌握在企业手中,极易发生信息买卖等非法交易行为以及利用信息集聚扰乱市场秩序的现象。

(4)程慧敏(2018)、左振哲(2018)和储萌(2019)等学者基本都认为智能营销是以互联网为媒体,基于数据分析和使用,进行产品销售、品牌传播等系列营销活动。

(5)昭鸣(2018)认为智能营销是收集用户消费数据和基础信息,在此基础上,对客流进行精细化分析、引导,为商家输出一套最标准、有效且完整的消费信息和记录,同时根据消费数据"描绘"更精准的用户画像,让商家清晰地看到其用户是谁、产品喜好、消费能力以及频率等诸多消费习惯和特点,继而帮助商家设计符合用户特点的营销活动,实现真正智能营销。

6.2 智能营销的特征

随着数据的大爆发,数据之间的贯通(数据的广度)、基于营销和数据的场景融合(数据的深度)将是接下来的突破点。因此,平台之间产品的数据聚合尤为重要。让数据赋能投放,拿到有用的数据,并对数据进行锤炼和优化,需要有强大的平台技术支持。据悉,阿里一直在探索将集团数据资源互通,比如阿里统一的 Uni ID,就是统一 ID 化的举措,通过用统一的标志打通数据孤岛,进而去做全景数据识别。在这样的基础上,阿里文娱智能营销平台能够实现多场景的营销整合,为广告主营销提供新思路。

6.2.1 智能营销案例

案例4

蜻蜓FM《晓年鉴》情怀营销裂变

在阿里文娱智能营销平台与蜻蜓FM《晓年鉴》的合作中,将阿里文娱场景进行全线贯穿,对资讯、分发、搜索、音乐等多场景进行融合,并通过牵星系统以及平台多维数据分析,精准锁定了核心受众、高相关受众、潜在受众三个不同属性与维度的用户,进而在品牌星河的助力下,以高晓松 IP 以及受众普遍的怀旧情怀为内容创作核心,进行了多场景资源触达以及明星来电、AR 人脸识别、红包雨等多元化互动形式的触发,进而实现了精准且高效的营销。

本次营销活动,通过整合神马搜索、UC、虾米、应用商店共计18个资源点位进行传播,为蜻蜓FM带来总曝光2.5亿+,曝光达成率113%,新增用户10万+,真正为品牌达成了一次情怀营销的深度合作裂变。

案例5

为荣耀Note 10打造懂用户的手机营销

阿里文娱智能营销平台深入到全链路数据背后,并对有意向购买的用户进行再次营销激发,全方位影响用户消费决策。

一方面,通过大数据找到了目标用户之后,阿里文娱智能营销平台通过UC开屏、信息流,以互联网原生广告带给用户沉浸体验,将多套素材配合多元场景及用户喜好同时下发,全面提升广告点击率。同时,每周实时进行策略优化调整,通过把控人群包实效提升投放效果,并在点击购买人群Looklike的助力下,扩散相似人群,提高后端下单转化。

另一方面,阿里文娱智能营销平台链接了以淘宝、高德地图为核心的线上线下购买端,对用户进行全链路数据连续性追踪,最终结合潜在购买、信息决策、换机意向等不同需求程度,在阿里文娱智能营销平台智能投放系统的作用下,为荣耀Note 10实现了智能营销目标。

通过本次营销活动,最终为荣耀Note 10实现了整体曝光完成率超100%,开屏CTR约5%,信息流CTR约1%的投放效果。同时,31.9%的点击人群,在一个月内有淘宝荣耀旗舰店到店行为,其中20%的淘宝到店人群最终完成消费闭环。

案例6

伊利金典——数字营销赋能品牌活力

自2016年起,国内液奶市场增长放缓并出现局部品类销量回落。究其原因:① 人口红利结束;② 渠道下沉完毕;③ 国产奶源质量受环境污染影响仍受质疑;④ 进口产品价格下调导致国产品牌丧失价格优势;⑤ 常温液奶产品需求分化。故伊利希望通过自家定位高端奶品牌"金典",来以系列单品带品牌的营销传播策略,用"生态、有机"的产品定位,向消费者传递高品质形象的诉求,以提升消费者对于品牌的好感度,以及巩固该品牌在白奶市场的出货份额。2017年开年之际,伊利与WWF(World Wide Fund For Nature,世界自然基金会)公益组织合作,推出联名款产品。同时冠名《我是歌手》节目,以持续提高品牌关注度。

巧借伊利金典冠名《我是歌手》娱乐营销的品牌认知基础,综艺IP(Internet Protocol,网络之间互联协议)与电商跨界巧妙融合,结合"生态、有机"的产品定位,以"与歌手一起为大自然发声"作为主题,传递品牌价值观,以内容营销带动单品推广,提升消费者对品牌的好感度。

打通消费者AIPL(Aware、Interest、Purchase、Loyalty,认知、兴趣、购买、忠诚)全链路的互动内容传播,将产品核心诉求和消费者价值观做融合,围绕消费者AIPL链路上的心理特点,特别是消费者对娱乐的关注,乐于话题讨论和参与分享的特点,打造营销活动主题。

"内容"是文字背后的策划与创新,更是全链路的渗透。活动预热和爆发期,从曝光到引导消费者参与互动,根据消费者行为习惯变化做引流链路调整,天猫超市活动承接转化,让品牌体验更加流畅。

大数据赋能,帮助品牌重新验证消费者喜好,阿里大数据圈定,分人群分创意投放,提升传播效果,让品牌"一夜霸屏",并在此过程中优化素材,乳品核心人群,品质生活人群,乐活一族、保证人群投放效率最大化的同时,也帮助伊利金典实现人群验证,进一步了解金典核心兴趣人群的生活形态。Surprise! 品牌意外发现恋爱期人生阶段的消费者也尤其钟爱金典有机奶。

> **案例7**

青岛啤酒全麦白啤,从内容共创到情感共鸣

在青岛啤酒"全麦白啤"上市三周年之际,阿里文娱智能营销平台为了提升全麦白啤品牌认知,打造全麦白啤精智众创活动,开启"今年流行喝白啤,看你怎么喝?"的主题征集活动,荣获阿里文娱智能营销平台首届营销大赛品牌钻石魔方奖。

在项目合作中,以一站式内容服务综合平台大鱼号为主要创作平台,通过大鱼任务对PGC(Professionally-Generated Content,专业生产内容)、UGC(User-Generated Content,用户生产内容)、生活达人、MCN(Multi-Channel Network,多频道网络)专业机构等发出定向与非定向活动邀约,全网发起青岛啤酒全麦白啤任务。此次,精智众创大赛共征集530件作品,成功打造了"内容共创+品牌共赢+价值共建"的全新商业模式,用户的积极创造,更为品牌架设起了一座通往用户内心的桥梁。

6.2.2 有关智能营销特征的案例分析

案例4的营销实践表明:消费需求的发展是无止境的,智能营销使得消费者的消费需求可预测。消费需求是一环紧扣一环向前发展的,由此形成消费链路。决定消费链不断前行的,有多种因子。正是这些因子推动着消费链的前行,并出现和形成许多人们原本模糊追求着却未意识到的消费形式和消费内容。

案例5和案例6的营销实践表明:在消费边界不断模糊、品牌无界化的当下,智能营销的内容生产力与互动创新力也在不断地提升,营销开始步入品牌与用户共创的全新阶段。智能营销通过将文娱资源进行整合,融入用户行为习惯中,进一步实现品牌与用户的价值共创,使用户在品牌建设的前端,即具备认同感与参与感,以内容触动用户心智,让用户在创造内容的过程中充分感知品牌。

案例7的营销实践表明:吸引目标受众、参与话题讨论,让用户参与到品牌的内容创作中,使用户从认知品牌到建设品牌,形成基于情感与心智的深层共鸣,也能激发用户创造更多内容。内容与用户需求越贴合,触达的人群范围越大;用户需求了解越多,内容触达的程度越深,带来的价值越大。

综上,智能营销的特征为:消费者的消费需求可预测,其发展趋势和方向是平台联动、全链追踪、情感互动。

6.3 智能营销基础——从4P到4E

密歇根大学教授杰罗姆·麦肯锡于1960年首次提出了以企业(生产者)为核心的4P营销理论,随后其他学者在4P营销理论的基础上不断深化发展。市场营销作为企业实现利润最直接的渠道,对于企业战略目标的实现起到举足轻重的作用。

6.3.1　4Ps 营销策略组合

20 世纪 60 年代,是市场营销学的兴旺发达时期,突出标志是市场态势和企业经营观念的变化,即市场态势完成了卖方市场向买方市场的转变,企业经营观念实现了由传统经营观念向新型经营观念的转变。与此相适应,营销手段也多种多样,且十分复杂。1960 年,美国市场营销专家麦肯锡(E.J. Macarthy)教授在人们营销实践的基础上,提出了著名的 4P 营销策略组合理论,即产品(Product)、定价(Price)、渠道(Place)、促销(Promotion)。"4Ps"是营销策略组合通俗经典的简称,奠定了营销策略组合在市场营销理论中的重要地位,它为企业实现营销目标提供了最优手段,即最佳综合性营销活动,也称整体市场营销。

6.3.2　6Ps 营销策略组合

20 世纪 80 年代以来,世界经济走向滞缓发展,市场竞争日益激烈,政治和社会因素对市场营销的影响和制约越来越大。这就是说,一般营销策略组合的 4P 不仅要受到企业本身资源及目标的影响,更受企业外部不可控因素的影响和制约。一般市场营销理论只看到外部环境对市场营销活动的影响和制约,而忽视了企业经营活动也可以影响外部环境,另一方面,克服一般营销观念的局限,大市场营销策略应运而生。1986 年美国著名市场营销学家菲利浦·科特勒教授提出了大市场营销策略,在原 4P 组合的基础上增加两个 P,即权力(Power)和公共关系(Public Relations),简称 6Ps。

科特勒给大市场营销下的定义为:为了成功地进入特定市场,在策略上必须协调地使用经济心理、政治和公共关系等手段,以取得外国或地方有关方面的合作和支持。此处所指特定的市场,主要是指壁垒森严的封闭型或保护型的市场。贸易保护主义的回潮和政府干预的加强,是国际、国内贸易中大市场营销存在的客观基础。要打入这样的特定市场,除了做出较多的让步外,还必须运用大市场营销策略即 6P 组合。大市场营销概念的要点在于当代营销者日益需要借助政治力量和公共关系技巧去排除产品通往目标市场的各种障碍,取得有关方面的支持与合作,实现企业营销目标。

大市场营销理论与常规的营销理论即"4Ps"相比,有两个明显的特点:① 十分注重调和企业与外部各方面的关系,以排除来自人为的(主要是政治方面的)障碍,打通产品的市场通道。这就要求企业在分析满足目标顾客需要的同时,必须研究来自各方面的阻力,制定对策,这在相当程度上依赖于公共关系工作去完成。② 打破了传统的关于环境因素之间的分界线。也就是突破了市场营销环境是不可控因素,重新认识市场营销环境及其作用,某些环境因素可以通过企业的各种活动施加影响或运用权力疏通关系来加以改变。

6.3.3　11Ps 营销策略组合

1986 年 6 月,美国著名市场营销学家菲利浦·科特勒教授又提出了 11P 营销理念,即在大营销 6P 之外加上探查、分割、优先、定位和人,并将产品、定价、渠道、促销称为"战术 4P",将探查、分割、优先、定位称为"战略 4P"。该理论认为,企业在"战术 4P"和"战略 4P"的支撑下,运用"权力"和"公共关系"这 2P,可以排除通往目标市场的各种障碍。

11P 分别是:

(1) 产品(Product):质量、功能、款式、品牌、包装。

(2) 价格(Price)：合适的定价，在产品不同的生命周期内制订相应的价格。

(3) 促销(Promotion)：尤其是好的广告。

(4) 分销(Place)：建立合适的销售渠道。

(5) 政府权力(Power)：依靠两个国家政府之间的谈判，打开另外一个国家市场的大门，依靠政府人脉，打通各方面的关系。在中国，所谓的官商即是暗含此理。

(6) 公共关系(PublicRelations)：利用新闻宣传媒体的力量，树立对企业有利的形象报道，消除或减缓对企业不利的形象报道。

(7) 探查(Probe)：即探索，就是市场调研，通过调研了解市场对某种产品的需求状况如何，有什么更具体的要求。

(8) 分割(Partition)：即市场细分的过程。按影响消费者需求的因素进行分割。

(9) 优先(Priorition)：即选出自己的目标市场。

(10) 定位(Position)：即为自己生产的产品赋予一定的特色，在消费者心目中形成一定的印象，或者说就是确立产品竞争优势的过程。

(11) 员工(People)："只有发现需求，才能满足需求"，这个过程要靠员工实现。因此，企业就要想方设法调动员工的积极性。这里的People不单单指员工，也指顾客。顾客也是企业营销过程的一部分，比如网上银行，客户参与性就很强。

6.3.4　4C营销策略组合

20世纪90年代，随着消费者个性化日益突出，加之媒体分化，信息过载，传统4P渐被4C所挑战。从本质上讲，4P思考的出发点是企业中心，是企业经营者要生产什么产品、期望获得怎样的利润而制定相应的价格、要将产品以怎样的卖点传播和促销，并以怎样的路径选择来销售。这其中忽略了顾客作为购买者的利益特征，忽略了顾客是整个营销服务的真正对象。以客户为中心的新型营销思路的出现，使顾客为导向的4C说应运而生。1990年，美国学者劳特朋(Lauteborn)教授提出了与4P相对应的4C理论。

4C的核心是顾客战略，4C的基本原则是以顾客为中心进行企业营销活动规划设计，从产品到如何实现顾客需求(Consumer's Needs)的满足，从价格到综合权衡顾客购买所愿意支付的成本(Cost)，从促销的单向信息传递到实现与顾客的双向交流与沟通(Communication)，从产品流动到实现顾客购买的便利性(Convenience)。

顾客需求有显性需要和潜在需要之分。显性的需求是迎合市场，潜在的需求则是要引导市场。营销人的首要功课是研究客户需求，发现其真实需求，再来制定相应的需求战略，以影响企业的生产过程。

成本是顾客购买和使用产品所发生的所有费用的总和。价格制定是单纯的产品导向，而顾客成本则除了产品价格之外，还包括购买和熟练使用产品所发生的时间成本、学习成本、机会成本、使用转换成本、购买额外配件或相关产品的成本付出的统和。对于这些成本的综合考虑，更有利于依据目标客户群的特征进行相关的产品设计和满足顾客的真实需要。

沟通首先明确企业传播推广策略是以顾客为导向而非企业导向或竞争导向。现实的许多企业以竞争导向制定促销策略，结果陷入了恶性竞争的迷茫之中。顾客导向才更能使企业实现竞争的差异性和培养企业的核心竞争能力。顾客沟通也更强调顾客在整个过程中的参与和互动，并在参与互动的过程中，实现信息的传递以及情感的联络。

便利则是以上三点的更进一步延伸,企业要综合顾客需求、顾客成本以及与顾客之间沟通,设身处地地考虑顾客对产品消费的一切因素,从而引导顾客产生消费欲望,并以此来放大这种欲望,促进消费达成。

4C营销理论从其出现的那一天起就普遍受到企业的关注,此后的整个20世纪50—70年代,许多企业运用4C营销理论创造了一个又一个奇迹。但是4C营销理论过于强调顾客的地位,而顾客需求的多变性与个性化发展,导致企业不断调整产品结构、工艺流程,不断采购和增加设备,其中的许多设备专属性强,从而使专属成本不断上升,利润空间大幅缩小。另外,企业的宗旨是"生产能卖的东西",在市场制度尚不健全的国家或地区,就极易产生假、冒、伪、劣的恶性竞争以及"造势大于造实"的推销型企业,从而严重损害了消费者的利益。当然,这并不是由4C营销理论本身所引发的。

6.3.5 4R营销策略组合

以4C理论为核心的顾客战略在时代的发展之下,也显现了其局限性。当顾客需求与社会原则相冲突时,顾客战略也是不适应的。例如,在倡导节约型社会的背景下,部分顾客的奢侈需求是否要被满足。这不仅是企业营销问题,更成为社会道德范畴问题。于是2001年,美国的唐·埃舒尔茨(Don E. Schultz),又提出了关系(Relationship)、节省(Retrenchment)、关联(Relevancy)和报酬(Rewards)的4R新说,"侧重于用更有效的方式在企业和客户之间建立起有别于传统的新型关系"。

关联(Relevance),即认为企业与顾客是一个命运共同体。建立并发展与顾客之间的长期关系是企业经营的核心理念和最重要的内容。

反应(Reaction),在相互影响的市场中,对经营者来说最现实的问题不在于如何控制、制订和实施计划,而在于如何站在顾客的角度及时地倾听和测性商业模式转移成为高度回应需求的商业模式。

关系(Relationship),在企业与客户的关系发生了本质性变化的市场环境中,抢占市场的关键已转变为与顾客建立长期而稳固的关系。与此相适应产生了5个转向:从一次性交易转向强调建立长期友好合作关系;从着眼于短期利益转向重视长期利益;从顾客被动适应企业单一销售转向顾客主动参与到生产过程中来;从相互的利益冲突转向共同的和谐发展;从管理营销组合转向管理企业与顾客的互动关系。

报酬(Reward),任何交易与合作关系的巩固和发展,都是经济利益问题。因此,一定的合理回报既是正确处理营销活动中各种矛盾的出发点,也是营销的落脚点。

4R营销理论的最大特点是以竞争为导向,在新的层次上概括了营销的新框架,根据市场不断成熟和竞争日趋激烈的形势,着眼于企业与顾客的互动与双赢,不仅积极地适应顾客的需求,而且主动地创造需求,运用优化和系统的思想去整合营销,通过关联、关系、反应等形式与客户形成独特的关系,把企业与客户联系在一起,形成竞争优势。其反应机制为互动与双赢、建立关联提供了基础和保证,同时也延伸和升华了便利性。"回报"兼容了成本和双赢两方面的内容,追求回报,企业必然实施低成本战略,充分考虑顾客愿意付出的成本,实现成本的最小化,并在此基础上获得更多的市场份额,形成规模效益。这样,企业为顾客提供价值和追求回报相辅相成。

6.3.6　4S 营销策略组合

4S 营销分别是：满意(Satisfaction)、服务(Service)、速度(Speed)、诚意(Sincerity)。4S 理论严格意义上来说并不是一项针对市场的营销理论，更多的是对营销人的一种要求和标准。营销人在通晓 4P、4R、4C 营销理论之后，随经验和技能加深，而进一步地以 4S 理论来深化自己的营销知识。

4S 市场营销策略则主要强调从消费者需求出发，建立起一种"消费者占有"的导向。它要求企业针对消费者的满意程度对产品、服务、品牌不断进行改进，从而达到企业服务品质最优化，使消费者满意度最大化，进而使消费者达到对企业产品产生一种忠诚。

满意指的是顾客满意，强调企业要以顾客需求为导向，以顾客满意为中心，企业要站在顾客立场上考虑和解决问题，要把顾客的需要和满意放在一切考虑因素之首。

服务包括几个方面的内容：首先，精通业务工作的企业营销人员要为顾客提供尽可能多的商品信息，经常与顾客联络，询问他们的要求；其次，要对顾客态度亲切友善，用体贴入微的服务来感动用户；再次，要将每位顾客都视为特殊和重要的人物，也就是"顾客是上帝"；另外在每次服务结束后要邀请每一位顾客下次再度光临，作为企业，要以最好的服务、优质的产品、适中的价格来吸引顾客多次光临；最后，要为顾客营造一个温馨的服务环境，这要求企业对文化建设加大力度。当然，在整个服务过程中最重要的是服务人员用眼神表达对顾客的关心，用眼睛去观察，用头脑去分析，真正做到对顾客体贴入微关怀的服务。

速度是指不让顾客久等，而能迅速地接待、办理，用最快的速度才能迎来最多的顾客。

诚意则是指要以他人利益为重的真诚来服务客人。要想赢得顾客的心，必先投之以情，用真情服务感化顾客，以有情服务赢得无情的竞争。

6.3.7　4V 营销策略组合

进入 20 世纪 90 年代以来，高科技产业迅速崛起，高科技企业、高技术产品与服务不断涌现，互联网、移动通信工具、发达的交通工具和先进的信息技术，使整个世界面貌焕然一新，俨然成为人类的"地球村"。原来那种企业和消费者之间信息不对称状态得到改善，沟通的渠道多元化，越来越多的跨国公司开始在全球范围进行资源整合。在这种背景下，营销观念、方式也不断丰富与发展，并形成独具风格的 4V 营销理论。

4V 是指差异化(Variation)、功能化(Versatility)、附加价值(Value)、共鸣(Vibration)的营销组合理论。4V 营销理论首先强调企业要实施差异化营销，一方面使自己与竞争对手区别开来，树立自己独特的形象；另一方面也使消费者相互区别，满足消费者个性化的需求。其次，4V 理论要求产品或服务有更大的柔性，能够针对消费者具体需求进行组合。最后，4V 理论更加重视产品或服务中无形要素，通过品牌、文化等以满足消费者的情感需求。

这一理论缺点也是明显的——操作性不强，实际中只能作为企业大的指导方向。4V 营销组合理念不仅仅是典型的系统和社会营销论，因为它既兼顾社会和消费者的利益，又兼顾资本家、企业与员工的利益；更为重要的是，通过对 4V 营销的展开，可以培养和构建企业的核心竞争力。这一点可以从企业核心竞争能力的判断基准与 4V 营销组合论的关系中得到证明。

6.3.8　4I 营销策略组合

网络时代,传统的营销经典已经难以适用。消费者们君临天下,媒体是传统传播时代的帝王,而消费者才是网络传播时代的新君。在传统媒体时代,信息传播是"教堂式",信息自上而下,单向线性流动,消费者们只能被动接受。而在网络媒体时代,信息传播是"集市式",信息多向、互动式流动。声音多元、嘈杂、互不相同。网络媒体带来了多种"自媒体"的爆炸性增长,博客、论坛、即时通信(Instant Messenger, IM)、社交网络服务(Social Networking Serivces, SNS)……借助此,每个草根消费者都有了自己"嘴巴"和"耳朵"。面对这些"起义的长尾",传统营销方式由"狩猎"变成"垂钓":营销人需要学会运用"创意真火"煨炖出诱人"香饵",而品牌信息作为"鱼钩"巧妙包裹在其中。如何才能完成这一转变?美国西北大学市场营销学教授唐·舒尔茨的网络整合营销 4I 原则给出了最好的指引。

网络整合营销 4I 原则:趣味(Interesting)原则、利益(Interests)原则、互动(Interaction)原则、个性(Individuality)原则。网络整合营销是新时代的营销理论,它更侧重于与消费者之间的互动,它的突破点也是在人与人之间的交流,通过这种互动交流来引导消费者们对企业及产品产生认同。

6.3.9　4E 营销策略组合

4E 理论是随着计算机和互联网等信息技术不断发展,形成的新营销理论,尚不成熟,不同学者对其有不同的总结。

《销售与市场》专栏作家、著名营销理论研究学者傅明武老师提出 4E 理论是指体验(Experience)、花费(Expense)、电铺(E-shop)、展现(Exhibition)。4E 理论是在当下互联网营销氛围当中被提炼出来的,它所面向的市场也是针对电商市场,当然,鉴于电商市场本身也还处于发展时期,4E 理论也还需要更多的市场考验与磨合。

(1) 体验(Experience)。"互联网+产品"是什么,如果要调研的话,最有发言权的消费者估计答不上来。其实,在这个产品极度过剩的商业世界,人类早已迷失在物质的包围中,不知道真正需要什么。也就是说不存在好与坏的客观标准,能成功地取悦顾客的感官,让他体验到好那就是好。互联网时代,时空限制消失,让面对面取悦每个顾客成为可能,商品竞争即由以往的品牌形象之争迅速升格为切身体验的比拼。

(2) 花费(Expense)。以前,低价、打折、买赠几乎是被运用最多的竞争策略,但今天这个规则将被重写,因为越来越多的产品开始玩免费。支持免费的理由是"羊毛出在猪身上"——虽然不找你收钱,但商家们得到了另外一个东西——流量。其实"流量"这个词并不新鲜,电视台、电台一直以来干的就是这个事,只不过叫"收视/听率"而已。它们和今天的互联网公司一样都是靠流量赚钱。流量是什么?流量是点击人数、滞留时间——对顾客而言,就是时间。这么看来,其实顾客支出的不仅仅是价钱,还有时间,也就是:顾客的支出=价格+时间,我们称之为花费;与之对应的,企业的收入=销售额+客流额。

(3) 电铺(E-shop)。传统营销时代,渠道=经销商+终端;现在,销售渠道=物流+电铺。何谓电铺?一是指利用电子虚拟技术将商品信息放在网络上进行销售;二是指在实体终端中引入电子信息以优化销售;三是指人成为移动销售终端。具体而言,电铺有四种形式:

① 电子店铺。即网络销售终端,主要有两种形式:官网平台[PC(Personal Computer,个

人电脑)端、移动端]和第三方网络交易平台(网店、微店、公众号等)。

② 实体店"带电入网"。对于经营吃喝玩乐之类的实体店来说,借助大众点评、微博、微信等实现线上引流、线下消费[O2O(Online To Offline,线上到线下)],必将成为未来绝大多数实体店的标配。

③ 货品"带电入网"。通过二维码,货品无论身处何处,都成为一个流量的入口。基于这个入口,供应商、渠道商可以在销售、积分、售后等方面大做文章。

④ 人成为"移动终端"。借助滴滴打车、河狸家、裹裹这样的软件平台,出租车司机、美甲师、快递员等都已经成为一个个移动销售终端。

(4) 展现(Exhibition)。在过去,促销手法主要有三大招:做广告、搞促销、玩客情。但在新的选秀时代,这些已远远不够,顾客绝不会轻易动心,需要有效整合网络、媒体、终端、户外等资源来制定传播策略,将自己的独特优势精心地展现在顾客面前,吸引其点击或询盘。展现的目的有两个:获得流量(收视/听率、到达率、点击率、有效滞留时间等)和获得咨询(电话咨询、在线询盘、柜台咨询)。而在此当中,网络展现尤其不可忽视,所有的企业必须要做的两大功课是:官网的展现(PC官网、移动官网、App)和网络海洋里的展现(门户网站、论坛、博客、朋友圈等),有的企业还要加上网店的展现(淘宝、京东、微店、公众平台、大众点评等)。

奥美互动全球董事长兼CEO Brian Fetherstonhaugh(2016)认为4E理论包含体验(Experience)、无处不在(Everyplace)、交换(Exchange)、布道(Evangelism)。

(1) 体验(Experience)。以技术上的差异化带来市场优势能够维系的时间越来越短,像手机和许多消费电子产品也就是几个月的时间,金融产品也就是一个月时间,网站的某项功能甚至也就是几分钟时间。同时,"数字觉醒"之后的消费者购买行为已经发生了很大的改变,营销者必须把重点从单纯的产品转移到全面的顾客消费体验上来,他们需要深入观察和分析顾客购买历程(Customer Journey),识别出影响顾客做出购买决定和形成消费体验的关键环节,从而研究和制定相应的措施,不断提升顾客的体验,提升品牌在顾客心目中的地位。

巧克力生产商好时(HERSHEY's)把在纽约时代广场的品牌体验店装饰得充满童趣,顾客在里面可以充分体验巧克力的氛围和乐趣。体验店吸引了众多纽约市民和游客们光顾,许多人因此成为好时的忠实拥护者。六旗游乐园(Six Flags)的网站用Flash和视频等手段展示了游乐园诸多好玩的项目,如云霄飞车高速起伏穿行,游客疯狂地尖叫,让人如同身临其境,不由得动起亲自去玩一把的念头。

(2) 无处不在(Everyplace)。过去交易和购买发生的地点主要是商店终端,营销者的主要工作是研究产品如何在货架上陈列。由于数字媒体的出现,现在购买行为可以在通信网络覆盖所及的任何地点发生,这为营销者提供了广阔的用武之地。但是机遇同时意味着挑战。

拿手机来说,现在手机正在逐渐成为消费者的钱包,许多营销者希望把品牌推广信息"精准"地投放到手机上。但是手机是一种极其私人化的媒介,推广信息要做到有效必须能够让消费者乐于接受,它要么必须足够有趣,要么必须能够带给消费者一定的好处,如让他们得到免费赠送的音乐会门票等。如果只是一些单调枯燥的广告内容,消费者会只觉得自己受到了冒犯,并且对信息发送者产生反感。

(3) 交换(Exchange)。奥斯卡·王尔德有一句名言:"纨绔子弟们知晓任何东西的价码,但不知道他们的价值。"现在数字媒体让消费者越来越有能力识别和判断产品的内在价值。营销者需要认识到,品牌现在应主要通过产品内在的价值打动顾客,而价值是因人而异的。

案例 8

麦克唐纳是一个送货工，负责给快餐公司送比萨、汉堡等，业余时间里还做些兼职，别看他只有 26 岁，却尝试过各种各样的工种，眼界也因此比较开阔。麦克唐纳与朋友一起租房，依靠偶尔在展销会上推销些商品足以交纳每月 300 美元的房租。但是，麦克唐纳心里始终挂着一件事：买一套属于自己的房子。不过他知道，依目前的经济能力，这个想法无异于天方夜谭。

庆幸的是，麦克唐纳有自己的法宝：良好的推销技能。麦克唐纳有一枚特大号的红色曲别针，是一件难得的艺术品。为了通过这枚曲别针交换些更大更好的东西，他在当地的物品交换网站上贴出了广告。此时，他只是期待着能交换到心仪的东西，房子还是一个遥不可及的梦想。

很快，来自英属哥伦比亚的两名妇女用一支鱼形钢笔换走了他的红色曲别针。就在当天，他前往西雅图参加了一场舞会，返回时，他顺道去拜访艺术家安妮·罗宾斯。安妮也对这一网站感兴趣，并且曾经在网上与麦克唐纳交流过。麦克唐纳带着那支鱼形钢笔去了安妮的家。没想到，交易顺利达成！麦克唐纳带着一只绘有笑脸的陶瓷门把手走出安妮的家门。

接下来的交换对象，是来自弗吉尼亚州亚历山德里亚市的 35 岁的肖恩·斯帕克斯。斯帕克斯给了麦克唐纳一只科尔曼牌的烤炉。斯帕克斯有两只，可一般情况下用不着这么多，恰巧他的咖啡机把手坏了，于是将目光瞄准了麦克唐纳的陶瓷把手。交易再次达成。麦克唐纳开始意识到物物交换的妙处：每次交换后，他拥有东西越来越大，价值也是更多。

麦克唐纳决定继续交易下去。加州潘德顿海军陆战队空军基地的一名军官要了这只烤炉，并给了麦克唐纳一个发电机。随后，他用这只发电机换了一个具有多年历史的百威啤酒的啤酒桶。加拿大蒙特利尔市一名电台播音员相中了这只古典酒桶，用一辆旧的雪上汽车交换了酒桶。

加拿大一家雪上汽车杂志愿意为麦克唐纳提供一次花销不菲的旅行。而麦克唐纳又将这次旅行的机会转让给了一个魁北克的经理，换取了一辆 1995 年生产的泰龙敞篷车。麦克唐纳随即转手给一位音乐家，得到了工作室录制唱片的一份合同。麦克唐纳把这个机会给了凤凰城一名落魄的歌手，歌手感激涕零给了他一套双层公寓！

专注于帮助非洲艾滋病妇女和儿童患者的慈善组织 Orange Babies 在募捐时对募捐箱进行了特别的设计，当捐献者把钱投入募捐箱，箱子上小孩的苦脸就变成了笑脸，这实际上是对捐献价值的一种即时提示，后来的统计显示，这种募捐箱取得了较普通募捐箱更佳的成绩。

（4）布道(Evangelism)。消费品领域长期供大于求把人们带入了一个丰饶的时代。在互联网的催化之下，人们的价值观日趋多元，具有相同信仰和爱好的人们可以方便地在网络上相互扎堆互动交流，小众群落雨后春笋般纷纷涌现。面对今天的消费者，营销者最好抛弃过去那种直线式的推送和说服模式，转而通过向品牌中注入激情，通过有吸引力的创意，让人们主动参与和分享。

贾丽军(2017)在前人研究的基础上，对智能营销理论进行了创新性的概括，提出数字体验、数字估值、数字环境、数字关联的概念，对营销中的 4P 到 4E 的理论模型进行构建。数字体验是为消费者创造的价值；数字估值是消费者心理对价值的感知；数字场景是企业与消费者之间进行的价值传递；数字关联是企业与消费者之间缔结的关系。4E 营销理论的实质就是企业内外信息的双向沟通和共享过程，实施 4E 战略不是对企业传统业务的代替，而是再造充实的过程。实践证明,一方面以传统业务流程为基础,另一方面与传统业务的运作方式相结合补充,这才是4E理论产生最佳效果的前提。4E应用不单纯是营销信息化对策,更主要的是综合性和立体化的混合对策。

(1) 数字体验。

2015年,ECONSULTANCY(中文互联网数据资讯中心)和ADOBE采访了全球6 000多名营销、数字和电子商务营销人员,调查显示,消费者体验越来越受到重视。尤其是零售商特别重视这一点,9/10的北美零售商表示消费者体验限定了品牌。78%的受访者非常同意(28%)或同意(50%),他们试图提供个性化消费体验。

体验经济已经逐渐成为继服务经济之后的又一个经济发展阶段。在所有语言中,"体验"(Experience)都是一个包罗万象的词,用于指个体在日常生活中的各种经历。有人在谈论自己的周末活动、旅行及美妙的晚餐时会提及"体验",有人说"生活就是一场体验",商业广告中也常出现"体验"一词,"体验"一词甚至还出现在某些企业的使命陈述里。一种为体验所驱动的营销和管理模式,将很快取代传统的营销和经营方法。可以说,体验经济的发展催生了数字体验这一崭新的营销模式,其指导下的新产品和消费者策略可以成为不少企业竞争制胜的又一利器。

在消费者搜寻产品、购物和接受服务,以及消费产品或品牌时,体验都会产生。现有研究主要涉及产品体验、购物和服务体验、消费体验及品牌体验。

① 产品体验。产品体验产生于消费者与产品的互动,如消费者搜寻、检验和评估产品。当消费者与产品有实体接触时,产品体验是直接的;当产品被虚拟地呈现或出现在广告中时,产品体验是间接的。

② 购物和服务体验。当消费者与商店实体环境、服务人员和政策以及管理实践互动时,就会产生购物和服务体验。

③ 消费体验。当消费者消费或使用产品时,就会产生消费体验。对消费体验的多数阐释性研究,已经分析了参观博物馆、漂流、欣赏篮球赛、滑冰等消费过程及其享乐性目标。

④ 品牌体验。品牌体验是指消费者被品牌相关刺激所引发的一种主观的内在(感官、情感、认知)反应和行为反应。相关刺激包括品牌设计、品牌标志、包装、沟通和环境等。品牌体验概念能够比其他品牌概念(如品牌资产、品牌价值、品牌联想、品牌态度、品牌个性)更好地体现品牌的本质,因为对消费者而言,最关键的是品牌能否提供富有吸引力的体验。

数字体验是从消费者角度出发,整合了企业产品、品牌、体验场景等的集合体。从体验的时间维度来说,数字体验包含了销售前的产品体验、服务体验、场景体验;销售后的服务体验、消费产品体验、企业与消费者的沟通体验等。体验设计过程一般为:开发主题;以正面线索塑造形象,同时去除负面要素及不一致的形象;选择体验的五感要素;提供五种感官刺激。

(2) 数字估值。

数字估值是建立在顾客感知价值基础上的产品或者服务的定价策略,更多地考虑到消费者对于产品或者服务品牌和情感方面的认知。

在早期的研究中,市场利润包含了相对价格和相对产品质量的形成,在给定价格条件和质量水平下,预期价格高于实际价格,或者是实际产品质量超出了顾客预期,顾客就获得了价值。顾客感知价值概念是由V.A.Zeithaml首先提出的,继而Philip Kolter提出顾客让渡价值的概念。顾客感知价值是指权衡客户感知到的利益和获得的产品或服务付出成本之后,对产品或服务效用给出全面的评价。顾客让渡价值是指总顾客价值与总顾客成本之间存在的差额。其中,总顾客价值指的是从某一特定产品或服务中顾客期望获得的一组利益,而总顾客成本指的是在获得、评估以及使用产品或服务的时候所引起的预计费用。

总体而言,对于顾客价值的研究可以分为三个类别:顾客价值二维权衡观、顾客价值层次观、顾客价值综合观。顾客价值二维权衡观认为,顾客价值存在着质量和价格两个维度,认为顾客价值受顾客感知质量与感知价格的影响,是两者权衡的结果;顾客价值层次观认为,顾客价值是分为不同层次的,以顾客预期价值作为评价企业创造价值的标准;顾客价值综合观超越了价格与质量维度,对感知利得和利失进行更深层次的分解和更深入的剖析,从而更加深入、系统地探讨顾客价值的构成维度,更有利于企业真正地理解顾客究竟重视哪些感知价值,以及顾客感知价值是如何产生的,又是受什么影响的,从而可以以此为据,采取相应的营销措施,更好地满足顾客的需求。从价值结构和可实践角度来说,我们认为最值得借鉴的是顾客价值综合观。

数字估值的内容包含"内容价值"(Content Value)、"环境价值"(Context Value)和"品牌价值"。其中内容价值是指"顾客从购买内容中获得的一般收益",强调的是交易的结果,如从产品、服务或者信息中获得收益等;环境价值是指"从辅助功能和交易特性中获得的额外收益","环境"一词可以理解为"公司如何提供内容",强调的是交易过程;品牌价值是指由于感知价值特征的顾客之间存在的差异,不同顾客对于企业提供的价值存在明显的区别,这种差异来源于顾客与企业沟通中存在的感知差异、消费产品或者服务时的差异,这种差异主要影响顾客后期的口碑、评价等。

从价值链和智能角度来看,数字估值依托于价值链关系,让消费者从价值链获取更多价值,实现消费者个性化和定制化的满足。个性化和定制化分为三种类型:一是基于消费者需求差异性的个性化定制模式,二是基于消费者需求一致性的商品预售模式,三是基于消费者需求、生产商诉求平衡的逆向团购模式,为企业未来转型电子商务 C2B(Customer to Business,消费者到企业)模式提供发展路径。个性化定制模式主要满足消费者定制差异化、独一无二的产品的需求;商品预售模式认可消费者的共性需求,消费者联盟以集中采购的方式来同企业进行价格谈判;逆向团购方式则主要针对有时效性的商品和服务,C2B 交易平台通过对消费者出价与企业的底价进行匹配,匹配成功则交易达成。

用户编码是指消费者通过网络平台对于自己的需求进行具象的描述,可以更加方便地给供给方提供精准、快速的服务。但编码的难度和产品服务本身的复杂程度及可量化程度会导致(如果涉及味道、触觉等因素,会变得更难)具有较高编码复杂性和定制化的产品往往难以实现深度的 C2B。在个性化需求编码时,应尽量减少采用定性方式描述,这样的方式容易产生匹配误差。未来,随着 VR(Virtual Reality,虚拟现实)、AR(Augmented Reality,增强现实)技术的不断成熟,供应方能够和消费者之间进行定性沟通。

(3) 数字场景。

"场景"一词可以理解为"公司如何提供内容",强调的是交易过程。数字场景的交易过程脱离了传统价值链的单向链接,场景是双向的,不仅包含产品单次销售,还包含回收再利用以及多次销售的整个生命周期中的价值变化。为了解析数字场景,可以从产品生命周期、逆向物流角度展开。

产品的生命周期包括原材料的获取、加工、产品生产、运输、销售、使用,以及产品使用后的处理和再循环利用。在整个生命过程中，产品并非变成消费品就完全实现价值，而是在使用完毕后以回收品的形态通过分类和加工继续提供资源和价值。例如，雪佛兰汽车发动机经过拆卸后，约有 5% 的零部件可以直接使用，约 30% 的零部件经过翻新或替换局部零件后进入汽车配件市场。产品生命周期考察产品的循环性，最大限度地回收资源，减少产品使用时和报废后对资源的污染，通过补充少量新资源，使回收资源再次参与新的生命周期过程。

逆向物流最早被提出是在 1992 年，Stock 经过钻研，提出了逆向物流领域与商业和社会的相关性，并在给美国物流管理协会的一份报告中提出逆向物流的定义，从这个时候起"逆向物流"进入了人们的视野。逆向物流是在整个产品生命周期中对产品和物资的完整的、有效的和高效的利用过程的协调。然而对产品再使用和循环的逆向物流控制研究，却是过去的十年里才开始被认知和展开的。其中较知名的论著是罗杰斯和提篷兰柯的《回收物流趋势和实践》，佛雷普的《物流计划和产品再造》等。

场景价值也不仅仅局限于双向的渠道特征，如配送上门安装、免费配送等都是通过手段为消费者创造场景价值。所以，场景价值取代 4P 中的渠道、4C 中的便利，作为新的消费者价值交付方式，具有相当高的实践和理论指导意义。

传统营销渠道考虑的是制造者到消费者之间的营销渠道通路，现在智能营销所提倡的数字场景，是使用数字化和智能的技术手段，实现制造者与消费者之间的双向传递、消费者与消费者之间的双向传递。这种场景下催生较为明显的产物有淘宝、天猫、瓜子二手车等。未来随着物流智能化技术的发展，消费者与制造者之间的界限会变得模糊，人人都可以作为制造者，也可以作为消费者。

（4）数字关联。

数字关联，即通过消费者购买前咨询、购买等行为与消费者建立关系。"关联"是从关系延伸而来，关系是人人之间、人与物之间的联系，关联描述的是这种关系所产生的结构。数字关联更多引用和借鉴关系营销中所存在的特征。数字关联策略是在传播过程中，以互动和 CRM（Customer Relationship Management，客户关系管理）管理为手段，最终目的是与消费者建立可持续的关系。所以，按照数字关联的手段进行解析，其包含了互动传播与客户关系管理。

互动是用户获取信息、选择信息并与媒介产生互动，最终满足需求的过程。"互动沟通"在形式上表现为操作层面的人机交互。用户除了娱乐需求之外，还有更深层次的价值需求。人机交互是将品牌倡导的价值观传递至用户的载体，价值互动才是互动沟通的根本内涵。只有基于人机交互的价值互动才能同时满足用户的多层需求，将品牌核心价值传达给用户，最终实现价值共鸣。互动行为可以发生在消费者发生购买之前，也可以发生在消费者购买之后。购买之前的沟通直接产生的效果是消费者的购买行为或者消费者对于信息的分享，而购买后的互动可以提供消费者对于品牌的忠诚度，产生二次购买或者成为产品的内行传播源。目前，移动互联网的普及使得消费者购买后的互动沟通变得更加容易，但是很多企业并没有重视这部分。

至于 CRM，其首先是一种管理理念，核心是将企业的客户作为企业最重要的资源，通过完善的客户服务和深入的客户分析来满足客户的需求，在向客户不断提供最大价值的同时，实现企业的价值。其次，CRM 是一种旨在改善企业与客户关系的新型管理系统和运作方法体系。一方面，CRM 要以"客户为中心"来构架企业，追求信息共享，完善对客户需求的快速响应机制，优化以客户服务为核心的工作流程，搭建新型管理系统；另一方面，CRM 实施于企业与客户相关的所有业务领域,使企业与客户保持一种卓有成效的"一对一"关系,建立客户驱动的产品/服务设计,向客户提供更快捷、更周到的优质服务,以吸引和保持更多的客户资源,因而是一套方法体系。

6.4 电子商务智能营销应用

企业在不计其数的数据中通过智能搜索即可获取有效信息。当前,许多打造智能营销方案的平台应运而生,部分平台已与众多 App 建立数据联通,在数据库中为相当数量的账号进行多维度分析,在"定位群众""设计产品""搭建场景"这三大核心步骤中取得进展。

6.4.1 移动搜索

移动搜索是指以移动设备为终端,进行对普遍互联网的搜索,从而高速、准确地获取信息资源。它是基于移动网络的搜索技术的总称,用户可以通过 SMS(Short Message Service,短信息)、WAP(Wireless Application Protocol,无线应用协议)、IVR(Interactive Voice Response,互动式语音应答)等多种接入方式进行搜索,获取互联网信息、移动增值服务及本地信息等信息服务内容。随着科技的高速发展,信息的迅速膨胀,手机已经成了信息传递的主要设备之一。尤其是近年来手机技术的不断完善和功能的增加,利用手机上网也已成为一种获取信息资源的主流方式。2013 年 1 月,TechWeb 发布结果显示,百度移动搜索跻身 2012 年度最受欢迎十大移动应用。

移动搜索的应用主要有五种形式:

(1)语言搜索。在刚推出 iPhone 4S 期间,苹果公司也推出一个语音服务 Siri 语音控制功能。使用这个功能就可以直接把手中的 iPhone 变成一个智能化的机器人,可以通过语音让手机进行天气查询、搜索查询等功能。同时苹果系统的对手安卓也在短期内推出语音操作系统,这一手机功能上的创新也将会改变搜索者的搜索行为。现在移动搜索已经把语音搜索变成一个重要搜索途径;只要说几句话就可以进行搜索,这样的便利性将会使许多的搜索用户舍弃原来烦琐的键盘输入改用使用语音搜索。

(2)谷歌搜索。随着谷歌推出一系列的产品,如加密搜索、Google+、搜索加上你的世界等,进一步推进搜索的个性化。移动搜索也不例外,移动搜索的功能将会变得更加个性化,移动的搜索结果也将基于搜索位置、搜索偏好以及个人的社交网络信息等。同时我们认为基于移动设备的特质,移动设备的搜索结果也将更加本地化,搜索的结果将会以本地附近的搜索结果为主。

(3)百度搜索。百度搜索客户端主界面包括四部分:搜索区(包括垂直搜索切换+搜索框+语音输入搜索)、内容导航区(包括新闻、贴吧、小说、热搜榜、导航)、Ding Widget 切换区、功能导航区。整体 UI(User Interface,用户界面)设计很清爽,并能在设置中选择预设或本地图片作为个性化壁纸。值得一提的是,其语音输入搜索相当棒,在相对安静环境下普通话识别率接近 100%,方言识别测试也竟能识别大部分,体验的确很赞。2012 年,百度在移动搜索领域展开了多端布局,从入口上看就包括了网页版移动搜索、百度移动搜索 App 以及内嵌于手机浏览器、WAP(Wireless Application Protocol,无线应用协议)站等各处的移动搜索框,这让用户可以从多个渠道获得快速、全面、精准的移动搜索服务,也让百度在移动互联网时代的入口地位得以凸显。

(4) 盘古搜索。由新华通讯社和中国移动通信集团公司联手打造的搜索引擎——盘古搜索 2011 年 2 月 22 日正式上线开通,覆盖了新闻搜索、网页搜索、图片搜索、视频搜索、音乐搜索、时评搜索以及一系列实用的生活资讯搜索。盘古搜索将互联网服务与移动终端深度融合,充分利用新华社的新闻信息资源和中国移动的技术优势,提供搜索服务新体验,其中"网页搜索"采用了将桌面搜索结果"直达"手机短信的服务方式。

(5) 中搜搜索。2013 年 12 月 12 日,北京中搜网络技术股份有限公司发布移动个人门户平台搜悦 3.0。该平台是以搜索技术为核心基础,实现多个移动互联网的入口级功能。其主要功能包括搜索、阅读、网址导航、应用商店、购物、线下商户评价、社区等,并且这些功能都带有显著的个性化特色,例如阅读的个性化订阅、线下商户的电子会员卡包、网址导航的个性化设置等。

移动搜索与桌面搜索的区别在于移动搜索更容易搜出本地的搜索结果,但还不能按照品牌和商店进行过滤搜索,因为绝大多数人用手机搜索兴趣点应该在本地信息上;从用户角度看,移动搜索用户对搜索结果的关注度较高,但由于屏幕所限,很少有用户使用下拉条,在移动搜索结果上排名第一与第四之间的点击率可能下降 90% 以上;移动搜索结果很少使用过滤,搜索引擎会记录用户的习惯,给出定制的搜索结果并展示其结果,点击率和跳出率是决定移动搜索结果排名的一个关键词因素;移动搜索很少使用关键词,用户所处的"地点"是关键,而桌面搜索就宽泛得多,内容是通用的,地点也不是那么重要,因此,如果要优化手机网站,做地区优化是必不可少的,甚至需要修改网站的地理位置信息。

受制于电池、带宽、屏幕尺寸等多种客观因素,PC(Personal Computer,个人电脑)搜索引擎让用户在一堆搜索结果中寻找目标结果的方式已不再适应移动用户需求。从 Google 在移动搜索结果页的不断探索和尝试,到 Apple 推出的让人惊艳的 Siri(Speech Interpretation & Recognition Interface,苹果语音助手),直接给用户提供想要的答案已经成为移动搜索服务的趋势。国内在中国移动及 SP(Service Provider,移动网信息服务)大力扶持下的移动增值业务市场也出现高速增长态势,移动和互联网融合的发展趋势注定了移动搜索是未来的发展方向,而新的搜索平台的出现必然在业内又激起一场新的战争。2019 年 4 月 30 日艾瑞发布《2019 年第一季度中国移动搜索市场研究报告》,报告显示,中国网民规模达 8.29 亿,其中手机网民超 8 亿,比例高达 98.6%,较 2017 年上升 1.1%,仅 2019 年第一季度移动搜索用户就达 6.89 亿。其中男性为 56.4%,女性为 43.6%。以年轻群体为主,近 60% 的用户 30 岁以下,近 50% 以上的用户平均每天使用移动搜索 1~5 次。可见投资前景和潜力巨大。

6.4.2 搜索引擎优化

搜索引擎优化(Search Engine Optimization,SEO)是一种方式:利用搜索引擎的规则提高网站在有关搜索引擎内的自然排名。其目的是为网站提供生态式的自我营销解决方案,让其在行业内占据领先地位,获得品牌收益;SEO 包含站外 SEO 和站内 SEO 两个方面;为了从搜索引擎中获得更多的免费流量,从网站结构、内容建设方案、用户互动传播、页面等角度进行合理规划,还会使搜索引擎中显示的网站相关信息对用户来说更具有吸引力。

1. 主要工作

通过了解各类搜索引擎抓取互联网页面、进行索引以及确定其对特定关键词搜索结果排名等技术,来对网页进行相关的优化,使其提高搜索引擎排名,从而提高网站访问量,最终提升网站的销售或宣传的效果。搜索引擎优化对于任何一家网站来说,要想在网站推广中取得成功,搜索引擎优化都是至关重要的一项任务。同时,随着搜索引擎不断变换它们的排名算法规则,每次算法上的改变都会让一些排名很好的网站在一夜之间名落孙山,而失去排名的直接后果就是失去了网站固有的可观访问量。

通过了解各类搜索引擎如何抓取互联网页面、如何进行索引以及如何确定其对某一特定关键词的搜索结果排名等技术,来对网页内容进行相关的优化,使其符合用户浏览习惯,在不损害用户体验的情况下提高搜索引擎排名,从而提高网站访问量,最终提升网站的销售能力或宣传能力的技术。所谓"针对搜寻引擎优化处理",是为了要让网站更容易被搜索引擎接受。搜索引擎会将网站彼此间的内容做一些相关性的资料比对,然后再由浏览器将这些内容以最快速且接近最完整的方式,呈现给搜索者。由于不少研究发现,搜索引擎的用户往往只会留意搜索结果最开始的几项条目,所以不少商业网站都希望透过各种形式来干扰搜索引擎的排序。搜索引擎优化专家"一来胜"认为,在网站里尤以各种依靠广告为生的网站最甚。SEO 技术被很多目光短浅的人,用一些 SEO 作弊的不正当手段,牺牲用户体验,一味迎合搜索引擎的缺陷,来提高排名,这种 SEO 方法是不可取的,最终也会受到用户的唾弃。

在国外,SEO 开展较早,那些专门从事 SEO 的技术人员被 Google 称之为"Search Engine Optimizers",即搜索引擎优化师。由于 Google 是世界最大搜索引擎提供商,所以 Google 也成为全世界 SEOers 的主要研究对象,为此,Google 官方网站专门有一页介绍 SEO,并表明 Google 对 SEO 的态度。

所以每次搜索引擎算法的改变,都会在网站之中引起不小的骚动和焦虑。可以说,搜索引擎优化也成了一个愈来愈复杂的任务。

2. 引擎排名

SEO 是指通过采用易于搜索引擎索引的合理手段,使网站各项基本要素适合搜索引擎检索原则并且对用户更友好(Search Engine Friendly),从而更容易被搜索引擎收录及优先排序从属于 SEM(Search Engine Marketing,搜索引擎营销)。SEO 的中文意思是搜索引擎优化。通俗理解是:通过总结搜索引擎的排名规律,对网站进行合理优化,使我们的网站在百度和 Google 的排名提高,让搜索引擎给我们带来客户。通过 SEO 这样一套基于搜索引擎的营销思路,为网站提供生态式的自我营销解决方案,让网站在行业内占据领先地位,从而获得品牌收益。

搜索引擎根据一定的策略、运用特定的计算机程序从互联网上搜集信息,在对信息进行组织和处理后,为用户提供检索服务,将用户检索相关的信息展示给用户的系统。学习搜索引擎优化 SEO,必须先了解什么是搜索引擎。搜索引擎包括全文索引、目录索引、元搜索引擎、垂直搜索引擎、集合式搜索引擎、门户搜索引擎与免费链接列表等。

3. 搜索引擎营销面临的主要问题

搜索引擎优化在国外发展迅速,国内也有众多的优化爱好者。他们通过各种方式进行自己的优化工作与学习,不断进步。国内的网站建设运营者对于搜索引擎优化越来越重视,这块市场非常大,相信会有越来越多的人加入这个领域中。

搜索引擎优化技术随着互联网的发展迅速崛起,但是搜索引擎优化到底路在何方,却让很多站长迷茫彷徨。中国的搜索引擎优化技术发展道路上,尚存在着诸多的盲点,具体如下:

(1) 关键词排名乱收费。搜索引擎优化行业刚刚起步发展,竞价关键词没有统一的标准,于是就会出现乱收费的现象,从而导致恶性竞争,把整个行业收费标准搞得一片混乱。一般的搜索引擎优化服务公司都会誓言保证网站的排名,但是网络变幻无常,谁也不知道会变成怎样,砸出去的广告费很多时候都有去无回。

(2) Seo效果不稳定。做过搜索引擎优化排名的都清楚,排名上下浮动是很正常的。比如给一个客户优化网站,第二天让客户验收的时候首页就跑到第二页去了。出现这样情况的时候很多。搜索引擎在不断变换自身的排名算法,这样也相对增加了搜索引擎优化的难度。

(3) 首页排名的局限性。搜索引擎首页的位置是很局限的,首页的自然排名就10个位置。大家竞争的就是这10位置。具体来说没有10个位置,比如百度,百度自己的产品要占1~2个位置,有时候会到3个位置全是百度的产品。最多也就是7~8个位置是用优化方式能达到的。所有的人都在竞争这几个位置,比如一共有11家在做优化,不管怎么优化都会有1个是成功的,总有1个是不成功的。这是做搜索引擎优化的一个不足之处。

(4) 面临遭受惩罚风险。网站优化稍有不慎就会被搜索引擎惩罚。网站优化操作不当,只要被惩罚,客户就可能面临追求赔偿。所以对于搜索引擎优化技术,还需要加强,避免因不当的手段而导致不必要的后果。

4. 网站设计规划

有良好描述性、规范、简单的网站URL(Uniform Resource Locator,统一资源定位符),有利于用户更方便地记忆和判断网页的内容,也有利于搜索引擎更有效地抓取你的网站。网站设计之初,就应该有合理的URL规划。

处理方式:① 在系统中只使用正常形式的URL,不让用户接触到非正常形式的URL。② 不把session id、统计代码等不必要的内容放在URL中。③ 不同形式的URL,301永久跳转到正常形式。④ 防止用户输错而启用的备用域名,301永久跳转到主域名。⑤ 使用robots.txt禁止Baiduspider(百度蜘蛛,用来抓取整理数据)抓取不想向用户展现的信息。

(1) Title(标题)信息。网页的Title用于告诉用户和搜索引擎这个网页的主要内容是什么,而且当用户在百度网页搜索中搜索到我们的网页时,Title会作为最重要的内容显示在摘要中。搜索引擎在判断一个网页内容权重时,Title是主要参考信息之一。

描述建议:
① 首页:网站名称或者网站名称_提供服务介绍或者产品介绍。
② 频道页:频道名称_网站名称。
③ 文章页:文章title_频道名称_网站名称。

需要注意:
① 标题要主题明确,包含这个网页中最重要的内容。
② 简明精练,不罗列与网页内容不相关的信息。
③ 用户浏览通常是从左到右的,重要的内容应该放到Title靠前的位置。
④ 使用用户所熟知的语言描述。如果有中、英文两种网站名称,尽量使用用户熟知的那

一种作为标题描述。

(2) Meta 信息。Meta Description 是 Meta 标签的一部分,位于 HTML(HyperText Markup Language,超文本标记语言)代码的<head>区,它是对网页内容的精练概括。如果 Description 描述与网页内容相符,百度会把 Description 当作摘要的选择目标之一,一个好的 Description 会帮助用户更方便地从搜索结果中判断我们的网页内容是否和需求相符。Meta Description 不是权值计算的参考因素,这个标签存在与否不影响网页权值,只会用作搜索结果摘要的一个选择目标。

推荐做法:

① 网站首页、频道页、产品参数页等没有大段文字可以用作摘要的网页最适合使用 Description。

② 为每个网页创建不同的 Description,避免所有网页都使用同样的描述。

③ 长度合理,不过长不过短。

(3) 图片 ALT(alternative,代替的)。建议为图片加 ALT 说明,因为这样做可以在网速较慢图片不能显示时让用户明白图片要传达的信息,也能让搜索引擎了解图片的内容。同理,使用图片作导航时,也可以使用 ALT 注释,用 ALT 告诉搜索引擎所指向的网页内容是什么。

(4) Flash 信息。Baiduspider 只能读懂文本内容,Flash、图片等非文本内容暂时不能处理,放置在 flash、图片中的文字,百度无法识别。所以如果一定要使用 Flash,建议给 Object 标签添加注释信息,这些信息会被看作是对 Flash 的描述信息,让搜索引擎更好地了解 Flash 的内容。

5. 搜索引擎优化技术

搜索引擎优化技术,可分为两大类:白帽技术与黑帽技术。

(1) 白帽技术(Whitehat)。在搜索引擎优化行业中,使用正规符合搜索引擎网站质量规范的手段和方式,使网站在搜索引擎中关键词获得良好的自然排名称为白帽技术。白帽技术是较为流行的网络营销方式,主要目的是增加特定关键字的曝光率以增加网站的能见度,进而增加销售的机会,分为站外 SEO 和站内 SEO 两种。SEO 的主要工作是通过了解各类搜索引擎如何抓取互联网页面、如何进行索引以及如何确定其对某一特定关键词的搜索结果排名等技术,来对网页进行相关的优化,使其提高搜索引擎排名,从而提高网站访问量,最终提升网站的销售能力或宣传能力的技术。

(2) 黑帽技术(Blackhat)。黑帽技术指 SEO 就是通过一些类似作弊的方法或技术手段,以不符合主流搜索引擎优化发行方针规定的手法来获得短时间内较好的搜索引擎优化的一种技术。黑帽 SEO 获利主要的特点就是短平快,为了短期内的利益而采用的作弊方法,同时随时会因为搜索引擎算法的改变而面临惩罚。黑帽的八种形式:域名群建、关键词叠加、桥页与跳页、隐藏文字和使用透明文字、障眼法、采用细微的文字、网站毫无意义的灌水、网页劫持。

6. SEO 操作

SEO 又分为站外 SEO 和站内 SEO。站内 SEO 优化包括网站结构的设计、网站代码优化和内部链接优化、网站内容的优化、网站用户体验优化等内容。站外 SEO 优化包括网站外部链接优化、网站的链接建设、网站的外部数据分析等。

站外 SEO，也可以说是脱离站点的搜索引擎技术，命名源自外部站点对网站在搜索引擎排名的影响，这些外部的因素是超出网站的控制的。最有用、功能最强大的外部站点因素就是反向链接，即我们所说的外部链接。毫无疑问，外部链接对于一个站点收录进搜索引擎结果页面起到了重要作用。

那么，如何产生高质量的反向链接呢？

(1) 高质量的内容。

产生高质量的外部链接最好的方法就是写高质量的内容，网站内容使读者产生阅读的欲望。可以和别的网站交换链接，也可以注册自动生成链接的程序，还可以去其他的站上买链接。

(2) 给与我们的内容相关的网站发邮件。

并不提倡给其他的网站群发邮件来交换链接，而是建议如果我们在某个话题写了篇有质量的文章，并且觉得会使其他的网站感兴趣，那给这些网站发一封短小礼貌的邮件让他们知道我们的文章，将是有价值的。即使他们没有链接，也不要感到尴尬。我们会发现如果他们点击了就为链接产生了直接的流量，从而在我们的网站将在搜索引擎里得到较好的分数。

(3) 分类目录。

另一个产生高质量的反向链接的方法是把我们的网址提交到分类目录。很多站长都对这个方法的效果奇佳，当开始一个新站点的时候，他们做的第一步就是围绕分类目录做工作，选择合适的关键词提交到相关页面进行链接。有很多分类目录，大部分是免费的，这里推荐部分分类目录，如 DMOZ、Yahoo!、ODP(Open Directory Project，开放式分类目录)等。

(4) 社会化书签。

将网站加入百度搜藏、雅虎收藏、Google 书签、QQ 书签等社会化书签。

(5) 发布博客创建链接。

获取外部链接最有效的方式之一就是通过发布博客文章。

(6) 论坛发帖或签名档。

在论坛中发布含有链接的原创帖或者编写签名档时插入网址。

关于站内 SEO 可以从以下几方面着手：

(1) 丰富网站关键词。为我们的文章增加新的关键词将有利于搜索引擎的"蜘蛛"爬行文章索引，从而增加网站的质量。但不要堆砌太多的关键词，应该考虑人们在搜索引擎中找到这篇文章搜索的会是什么样关键词。这些关键词需要在我们的文章中被频繁提及，可以遵循下面的方法：关键词应该出现于网页标题标签里面；URL 里面有关键词，即目录名、文件名可以放上一些关键词；在网页导出链接的链接文字中包含关键词；用粗体显示关键词（至少试着做一次）；在标签中提及该关键词（关于如何运用 Head 标签有过争论，但一致都认为 h1 标签比 h2、h3、h4 的影响效果更好，当然有些没有运用 Head 标签的网页也有很高的 PR 值）；图像 ALT 标签可以放入关键词；整个文章中都要包含关键词，但最好在第一段第一句话就放入；在元标签(Meta 标签)放入关键词；建议关键词密度最好在 5%～20% 之间。

(2) 主题网站。如果我们的网站写的都是关于同一主题的，那么它可能将获得较好的排名。例如，一个主题的网站将比那些涵盖了多个主题的网站的排名要高。建立一个 200 多页的网站，内容都是同一个主题，这个网站的排名就会不断提升，因为在这个主题里，该网站被认为具有权威性。

(3) 站点设计。搜索引擎更喜欢友好的网页结构、无误的代码和明确导航的站点。确保我们的页面都是有效的和在主流浏览器中的可视化。搜索引擎不喜欢太多的 Flash、Iframes 和 Java Script 脚本,所以保持站点的干净整洁,也有利于搜索引擎"蜘蛛"更快更精确地爬行到我们的网站的索引。

(4) 站点的内部链接。搜索引擎的工作方式是通过"蜘蛛"程序抓取网页信息,追踪我们写的内容和通过网页的链接地址来寻找网页,抽取超链接地址。许多 SEO 专家都建议网站提供网站地图,在网站上的每个页面之间最好都有一个到两个的深入链接。网站要做的第一步是确保导航中包含目录页面,也要确保每个子页面都有链接回到主页面和其他的重要页面。

(5) 有规律地更新。网站更新的次数越频繁,搜索引擎蜘蛛爬行的也就越频繁。这意味着网站新文章几天甚至几小时内就可以出现于索引中,而不需要等几个星期。这是网站最好的受益方式。

(6) 导出链接。导出链接会提高网站在搜索引擎中的排名,在文章中链接到其他相关站点对读者是有用的,也有一些轶趣的证据来支持这种理论。太多的导出链接将降低我们的网站质量,应该"适度是关键"。

(7) 明智地选择域名。选择域名有大量的学问,其重要的一点是尽量选择包括关键词的域名。其次看看之前是否有人注册过这个域名。如果之前有高质量的站点和它做反向链接,那我们就受益了;但是也有可能做反向链接的都是一些质量不好的站点,那我们可能会被搜索引擎不友好一段时间了。

(8) 文章的主题。一个页面的主题越紧凑,搜索引擎对它的排名就越好。有时会发现我们写了很长的文章,覆盖了一些不同的话题,它们的相关性并不高,所以在搜索引擎上的排名也不好。如果我们关心搜索引擎的排名,那最好把这样的文章切块,分成几个主题更密切的文章。

(9) 适宜长度的文章。太短的文章不能获得较高的排名,一般控制每篇文章至少有 300 个字。另一方面,也不要让文章显得太长,因为这将不利于我们保持关键词的密度,文章看上去也缺少紧凑。研究显示过长的文章会急剧减少读者的数量,他们在看第一眼的时候就选择了关闭文章。

(10) 避免内容重复。搜索引擎在使用指南中严重警告过关于多个网页相同内容的问题。不管这些网页是我们拥有的还是别人拥有的。因为一系列的垃圾站点就是不断复制网页内容(也窃取别人网站内容)。什么样的内容算复制,其实要看这些内容是否对我们的网站有用来选择。

(11) 目录的数量。当目录过多的时候会陷入麻烦。大站点的等级比小站点高,当然一些小站点也有高的等级,这并不是标准。目录越多,搜索引擎搜索的也就越全面。如果我们有太多的页面,需要组织它们以方便搜索引擎爬行。

7. 搜索引擎优化的步骤

(1) 关键词的研究并选择。

首先要把需要做的关键词都列表出来,尤其是要分析用户习惯的关键词。在对客户的网站、搜索引擎占有率和市场目标进行分析后,SEO 工作室需要与客户共同建立关键词列表,用户将通过这些词来搜索客户公司的产品或服务,同样客户也会提出在搜索引擎需要获得的关键词排名。

最重要的关键词不是由企业本身来决定,而是由用户决定,因为每个用户发生的音讯都极有可能抉择着网站的关键词及产品的战略。社会化媒体下,网页的内容信息应当是对用户无效和急需想获得的这些内容信息依旧可以从普通网站上得到参考。内容信息的创建,网站建设以原创为最佳,不是复杂的关键词堆砌。

(2) 全面的客户网站诊断和建议。

在建立了全面的关键词列表后,就需要对客户网站进行全面诊断,目的是让客户网站的每个页面都在搜索引擎获得更高的排名,全面的诊断和建议包括搜索引擎的快照时间、收录速度、每个网页的具体内容和元信息优化的分析,使客户网站更符合搜索引擎的排名要求。SEO工作室需要不断探索搜索引擎新算法,来保证客户网站的排名。

(3) 搜索引擎和目录的提交。

一旦客户网站的建议被应用上,就需要把客户网站系统性地提交到目录和搜索引擎中。选择高质量的目录是最关键的,比如 DMOZ、hao123 网址大全等。

(4) 月搜索引擎排名报告和总结。

衡量自然搜索引擎优化是否成功,就可以通过搜索引擎来检查先前制定的关键词。做得比较好的 SEO 工作室,一般都会提供一个基线排名报告,报告会根据每一个关键词在每一个搜索引擎中显示客户网站的排名位置。如果客户的网站以关键词来排名,那么这个基线排名报告将显示具体的页码、位置,以及关键词排名的搜索引擎。此外,好的 SEO 工作室还会提供一篇每月摘要,这篇每月摘要将显示客户网站总的搜索引擎优化的进展,商讨具体的排名计划。

(5) 季度网站更新。

通常关键词的提升和期望值会有所差距,因此最初的高排名只是成功的一半,搜索引擎是不断改变算法的。自然的搜索引擎优化和营销目标,都是通过每个季度客户网站的更新,而不断改变搜索引擎的显示。这些更新通过结合搜索引擎的算法,将附加的产品关键字推广出去。搜索引擎优化不只是一个结果,而是一个持续不断的过程。

8. SEO 和 SEM 的关系

SEO 指的是一种利用搜索引擎的排名规则来提升目标网站在自然搜索结果中的收录数量和排名的优化行为,其目的是为了从搜索引擎获得更多的免费流量,以及更好地展现形象。搜索引擎营销(Search Engine Marketing,SEM)是网络营销的一种方式,主要在搜索引擎中进行网站或品牌的营销,因此在搜索引擎范围内的营销行为都属于 SEM。SEM 包括竞价排名、关键词广告、PPC 来电付费、SEO。从两者的概念中不难看出,SEM 范围更广,包含了竞价排名、关键词广告、SEO 等,SEO 则是 SEM 的其中一个手段。其区别主要在于,SEO 主要通过利用搜索引擎的规则来获利,而 SEM 除了利用搜索引擎的规则获取流量之外,还可以通过付费的方式获取流量。

6.4.3 企业制定 SEM(搜索引擎营销)的步骤

付费搜索引擎广告是使企业有机会轻松进入主要搜索引擎排行结果前列的一种便捷方式,主要在于企业所投入的成本,如果要想有第一、第二这样好的排名,显然费用的付出不会少。当前,SEM 的增长呈现爆炸式,主要因为广告主对广告商的投放有很强的控制能力,而且能及时精确地得到付费搜索结果,从而评估该广告商的广告投放为企业所带来的直接或间接效益。通过对许多中小企业开展 SEM 的过程,以及考虑到企业能从互联网这个独特的媒体中享受到极佳的广告效果,制订了一个九步计划,具体的步骤如下。

1. 关键词准确分析

首先,使用所有潜在相关的词汇和短语来尽可能全面地组织搜索词汇列表。利用搜索引擎分析工具可以帮助企业达到这一目的,通过关键词分析工具能够获知行业相关的关键词及热门程度,从中还会发现未曾想到,却有许多人使用的词。

2. 关键词适当扩展

有目的地、有针对地考虑潜在顾客可能使用的产品或服务的词汇和短语。有时会发生这样的情况,比如某些潜在顾客可能或者就是不知道他使用的电脑的某个现存问题的解决方案,也许按照如"计算机无法启动""计算机死机"或"计算机运算速度慢"这样的输入文本来进行搜索。此外,还需要考虑搜索关键词决策者的不同类型以及他们有可能寻找的内容。再比如,在一个寻求投资技术领域的大型公司中,信息技术人员会用专门的技术术语搜索,而使用这项技术的商业用户就会搜索使用该技术的商业优点或商业利益。由此可以判断,需要从不同的角度思考人们通过什么关键词、短语组合甚至句子来找到网站。

3. 关键词优化筛选

在编制完内容丰富的词汇列表以后,需要重新审视这张词汇列表,首先确定哪些是优化得较好的,哪些是用户习惯搜索的,其次确定哪些是重复的,哪些是相关性很小的短语。此外,还需要确保过滤掉那些我们可能无法及时提供服务的客户的词汇。例如,大连某电源企业的核心关键词是"电源供应器",然而该企业并不零售电源,他们希望通过网站接触到采购商,通过研究,采购商并不使用"电源供应器"寻找厂商,而是使用"电源供应器制造厂",因为这样检索效率对采购商而言效率更高,所以该企业网站的主要关键词确定为"电源供应器制造厂"。这就说明要做好关键词的优化筛选工作。

4. 关键词分组分析

这一步需要把相类似的词汇和短语汇总成一组,便于关键词广告活动的管理和关键词最优化工作。关键词分组的目的是为了便于在以后的评测工作中发掘成效最理想的类别,利于对关键词广告活动进行精确调整。

5. 确定投放时间、覆盖地区及预算

目前,多数搜索引擎允许我们决定在何时展示我们的广告。例如,我们设置广告展露时间是早上十点到下午五点,那么在早上十点以前和下午五点以后,我们的广告将不会出现在搜索引擎的结果列表中。搜索引擎还允许我们控制关键词展示的目标位置,如我们选择在辽宁省投放,这时位于辽宁省的访问者能够透过搜索引擎找到我们的网站,而我们的广告将不会出现在辽宁省以外的地方。这些措施都将帮助企业对广告进行精准控制,这样的优点也是其他传统广告媒介所不具备的。付费搜索引擎广告的另一大优点就是企业能够自主控制每日广告的成本,如果点击费用超出我们的设定值,我们的广告也将不再展示。所以要确定出一些最有效的词汇,这样可以实现免去为那些不产生效果的词汇买单的现象。

6. 有针对地形成广告文本

当我们顺利地完成了词汇列表的编制和分类工作以后,接下来需要做的就是制作关键词广告标题和关键词广告主体内容。每个搜索引擎都具备自己特殊的需求,但是所有的搜索引擎都需要关键词广告文本来准确地反映出导向的用户的网站。因为信息的类型将决定访问者的质量,所以广告点击进入比较复杂,它能够吸引的网络用户少一些,但同时网站的访问者特点很容易点击进入一些相似的广告,故这一方法虽能吸引较多的网络用户,但是用户层次参差不齐。出现这样的问题,就需要有针对性地形成关键词广告文本。

7. 对登录页面进行设计

登录页面也称为着陆页面,它是访问者点击广告链接后看到的页面。登录页面的规划、设计、布局、品位和静态性将决定我们用的关键词广告吸引过来的访问者中到底会有多少将最终实现交易。总之,要使网站内容体现在广告所带来的需求和欲望上。将访问者引至公司主页非但不是一个好主意,反而是下下策,因为用户会遇到太多路径、太多选择,从而会减少转换率。所以关键词广告绑定的页面就是用户有可能感兴趣的产品或服务这样的登录页面。据一家国际领先的付费搜索管理及优化工具提供商的一次研究显示,当该公司使用自己网站主页作为一个广告链接目的页时,其转换率为6%。然而,使用被恰当设计的登录页面作为访问目的页时,其转换率几乎增加一倍,达到12%。

8. 关键词广告实施

这一步实际就是购买关键词及其后续活动的实施计划。在百度投放竞价广告前期费用是至少3 000元人民币,如果要购买,可以打开百度首页,点击百度推广。打开百度推广页面,可以注册,也可以找到联系方式,接着就是等待百度指派专门的销售和客服人员与我们沟通百度推广事宜。如果付款完毕,还会一直跟进我们的广告活动。针对谷歌关键词广告,需要企业自行开设账户,然后登录自行开设账户进行相关购买活动以及购买完成后的管理。Google建立了一个详细的帮助中心,它是用来指导企业如何管理关键词广告活动的,在这里,建议每一位操作者都要仔细阅读搜索引擎网站上相关的帮助部分。虽然花费些时间和精力,但是这样做是值得的,因为有助于企业获得低成本高效益的广告效益。

9. 关键词广告测评和优化

完成了前八步,之后的阶段就是关键词测评和优化。测评的一般信息包括每个或每组关键词的每点击成本、点击率、每个关键词的转换率。为了取得最佳的广告测评结果,可以通过修改广告、登录页面、分类方式和覆盖范围等内容来实现。百度有一项重要的研究显示竞价广告前五位的企业获得的业务量是差不多的,排在后五位的企业获得的业务量也是差不多的。所以广告不一定要在第一位,有时居于第三、第四位也不错,而且可以支付相对少的点击成本。可以对某些词出价提高,而对其他词出价较低,这样做最显著的效果是降低了广告成本。对于Google来说较高的网页质量得分还会帮助企业以较少的花费排在较前的位置。除此之外,还可以尝试不同的关键词分析工具等。即便是搜索引擎广告管理专家,也需要在广告活动中不停地调整方法、优化策略。

总的来说,付费搜索引擎广告有它方便的一方面,但是需要企业在从事付费搜索引擎广告活动上花费一定的时间和精力,而且只有得当的管理才会为企业带来高效的回报。另一方面,付费搜索引擎广告活动需要得到及时准确地控制,因为付费的根本就是花钱,倘若控制不好就会直接造成企业很大的浪费。

6.4.4 线下流量追踪

从起源上说,流量经济是一个极具中国特色的概念,最早是由周振华(2002)提出,后来经由孙希有(2002)、肖现平(2002)等的拓展,流量经济的理论框架和实证方法逐渐明晰起来。早期的代表观点认为,流量经济特指区域以相应的平台和条件,吸引区外资源要素向区内集聚,通过各种资源要素的重组、整合来促进和带动相关产业的发展,并将形成和扩大的经济能量、能极向周边地区乃至更远的地区辐射。严格来说,这一定义是根据企业、城市或国家等现实资源配置载体进行的流量经济思考,也因此赋予了流量经济三个特质内涵:一是强调实体性的区域及其平台;二是强调资源要素的集聚性;三是强调经济能力的极化和辐射作用。最近几年,在信息、通信和互联网技术迅猛发展的驱使下,流量经济再次进入人们的视野,甚至流量化被认为是新的城市发展趋势。

目前中国互联网已经进入下半场,之前的快速发展,在很大程度上靠的是人口红利,不管是早期 PC 网民的迅速增加,还是过去几年移动互联网用户的激增。近年来,无论是电商大佬还是淘宝卖家、微商都已经清醒地认识到,线上红利见顶,流量已然收窄。在线流量的价格不断走高,红利消耗殆尽,大量的互联网从业者被昂贵的流量压得喘不过气的时候,在"上山"的路几无多利的情况下,更多地选择"下乡",转向线下而行,越来越多的线下门店成为互联网企业新的流量入口,不少巨头亦开始发力线下。抢滩线下流量人口的方法还有很多种,要想实现低成本、快速互通,唯有共享经济、共享店铺。

案例 9

便利店成零售新宠

便利蜂恐怕是第一个只开了 5 家,便引起人们关注的实体便利店。这多少也与创始人庄辰超这位连续创业者有关。

日前,《商学院》记者分别走访了便利蜂位于苏州街银科大厦店、创业大街天使大厦店、海淀大街左岸公社店三家店铺。宽敞明亮的店面、空荡的二楼、比顾客还要多的服务员、干净整洁的收银台、宽敞到可以再摆几个货架的过道……和传统印象中的拥挤的便利店全然不同。对于顾客来说宽敞利落的店面无疑是好的体验,但是在零售从业者眼里满是这样的疑问:"这真的赚钱么?"

便利蜂的创始人庄辰超 20 多年前还在上大学的时候,就通过开发搜索引擎,拿到了 IDG 5 万美元的投资,是中国最早一批"触网"者。第二次是创办鲨威体育,在其他创业者投入大量资源进行门户网站的争夺时,庄辰超切入体育这个垂直领域,在单一品类里很快做到了行业领先。第三次创办去哪儿网,抓住在线旅游和机票搜索的机会窗口。庄辰超这三次创业,有着共同点:动手早、判断准、抢占先机。

记者分别于上午 10 点、中午 12 点、下午 4 点三次进入便利蜂,除了中午午餐时间涌入大量消费者以外,剩余两个时间段店内顾客并不多。

"我们的 App 可以直接下单,你到店自提我们就提前给你备好货。"苏州街银科大厦店服务员向记者介绍。同时也用打折、优惠券的使用向一些没有安装 App 的客人推荐安装。目前便利蜂 App 承载的功能主要有四个:线上支付、线下自助购物、线上购买后自提、送货上门。

德同资本合伙人陆宏宇认为,从国外的发展经验和现状来看,便利店作为触及用户最近的零售终端,未来将迎来更大的发展,小业态成为线上线下争夺的热土。在实体零售业经济持续低迷的情况下,以华润万家、家乐福等大型零售企业为代表纷纷开始转型,试水全新的小业态,例如华润的小业态乐购 express,家乐福的 easy 便利店,一批以社区精品超市、便利店为代表的小业态开始高速发展。

"因为线下数据有地理围栏,顾客有显性标签,每一个店铺都有特别清晰的定位,相比线上的数据更容易做精准应用。"陆宏宇表示,假设便利蜂未来能够开到上千家,铺遍整个北京城区,就形成了一个超级流量入口,便利蜂本身能否盈利反而变成了次要,实际上变成了一家拥有巨大流量,同时已经实现盈亏平衡的互联网企业,就不难享受资本市场的高估值。

6.4.5 互动营销

1. 互动营销的概念

随着互联网技术的飞速发展,新媒体异军突起,受众的主体地位日益增强,活跃度显著提升,这就对企业如何加强与用户的交流互动提出了更高的要求,互动营销(Interactive Marketing),尤其是网络环境下的互动营销逐渐成为人们关注的焦点。虽然互动营销的重要性已经被学界和业界提上日程,但对于网络环境下的互动营销始终没有一个清晰明确的定义。随着网络新媒体营销传播发展的深入,对于互动营销的定义是必不可少的。

互动一词源自英文"Interactive",指两个或两个以上的人或事物相互影响和作用。后来更多地将这个词用在计算机上,指交互式的、人机对话的。在生活中各个领域都有互动。随着"互联网+"时代的到来,国内学者们对互动的研究又多了起来,尤其是对互联网互动的研究。如邹月辉(2017)对互联网与公共体育服务互动的研究;于潇(2017)对互联网与养老服务模式的研究。

营销一词的来源早已不可得知,Philip Kotler 在 *Marking* 中表明了他的观点。他认为营销是一个管理过程,这种管理过程来自个人和集体同他人进行的产品和价值交互。而对于互动营销来说,澳大利亚的学者 Martin William 在 *Interactive Marketing* 书中阐述了他对互动营销的理解:"互动营销是一个无缝的全面整合的营销技术,并应用最新的技术传递连续的产品信息和接受反馈,这种营销技术包括销售促进和直接营销。"他认为互动营销属于常规营销的一种,不过互动营销将信息传递与营销技术整合了,而销售促进和直接营销则是互动营销的表现。

瓦拉利·蔡特哈姆尔提出了服务营销三角理论,她认为三角形的三个顶点分别是企业、员工和顾客。她将服务营销三角中的底边,也就是顾客与员工间的营销关系称为互动营销,她认为互动营销更多的是对信用的管理。她对互动营销的定义强调了互动营销是发生在顾客和公司雇员之间的,通过一条线将两者连接起来,形成互动。但在如今互联网时代,我们往往已经不像以前一样面对的是具体的真实的营销人员,代替这些营销人员的是多媒体中虚拟的营销人员。用户通过设备连接网络,与虚拟的营销人员互动,这里的互动不是仅仅指消费者与营销人员互动,更准确地说是消费者与销售平台互动,营销人员只属于销售平台的一部分,这两者并不能完全等价。因此,如今我们在对互动营销研究时,不能只研究消费者和销售人员之间的互动,还有许多别的方面的互动。

在20世纪90年代初新媒体兴起的时代,美国有一些学者从新媒体和消费者的层次对互动营销进行了定义,他们将互动建立在新媒体技术之上,与以往的企业和消费者之间的互动相比,这种观点更侧重于研究互联网平台与消费者之间的互动。他们认为互动营销是以交换为目的的电子媒体或代理商与消费者之间的互动。新媒体的出现给传统意义上的营销带来了变革。在这种变革中,主动权掌握在消费者手中,因为消费者也是网上的浏览者,他们可以根据自己需要选择不同网址对信息进行搜索。

查阅知网上国内和互动营销有关的大部分文献后发现,近些年来随着互联网的兴起,国内对互动营销的文献研究大部分都是建立在互联网的基础之上的。虽然这些文献研究的问题不同,所选择互联网企业类型也不相似,但所研究的内容往往都局限在互联网企业与消费者之间的互动,很少有新的突破。

这些研究者认为互动营销是一种不同于传统营销模式,以网络为媒体实施的双向营销方式。但与互联网出现之前的互动营销没有太大的创新,研究方向也是在企业与顾客之间。所研究的模式可以分为前期、中期和后期:前期对顾客定位,中期通过良好的营销让顾客购买,后期采取措施促进顾客反复购买。互联网企业具有多元性,仅仅对企业与顾客进行互动分析已经不适合了。针对这一现象,唐魁玉、曲鹏论(2006)在对虚拟企业与在线消费者之间的互动关系的研究中认为互动营销不仅仅是消费者与企业两者之间的互动,还存在消费者之间的互动。消费者使用产品后,通过和其他人之间的交流,将自己的使用体会和对产品的评价告知他人,让产品信息在与他人的交流中得以传播,形成互动。有些学者也将这种消费者之间的互动称为口碑营销。

2. 互动营销的特点

(1) 互动性。互动营销主要强调的是商家和客户之间的互动。一般都是前期策划,然后对某一话题,网络营销公司的幕后推手开始引导,接着网友就开始参与其中,这是比较常规的互动。互动性是互动营销发展的关键,在企业营销推广的同时,更多信息应该融入目标受众感兴趣的内容之中。认真回复粉丝的留言,用心感受粉丝的思想,更能唤起粉丝的情感认同。这就像是朋友之间的交流一样,时间久了会产生一种微妙的情感连接,而非利益连接。像官网、企业微博、微信公众平台等媒介营销,可称之为泛自媒体营销,它是优拓互动基于泛自媒体的概念上创建的一个具有专业性及权威性的营销模式,即在自己掌握的"账号"渠道上传播自己的信息,从而获得外界对自己关注及认可的行为。

(2) 舆论性。互动营销主要是通过网民之间的回帖活动、间接或直接对某个产品产生正面的或者负面的评价。但其中舆论领袖的作用也在彰显其重要地位。快乐大本营的主持人杜海涛曾说过:"我们微博转什么产品,什么产品就买到脱销。"这正是说明了名人效应对消费者的影响力十分重大,同时也表明在市场竞争日益激烈的情况下,舆论领袖对企业的品牌口碑作用在未来依然不可小觑。

(3) 眼球性。互动营销主要是就是吸引网民的眼球,如果一起互动营销事件,不能吸引眼球,那么无疑这起互动营销事件是失败的。互联网本身就是眼球经济,如果没有网友的关注,就谈不上互动。当然想要获得很多的互动效果,不应仅仅只考虑到眼球经济,更为重要的是定位要精准。假设自己处于广告行业,那么就围绕一些产品目标顾客关注的相关信息来发布,吸引目标顾客的关注,并且大多是潜在的消费群体。一旦"粉丝"质量提高了,那对于企业而言,更为容易从其身上转化出商业价值。

(4) 热点性。互动营销有两种事件模式,一种是借助热点事件来炒作,另一种是自己制造事件来炒作。自己借助事件,基本上也是通过淫、黄、艳的形式来制造事件,因为网络营销公司要想把事件炒作好,引起网民的关注,那么无疑需要抓住网民内心的需求,也就是网民上网喜欢做的事情,或者他们对什么事情比较感兴趣。

(5) 营销性。互动营销一般都是为了达到某种营销目的而做的事件炒作和互动。一般都是网络营销公司借助互动营销来帮助客户传达企业的品牌或者促进产品的销售。

3. 互动营销的三要素

(1) 参与互动营销的便捷性。

实施互动营销,就是访问者很方便地参与其中,而不是要经过复杂的过程才能参与其中,否则访问者参与互动的概率就会小很多。人是有惰性的,特别是网民,其惰性更大,如果参与互动比较复杂,他们就会点点鼠标离开,不会参与其中。比如申请试用产品、参与调查等,应该便捷,申请表格应该简单明了,不涉及隐私等。

(2) 互动营销对访问者产生一定的好处。

比如网络调查可以进行有奖调查、产品的免费试用。想要访问者参与互动营销,对访问者必须要有利益的驱动,对访问者没有产生一定的利益驱动(或必须需要某种产品和服务),其参与的概率也会大为降低。

(3) 访问者的用户体验要好。

互动营销更要注重其用户体验,如果其用户体验不好,是不可能成为企业的潜在客户或准客户,这就会与互动营销的目的相违了。

如果企业提供免费试用产品,那这个产品的用户体验要好,产品质量要过硬,并在使用过程中不断对其使用情况进行跟踪以及服务(虽然是免费,也一样要提供服务)。就好像 Google 的 AdWords 广告,如果 AdWords 用户体验不好,进行了关键词投放不产生效果,我想超 80% 以上的都不会续费再进行广告投放,可见,互动营销用户体验要好才可能获得成功。

随着网络营销的不断发展,其互动营销也将会出现更多的创新方式,更深层次渗透到企业的网络营销当中去,互动营销也将会有越来越多的企业来实施。但互动营销的三个基础要素一定要遵循,否则很有可能造成互动营销的失败。

4. 互动营销的组成部分

(1) 目标客户的精准定位。能够有效地通过客户信息的分析,根据客户的消费需求与消费倾向,应用客户分群与客户分析技术,识别业务营销的目标客户,并且能够为合理的匹配客户以适合的产品提供支撑。

(2) 完备的客户信息数据。在强大数据库基础上能够把与客户接触信息历史进行有效的整合,并且基于客户反馈与客户接触的特征,为增强和完善客户接触记录提供建议,为新产品开发和新产品营销提供准确的信息。

(3) 促进客户的重复购买。通过客户的消费行为,结合预测模型技术,有效地识别出潜在的营销机会,为促进客户重复购买的营销业务推广提供有价值的建议。

(4) 有效的支撑关联销售。通过客户消费特征分析与消费倾向分析、产品组合分析,有效地为进行关联产品销售和客户价值提升提供主动营销建议。

(5) 建立长期的客户忠诚。结合客户价值管理,整合客户接触策略与计划,为建立长期的客户忠诚提供信息支撑,同时能够有效地支撑客户维系营销活动的执行与管理。

(6) 能实现顾客利益的最大化。实现顾客利益最大化,需要稳定可靠性价比高的产品、便捷快速的物流系统支持、长期稳定的服务实现对顾客心灵的感化和关怀。顾客权益的最大化是互动营销设计的核心理念,欺骗、虚假等手段只能使企业的互动营销走向灭亡。

6.4.6 互动广告

互动广告的定义分为广义和狭义两种。

广义上的互动广告是指广告媒体或者广告本身具有直观的可操作性和参与性,能够引发受众行为上的互动反馈,广告受众有意无意地参与到广告中,从而完成广告的传播。譬如弹出框广告从广义上来讲就是一种互动广告。

狭义上的互动广告是指在广告传播过程中,受众有意识地参与到广告之中,对广告主传递的产品、服务和观点进行反馈,实现信息接收与反馈双向沟通。这种强调受众的参与程度、并由受众的参与程度来决定广告效果的广告,就是互动广告。

1. 互动广告的类型

互动广告,现在常见的有情景互动广告和感应互动广告。互动广告以巧妙构思和与计算机高新技术的融合,获得难以想象的展示效果,使广告深入人心。

情景互动广告,是指需要广告画面外的物体来参与的广告,一种新颖而独特的广告形式。例如,广告中小女孩的腿则用真实广告支架代替,正面看可以合为一体,构思巧妙。

感应互动广告,以计算机视觉和虚拟现实等技术为基础,使普通广告能够根据人体动作而产生相应变化。例如,和协岛数码科技有限公司虚拟现实试验室开发的"灵动视窗"和"掌上视界"等系列产品,把单一的平面广告改造成集趣味性和娱乐性的多媒体广告,开创了广告史上的新纪元。

2. 互动广告的本质

互动广告作为一种广告活动,它必须具备以下四个条件:内容主题、受众、时间、媒介或载体,离开其中任何一个条件都构成不了互动广告。互动广告作为一种广告手段是符合人类的自然沟通行为的一种双向沟通理念,它区别于传统的广告方式。

当前时代,互联网是互动广告最大且最为普遍的媒介或载体,通常又称之为"网络广告""网络营销"等。所以互动广告往往是在"网站"或"网络广告条"等终端上展现在我们面前的。

互动广告的传达手段包括:

(1) 视觉形象,表现为互动广告的视觉感受,包括色调运用、画面构成、文字编排、动画设计等。视觉形象的美丑,好与差,直接影响产品广告思想的准确表达。它需要与产品本身的气质和特点相匹配,并且给受众留下一个美的外部形象。

(2) 有声语言,由语言和声音两种要素构成,以流动的语言声音或音乐声音运载思想和情感,配合视觉形象的节奏和气质,直接刺激受众的听觉器官。它要求直接、准确地烘托互动广告作品的节奏和气氛。

(3) 互动形式,是互动广告作品的灵魂,也是互动广告区别于平面广告、视频广告的关键点。互动形式直接设定哪些视听元素先出现,哪些视听元素后出现,在何种条件下以何种方式出现,这些是由设计者根据广告目的预先设计好的。相对传统广告,它拥有着更为广阔的创作空间,促使或引导受众在接收广告信息的过程中可以超越时间直接选择自己最想看到的信息,从这种时间和空间的选择转换中让受众体会到产品的气质、特点、精神内涵,并产生美的感受,真正与广告终端互动起来,从而对产品印象深刻。而对这种交互体系的设计就是互动形式。

由上可见,互动广告因其可选择性观看的交互特点,使得这种广告形式拥有更加丰富的传达手段、更加广泛的应用范围。也因此,在其创作过程中会涉及更丰富的艺术门类,对创作者的要求也更高。同时互动艺术作为一种新兴的综合艺术形式也拥有这样的特点,其表现手段、应用范围也几乎囊括了当前时代下的影视艺术和平面艺术,使得互动广告创作者有了更加深层的挖掘空间和灵感来源。

3. 互动广告的发展历程

伴随着新媒体形态的飞速发展,比如网络广告、移动电视、楼宇广告、手机广告、3G 广告等等,人们的消费观念和行为发生了极大的改变,而这些改变又反作用于新媒体环境中互动广告的发展。总体来看,互动广告的发展历程显示出两个明显的趋向:一是日渐与传统媒介的广告创意分离;二是受到网络时代媒介技术的巨大影响不断革新。也就是说,互动广告并不是凭借新媒体环境才出现的产物,而是借由新媒体的交互特性更加趋于专业化,在新媒体技术的帮助下得到了更飞速的发展。

4. 互动广告的特征

(1) 现实性。这是因为互动广告属于广告的范畴,它是现实的。它不属于艺术活动,它是创意者通过对产品特点和内涵的理解和判断,理性地向广大受众推荐的现实活动。

(2) 艺术性。这里的艺术性是现实活动的艺术。它的艺术性在于它具有统一的整体感和协调感,即互动作品中的各种元素(视觉形象、语音、乐曲、时间、场景、情节等)形成一种相互依存、相互协调的美感。同时,互动广告不是单纯的艺术形式,它还具备着绘画、电影、音乐、雕塑、游戏等艺术门类的特点,并将其与互动融为一体,形成具有独立特征的艺术形式。

(3) 鼓动性。没有鼓动性,就不成为广告,平面广告也好,视频影视广告也好,都必须具备强烈的鼓动性。这是因为:人类都有追求美的渴望,互动广告作品传播了美,自然会引起共鸣;互动广告作品的视觉形象、文字、语言、声音,以及创新的互动形式的结构、节奏、情节等均能抓住受众;互动广告的直观性使其与听众直接交流,极易感染和打动受众。可以说鼓动性是衡量互动广告成功与否的一个标志。

(4) 工具性。互动广告是一门科学,一门艺术,更是一个工具,是人类传播信息的工具。任何信息都可以通过这种工具来传播。

5. 互动广告的优势

互动广告应用了先进的互动传播新技术,采用了更加合理的互动传播模式,突破了时间和空间的限制,信息传播无论在量上还是在速度上都远远超过了传统广告。同时提升了消费者接收或传播广告信息的便利性、低成本性和时效性。尤其是,互动广告全新建构的传受双方主体间关系,无限释放了消费者的广告参与热情,激发了他们创作广告、传播广告的欲望。由此,也形成了互动广告相对于传统广告的诸多优势。

(1) 广告表现得更生动。

广告作为一种注意力经济现象,加强其吸引力尤其重要。传统广告中,电视广告之所以比广播广告或平面广告更有吸引力,就在于它能同时为消费者提供视觉和听觉方面的刺激和享受。互动广告则比传统电视广告提供给消费更生动的视觉和听觉刺激,再结合互动功能带来的控制感和在场感,更加生动、有趣的互动广告使用体验更能让消费者记忆犹新。

(2) 时效性更强,效率更高。

George Stalk(1988),在《哈佛商业评论》发表《时间——下一个竞争优势资源》提出基于时间竞争(Time Based Competition,TBC)的概念。他认为,时间正在成为影响需求和竞争的主要因素。互动广告可以实现广告主与消费者的即时沟通,在时效性上具有传统广告无法比较的竞争优势。

传统广告主要通过大众媒体投放,大众媒体的受众众多,但许多人并非广告主的目标消费者,这种投放方式可能造成大量广告费用的浪费。而且,在信息爆炸的今天,人们接收到的信息超过了负荷。大众媒体刊播的大量与自己无关的广告信息,人们唯恐避尤不及,岂言接收或接受。即使有反馈的欲望,但由于反馈的通道不畅通,成本又高,只有放弃;而互动广告借助高效率的互动媒体可以实现与消费者的互动沟通,消费者能够通过成本低廉又十分方便的互动媒体向广告主畅所欲言,从而实现了更好的广告传播与反馈效率。

(3) 无限的接触时间或空间。

传统广告只有几秒、几十秒的播放时间或很小的空间来传播信息,因而导致信息的单调、片面和残缺不全。而互动广告为消费者提供更多的选择,只要消费者愿意,就可以有无限的广告接触时间或空间。这大大提高了消费者获取更多角度、更完整的信息,更有利于其做出合理的消费决策。

(4) 信息内容与形式的个人化。

传统广告一般是针对某个群体而设计制作,其内容与形式的大众化趋势明显。这种千篇一律的大众化广告呈现,让消费者感觉广告与他本身无关,因此缺乏注意和接受的兴趣和动机。互动广告通过互动媒体可以精确地识别个体消费者的兴趣,然后设计有针对性的广告内容与形式,精准地投向对之感兴趣的目标消费者。而消费者尽管原本不喜欢广告信息,但这些在适当的时间、适当的地点、适当的情形下出现的,个人化的、投其所好的广告却往往能触动其神经。

(5) 精准投放与测量。

传统广告根据广告媒体的受众人口统计学特征进行媒体组合和投放,这种投放方式是粗放式的,极不精准,其效果测量也往往是通过间接的手段进行。而互动广告则可以直接根据目标消费者个体的特征进行接触点管理,并可以直接跟踪消费者的反应,以精准地测定广告效果。

(6) 可实现广告效果直接转化为销售额。

传统广告通过广播电视或平面媒体单向对消费者进行传播,目标消费者对广告的商品产生兴趣,却可能因为时间或空间等因素造成的不方便,即使激起了购买意愿也无法立即采取行动,随着时间流逝,消费者的购买意愿逐渐降低,广告慢慢失去了促进销售的机会。然而,通过互动媒体,互动广告不但能够生动展现商品的性能,配合互动购物平台,一旦消费者的购买意愿被刺激产生就能够立刻进行订购。于是,广告效果直接转化为销售额。

6.5 电子商务智能营销应用案例与分析

6.5.1 阿里文娱智能营销与分析

自2010年起,每年8月是电商苏宁易购的店庆月,8月18日为店庆日,整月促销活动力度强劲。但是,就大环境看,信息爆炸遇上消费者决策散点化,准确找到目标人群并与之有效对话是广告主的普遍困扰。而移动互联网的多样性也会让营销过程产生场景割裂和信息断层,用户在购物决策时,从知晓品牌到行动购买中间的环节会有多种可能。

如何高效开发和利用大数据,从茫茫人海中帮助苏宁易购"818"电商节找到目标用户,并形成销售转化,成为与阿里文娱智能营销平台达成合作的关键。

阿里文娱智能营销平台结合消费需求与消费能力实现媒体有效承接。首先依据阿里大数据,分析用户属性、用户行为和用户兴趣,帮助苏宁找到主推产品不同品类的需求人群,如与苏宁"818"高度契合的三类人群:母婴类产品——新手妈妈;影音电子类产品——音乐发烧友;手机类产品——怀揣梦想的理工男。然后根据不同消费者的消费能力,通过差异化场景精准触达增加消费者好感度,最终达成购买。

此举效果显著,点击同比增长234%;CTR(Click-Through-Rate,点击通过率)提升76%;成单成本降低55%;CPC(Cost Per Click,每点击成本)降低42%。

6.5.2 资生堂智能营销与分析

资生堂是化妆界较为有名的一个化妆品品牌,1927年,资生堂针对客户的忠诚度第一次做出了相关的规划。作为资生堂品牌策略和客户沟通的核心计划,该计划推行了80年。时至2012年,数据化时代的到来为资生堂这一规划的实行提供了新的契机,为此资生堂推出了Watashi Plus这一用户忠诚度规划,以此为媒介给予用户更高质量的服务体验,树立品牌形象,发掘品牌的潜在价值,通过这一平台使得资生堂的营销进入了一个新阶段,开拓了虚拟与现实双线营销的渠道。Watashi Plus这个营销平台可以帮助资生堂和用户之间达到互动性沟通,一方面给予客户了解产品的详尽信息,另一方面也给予资生堂接收客户的反馈信息,从而依据客户的需要,改进经营方式,但是消费者的喜好是随环境、个性等多种因素实时变化的,因此营销策略的制定也必须是一个动态的存在。资生堂直销部门的一位首席分析师吉野健雄曾提出,消费者的喜好是一个动态的存在,并不是一成不变的,要实现良好的营销必须将过去的数据信息与当前的数据信息进行充分的整合,进而预测一个可能契合消费者需求的临界点,基于此制定营销策略。

吉野健雄的团队对几十个消费者有了充分的了解之后做出了研究估算,这些消费者的数据是孤独的残存在资生堂内部的数据网中的,动态的数据资源需求在资生堂已有建立的数据来源中无法找到。唯一的办法就是继续收集动态数据,整合动态、非动态的所有数据,完善资生堂客户身份,将收集到的数据做一个整合,做到数据价值的最大化。所以,资生堂利用CDP(Cisco Discovery Protocol,思科发现协议)平台,用庞大的平台Watashi Plus加入消费者在人口基数方面的数据收集以及行为数据和离线数据,最终做到了客户可视化的简单管理。

集合了所有的消费者数据,就可以更加便利地观察数据带来的信息。"客户叫什么、客户是不是满意我们的产品、客户可以在哪几个购物平台获得我们的产品、客户为什么会对我们的产品感兴趣",这一切都是从吉野健雄的团队角度思考的。这个困扰资生堂品牌已久的难题得以解决。

6.5.3 美国斯巴鲁智能营销与分析

美国的旧有汽车品牌市场出现了一个新的转折点。斯巴鲁打破了传统汽车品牌留给人的传统观念,收入增长了三倍不止,这是近十年美国的传统汽车市场不能相媲美的。斯巴鲁不仅提高了销量还提升了其品牌价值,这当中至关重要的就是斯巴鲁公司对于CDP平台的应用。

之前,斯巴鲁运用"拍脑袋"的手段策划营销活动,对于广告所采取的方式依然是这样一种方式。在如今大数据、AI 时代，这必然是要被淘汰的方式。斯巴鲁对市场的调查数据做到了深入了解，通过和过去经验的比较，斯巴鲁得出拥有第三方的数据是不全面的，想要完善消费者的消费意向，就必须做到对消费者全方位的了解。斯巴鲁一直在寻找消费者的消费意向，通过对消费者的消费行为的分析，斯巴鲁找到了通过智能营销以便增强营销回报率的方式。斯巴鲁通过 CDP 平台的运行，掌握了消费者喜好的数据，搜集了网站消费者数据、分销商的数据以及售后客服的维修记录、Digital Advertising 数据等。通过搭建的 CDP 平台，斯巴鲁只用了很少的时间就搜集到了完整的数据，也完成了数据的整合处理分析以及技术的应用难题。在 CDP 平台应用了之后，斯巴鲁提升了 350 广告的 CTR(Click-Through-Rate，点击通过率)。最重要的是斯巴鲁通过 CDP 这个平台，实现了斯巴鲁坚守的以人为本的战略性人性化营销，在对的时间里将正确的理念传送给了别人，也实现了正确的交往。斯巴鲁提升了个人消费理念，得到了年轻消费者的青睐。

6.5.4 携程智能营销与分析

携程是国内旅游行业的领先者，拥有极为细密的数据平台，包括对于用户需求的个性化展现，猜测消费者喜好，这些都广泛应用了智能数据的消费策略。携程也在其他领域开始尝试，如房型安排、机票排序、客服投诉等方面，都收到了不同程度的回报。携程也可以根据消费者的订单、爱好、选择等方面分析消费者的消费喜好，然后进行有效的智能营销，从而极大地提升用户感受，优化消费者个性化体验，以此提高精准营销效果。

携程的智能数据平台的产品结构包括几大层面：注册、采集、计算、存储/查询和监控。

消费者的所有消费数据都会在"User Profile 平台"展现，通过专业人员的审查核对，消费者的准确信息才会在"数据仓库"中回收。消费者的消费信息、消费行为以及订单查询都是随意的、大量的、精确的。这也就意味着消费者的消费数据是一个庞大的数据系统。

收集到消费者的所有信息，就需要对消费者信息做出一个分类，所以下一步就是对信息进行标签计算。携程拥有专人 AI 的算法、模式，以便计算实时和非实时的动态数据。消费者的信息通过精确严整的计算进入了"画像仓库"，面对不同的应用场合，画像仓库便有了不同的调用方式，最终呈现的画像在监控平台中实现了高效的监控和估算。

该架构关键点如下：

(1) 对于事实类和复合类两类不同的画像通过不同的渠道使其发挥作用，这两种渠道分别为实时和异步，实时对应事实类画像，异步则对应复合类画像。

(2) 携程重视个人个性的发挥，做到各司其职，人尽其职，但同时又保持着最为紧密的联系。正是这种疏而不断的工作方式才研发了 User Profile，其研究领域广泛，突破了 BU 研发、BI 等这些领域的局限。

(3) 数据流量可以依据个人的需求进行操作，因为 API 从特性上来说是属于可降级和熔断的。

(4) 立足于数据的安全，切实考虑用户标识的脆弱性，对于查询服务的局限设置必须建立严谨的安全体系，无论访问何种信息都需得到相关的授权才可以继续进行。

(5) 用户画像一般要求精确性，因此 User Profile 这一可视化平台以其专业的操作保证了数据的正确、有效和统一，实时监控着数据的动态发展。

目前，携程在应用该智能数据平台后所得的智能精准营销效果也是有目共睹的。

6.5.5 VANCL 案例与分析

中国服装网购市场交易规模持续增长,服装网购比重持续增加,2011年服装网络比重就已经超过80%,VANCL(凡客诚品)正是乘着东风,在B2C服装网购市场中独占鳌头。

1. 服装销售的影响因素

服装作为快速消费类产品,影响企业服装销售的因素主要包括产品广告投放、企业信誉、产品价格、产品质量、支付方式、物流配送能力、售后服务、销售网站建设等。

2. 竞争分析

服装B2C电子商务模式主要包括自有品牌的纯电子商务模式、全新品牌的"网络直销"模式、品牌授权模式的电子商务模式、特价(库存)商品的电子商务模式、全盘货品的电子商务模式等五种模式。VANCL正是自有品牌的纯电子商务模式的代表企业。而VANCL的发展不得不提及PPG,虽然已经倒闭,但是对分析VANCL的成功有很大作用,因为失败的教训和成功的经验一样都值得研究。目前市场上在自有品牌模式中,VANCL最大的竞争对手为M18。在服饰路线上因都定位于"快时尚",故VANCL线下最大的竞争对手为优衣库和H&M。

(1) VANCL和PPG比较分析。

虽然在2009年12月PPG已经彻底倒闭,但是仅仅三年前,在网络直销服装领域,PPG是当之无愧的领头羊,一年销售额过亿,而VANCL只是一旁的跟随者。PPG创造了两三年在男士衬衫日均销量上超越拥有二十多年历史的中国服装业龙头企业雅戈尔的神话,而这一神话又被VANCL花了仅仅五个月的时间超越,我们不得不对这两家企业的成败原因进行分析。

简单地说,PPG成功原因归于男士衬衫和实惠。男士衬衫是所有服饰中最接近快速消费品的一个种类,也是男性穿着最频繁的服装。加上男性消费者没有强烈的逛街试穿体验的购物要求,凭借独特的网络直销模式、出手阔绰的广告宣传,就可开辟服装领域蓝海,并巧妙占位这个细分市场。而VANCL的创始人在发现市场后,采取先模仿后创新的方式,在创业初期,模仿PPG的做法,取得了一定成效。但是,很快VANCL管理层开始差异化,也就是创新,没有完全按照PPG的模式去做,这也是VANCL至今能够立足于市场的原因。表6-1从不同方面对PPG和VANCL进行了对比分析。

表6-1 VANCL和PPG对比表

品　牌	PPG	VANCL
商业模式	● 现代电子商务模式与传统零售业进行创新性融合 ● 以做平台为目标	● 现代电子商务模式与传统零售业进行创新性融合 ● 以做品牌为目标
目标客户	● 20～25岁	● 25～40岁
营销手段	● 电话营销为主 ● 平面广告占95%	● 网络营销为主 ● 互联网广告占80%
服务	● 衬衫为主,少量裤子、领带等男装	● 衬衫及其他,产品种类多样化
质量控制	● 外包给第三方质量监控公司	● 与世界产量最大的顶级供应商合作;产品全检
物流中心	● 物流外包 ● 上海	● 自办物流 ● 北京、上海、广州

由表6-1可知,VANCL相比较PPG而言,更注重品牌建设、网络营销、质量控制、物流控制等。结合网络服装购物的影响因素,不难发现,VANCL在多个方面优于PPG:做品牌的毛利润率可以达到60%,而做平台则为25%~30%;互联网广告的成本仅为传统媒体广告的十分之一,根据产品目标市场定位,有效性更好;产品质量是核心,VANCL通过寻求与高质量上游供应商共同合作,从而更好地控制货源质量,并对其进行全检策略,把好质量关;下游方面,产品物流配送能力直接影响到消费者的购物体验,自办物流能够对其进行更加有效地控制,使得到货速度很快;对于服务,VANCL在创立之初也只是想在衬衫领域做好就行,今天能够产品多样化,是其顺应了消费者需求,抓住了需求就能成功。

这样的多产品服务也是通过"需求—产品—反馈—产品改进"的方式不断"试出来"的。对于消费者满意的产品就毫不犹豫地推出和扩产,对于消费者反映不强烈的产品,再好也不盲目扩产。而PPG失败的根本原因在于没有真正做互联网的网络直销,只是打着"互联网"的幌子,实质是在做类似"电话邮购"的直销。在营销手段方面,太依赖广告的投放,投放得多,销售额上涨,一旦放慢投放脚步,销售额立即下降。而且,广告投放还是绝大部分在传统媒体上,成本太高,导致了营运成本过高,资金链断裂,再加上管理层的营运管理能力跟不上,PPG最终倒闭也有其必然性。

(2) VANCL和M18的比较分析。

① 网站风格。

网站风格上,应该说是各有千秋,不同人的审美观也不一致,故无好坏之分。比较而言,M18色系偏红,产品较花哨;VANCL色系偏灰,产品较简约。分析比较两个网站的网页设计可知,都是将"热卖品""新品"放在最醒目的位置,M18按照女装、男装、鞋包、家居、美容保健、母婴童装的顺序排列,而VANCL按照女装、男装、童装、鞋、配饰、家居的顺序排列。导航和站内搜索也是必不可少的部分。

② VANCL的营销与推广。

VANCL的网络营销。VANCL之所以能够成功,成功的网络营销起了至关重要的作用。VANCL主要通过门户广告、网盟推广、搜索引擎营销和论坛营销的方式进行网络营销,并取得不错的效果。广告的投放也很有针对性,主要是针对年轻的消费群体。

网盟推广:VANCL通过与各个网站站长达成合作协议,使用CPS的付费方式,而且网站的提成为有效利润的20%,这就使得成千上万个网站站长都成为VANCL的推销员,宣传员。

搜索引擎营销:VANCL与各大搜索引擎(如Google、百度等)都保持密切合作,而且投入相比较竞争对手而言都更加多。

论坛营销:VANCL有自己的BBS。通过在BBS上安排专人进行产品服务,这样就形成了用户的体验口碑传播,包括用户在购物时的心得分享等。

③ M18的营销与推广。

M18的网络营销。M18能够在竞争激烈的服饰电子商务中占据第二的位置,网络营销同样是其营销的不可缺少的重要组成部分。M18是从邮购做起,发展到今天的麦网,是麦考林的电子商务平台。之前邮购的庞大客户信息、市场渠道、物流配送能力等为其迅速占领市场提供有先天优势。经过对各大门户网站的实际调查,和VANCL相比,M18的门户广告也很多。基本上VANCL有的地方,M18都会投放,但是总的来说还是没有VANCL多;网盟推广做得不是很好;搜索引擎主要关键词(如"M18")等还是毫无疑问地在最前面,可是出来的信息不是很理想,杂乱信息很多;论坛营销也是没有找到。分析认为,由于 M18 是邮购出身,再加上其战略上发展线下实体店,故在网络营销方面目前来看还是不如 VANCL。

④ M18 的用户体验。用户体验方面,M18 走的是女性为主的路线,先有的女性产品,刚刚涉足男装,所以网页设计上更加女性化一点;而 VANCL 走的是男性为主的路线,先有的男士衬衫,后来有的女装和其他。M18 的产品更加花哨时尚;VANCL 的产品更加简约时尚。M18 比较新颖的地方是非会员用户也可以最终购物成功,和绝大多数的会员购物不太一样,而且 M18 拥有邮购方式和线下实体店,这些是相比较 VANCL 而言的独特之处。而 VANCL 目前更加专注于互联网,更加专注于网络营销,人气明星为其代言超高性价比服饰极具竞争力;VANCL 的网络广告真的可以用"铺天盖地"一词来形容,成效也不错。

总的来说,VANCL 的成功关键在于广阔的市场需求、先模仿后创新的产品定位、疯狂的网络营销。当然,VANCL 也应该进一步注重品牌建设,加大产品的自主创新力度。这样,在竞争激烈的网络环境中才能不被竞争对手轻易超越。

6.5.6 电子商务智能营销综合优化方案案例与分析

1. 个性化角度

Gartner 2017 年魔力象限报告显示,提供个性化电子商务体验能将销售额提升至少 15%。而在移动电商时代,由于消费者对移动设备的偏好,个性化电商体验对销售额的提升效果将更为明显。借助人工智能,商家可以利用机器学习算法有效处理大数据并进行分析,完成过去人工无法实现的海量用户偏好分析。

(1) 产品建议。追加销售(upselling)和交叉销售(cross selling)向来是在交易前后影响买家决策最有效的方式。自主学习的 AI 解决方案可以通过自动分析客户行为,偏好和"足迹",提供更相关的产品推荐来提高追加销售和交叉销售的效果。

我们推崇的 AI 产品推荐首选方案是 Sentient Aware 和 Granify。这两种服务都是基于 API(Application Programming Interface,应用程序编程接口)的解决方案,因此这些服务可以很容易与商家现有的或自定义的电子商务管理工具整合。这两种解决方案都能通过视觉解读,网络学习,同类客户选择和客户的购买偏好来分析店铺库存,提出个性化解决方案。不仅如此,这些解决方案还分析顾客的意图,并及时发送促购信息,以减少弃购率。

(2) 个性化消息推送。消息推送通知在顾客的购买流程中起着至关重要的作用。人工智能引擎可以识别客户的偏好,并使用恰当的个性化信息推送通知来吸引现有和潜在顾客。

我们推荐使用 Octane AI 消息推送 AI 解决方案,这是一个开箱即用的成熟产品,在网站上进行用户跟踪,而消息推送则通过社交媒体(如 Facebook)发送给客户。Octane AI 可以自动追踪用户人口统计、行为、客户搜索查询、跟进通知等信息,并提供非常有吸引力的消费体验。另一个不错的选择是 Vizury,该方案专门提供了一个智能界面,可根据价格警报、丢单警报、新用户、流失用户等不同条件设置自动化和个性化的推送通知。

(3) 虚拟助理。当我们谈论虚拟助手时,人们第一时间想到的是 Google 助理和 Siri,二者在互动的流畅性和效果驱动这两个方面无与伦比。由于易于使用,此类智能助手在电子商务商店提高转化率方面将创造奇迹。

虽然一般的电商企业可能没有像 Google 或 Siri 那样的顶尖语音助理解决方案,但在不断涌现的智能语音助理方案中,总有适合的一款。例如,Voysis,Voysis AI 搜索使用自然语言处理和深度学习来快速轻松地将语音 AI 助理功能添加到任何业务中。使用 Voysis 虚拟助理，客户可以使用语音命令搜索、筛选和订购产品。

2. 客户支持的角度

客户支持是所有业务的支柱，为客户提供多个支持渠道不再仅仅是"有了更好"那么简单。但运营多个支持渠道并不一定意味着需要在多个渠道做人力投入。毫无疑问，人工支持在任何时候都是不可或缺的，但通过人工智能，系统可以自动为客户提供可行的解决方案，这将大大减少支持管理人员的工作量，只有在特定情况下才需要人工介入。

（1）实时聊天机器人。为电商网店提供支持的最佳地点自然是在网站上，这也是客户在购买前后查询次数最多的地方。像亚马逊和 Flipkart 这样的电商平台需要处理全球 1 000 多个地区的各类商品信息询问，尽管像亚马逊这样的大型企业可以聘请本地支持人员来处理这种繁重的工作，但对于任何初创企业或中型企业来说，这种方式对预算并不友好。

市场上有无数有效的聊天机器人解决方案。最可靠的包括 Morph.ai，Agent.ai 和 Botsify。此类解决方案允许用户快速创建自己的聊天机器人，在几天内有效地对其产品进行培训并将功能嵌入网站。通过自学机制，这些机器人可以从每个对话中学习进步，并在必要时将聊天转接到人类客服那里。

（2）社交媒体聊天机器人。未来，主流的客户支持渠道将是社交媒体渠道，因为消费者把大部分时间都花在了手机上。Facebook、Kik、微信、Telegram 等社交媒体渠道为电商用户提供了设置聊天机器人的能力，这些聊天机器人可以在平台内与用户进行交互。

Chatfuel 是商家设置 Chatbot 并将其与 Facebook 商业页面链接的绝佳工具。而且，这个 Facebook 链接的机器人也可以在网站上使用。这样可以集中化保存和管理聊天信息。如今在 Facebook 上设置 Chatbot 已经变得相当容易。另一方面，消息平台 Kik 已经开始接受使用 Kik 的 API（Application Programming Interface，应用程序编程接口）文档进行编码的商业聊天机器人，一旦准备就绪，需要在机器人应用商店 BotShop 上提交，以便用户可以访问它。目前 Kik 机器人的下载量已经超过 200 万，对企业来说是一个很好的接触客户的新方式。

（3）人工智能 IVR。IVR（Interactive Voice Response，交互式语音应答）是提供客户支持的最传统方式之一，全球的公共和私人企业都在应用。然而，IVR 最大的痛点在于其传统的信息发现模式已经过时。客户每次查询时，IVR 都会要求客户按下一大串电话数字键，这往往令人抓狂。

经过大量的研究，我们发现只有一种解决方案实际上是可靠的。Nuance 的会话式 IVR 是目前最完整的人工智能 IVR 解决方案。这个系统消除了顾客寻找信息的烦恼，并直接使用自然语言处理和语音识别算法来吸引顾客。如无计划升级到第三方服务平台，Nuance 是传统 IVR 的绝佳替代方案。

（4）议价 AI。顾客放弃购物车订单的一个最大原因是无法像在实体店里那样跟商家砍价。而且，用户倾向于在不同的竞争对手网站上进行更多研究，试图在购买之前找到最低的价格。这对初创公司电子商务网站的影响最大，因为它们涉市未深，折扣空间不大，或者缺乏可以溢价的高品质服务口碑，来维持高于竞争对手的价格。

利用人工智能，电商可以让潜在客户参与价格谈判并为他们提供战略性折扣，吸引用户"上车"。Nevonprojects 最近推出的基于 chatbot 的价格谈判机器人，可以做到这一点。此外，Brihaspati Infotech 最近开发了一个由 AI 支持的价格谈判机器人，可以监控用户的意图，然后引导用户参与全自动议价。该议价机器人令人信服地通过图灵测试,客户几乎无法觉察自己是在跟议价机器人"砍价"。

3. 智能用户界面

到目前为止,我们已经了解到 AI 解决方案侧重于客户留存,转换率优化,但是 AI 在电商平台易用性方面的用户体验优化也能发挥巨大威力需要动用 AI 的用户界面元素。

(1) 语音搜索。搜索是电子商务网店中最重要的用户界面元素之一。尤其是对于那些品类繁多,目录复杂的商店。虽然传统的基于文本的搜索现在已被无数次"重新发明",并且一直是默认主流解决方案,但基于人工智能的语音搜索不久将接过接力棒。

虽然 Google 一直是使用最广泛(有效)的语音搜索系统,但还有许多其他工具可以配置到任何电子商务商店,效果同样出色。一些值得关注的方案包括 Alpine.ai、Reflektion、Inbenta、Klevu。这些语音搜索服务利用移动设备麦克风,甚至可以完美地匹配本地口音。虽然语音搜索结果并不总是准确的,但目前业界 95% 的成功率并不算坏。

(2) 图片搜索。移动电商优化用户体验和易用性的下一个重点是图像搜索。如今智能手机摄像头的拍照性能越来越强大,完全可以为人工智能机器学习算法提供高解析度的图像数据,而不是仅仅用于自拍。借助基于 AI 的图像搜索,用户可以轻松搜索他们在现实生活中看到的产品。这对潜在客户及其潜意识将产生巨大影响,可以大大提高客户的参与度和留存率。

Fashwell 视觉搜索是我们在电子商务商店提供视觉搜索的首选。利用专业记录的 API,Fashwell 搜索可以与任何支持相机的 Web 应用程序集成,并且可以将相机拍摄的对象与数据库中可用的信息相匹配。

(3) AI+AR 加持的产品可视化工具。我们的智能手机整合大量传感器,包括陀螺仪、加速度计和指南针,以追踪移动设备的每一个动作。这些可以与相机配合使用来作为提供产品试用体验的交互式 AR 工具。许多行业领导者已经在使用增强现实应用程序,包括 LensKart、宜家、Tap Painter、Sephora。最令人印象深刻的一个 AI+AR 应用是 Deloitte 的数字身份机器人——Digital Identibot。虽然这个解决方案还没有产品化,但已经有大量资源可供开发人员进行类似的实现。

像 AR.JS 这样的 AR 库一直是我们的首选,因为它们提供了特定的端点来实现交互式 AR 应用程序,可以将这些应用程序与任何相关的 AI 逻辑集成在一起。为了推动 AR 的应用,Apple 和 Google 也提供了 ARKIT 和 ARCORE 的 AR SDK,开发人员可以调用所需的传感器为电子商务商店构建 AR 应用程序,而无须像竞争对手那样大费周折。

第七章　电子商务智能客户关系管理

本章知识点

智能客户关系管理的概念、功能和功能模块划分；影响顾客消费行为和习惯的内在因素和外在因素；顾客忠诚度的智能管理（包括顾客忠诚度的概念、分类、影响因素、开展智能客户关系管理的优势和问题以及智能客户关系管理实施策略等）；定制化营销广告和社交管理等。

7.1　智能客户关系管理概述

7.1.1　客户关系管理的概念

1. 客户关系管理概述

国外对客户关系管理的研究非常重视，从 20 世纪 80 年代至今，已经有相当丰富的研究成果。研究分析这方面的文献，有人把它归纳成三种理解的思路：其一，从商业哲学的角度，认为客户关系管理是把客户置于决策出发点的一种商业哲学，它使企业与客户的关系更加紧密；其二，从企业战略的角度，认为客户关系管理是通过企业对客户关系的引导，达到企业最大化盈利的企业战略；其三，从系统开发的角度，认为客户关系管理是帮助企业以一定的组织方式来管理客户的互联网软件系统。不论是哪一种理解的思路，其核心只有一个：以客户为中心。这种经营理念的产生有其一定的时代背景和市场背景。第一，以信息技术为基础的经济全球化是当今世界经济发展的趋势，开放、共享、联合、合作已经成为时代的特征，这些特征改变了客户的思维方式和行为方式，使得他们与企业之间的距离越来越小，在这样的时代背景下企业必须采取措施来应对客户的变化；第二，现代企业所面临的市场竞争空前激烈并且不断扩大，低成本、好产品已不足以保证企业立于不败之地，在这样的市场背景下，竞争的观念逐渐由以利润为导向发展到以客户为导向，企业开始意识到客户资源已经成为企业最重要的战略资源之一，拥有客户就意味着企业拥有了在市场中继续生存的理由。我国对客户关系管理的研究起步较晚，从 1999 年年中开始，客户关系管理开始成为企业关注的热点，它在中国的兴起主要有以下三个方面的因素：

（1）需求的拉动。

在我国，信息化建设已经受到企业的广泛重视，很多企业在信息化方面做了大量的工作，但是在激烈的市场竞争中，企业的销售、营销和服务部门的信息化程度却越来越不能适应业务发展的需要，主要表现在两个方面：其一，企业的销售、营销和客户服务部门难以获得所需的客户互动信息；其二，来自销售、客户服务、市场、制造、库存等部门的信息分散在企业内，这些零散的信息使得企业无法对客户有全面的了解。所以,为了使企业能够随时把握客户的动态,同时使企业的各部门能够在统一的信息基础上面对客户,我们需要各部门对面向客户的各项信息和活动进行集成,组建一个以客户为中心的企业,实现面向客户的活动的全面管理。

(2) 技术的推动。

计算机技术、通信技术和网络技术的发展使电子商务在全球范围内被广泛应用,它正改变着企业的营销方式,使得企业和客户间的联系更为紧密,通过 Internet,实现企业和客户间的互动交流已经变得非常容易。客户信息是客户关系管理的基础,拥有大量及时的客户信息则是企业实现客户关系管理的先决条件。另一方面,数据仓库、数据挖掘、智能商务和知识发现等新兴技术的发展,使得收集、整理、加工和利用客户信息的质量大大提高,这些准确、有效的客户信息无疑为企业制定正确的客户决策、适应客户需求提高市场竞争力提供了有力的保证。技术上的日趋完善使那些信息化程度较高的企业实现对客户关系的管理成为可能。

(3) 营销理念的更新。

以往营销理念中的生产观念、产品观念和推销观念的共同之处在于没有真正重视客户的需求,仅把交易看作是营销的基础而一味地追求交易的利润最大化,没有把与客户建立和保持广泛密切的关系摆在重要位置。20 世纪 90 年代出现的新的关系营销的理念认为,企业营销是一个与顾客、竞争者、供应商、分销商、政府机构和社会组织发生互动作用的过程,正确处理与这些个人和组织的关系是企业营销的核心。关系营销坚持了企业与客户之间的长期关系是企业营销的核心思想,首次强调了客户关系在企业战略和营销中的地位与作用,而不是单从交易利润的层次上考虑。在这样的理念驱动下,一些先进企业正在经历着从以产品为中心向以客户为中心的转移,建立客户联盟,达到双赢的结果,而不是千方百计地从客户身上谋取自身的利益。

2. CRM 的定义

CRM 是英文 Customer Relationship Management 的缩写。它的想法最早由 Gartner Group 在 1997 年提出,但目前并没有关于 CRM 的权威定义。随着 CRM 的发展,众多学者和机构纷纷提出自己对 CRM 的理解。

Gartner Group 认为,所谓的客户关系管理就是为企业提供全方位的管理视角,赋予企业更完善的客户交流能力,最大化客户的收益率。

Hurwitz Group 认为,CRM 的焦点是自动化并改善与销售、市场营销、客户服务和支持等领域的客户关系有关的商业流程。CRM 既是一套原则制度,也是一套软件和技术。它的目标是缩减销售周期和销售成本、增加收入、寻找扩展业务所需的新的市场和渠道以及提高客户的价值、满意度、盈利性和忠诚度。CRM 应用软件将最佳的实践具体化并使用了先进的技术来协助各企业实现这些目标。CRM 在整个客户生命周期中都以客户为中心,这意味着 CRM 应用软件将客户作为企业运作的核心。CRM 应用软件简化协调了各类业务功能(如销售、市场营销、服务和支持)的过程并将其注意力集中于满足客户的需要上。CRM 应用还将多种与客户交流的渠道,如面对面、电话接洽以及 Web 访问协调为一体,这样,企业就可以按客户的喜好使用适当的渠道与之进行交流。

除此以外,还有一些其他的不同的 CRM 定义,比如一种比较典型的观点是把 CRM 理解为一种企业与客户接入的整合技术系统;也有人把 CRM 看成是一种营销策略;还有人把 CRM 定义为一种商业策略等。

一般认为,CRM 有两方面的含义:首先它是一种企业管理思想或商业策略,是一项通过分析客户、了解客户、提高客户满意度来增加收入以及优化赢利的商业模式。它采用以客户为中心的哲学来改善企业与客户之间的关系,使组织利润最大化。其次 CRM 也指一套软件系统或方法,它把企业的所有与客户相关的职能部门(市场、销售、服务)无缝集成在一起,对客户进行自动的、有组织的管理。CRM 提出的意义在于,它提出了一种管理理念,然后它把企业所有与客户有关的部门统一地组织起来,极大地提高了客户管理的效率。

CRM 的核心目标是建立以客户为中心的企业,通过提供更快速和周到的优质服务吸引和保持更多的客户;通过对业务流程的全面管理来降低企业的成本,优化企业的客户关系管理。主要包括:

(1) 能够定位最有价值的客户,使市场活动具有清晰的目标和对象;
(2) 提供统一的客户信息和把业务流程自动化,帮助企业改进销售;
(3) 为客户提供个性化服务,以提高客户的满意程度及忠诚度;
(4) 帮助了解客户的需求,从而发展企业与客户和企业与分销商的关系。

3. CRM 的功能与组成

典型的 CRM 主要包括企业所有与客户接触的前端部门的功能,包括市场管理、销售管理、客户服务与支持三个部分组成。另外,由于对客户的理解日益变得重要,数据的收集与分析也成了 CRM 的一个重要组成部分,具体如表 7-1 所示。

表 7-1 典型 CRM 的市场、销售和服务业务功能描述

市　场	销　售	服　务
宣传管理,直接营销 ● 选择判据的确立 ● 定义接触渠道 ● 设计、计划、展开一项宣传或活动 ● 反馈处理	调研准备 ● 获得信息,需求分析 ● 制作演示和样本 ● 客户接触计划(如根据进度计划) ● 提取客户信息	关系管理 ● 附加服务的识别和了解 ● 识别和了解进一步的潜在客户需求 ● 知道客户考虑新的产品或服务
客户评价 ● 打分 ● 客户评价 ● 客户潜力分析 ● ABC 分析 ● 措施计划	问题处理硬方案提供 ● 客户数据控制 ● 咨调系统 ● 针对特定客户提供产品方案 ● 进度计划的理解与形成	客户支持与服务 ● 问题处理(支付路径) ● 答复 ● 客户状态控制 ● 投诉管理 ● 掌握客户愿望
进一步的市场营销功能 ● 广泛收集有关投资策略、市场研究结果、市场分析、竞争者及外部数据来源的信息 ● 客户及市场细分	订单设定 ● 订单的识别掌握(Checklist 控制) ● 客户联系方式 ● 客户反应 ● 形成报告	进一步的服务功能 ● 外部行动 宣传册/广告文章的订购方式 ● 产品和销售培训 ● 客户帮助台(直接接触客户)

4. 客户关系管理与智能商务

智能商务描述了一系列的概念和方法,通过应用基于事实的支持系统来辅助商业决策的制定。智能商务的出现是有一定的现实背景的。首先,企业的商务活动从办公自动化出现的早期开始就在不同的业务系统中不断地收集大量的数据,包括销售、成本、质量控制、库存、客户服务等等。因此,对于大部分的企业来说,大量的数据冗余和数据不一致成为数据处理的最

大问题。庞大的数据量和传统数据管理方法的缺陷使企业出现了"数据拥挤"的现象,这既不利于企业的管理,也不利于数据的有效利用。因此,如何解决数据拥挤,同时充分发挥这些数据的作用,成为企业发展商业活动的一个热点问题。其次,企业决策者的潜意识里已经有了"数据资产"的观念,他们认识到,企业绩效的产生不仅仅依赖于产品,还要依赖于知识,企业所拥有的数据是可以转化为知识继而创造价值的一种无形资产,因此,寻求把数据转化为资产的方法和技术逐步成为企业投资的方向。正是在这两方面因素的共同促进之下,智能商务技术迅速发展起来。智能商务的本质就是把数据转化为知识,它致力于知识发现和挖掘,使企业的数据资产能带来明显的经济效益,从而使企业获得新的竞争优势。智能商务系统从企业运作的日常数据中开发出结论性的、基于事实的和具有可实施性的信息,使企业管理者和决策者能从一种更加清晰的角度来观察业务数据,从而以更快的速度做出更有效的商业决策,提高企业的运转效率、增加利润并建立良好的客户关系,使企业以最短的时间发现商业机会、捕捉商业机遇。从上面的论述我们可以看出,智能商务实际上也具有优化企业与客户之间关系的功能,这一点与客户关系管理的目标是完全一致的。不同的是,传统的客户关系管理系统还没有脱离围绕客户活动运作的模式,它所能实现的优化功能还停留在一个较低的层次上,这是因为它所能提供的方法和技术有限,所以对客户的理解还不够完整和全面,而智能商务系统集成了数据仓库、OLAP(Online Transaction Processing,联机分析处理)、数据挖掘等先进工具,可以提供有力的手段来实现对客户的全面认识,继而采取有效的措施来实现对客户关系的优化。从另一方面来看,在客户关系管理中整合智能商务这一需求的产生与智能商务产生的背景也极为相似,在现行的围绕客户活动运行的客户关系管理系统中,同样也积累了大量的有关客户的数据,这些数据如果不加以有效地管理也必然会出现数据拥挤的现象,同时,这些客户数据也是企业的一笔财富,如果能加以有效的利用,必然会有助于企业认识客户、了解客户从而制定与客户有关的、有效的决策和措施,最终赢得客户。因此,在客户关系管理中加入智能商务的思想和技术,必然会进一步丰富和发展客户关系管理的内涵,使整合后的客户关系管理系统具备决策支持的功能。

客户智能是一种能力,它包括企业对客户数据的分析能力、对客户知识的管理能力以及针对客户的决策能力,它也反映了企业对外部变化的一种应变能力,体现了企业在竞争中求变以获取更大利益的一种创新能力。以客户知识为出发点,企业针对外部环境变化和自身的增值要求,制定一系列面向客户的决策和措施,来准确地发现和影响客户的消费行为,这些都是客户智能的一种体现。可以说,客户智能是企业自身求发展和应对环境变化的一种驱动力和激励因子。

7.1.2 智能客户关系管理的功能

1. 管理客户数据的功能

企业的客户数据往往各自孤立地分散在企业各个部门的业务系统之中,这非常不利于企业从全局的角度来分析数据和制定决策,客户智能具备从多个数据源抽取数据、清洗数据和集成数据的能力。众所周知,企业的客户数据是非常庞大的,对于这样一个庞大的数据集团,客户智能还具备对数据的高效存储和维护的能力,这些都属于管理客户数据的功能。客户数据的有效管理,一方面为企业提供一致的客户数据和统一的客户视图,另一方面还为客户智能的其他功能提供了高质量的数据环境,它是最基础的功能。

2. 产生客户信息的功能

这里的客户信息不同于原始的客户数据,通过 OLAP 等工具的使用,客户数据会以更直观的方式展现在企业面前,成为有用的客户信息。比如,原始的销售数据会以销售量地区分布图、年度销售量统计图等图表形式展现在企业销售主管的面前等。这些客户信息与原始的客户数据相比,更为直观和有意义。目前有很多软件厂商都能提供这种能展现客户信息的工具,这也是客户智能中比较容易实现的功能之一。

3. 客户知识发现的功能

客户知识是隐藏在客户数据和客户信息中、事先未知的、有用的知识,它包括客户分类、客户满意、客户差异、客户忠诚等。客户智能具备将这些潜在的客户知识发掘出来,以帮助企业制定决策的能力,这是客户智能所具备的最为重要的功能,也是使客户智能的智能化程度越来越高的驱动力。客户智能的客户知识发现功能,主要是依赖近年来学术界研究得比较多的知识发现技术。虽然是当今的研究热点,但是知识发现技术在实际的应用中却并不是很广泛,所以相对研究来说,它在技术实施方面还不是很成熟。

4. 客户知识创新的功能

知识本身是不能够创新的,而客户知识之所以能创新,当然是因为客户智能的存在,是客户智能具备让客户知识创新的能力。客户智能的形成过程也就是一个企业向客户学习的过程,同时也是一个客户不断向企业反馈的过程。在这个过程中,企业的学习能力越来越高,客户智能的知识创新能力也越来越强。知识创新存在于客户智能整个生命周期的每一个环节当中,是客户智能化不断增强的催化剂。客户智能所具备的这一系列功能给企业带来的好处是显而易见的。首先,它有助于企业对现有数据资源进行有效的整合;其次,它能使企业有效地利用已有的客户数据,从而转化为企业的利润;再次,它能帮助企业快速制定正确的客户发展战略和决策,使企业得以高效率地运转和获利。总之,客户智能所具备的功能是非常强大的,我们要采用各种先进的技术工具,合理有效地利用客户智能,为企业赢得更大的利益。

5. 重整企业营销功能

在电子商务时代,重塑企业营销功能的要求来自企业所处的竞争环境发生的结构性变化;企业正在从一个大量市场产品和服务标准化,寿命期长,信息含量小,在一次性交易中交换的竞争环境向新的全球性竞争环境的转变,在这一新的竞争环境中,企业经营从以生产设备为支点变为以顾客为支点,重塑企业的营销功能就变得尤为迫切。利用现代技术手段,使客户、竞争、品牌三要素协调运作并实现整体优化的自动化管理系统———CRM 在这时就成为一把利器,它能迅速捕捉顾客机会和迎合顾客需求,重塑一个企业需要的信息畅通、行动协调、反应灵活的营销新体系。

在电子商务时代,CRM 的核心仍旧是"以客户为中心",从这个方面来看,它是对关系营销理论的继承,CRM 作为新的管理思想,更强调对现有客户关系的保持与提升,从而达到长期的客户满意,以及客户忠诚度;CRM 不但考虑了如何产生营销策略,而且包括了如何让营销策略通过卓有成效的方式作用于目标客户。电子商务时代的 CRM 真正强调和实现了信息技术与营销、销售与服务活动的集成。数据仓库技术、数据挖掘技术、OLAP 技术等成熟的信息技术在 CRM 系统中起到了技术支撑平台的作用,CRM 在它们的集成作用下,基本摈弃了市场营销理论靠经验决策的做法,极大地提高了决策的科学性和准确性。

6. 提升客户关系管理水平

CRM 不是一个孤立的解决方案,它是企业管理的重要组成部分。在电子商务时代,企业从大量生产体系转向灵捷竞争体系,CRM 可以丰富客户价值,通过合作提高竞争力,充分利用人员与信息的杠杆作用而提升客户关系管理水平,帮助企业造就一个获利稳定的经营基础。具体来说:首先,CRM 能充分利用顾客资源,通过客户交流,建立客户档案与客户合作等,从中获得大量针对性强、内容具体、有价值的市场信息,包括有关产品特性和性能、销售渠道、需求变动、潜在用户等,可以将其作为各种经营决策的重要依据;其次,从企业的长远利益出发,CRM 可保持并发展与客户的长期关系,为企业节约交易成本和时间,提高客户的满意度、回头率和客户忠诚度,体现对客户的关怀。

电子商务时代,客户关系管理不再局限于走街串巷的脚程所能及的空间范围,也不再局限于只能反映短时间内的市场细分的原则。电子商务发展起来之后,企业在收集数据方面的能力有了极大的提高,营销方面的基本理论也随之发生了改变,在生产技术、客户数据更详尽的背景下,企业对市场的细分已经进步到了以单个客户为细分单元的阶段。例如,企业通过收集到的客户的消费数据,分析客户的消费习惯,为客户定制个性化服务。企业也不再停留在通过走访、传单的方式了解客户对产品的满意度,而是为客户提供专门的评价体系,了解客户对于产品的满意度,从而改进产品……各种电子商务技术的产物,是客户关系管理水平提高的基础,同时,客户关系管理水平的提高也为电子商务的发展提供了条件。

7.1.3 电子商务智能客户关系管理的功能模块划分

CRM 的指导思想就是系统化研究客户,改进对客户的服务水平,提高客户的忠诚度,并为企业带来更多的利润,在电子商务时代 CRM 的主要内容至少包括三个方面:营销自动化、销售自动化和客户服务与支持。

1. 营销自动化

营销自动化(Marketing Automation,MA)子模块,也称技术辅助式营销,其着眼点在于在电子商务环境下通过设计、执行和评估市场营销行为(包括传统营销行为以及网络营销行为)和相关的活动的全面框架,使市场营销人员能够直接对市场营销活动的有效性加以计划、执行、监视和分析,并优化营销流程,使一些共同的任务和过程自动化。

在电子商务时代,营销自动化被赋予新的含义。首先是顾客分析。这项内容主要是分析谁是企业的顾客和潜在顾客、企业顾客的基本类型以及个人购买者、中间商和制造商客户的不同需求特征和购买行为,并在此基础上分析顾客差异对企业利润的影响问题,这是 CRM 的基础。其次是企业多种营销渠道的协调。再次是企业对顾客的承诺。在电子商务时代使顾客获得最大程度的满意成为企业服务于客户的基本原则。由于顾客在购买产品或服务时会面临包括经济利益、产品功能和质量及社会和心理方面的各类风险,所以顾客往往希望企业做出某种承诺以及降低其购物风险。最后是营销分析。在以前,无论是传统的市场营销或稍进一步的网上行销它们都是相对静态的。所以经常需要花好几个月的时间才能对上一次市场营销的结果做出相应的分析统计,由于对外界反馈过慢许多重要的商业机遇就会因此而失去。而在电子商务时代,对商业机会的敏感和反馈已成为企业能否生存和发展的根本。如果能快速且科学地对市场多个营销战役进行综合动态分析,企业就能更好地抓住各种商业机遇。

2. 销售自动化

销售自动化(Sales Automation,SA)子模块,也称作技术辅助式销售,是 CRM 中最基本的模块,也是 CRM 中最为关键的部分。销售自动化的目的是运用相应的销售技术来达到提升销售和实现过程自动化的目的,其主要用户是销售人员和销售管理人员(包括传统以及网络人员)。

销售自动化是 CRM 中比较困难的一个过程,这主要是因为它要求极高的动态性,如不断变化的销售模型、地理位置、产品配置等都会给销售过程自动化带来难题。销售过程自动化的一个主要内容就是与客户的信息交流。与传统面对面的销售过程一样,电子商务时代的销售过程也是一种双向的信息交流。它的主要功能就是实现双方的互相联系、互相影响,从而保持销售过程的流畅。

3. 客户服务与支持

客户服务与支持(Customer Service & Support,CS&S)子模块,也称为客户的服务支撑。客户服务是电子商务 CRM 重要的组成部分,是营销和销售的后备军,做好客户服务是企业文化的体现,同时也是维系客户的重要手段。

客户服务主要集中在售后活动上,有时也提供一些售前信息。售后服务主要发生在面向企业总部办公室的呼叫中心,另外由驻外客户服务人员完成的面向市场的服务也是客户服务的一部分。产品技术支持一般是客户服务最重要的功能。无论是在传统商务还是在电子商务中,客户服务都是 CRM 的重要组成内容。首先是企业呼叫中心的设置;其次是客户反馈管理;最后是以良好的关系留住客户。

在电子商务环境下,以上的三个子模块是相互配合、相互支持的。营销部门为销售发现客户并且提供机会,销售部门抓住机会并且反馈信息,客户服务部门为营销和销售提供优质的服务,保持机会,其逻辑关系图如图 7-1 所示。

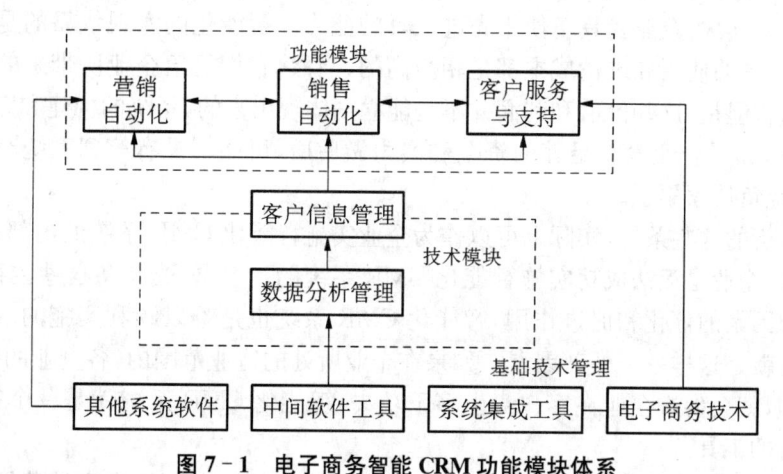

图 7-1 电子商务智能 CRM 功能模块体系

7.1.4 智能客户关系管理应用的战略意义

通过上面的论述我们可以看出,客户关系管理系统智能化是整个客户智能发展战略的一个必要的组成部分,具有重要的战略意义。

首先,CRM 系统智能化把客户智能理念从理论带到了现实。客户智能是一个先进的理念,它要求企业做到以客户数据为基础,以客户知识为驱动,以客户需求为导向。智能客户关系管理系统的建立为企业集合了一系列实现客户智能的先进技术、方法和工具,使客户智能理念在企业的信息化系统中得到了实现。

其次,CRM 系统智能化是发展客户智能的有效途径。客户智能的发展需要有一个先进的系统来支撑,智能客户关系管理系统正是这样的一个先进的系统,在智能客户关系管理系统的建立和实际运行的过程中,客户智能体系也将会不断地得到进一步的完善和发展。从战略地位上来讲,客户知识管理智能化是客户智能发展战略的理论基础,而实施和发展智能化的 CMR 系统则是客户智能发展战略的技术保障,二者缺一不可。

最后,智能技术是对客户关系管理的有效支撑。消费行为学认为,客户关系存在一个从开始到结束的生命周期,CRM 系统应该实现对客户生命周期全过程的客户关系管理。因此,CRM 系统的基础流程可总结为:客户获取—客户接触—客户保留—客户增值。客户智能的本质是创新,使用客户知识创造客户价值。而智能也恰恰是通过对这几个基础流程的支持来支持 CRM 系统。

7.1.5 智能客户关系管理的应用范围

从上面的论述我们可以看出,如果不能发挥出智能化 CRM 系统"智能性"的特点,那么智能化 CMR 系统的应用也就没有什么实际的意义和价值。如何才能最大限度地发挥智能化 CMR 系统的"智能性"呢?这就需要企业具备以下几个方面的条件。首先,企业要积累足够的客户数据。没有原材料,再好的加工手段也创造不出精美的产品。同样,没有充足的客户数据来源,再好的数据分析手段和技术也难以创造出有价值的客户知识。高效地采集客户数据,需要企业有一个与客户进行交互活动的先进平台;而积累一定时段、一定数量的客户数据则是一个长期的过程。换句话来说,要满足这个条件需要有两个方面的因素来支持:其一,企业的信息化程度较高,即要有已经投入运行的信息化系统;其二,要求企业的信息化系统已经运行较长的一段时间。其次,企业要具备使用先进工具的能力。智能化的实现依靠的是先进的技术工具,而这些工具的使用和维护成本都是相当高的,当然,它们能给企业所带来的价值和利润也将会更加高。但是,这些价值和利润并不是能立刻体现出来的,系统的构建和完善都需要一个长期的过程,如果企业没有足够的资金和实力做后盾,可能还没有等到系统产生效益的时候,企业就已经负债累累了。

上面所分析的这些条件,实际上可以作为企业实施智能化 CMR 系统的内部条件,如果不具备这些条件,企业是无法成功实施智能化 CMR 系统的。但是,光具备这些内部条件,如果没有一些外部因素的催化和促进作用,智能化 CMR 系统也是难以顺利实施的。企业所在行业的竞争强度就是这样一个外部因素。如果在企业所处的行业范围内,各企业的差距比较小,竞争比较激烈,就会促进企业在客户身上多下功夫,智能化 CMR 系统就是一个很好的、提供客户决策支持的工具。

综上所述,我们可以把智能化 CMR 系统的应用缩小到一个更为准确的范围。就国内的现状而言,电信业、银行业和零售业由于长期以来一直处于垄断地位,因此积累了大量的客户资源,并且拥有雄厚的资金和实力,在信息化建设方面也处于领先地位。但是,中国进入 WTO 以后,这种状态正在逐渐改变。现在,电信业、银行业和零售业已经成为竞争最为激烈的行业,这种竞争不仅仅来自国内企业,更为强大的对手是国外电信企业、银行巨头和大型连锁超市的介入,而他们竞争的焦点正是对客户的争夺。因此,这几个行业中的企业是最适合实施智能化 CMR 系统的,一旦系统运行成功,将会给企业带来巨大的竞争优势。

7.2 顾客行为与习惯分析

顾客(Consumer)就是在消费过程的三个阶段中,产生需要或欲望、实施购买并处置产品的人。然而,在许多情况下,在这一系列事件中,会有不同的人扮演相应的角色。产品的购买者和使用者可能并不是同一个人,比如父母为10多岁的孩子选购衣服(在青少年眼里,父母所做的选择可能是"老土")。在其他情况下,并不真正购买或使用特定产品的人则可能扮演影响者的角色,他们提出支持或反对这个产品的建议。例如,当你试穿一条新裤子时,朋友的一个鬼脸可能远比父母的话更有影响力。

最后,顾客可以是组织或团体。一个或几个人可以为许多人使用的产品做出购买决策,如采购员订购公司的办公室用品。在其他的组织情形下,购买决策可能是由一大群人做出的,其中包括所有在消费过程各个阶段有发言权的人,如公司的会计师、设计师、工程师、销售人员及其他人员。

顾客行为是指顾客为获得、使用、处置消费物品或服务所采取的各种行动,包括先于且决定这些行动的决策过程。

随着对顾客行为研究的深化,人们日益深刻地意识到,顾客行为是一个整体,是一个过程,它涉及很多决策,很多的参与者和很多的消费活动,获取或者购买只是其中一个环节。

顾客行为,在狭义上讲,仅仅指顾客的购买行为以及对消费资料的实际消费。在广义上讲顾客行为指顾客为索取、使用、处置消费物品所采取的各种行动以及先于且决定这些行动的决策过程,甚至是包括消费收入的取得等一系列复杂的过程。

7.2.1 影响顾客消费行为和习惯的内在因素

1. 顾客个体因素

顾客购买行为首先受其个体自身因素的影响,这些因素主要包括以下几点:

(1) 顾客的经济状况,即顾客的收入、存款与资产、借贷能力等。顾客的经济状况会强烈影响顾客的消费水平和消费范围,并决定着顾客的需求层次和购买能力。顾客经济状况较好,就可能产生较高层次的需求,购买较高档次的商品,享受较为高级的消费。相反,顾客经济状况较差,通常只能优先满足衣食住行等基本生活需求。

(2) 顾客的职业和地位。不同职业的顾客,对于商品的需求与爱好往往不尽一致。一个从事教师职业的顾客,一般会较多地购买书报杂志等文化商品;而对于时装模特来说,漂亮的服饰和高雅的化妆品则更为需要。顾客的地位不同也影响着其对商品的购买。身在高位的顾客,将会购买能够显示其身份与地位的较高级的商品。

(3) 顾客的年龄与性别。顾客对产品的需求会随着年龄的增长而变化,在生命周期的不同阶段,相应需要各种不同的商品。例如,在幼年期,需要婴儿食品、玩具等;而在老年期,则更多需要保健和延年益寿的产品。不同性别的顾客,其购买行为也有很大差异。烟酒类产品较多为男性顾客购买,而女性顾客则喜欢购买时装、首饰和化妆品等。

(4) 顾客的性格与自我观念。性格是指一个人特有的心理素质,通常用刚强或懦弱、热情或孤僻、外向或内向、创意或保守等去描述。不同性格的顾客具有不同的购买行为。刚强的顾客在购买中表现出大胆自信,而懦弱的顾客在挑选商品中往往缩手缩脚。

2. 顾客心理因素

顾客心理是顾客在满足需要活动中的思想意识,它支配着顾客的购买行为。影响顾客购买的心理因素有动机、感受、态度、学习。

(1) 动机。

需要引起动机。需要是人们对于某种事物的要求或欲望。就顾客而言,需要表现为获取各种物质需要和精神需要。马斯洛的"需要五层次"理论,即生理需要、安全需要、社会需要、尊重需要和自我实现的需要。需要产生动机,顾客购买动机是顾客内在需要与外界刺激相结合使主体产生一种动力而形成的。动机是为了使个人需要满足的一种驱动和冲动。顾客购买动机是指顾客为了满足某种需要,产生购买商品的欲望和意念。购买动机可分为两类。

① 生理性购买动机。生理性购买动机是指由人们因生理需要而产生的购买动机,如饥思食、渴思饮、寒思衣,又称本能动机,包括维持生命动机、保护生命动机、延续和发展生命的动机。生理动机具有经常性、习惯性和稳定性的特点。

② 心理性购买动机。心理性购买动机是指人们由于心理需要而产生的购买动机。根据对人们心理活动的认识,以及对情感、意志等心理活动过程的研究,可将心理动机归纳为以下三类:感情动机,指由于个人的情绪和情感心理方面的因素而引起的购买动机。根据感情不同的侧重点,可以将其分为三种消费心理倾向:求新、求美、求荣。理智动机,指建立在对商品的客观认识的基础上,经过充分的分析比较后产生的购买动机。理智动机具有客观性、周密性的特点,在购买中表现为求实、求廉、求安全的心理。惠顾动机,指对特定的商品或特定的商店产生特殊的信任和偏好而形成的习惯重复光顾的购买动机。这种动机具有经常性和习惯性特点,表现为嗜好心理。

(2) 感受。

顾客购买如何行动,还要看他对外界刺激物或情境的反应,这就是感受对顾客购买行为的影响。感受指的是人们的感觉和知觉。所谓感觉,就是人们通过感官对外界的刺激物或情境的反应或印象。随着感觉的深入,各种感觉到的信息在头脑中被联系起来进行初步的分析综合,形成对刺激物或情境的整体反应,就是知觉。知觉对顾客的购买决策、购买行为影响较大。在刺激物或情境相同的情况下,顾客有不同的知觉,他们的购买决策、购买行为就截然不同。因为顾客知觉是一个有选择性的心理过程,具体包括有选择的注意、有选择的曲解、有选择的记忆。

(3) 态度。

态度通常指个人对事物所持有的喜欢与否的评价、情感上的感受和行动倾向。作为顾客态度对顾客的购买行为有着很大的影响。企业营销人员应该注重对顾客态度的研究。顾客态度来源于:① 与商品的直接接触;② 受他人直接、间接的影响;③ 家庭教育与本人经历。顾客态度包含信念、情感和意向,这些对购买行为都有各自的影响作用。信念,指人们认为确定和真实的事物。在实际生活中,顾客不是根据知识,而常常是根据见解和信任作为他们购买的依据。情感,指商品和服务在顾客情绪上的反应,如对商品或广告喜欢还是厌恶。情感往往受顾客本人的心理特征与社会规范影响。意向,指顾客采取某种方式行动的倾向,是倾向于采取购买行动,还是倾向于拒绝购买。顾客态度最终落实在购买的意向上。

(4) 学习。

学习是指由于经验引起的个人行为的改变。即顾客在购买和使用商品的实践中,逐步获得和积累经验,并根据经验调整自己购买行为的过程。学习是通过驱策力、刺激物、提示物、反应和强化的相互影响、相互作用而进行的。"驱策力"是诱发人们行动的内在刺激力量。例如,某顾客重视身份地位,尊重需要就是一种驱策力。这种驱策力被引向某种刺激物——高级名牌西服时,驱策力就变为动机。在动机支配下,顾客需要做出购买名牌西服的反应。但购买行为的发生往往取决于周围的"提示物"的刺激,如看了有关电视广告、商品陈列,他就会完成购买。如果穿着很满意的话,他对这一商品的反应就会加强,以后如果再遇到相同诱因时,就会产生相同的反应,即采取购买行为。如反应被反复强化,久之,就成为购买习惯了。这就是顾客的学习过程。

7.2.2 影响顾客消费行为和习惯的外在因素

人是生活在社会之中的,因而顾客购买饰品将受到诸多外在因素的影响。

1. 文化因素

一是广义的文化,是指人类社会历史实践过程中所创造的物质和精神财富的总和,它所包括的潜在元素有价值观念、观点、态度、文字、语言、伦理道德、风俗习惯、宗教仪式、法律等。文化具有较长期的持续性,不易改变,它影响和制约着人们的行为。大部分人尊重他们的文化,接受他们文化中共同的价值观,遵循他们文化中的道德规范和风俗习惯。因此,文化是区分一个社会群体与另一个社会群体的主要因素,是影响人们的欲望和行为的最根本、最深远因素。例如,标有"老年人专用"字样的产品在美国等西方国家不受老年人的欢迎,因为这种宣传违背了这些国家中人们忌讳衰老的价值观念。而在中国,专为老年人提供的产品或服务却大受欢迎。企业营销人员在制定营销策略时,必须特别注意文化因素对顾客购买行为的影响。

二是亚文化,每一文化群体内部又包含若干亚文化群,其成员具有的共同信仰、特征或经历等,能提供更为具体的认同感,如宗教文化、民族文化、区域文化和种族文化等。处在不同的亚文化群中的顾客其消费习惯和需求,往往有很大差异,所谓"百里不同风,十里不同俗"。营销人员在选择目标市场和营销策略时,一定要注意了解目标市场的文化背景,所谓"入乡问俗"。

三是社会阶层,社会阶层是指一个社会中具有相对同质性和持久性的群体,它们是按等级排列的,每一阶层成员具有相似的社会经济地位、价值观取向、兴趣爱好和行为规范。在不同的社会形态下,社会阶层划分的依据不同。在现代社会,一般根据职业的社会威望、收入水平、财产数量、受教育程度、居住区域等因素,将人们归入不同的社会阶层。我国现阶段也客观存在10大阶层:国家与社会管理者阶层,经理人员阶层,私营企业主阶层,专业技术人员阶层,办事人员阶层,个体工商户阶层,商业服务人员阶层,产业服务人员阶层,农业劳动者阶层,城市无业、失业和半失业人员阶层。处于不同社会阶层的人,有着不同的价值观、人生观,有着不同的生活方式、经济能力、兴趣爱好等,这些都会直接影响各阶层成员在购买商品的类别、档次、购买方式、购买习惯等方面的差异。企业要正确认识社会阶层的客观存在性,并有针对性地开展营销活动。

2. 社会因素

人们在做出购买决定时,为了降低购买决策中的潜在风险或从了解他人的想法和行为中获取慰藉,一般乐于听取所依赖之人的意见。因此,顾客购买行为也受到一系列社会因素的影响,如顾客的参照群体、家庭、社会角色与地位等。

(1) 参照群体。

参照群体是指直接或间接影响一个人的态度、行为或价值观的个人或团体。参照群体对顾客购买行为的影响,表现在三个方面:第一,由于顾客有效仿或反对其参照群体的倾向,因而顾客对某些产品的态度和对某些事物的看法也会受到参照群体的影响;第二,参照群体为顾客展示出新的生活方式和行为模式;第三,参照群体促使人们的行为趋于某种一致化,从而影响顾客对某些产品和品牌的选择。

(2) 家庭。

家庭是指居住在一起,由拥有血缘、婚姻或者抚养关系的两个人或更多人组成的群体。家是社会的基本单位,也是社会中最重要的顾客购买组织,它强烈地影响着人们的价值观、人生态度和购买行为。一个人在其一生中通常要经历两个家庭。第一个是婚前的由父母组建的家庭,在父母的养育下逐渐长大成人,并从其父母那里获得有关宗教、政治、经济、个人抱负、自我价值和爱情等方面的指导;第二个家庭是婚后自己组建的家庭。当顾客做购买决策时,必定会受到这两个家庭的影响,其中,受父母家庭的影响比较间接,受自己家庭的影响比较直接,但在购买决策的参与者中,购买者家庭成员对其决策的影响最大。

(3) 社会角色与地位。

社会角色是指个人在群体、组织及社会中的地位和作用。一个人在其一生中会参加许多群体,如家庭、俱乐部及其他各种组织。每个人在各个群体中的位置可用角色和地位来确定。角色是一个人所期望做的活动内容,如一个男人在家里对父母是孝子,对企业可能是管理者,其地位随着不同阶层和地理区域而变化。具有不同社会角色和地位的顾客必将具有不同的消费欲望和购买行为。

7.3　客户忠诚度智能管理

7.3.1　客户忠诚度的内涵

顾客忠诚营销理论(Customer Loyal,CL)是在流行于 20 世纪 70 年代的企业形象设计理论(Corporate Identity,CI)和 80 年代的顾客满意理论(Customer Satisfaction,CS)的基础上发展而来的。其主要内容可表述为:企业应以满足顾客的需求和期望为目标,有效地消除和预防顾客的抱怨和投诉,不断提高顾客满意度,促使顾客的忠诚,在企业与顾客之间建立起一种相互信任、相互依赖的"质量价值链"。

顾客忠诚是指顾客对企业的产品或服务的依恋或爱慕的感情,它主要通过顾客的情感忠诚、行为忠诚和意识忠诚表现出来。其中情感忠诚表现为顾客对企业的理念、行为和视觉形象的高度认同和满意;行为忠诚表现为顾客再次消费时对企业的产品和服务的重复购买行为;意识忠诚则表现为顾客做出的对企业的产品和服务的未来消费意向。顾客忠诚度,又可称为顾客黏度,是指顾客对某一特定产品或服务或企业产生了好感,形成了"依附性"偏好,进而重复购买的一种趋向。

在市场竞争日益激烈的环境下,顾客忠诚已经成为影响企业长期利润高低的关键性因素。为了在激烈的竞争中获得决定性的竞争优势,企业管理者都将提高顾客忠诚度作为营销管理的重点。根据管理学界的二八法则(即 80/20 原理),企业 80% 的利润来自 20% 的老顾客,而企业获得一个新客户的费用是保持一个现有顾客的费用的 5 倍。赖克尔德和萨塞的研究表明:顾客忠诚度增加5%,企业利润增加25%~85%。顾客忠诚使企业获得更高的长期盈利能力,有利于降低营销成本,使企业在竞争中得到更好的保护,对企业利润有着惊人的影响。同时,忠诚顾客会对企业做出正面的宣传,会将企业的服务推荐给朋友、邻居、生意上的合作伙伴或其他人,成为企业"义务"的市场推广人员。另外,忠诚顾客一经形成,不仅对企业的现实顾客与潜在顾客的消费心理、消费行为和社会方式提供可供选择的模式,而且可以激发其模仿欲望,并有可能使其消费行为趋于一致,甚至引发流行现象。现代企业竞争的本质是客户忠诚度的竞争。赢得客户忠诚度,企业就能在未来的市场竞争中获胜。

7.3.2 顾客忠诚度的分类

不同学者依据不同的侧重点对顾客忠诚度进行了分类,主要分为两类:一类是以态度取向的强弱和行为取向的高低两个维度的组合来进行划分的,分为真实的忠诚、潜在的忠诚、虚假的忠诚、不忠诚。

(1)真实的忠诚。它指顾客同时具有较高的态度忠诚和行为忠诚。该类忠诚的顾客对品牌据有良好的态度且会进行重复购买行为,该种重复购买行为是建立在肯定的态度甚至情感依恋的基础上。

(2)潜在的忠诚。它意味着顾客对某品牌具有较高的态度取向,却因为多种因素的制约没有较高的重复购买行为,但是一旦条件允许他们会进行购买。

(3)虚假的忠诚。它是指顾客虽具有较高的行为取向,可能却仅是因为习惯或者路途方便等原因进行的假意购买。

(4)不忠诚。在这种状态下的顾客行为取向和态度取向都很低。他们之所以购买产品,或许是低价策略等营销策略影响而进行的短时行为取向。

另一类是依据顾客忠诚度的深浅来划分,分为行为忠诚、意向忠诚和情感忠诚。

(1)行为忠诚。它指顾客实际表现出来的重复购买行为;

(2)意向忠诚。它指顾客在未来可能购买的意向;

(3)情感忠诚。它指顾客对企业的理念、行为和视觉形象的高度认可和满意。

7.3.3 顾客忠诚度的影响因素分析

影响顾客忠诚度的因素主要有内在价值、顾客满意、交易成本、替代者吸引力、消费经历、企业形象。从其评价标准出发主要有两个方面:满意因素和约束因素。影响顾客忠诚度的因素既有企业方面的,也有竞争对手方面的、顾客自身方面的、社会环境方面的。概括来讲,影响顾客忠诚度的因素主要包括以下几个方面。

1. 企业品牌

品牌是用以识别某个销售者或某群销售者的产品和服务,并使之与竞争对手的产品和服务区别开来的商业名称及其标志,通常由文字、标记、符号、图案和颜色等要素或这些要素的组合构成。品牌就其实质来说,代表着销售者对交付给买者的产品特征、利益和服务的一贯性的承诺。久负盛名的品牌即是优良品质的保证,因此企业品牌有助于促进产品销售,树立企业形象。而对于顾客来说品牌便于其辨认、识别、选购商品。名牌企业要维护自己的品牌形象和声誉,都十分注意恪守对顾客的承诺,并注重同一品牌的产品质量水平统一化。因此,名牌产品是顾客购买时的首选产品,而企业品牌也成了影响顾客忠诚度的主要因素。

2. 服务质量

很多研究表明,服务质量对顾客忠诚度有着更为直接而根本的影响。许多企业营销实践表明服务质量是影响顾客行为意向的一个重要的决定性因素。许多学者对服务质量、重复购买、推荐意愿之间的关系进行研究,其结果是服务质量与重复购买、推荐意愿是正相关关系。这就是说,服务质量的好坏直接决定着顾客的忠诚与否。因此,改善服务质量自然会提高顾客的忠诚度,提高企业的盈利能力和经营绩效。

3. 顾客的满意度

著名营销学大师菲利普-科特勒认为,顾客满意是指"一个人通过对一个产品的可感知效果(或结果)与他的期望值相比较后,所形成的愉悦或失望的感觉状态。"这说明满意度是顾客对产品或服务自身及其性能的评价。它给出了一个和消费满足感有关的快乐水平,包括低于或超过满足感的水平。大量的有关顾客满意和顾客忠诚度的研究也支持如下的观点:无论行业竞争情况如何,顾客忠诚度都会随着顾客满意度的提高而提高。可以说,顾客满意是推动顾客忠诚度的最重要因素之一。

4. 购物的方便性

由于地理位置等因素的制约造成购买者不能很方便地获得产品时,也会影响顾客忠诚度。这里分两种情况,一是当顾客无法找到替代品或者没有竞争者的情况下,就可能形成潜在的忠诚。这种情形在一些服务行业中更为常见。比如,很多人会长期而固定地选择一家超市进行购物,原因仅仅就是这家超市距离用户家很近。我们将这种由于方便需求或是惰性而形成的忠诚称为惰性忠诚。这种忠诚并不牢固,一旦用户发现了更加方便或是更为满意的目标之后,这种忠诚也就随之减弱、消失。

7.3.4　智能商务模式的客户忠诚度管理的优势和困难分析

1. 客户转换成本大为降低

转换成本是顾客重新选择一家新的产品或服务时的代价,它包括程序转换成本、财政转换成本和情感转换成本。通常而言,转换成本与顾客忠诚度呈正相关关系,转换成本越高,顾客就越难以转向其他的商家,也就越有利于顾客忠诚的建立和维持。在传统商务模式中,信息不对称使得顾客转向其他商家需要花费较大的成本,而在商务智能环境下,顾客的转移只要轻点鼠标通过网络就能迅速轻易地转向其他商家。由于搜寻成本低廉,顾客可以频繁地、易如反掌地转换企业或品牌。而网上有关商品、服务种类与品牌的信息量庞大,替代商品多且易获得。因此,顾客很可能不停地转换品牌或企业以期获得更大收益。即使顾客对过去消费过的某个品牌或某个企业的服务感到满意,但由于搜寻成本极低,他也乐意尝试寻求一个令自己更满意的品牌或服务企业。因此,在智能商务环境下,顾客更换品牌和卖方时低廉的转移成本加大了顾客忠诚度管理的难度。

但是,商务智能模式作为一种线下商务与互联网智能高度融合的运作模式,在培育顾客忠诚度方面又有着传统商务模式所无法比拟的优势。

2. 客户满意相对较易达到

一般而言,满意的顾客更有可能成为忠诚顾客,忠诚顾客通常对产品也是极为满意的。影响顾客满意的主要因素包括服务质量、产品质量、产品价格以及交易所花费的时间成本等。有学者研究表明,超过一半的顾客因为对在线服务不满而终止了交易。如果商家的服务质量无法让顾客满意的话,将流失大量顾客。另外顾客选择网上购物,一定程度上是因为交易过程简单快捷,足不出户便能浏览大量商品信息,并从中进行选择购买,节省了大量时间成本。然而传统电子商务模式中不流畅的物流却又增加了顾客的时间成本,大大降低了顾客的满意程度。同时,价格也是影响顾客购买的一个重要因素,如果商品的网上价格比实体店没有便宜许多,再加上额外的邮寄费用也会令许多顾客望而却步,而且目前很多在线客服的服务水平也还没有达到顾客满意的程度。但是,商务智能模式提供丰富、全面、及时的本地商家的产品与服务信息,能够快捷筛选并订购适宜的商品或服务,价格实惠,并且顾客必须去线下实地去享受服务和产品,不需要经过数天的物流配送,也不需要额外的邮寄费,这在一定程度上节省了顾客交易所花费的时间成本和配送成本。享受服务也很方便,可根据顾客自己的时间来安排,跟传统的实体店消费模式有相似之处,在实体店也能相似面对面的服务。因此,相对而言,更容易使顾客满意。

3. 较易赢得顾客信任

信任是顾客产生忠诚的前提条件,而网络的虚拟性使得顾客在和网络企业进行交易的时候承担着很大的风险。顾客天生就缺少对网上"陌生人"的信任感,传统的电子商务模式大多是要在付款后等待数天的物流配送才能拿到货物,更加增加了顾客的不信任感。因此,网络营销要想成功,必须想办法快速获得顾客的信任。而智能商务模式是线上推广交易引擎带动线下交易,顾客必须要到线下进行体验和享受,因而加大了商户的参与和顾客的体验感。顾客订购后可在规定的时间内随时去享受服务和产品,更容易获得顾客信任感。相较而言,智能商务模式可带来大规模高黏度的消费群体,进而能争取到更多的商家资源。

7.3.5 智能商务实现了运营型和分析型的结合

随着知识经济时代的来临,对企业内外信息的掌控能力已经成为决定企业成败的关键因素,根据信息流和数据分析技术对企业内部进行重组成了越来越多的国内外企业所要面临的重要挑战。逐渐完善的商务智能技术已经在悄无声息地代替着传统的数据记录方式。目前比较流行的整体解决方案是将运营型和分析型结合起来,形成智能型,不但继承了运营型对数据的高效采集和流程化的业务处理等管理功能,而且结合了商务智能中数据仓库、数据挖掘等相关技术,实现客户数据的深入分析,即辅助部门级决策支持,又为高层领导提供战略性全局的辅助决策支持,使运营型构成分析型的基础,分析型最后指导运营型的操作,实现了运营与分析的闭环互动。

CRM 运营系统主要实现各业务部门与客户之间的互动往来,通过市场营销、销售和服务等业务流程的管理,收集并整合与客户有关的各种数据,如客户背景、偏好、行为习惯、交易数据、信用状况等,再结合整合和变换的外部市场数据,共同装载进数据仓库。

CRM 分析系统运用和数据挖掘等技术将存储在数据仓库中的数据进行分析和提取,得到相关规律、模型和趋势,使本来相互独立的客户信息转化成具有相关性的知识,实现整个企业内部知识的共享,为各业务流程提供辅助支持。企业的高级管理者和领导者根据系统分析结果能制定出更有效的企业的战略规划和科学决策。这样企业在产品生产和客户服务中做到有章可循,从而实现企业利润的最大化。

二者结合起来使 CRM 具有采集、存储、加工、集成、转化等功能,使数据最终变成了可利用的知识,这个过程也就是智能化的过程,二者的结合形成了智能化 CRM。

7.3.6 客户忠诚度管理中的智能 CRM 系统

智能化 CRM(Intelligent CRM,I-CRM)系统,顾名思义,也就是一种基于智能商务的客户关系管理系统,它的核心目标是"以客户为中心",通过对客户数据的有效采集,在 OLAP、数据挖掘、知识发现等工具的帮助下,充分利用现有的客户数据,不断地挖掘和学习与企业有关的客户知识,实现客户数据智能化,并运用这些客户知识辅助企业制定与客户有关的决策和计划,以优化和改进企业与客户之间的关系,通过与客户之间的互动和学习,给企业带来丰厚的利润和持续的利益。

对 I-CRM 客户忠诚度系统定义的解释,可以归纳为以下几个层面。

1. **客户智能理念层面**

I-CRM 系统中提到了"客户智能"这一概念,实现以客户数据为基础,以客户知识为驱动,以客户需求为导向,从而实现 CRM"以客户为中心"的理念。

2. **先进工具的应用层面**

I-CRM 系统中的核心部分是那些大量的起着关键性作用的先进工具,比如 OLAP、数据挖掘、知识发现工具等,它们可以帮助分析客户数据,说明了 I-CRM 系统不仅实用而且具有先进性。

3. **企业组织结构优化的层面**

智能化 CRM 的运用使企业组织结构变得更加优化和扁平化,这个层面也是企业需要花大力气进行改造的一个层面。从以往的"以产品为中心",到现在的"以客户的活动为中心",再到将来的"以客户知识为中心",这其中的每一次改变都需要以客户的优化为基础,以企业组织结构和业务流程改变为依托,从而优化企业与客户之间的关系。企业不断地向客户学习,形成一个学习型的组织结构,将获得的客户知识转化为引导企业做出最为接近客户需求的决策,图 7-2 为 I-CRM 客户忠诚度管理系统架构图。

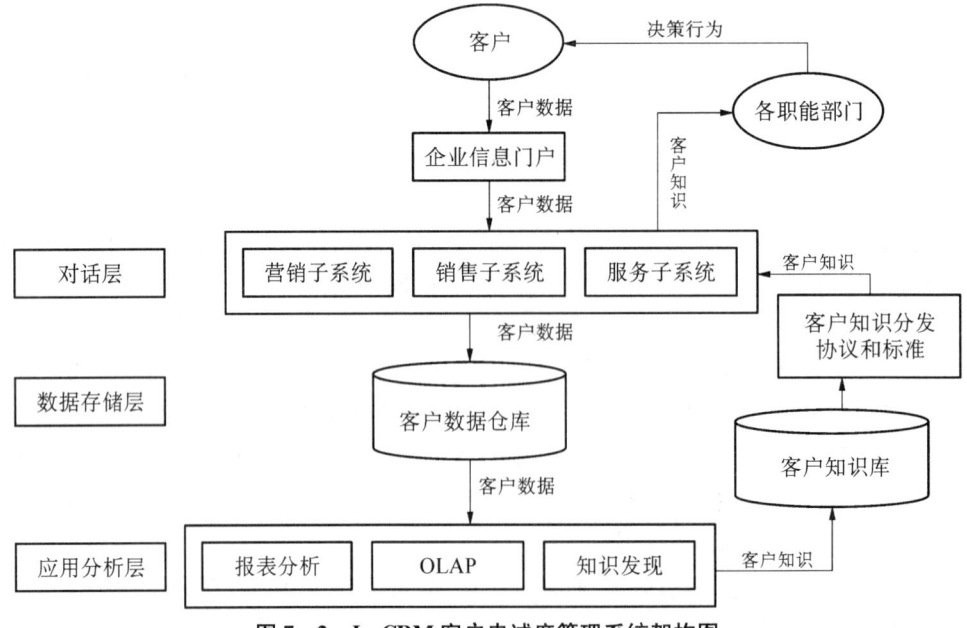

图 7-2 I-CRM 客户忠诚度管理系统架构图

从图7-2中我们可以看出,整个I-CRM客户忠诚度管理系统架构可以分为三个层次。

第一层是对话层,实现企业的各个部门工作人员与客户之间直接的互动交流,以此来采集到足够的客户数据,它包括企业的营销管理系统、销售管理系统、服务管理系统以及呼叫中心,其中营销、销售以及服务管理系统通过统一的企业信息门户这一渠道接收传递的客户数据,而呼叫中心则通过电话等数字渠道直接将采集的客户数据接入企业的计算机网络。

第二层是数据存储层,这一层的数据仓库用来存放企业各部门所采集到的客户数据,由于这些数据的来源较广而且大量、复杂、异构,所以需要经过数据仓库管理工具的清洗、抽取和转换等各种加工,使它们成为整齐、真实、有效的客户数据来源。

第三层是应用分析层,在这一层里汇总了所有的数据分析工具,包括OLAP、报表分析工具、知识发现工具等,用以对客户数据进行各方面的分析,如客户差异分析、客户满意度分析、客户忠诚度分析等,在这里所产生的客户知识将被存放到客户知识库中,通过一定的协议和标准再分发到对话层里企业的各个职能部门子系统,各职能部门根据获取的客户知识做出必要的决策最终服务于客户,从而形成一个闭合的回路。

以上是从功能层次上对I-CRM系统的架构进行分析,另外我们还可以从管理的角度将其分为业务管理部分、数据管理部分和知识管理部分。业务管理部分包括营销自动化、销售自动化以及服务自动化等,主要是实现CRM系统的主要业务功能,是I-CRM系统客户数据的重要来源。数据管理部分是I-CRM系统管理客户数据以及将数据转化为客户知识的重要部分,同时它包括了对各种分析工具的管理、使用标准和应用范围等,这一部分与智能商务技术息息相关。知识管理部分包括对客户知识的保存、分发、使用,是I-CRM系统用来对客户知识存储和运用的主要部分。

7.3.7 I-CRM客户忠诚度管理的信息组织流程

引入商务智能后的CRM信息组织流程实现了"数据—信息—知识"三者之间的转化过程,具体如图7-3所示。CRM的最终目的是运用得到的知识指导企业以正确的方式加强客户关系,它试图对大量的数据进行整理与整合,抽取出信息,然后将它们转化为可支持决策的知识。知识获取与转化的同时也促使了CRM战略的发展。

如图7-3所示,在I-CRM中客户忠诚度管理系统的信息组织流程如下。

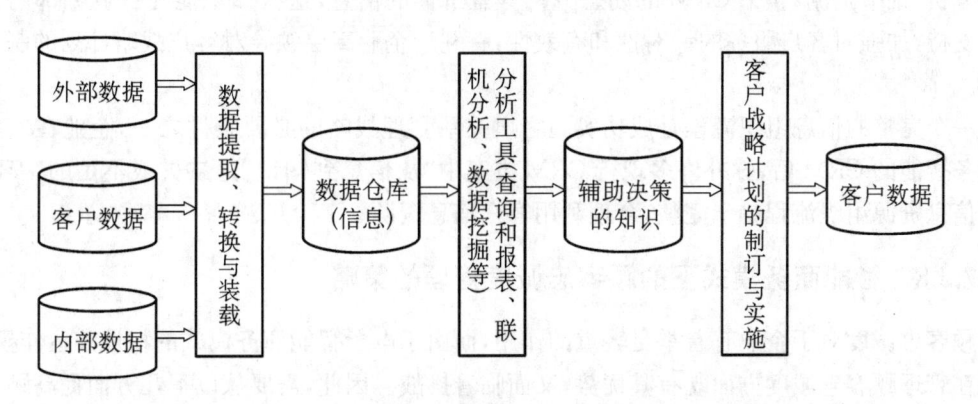

图7-3 I-CRM客户忠诚度信息管理系统的组织流程图

1. 数据的收集

CRM 的基本数据按其来源可以分为三类:客户数据、内部数据和外部数据。其中,作为 CRM 核心的客户数据来源于 CRM 运营系统,包括各种客户资料、事实和细节的记录;内部数据是指数据来源于企业内的各部门,包括产品、财务及订单等,为全面获取内部数据,实现信息共享,需要将 CRM 与 ERP、SCM 及财务等系统结合;外部数据主要指来自外部商业环境的数据,如竞争企业和市场环境的数据等,虽然它们不直接作用于企业的 CRM,但会间接地对企业实施 CRM 造成很大的影响,是企业决策时不得不考虑的因素。为了使收集到的数据全面,公司还可以添加其他一些能够加深对客户了解的数据资料。

数据收集的过程只是一个前期准备的过程,大量的数据如果不进行处理是无法形成信息供用户使用的,由于收集来的数据种类繁多,不规则,不规范,不一致,更无法直接将它们装载到数据仓库中,因此,需要对这些数据进行接下来的整合处理操作。

2. 数据的整理

由于收集来的数据具有时间、地点、环境的差异性,而且还有大量的历史数据处于脱机状态,不易于查询访问,引入商务智能后,通过建立数据仓库,就可以为一些应用服务如分析统计、数据挖掘和决策支持等建立一个专门的数据中心。CRM 数据仓库通过商务智能提供的 ETL(Extract-Transform-Load,数据抽取、转换和装载)平台,完成数据向信息转变的过程。在这个过程中,面向应用的数据转变成了面向分析的数据,形成了一个面向主题的、集成的、稳定的、反映历史变化的数据集合。数据仓库是 CRM 分析的基础,可以产生很多基本报表,但作为进一步分析的信息源是它更大的用处。

3. 知识的获取

数据的统计分析得到的并不是知识而是信息,数据仓库生成各种报表,需要利用联机分析处理和数据挖掘工具等各种分析工具对数据进行分析。另外,神经元网络、数学编程、高级解释和可视化工具等高级分析技术也经常应用到 CRM 数据分析中,找出隐藏于客户数据和信息中的关联、模式、规则等,以便对其识别和分类。企业还可以获取分析型知识和预测型知识等更深层次的知识,分析 CRM 中客户事件发生的原因及预测未来发展趋势。

4. 知识的利用

以上产生的知识一般包括渠道信息、最新的市场活动数据、呼叫解决、先进的预测跟踪和趋势分析、细节追溯、整个 CRM 的动态分析等有价值的信息,这些知识能为各业务部门提供辅助支持,加强对客户服务的针对性和有效性,有利于企业高层领导对客户战略计划的制订与实施。

一个完整的信息组织流程是成功实施客户关系管理战略的必要条件之一,企业在实施基于商务智能的 CRM 后,弥补许多现行 CRM 方案中"从信息到知识"这缺失或不足的一环,有助于信息资源组织流程趋于完整,合理利用客户信息资源。

7.3.8 智能商务模式下的顾客忠诚度管理的策略

顾客忠诚度对于企业有着举足轻重的作用,而由于电子智能商务模式的特性和运作模式,使得在管理顾客忠诚度方面既有其优势,又面临着挑战。因此,需要从以下几方面提高顾客忠诚度。

1. 采用网络技术,加强顾客数据库的应用

电子智能商务模式属于网络交易。借助网络技术,企业可以建立顾客的资料数据库,通过数据挖掘等技术,探寻顾客的消费需求和消费心理。例如,顾客回头率的统计和测算、顾客购买动因的调查和分析等,对重复购买企业产品的顾客数量和次数建立一个经常性的监察系统,并能随时做出分析。然后根据大多数顾客或核心顾客的主要购买动因来调整企业的产品、服务或宣传策略,在充分理解顾客需求的基础上,把需求按其重要性进行先后排序,对影响顾客忠诚度的产品品质、创新、价格和企业形象等因素确定其相对重要性,使企业的产品和服务能真正满足顾客的需要。

2. 提高顾客信任度,满足顾客个性化需求

在电子商务模式下,信任尤其重要。信任来自产品或服务的高质量、价格合理等诸多方面。而在智能商务模式中,至关重要的因素还有保护顾客的网上安全,即网上支付的安全和个人隐私安全;线下优质产品和服务,及时准确地履行契约;防止交易中欺诈行为等。

随着生活水平的不断提高,顾客的个性化需求逐渐成为发展趋势。在网络信息环境下,企业可以通过网络直接与顾客进行沟通与交流,共同探讨产品的设计和生产,根据顾客的需求设计、生产出能使顾客高度满意的产品和服务。在互联网上,企业可以建立一个能够让所有顾客进行沟通交流、互通有无、互相帮助的虚拟社区或平台,更好地建立良好的、互利互惠的合作关系,顾客可以提出有关企业产品和服务好的建议和观点,企业根据这些建议来解决顾客的问题,满足顾客个性化需求,设计出更适合顾客的产品和服务。

同时,要正确及时处理顾客异议,树立良好的口碑。善于处理顾客抱怨或异议是与顾客建立长期相互信任的伙伴关系所必需的。企业员工处理投诉时的不当举动往往会使企业丧失宝贵的顾客资源。大多数顾客感到不满时不会去投诉,而是悄悄地转移到了其他企业的产品或服务上。企业应尽力鼓励顾客在线上或在线下接受了产品和服务后,提出意见和建议,然后再设法解决其遇到的问题,与顾客进行良好的沟通。对于智能商务模式中的企业来讲,正确处理顾客异议更加重要,口碑负效应一旦产生就难以控制,必须引起充分的重视。

3. 提高转换成本,留住有价值的顾客

提升顾客忠诚度的有效途径之一还包括提高顾客的转换成本。企业要重视对目标顾客品牌忠诚度的培养,不仅要通过提供满意甚至超乎其满意程度的售前售后服务,突出品牌概念,强化目标顾客对品牌或企业的好感和忠诚意识,而且还可以构建一定的、合理的转移壁垒,使顾客在更换品牌和供应商时感觉到转移成本太高,或者顾客以前获得的收益会因转化品牌而损失,以增加顾客的忠诚度。此外,企业通过建立与顾客之间的结构性纽带和对顾客做出某些积极承诺和积累承诺,这也是提高顾客转移成本的一种方式。从折扣、累计积分、赠送商品、奖品等,到建立顾客档案和正式的、非正式的俱乐部、顾客协会,再到顾客提供有价值的资源,这些方式都可以根据情况来分项运用或综合运用。比如,成立客户俱乐部的企业在开展各种形式的俱乐部活动的同时,也会为会员提供一定的积分计划奖励。

4. 正确及时处理顾客异议,树立良好的口碑

要与顾客建立长期的相互信任的伙伴关系,就要善于处理顾客抱怨或异议。有些企业的员工在顾客投诉时常常会表现出不耐烦、不欢迎,甚至流露出反感的情绪。这是一种危险的做法,这样往往会使企业丧失宝贵的顾客资源。调查资料表明,大多数顾客感到不满时不会去投诉,或者因为怕麻烦,或者因为商品价值太低而不愿浪费时间和精力,还有的是不知道如何投诉。一般在 25 个不满意的顾客中只有 1 个人会去投诉,其他 24 个则悄悄地转移到了其他企业的产品或服务上。有条件的企业应尽力鼓励顾客提出抱怨,然后再设法解决其遇到的问题。对于网络营销的企业来讲,正确处理顾客异议更加重要,网络传递信息的速度极快,且传播面极广,口碑负效应应引起充分的重视。

5. 理解客户不断更新需求,加强企业创新能力

必须建立精确的客户需求和竞争状况收集分析体系。客户的需求并不是一成不变的,尤其是时尚类消费品、快速消费品类、电子类消费品。理解企业的客户群体的需求变化情况,提供相应的能带给他们新体验的新产品或服务,是提高企业竞争力的需要。但同时也要从提高忠诚度的角度考虑,具有持续创新力的企业和品牌,在客户的心中才是活力无限、值得长期依赖的对象。

7.3.9 智能顾客忠诚度管理实施时的注意问题

在 CRM 实施中,一些公司认为安装分析软件或商务智能软件等同于实施了商务智能。但是,CRM 需要建立在人力、流程、策略和思考的基础之上的,技术和软件只是帮助执行战略的一种辅助性工具,提供的是辅助性支持,本身不是战略,即便它们的优越性很明显,但仍然是一种机器的行为,从目前的技术发展水平来看,它们都无法自动地去定义管理流程或者代替人的思考与行动去制定商业策略。所以,企业在安装 BI 软件后,仍然需要人力花费大量的时间结合本企业的特点以具体问题具体分析的态度去确定系统获取的知识,寻找为客户战略服务的焦点,而且要不断地调整方案,直到实现客户关系管理的目标,这一点仍然十分重要。

7.4 智能客户关系管理的应用

7.4.1 定制化营销广告

1. 定制化营销的定义

定制营销(Customization Marketing)是指在大规模生产的基础上,将市场细分到极限程度——把每一位顾客视为一个潜在的细分市场,并根据每一位顾客的特定要求,单独设计、生产产品并迅速交货的营销方式。它的核心目标是以顾客愿意支付的价格并以能获得一定利润的成本高效率地进行产品定制。

在传统的电视广告形式下,受众对广告信息的接受处于一种被动状态。当受众没有广告信息需求时,媒体通过增加播出频次等方法,引起顾客的注意和兴趣,而当受众有广告信息需求时,其所看到的广告信息不一定是其所想要的。然而,数字媒介环境下,传播模式的变革带来了受众收视行为、收视偏好的变化,传统的广告形式已经很难取得良好的广告效果。因此,创新广告形式,开发电视广告新产品,正是为了适应新的传播环境,克服传统模式的缺点,通过为企业量身定做各种广告方案,寻求更具有传播效果的广告形式。

近年来,传播效果最好、最赢得广告客户青睐的广告新形式莫过于"定制式广告"。定制式广告起源于互联网,其特征是利用网络追踪技术,锁定目标受众,"有的放矢"地投放广告。电视定制式广告一般又称为植入式广告,指将产品或品牌及其代表性的视觉符号、服务内容策

性融入电视节目内容中,通过场景、人物、故事情节等方法再现,让观众留下对产品及品牌印象,继而达到营销的目的。定制式广告种类多样,除了冠名广告、特约播出广告、栏目结尾鸣谢字幕等一般形式外,还陆续创新出电视剧下集预告广告、频道合作伙伴、频道呼号、角标、剧情互动、有奖收视等形式。

广告定制不仅是一种资源的创造,其中一些类别在传播效果上也有着插播式广告所无可企及的优势。它们强调广告与节目的融合,节目的特征及其在观众心目中的影响力可以直接投射到企业品牌身上,而且广告的收视率完全等同于节目的收视率,并更容易实现与顾客的深度沟通,基于这些优点,电视台对定制式广告越来越看重。

2. 定制化营销的方法

个性化定制是基于数据库的网络广告定制体系。简单地说就是追踪网站用户的在线行为,根据用户的行为找出他们的兴趣和习惯,基于用户兴趣和习惯,为用户提供和他们的兴趣习惯相关的广告,具体逻辑关系如图7-4所示。

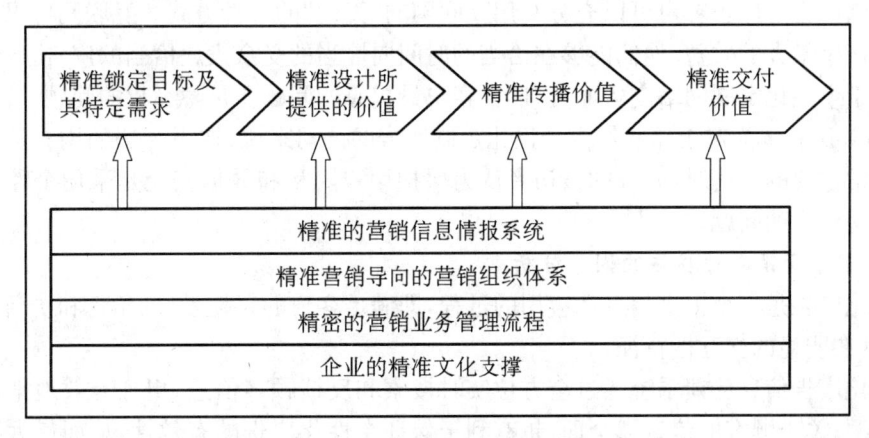

图7-4 企业精准定位的步骤

企业要强化销售终端的掌控力,把握终端动态,精准管理整个营销过程,对营销绩效有精准的把握和控制。实际操作中,企业要牢牢把握广告终端动态,对广告营销的整个过程进行精准管理,并能够依据广告的监控反馈及时有效地对广告营销方案做出相应的调整。

而按照不同的网络广告的定制系统,可以分为纵向定制和横向定制两种。纵向定制指的是不管这个网络用户访问哪个网站,不间断地向其提供跟其兴趣和习惯相关的广告。打个比方说,有一位网络用户,他常常访问一些财经类网站,关注一些抵押率方面的信息,根据这些信息,可以确定他可能有买房子的打算,而这时抵押公司就利用他的这个兴趣,向他提供一些关于抵押率的广告。在所有他访问的网页上,打出关于抵押率的广告。这样,不管是看天气预报,还是在阅读体育新闻的时候,这位用户都能看这个抵押公司的广告。

横向定制,就是根据网络的不同分类,在相同类型的网站打出相关的网络广告,还是拿上面提到的那家抵押公司为例,按照网络的分类,一般访问财经相关网站的用户,对抵押业务的兴趣会更大一些,因此,该公司应该更多地在财经相关的网站做关于其抵押服务的广告。

不管是纵向定制还是横向定制,可以看出个性化定制网络广告的过人之处就在于它的"有的放矢"。针对受众的个性化特点,提供针对性的广告,其广告效果必定会不同凡响。

3. 定制化营销的案例实践

市场营销人员大都已经意识到,较之传统的网络广告,个性化定制网络广告的效果非常显著。就以大众汽车公司 Jetta A4 汽车上市时的网络广告战为例。当时 Jetta A4 汽车通过名为 Advertising.com 网络广告网站,在各网站投放了 1 亿条普通的品牌网络广告,其点击数为 9 000 次,其点击率仅为 0.09‰。同时,他们还投放了 1 千万条个性化定制网络广告,其点击数达到了 10 000 次,个性化定制广告的点击率则为 1‰。

iMedia 公司营销部门的总经理 Perry 先生说:"当你的广告为受众提供他们正在寻求的信息时,广告必然会取得无可比拟的效果。而个性化定制广告,正是基于研究受众的个性化特征,有针对性地为受众提供信息,它的效果必然让人惊喜。"事实上,从 iMedia 公司的调查结果看,在采用个性化定制广告的广告客户中,有 83% 的广告客户对个性化定制广告的效果表示满意或非常满意。

同时,西班牙著名的互联网集团公司 Terra Lycos 公司负责直销服务的主管迪安也表示,个性化定制广告是广告客户可以充分利用互联网的"天性"的一种方式。互联网可以使广告客户的营销产生最大的效益,他们能够在恰当的时间向恰当的受众投放恰当的广告。

而对于个性化定制网络广告而言,广告客户最担心的问题还是隐私权的问题。在调查中,有 78% 的被访者认为对于那些提供个性化定制广告的公司来说,取得合法的用户资料的信息来源是非常重要的。同时,97% 的被访者认为保护用户隐私和数据安全是采用个性化定制广告时最应该注意的问题。

4. 定制化营销成功实施的因素分析

个性化广告是一个提供信息和应用的过程,即满足客户的兴趣爱好、角色和访问网站的需要,因而存在明显的交互性特征。

个性化广告信息反馈系统通过全方位实时搜索和反馈顾客信息,更加有效地把握了顾客的信息资源;关于顾客的信息越全面,越有利于保证个性化广告的有效性,从而最大限度地满足顾客需求,并逐步形成个性化信息结构。因此,企业可以利用个性化技术提高顾客满意度,并通过提供价值鼓励顾客参与个性化信息结构的完善。

个性化在提高顾客的购物体验上扮演着关键性的角色。与此相呼应,也有人认为,每个个体需要积极参与个性化信息的应用过程,从而影响参与者企业和顾客的交互性。因此我们认为,顾客个人信息的收集、分析、传输和反馈是交互式个性化关系的基础。个性化应用过程是发展和维护企业和顾客之间长期盈利关系的关键因素之一。

顾客感知有用性是深化交互关系的关键所在。企业基于对顾客过去购买行为的分析,向顾客提供特定的个性化广告;顾客接收并感知个性化广告"是否匹配其偏好""价格是否合理""功能是否符合要求"以及"差异化程度是否显著",即衡量个性化广告是否有价值(即感知有用性)。当顾客感知价值高时,从中获得的利益就越多,顾客满意度也就越高,即愿意与企业分享更加详细的个人信息。与此相伴随,企业根据顾客分享的信息,完善顾客数据库,便于企业提供更多更有价值的个性化服务。因此,提供实时的个性化广告是企业实施个性化信息管理的一个重要的形式。企业能否真正成为顾客的"代理人",帮助他们提高产品选择质量,有效保护顾客隐私,是一个富有挑战性的课题。例如,ZARA 每日需盘点产品上下架情况,对客户购买与退货率进行统计,结合交易系统并梳理顾客购买过程中烦琐的细节事项,把相关结果通过内部全球资讯网络即时反映给总部,总部据此对产品样式等迅速做出改变,以迎合顾客的个性化需求,提高顾客的购物满意度和决策质量。

顾客异构偏好的购买决策受到现存某种形式的个性化广告的影响。个性化广告反馈系统对个性化广告的精确性和有效性进行衡量,并给出文字性的评论和数量评级,在提高顾客决策质量的同时为其打造更加精准的个性化广告。另外,顾客主动参与完善自身信息,以及购后对产品的主动评价、提出意见等行为使企业更容易满足顾客的深层次需求,提高个性化广告的针对性和专业性,也相应提高了顾客的决策水平。

个性化推荐的扩展通常依赖于顾客的高度参与(分享更加详细的顾客信息)和服务供应链的多方支持(提供必要的专业技术以产生更好的个性化推荐)。也就是说,顾客贡献更多的信息和努力,以换取更好的服务和个性化推荐。顾客的日益成熟和信息数据库的完善允许企业为顾客提供个性化的推荐并帮助他们找到价格更低、质量更好的产品。

5. 定制化营销实施的注意事项

(1) 定向广告模式选择。由于定向方式、广告实现方式等存在差异,企业在运用定向广告中可以根据实际需要选择不同的定向模式。具体的定向广告模式如图7-5所示。

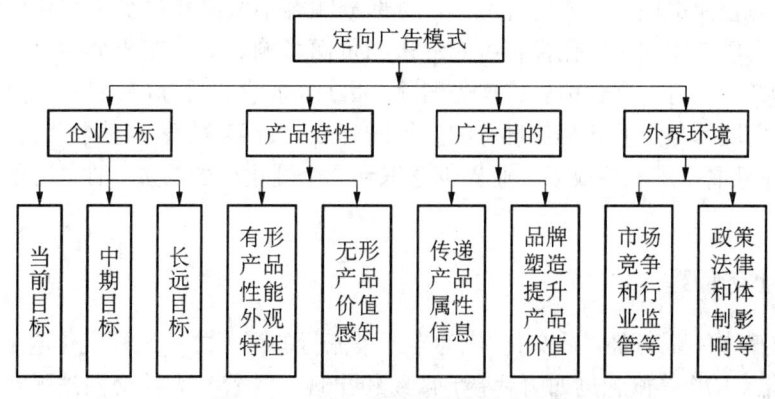

图7-5 定向广告模式的影响因素

此外,企业在定向广告模式的选择过程中还需要考虑相应的定向方式,而定向方式往往涉及定向对象的识别、定向方法、定向媒介、定向内容、定向时间、定向地点等。

(2) 在制作个性化广告时更多地考虑有利性因素、相关性和卷入度高的产品消息。从数据结果来看,受众对包含有利因素且产品相关程度和卷入度高的广告更容易引起注意,并产生好感。由于当前社会广告曝光率高,顾客可能已经麻木于各种广告。因此,需要更强的提示才会注意到相关的广告消息。虽然,顾客对广告的怀疑一直以来是阻碍广告主与顾客有效沟通的重要因素之一,但随着精准营销广告的发展,广告主可以利用个性化广告扬长避短,更加突出广告内容的有利性消息,品牌的相关程度和产品的卷入度,使顾客将注意力更多地放在广告的个性化上,进而产生积极的广告效应。

(3) 重视对顾客隐私的保护,选择恰当的广告传递方式。实验表明,虽然怀疑度对个性化广告的认知和情感产生影响,但是顾客并不一定会做出相应的购买决策。顾客对自身隐私的关注是当前个性化广告发展停步不前的主要原因之一。虽然个性化广告为顾客节约了大量的筛选成本,提高了顾客的购物效率。但是,当今社会人权的重要性日益凸显,人们越来越害怕隐私的曝光。大量顾客由于担心自身隐私的外泄,而宁愿选择放弃个性化广告所带来的好处,无论它有多高效。因此,在看到个性化广告带来好处的同时,广告主们应该强化对顾客隐私的保护,在不引起顾客反感的情况下向顾客发送个性化广告,并向顾客承诺对其隐私的保护;同时企业在发送广告前,应该给予顾客选择是否愿意接受个性化广告,希望以何种方式接受。盲目地推送个性化广告只会适得其反。

(4) 监管部门应加强对企业收集顾客信息的监管。事实上,在许多国家已经展开了关于个性化广告新规制的讨论。企业只能在顾客表示同意接收这样的广告后,才能收集顾客的个人信息发送个性化广告。监管部门和学者也不应该等到公众强烈要求对个性化广告进行隐私保护时才采取行动。本文仅研究了定制程度对个性化广告的效果,在样本的选取、变量的选取和分析方法方面还存在一定的局限性。未来的研究可以系统地探究何时定制、何种程度定制广告效果更佳;企业使用何种方式传递个性化广告并让顾客觉得没有侵犯他们的隐私;比较显性与隐性个性化广告之间的效果差异,在何种条件下顾客愿意接受个性化广告;不同类型个性化广告在不同顾客之间的差异、用户满意度以及个性化广告的效果评价体系等。

综上所述,企业提升个性化广告的有效性需要充分地捕获顾客的信息,获得的顾客信息越全面,对顾客推出的个性化广告的针对性就越高,与此相伴随,顾客决策质量可能就越高。这种"良性循环"为企业提供了重要的价值。针对部分顾客不太愿意接受个性化广告的事实,营销人员应该认真思考使用个性化推荐可能带来的负面影响。对于在线个性化广告,最常见的反应就是接收者在未打开广告前就将广告删除。因此,企业的目标应该是减低顾客隐私泄露的担忧并向他们展示与企业共享信息可能获得的好处。近年来,学界对个性化广告的研究兴趣不断高涨,并且取得了一些成果。业界也意识到了个性化广告的重要性,实践活动更是蓬勃开展。

7.4.2 社交管理

随着社交媒体一路高歌,"社交化"成为当下最流行的词汇之一。社交化电子商务、社交媒体营销、社交化 CRM 等概念也如雨后春笋般纷纷出现。随着各大社交网站平台的快速发展,一方面社交网站用户乐于分享的特点能产生巨大的交叉营销效应,使得社交平台上的广告效益不断凸显;另一方面社交平台上聚集着庞大的用户群,蕴含着巨大的商业潜力,这都使得社交化电子商务成为可能并不断快速地发展。

1. 社交化电子商务的定义与特点

Yahoo! 于 2005 年的 12 月份首次提出社交化电子商务这一术语,而学者们从 2007 年才开始纷纷着手研究这一新兴的商务模式。对于什么是社交化电子商务,学者们众说纷纭。很多学者认为社交化电子商务是电子商务的一种新形式,是电子商务在社交媒体、社交网络服务方面上的延伸。这些观点大体可以分为五类:① 社交化电子商务是基于极具个性化和互动性的社交关系的特殊形式的电子商务;② 社交化电子商务是电子商务的一种新的形式,但社交化电子商务更多地强调用户进行讨论、评价商品或服务的可能性;③ 社交化电子商务是利用社交媒体技术影响用户做出购买决策的过程,侧重点在于社交媒体技术给商务活动带来的影响;④ 社交电子商务通过多种多样的社交媒体技术优化提升用户的购物体验,促使用户通过社交平台购买到心仪的商品或服务;⑤ 社交化电子商务就是在社交化媒体情境下,通过整合社交图谱(基于人际关系的互动)和兴趣图谱(基于信息流的互动)来对产品或服务进行推广和销售的一种商务模式。

总而言之,社交化电子商务在社交媒体情境下借助社交网站、社交媒介、网络媒介等传播途径,利用社交媒体技术进行人际关系、商业信息流的互动,通过社交互动、用户自生内容等手段来辅助商品的购买和销售行为的新型的电子商务。如图 7-6 所示,社交化电子商务是社交化媒体与电子商务的深度融合,人们可以通过社交化媒体渠道和传统电子商务渠道找到所需购买的商品的网页链接,然后进一步进行电子商务活动。

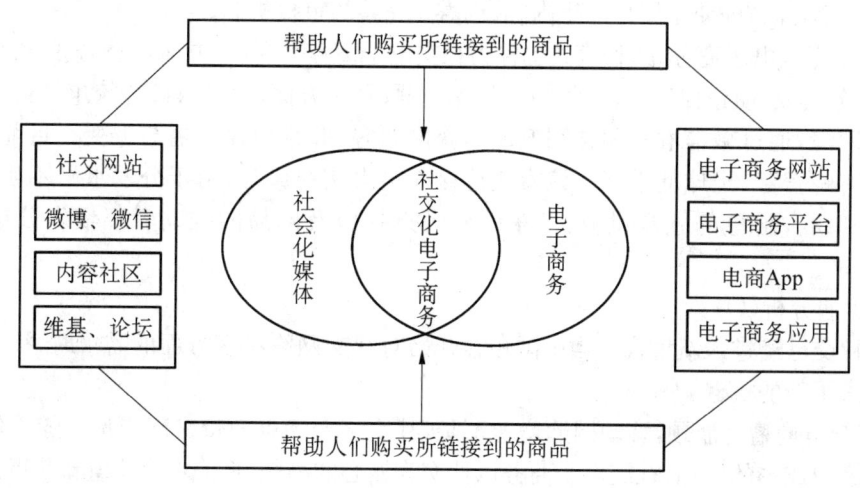

图 7-6　社交化电子商务的结构示意图

2. 社交电子商务发展 SWOT 分析

(1) 优势分析(S)。

社交电子商务依托于稳定的社交关系网络,通过社交平台的流量优势和分享机制实现高效的转化。社交电子商务存在以下优势:

① 精准营销、转化率高。社交用户组通常具有一定的属性,可以为电子商务平台提供个性化的用户数据,为电子商务的准确营销提供依据。用户可以通过具有相似生活背景和审美偏好的关系链,获取购物信息来实现购物行为。然后通过社交网络分享购物体验,从而促进社交关系之间的互动,关注和口碑传播。用户还可以获得身份和价值感,以刺激后续购物行为。

② 去中心化、节省成本。目前阿里巴巴、京东、亚马逊等都是集中式电子商务平台模式。经过多年的积累,这种电子商务模式已经庞大而全面,但获得客户的成本很高。随着顾客支出水平的提高,消费升级成为主流,个性化需求也在增长。社交电子商务依赖于社交平台和熟人网络进行裂变传播,并且在流量、运营、渠道、用户和客户获取成本方面具有显著优势。

③ 运营效率高、推广及时。社交电子商务的主要出发点在于人和人的沟通。这种沟通不是自上而下的传播,而是基于大数据技术来完成用户管理,极大地节省了时间,提高了运营效率。社交电子商务购物圈沿着社交工具的熟人关系链进行扩展,可以实现购物信息的即时推广,实现用户的"裂变"扩展,带来更多的流量。

(2) 劣势分析(W)。

社交电子商务可以分为三类:社交分享电商、社交内容电商、社交零售电商。

① 社交分享型电子商务主要特点是用户拼团砍价,借助微信与小程序等扩展用户群体,通过低门槛的促销活动来完成销售裂变。产品质量问题和供应链效率问题更加突出。目前,符合购买类型的社交电子商务有很多竞争,如拼多多、淘宝特价版、京东拼购、巨柚拼团等。需

要加强管理,优化质量管控过程。

② 内容型电子商务主要是内容驱动成交,基于共同的兴趣来形成一个社区。通过高质量的内容吸引大批量用户,并通过引导完成变现模式。目前,社交内容电商比较成功的主要是在垂直细分领域,如小红书、美芽等,该种模式对运营能力要求较高。高水平的内容输出需要一个强大的内容团队,即使是用户产生内容,也需要完善的审核机制。

③ 社交零售电子商务,这种模式也称为社交电子商务平台,一方面,该模式的价值在于数据智能、服务集成、质量保证、资源集中采购等问题;另一方面,通过打破传统电子商务中高成本流量的困境,通过微信群和朋友圈低成本获取顾客,并且快速传播与裂变。目前,采用这种模式的有蜂蜜芽、全球捕手等。该模式也存在很大法律风险,由于分发水平不明确,会陷入"传销"纠纷。阿里的微观供应、京东的微观选择以及网易的推动者都依靠分销来规避风险。

(3) 机遇分析(O)。

移动社交已经进入新世代。当中国顾客开始对社交网络有多方面的需求时,社交化电子商务也迎来了新的机遇。

① 传统电商遭遇瓶颈,移动网购增速下降,社交平台为电商带来新流量。随着传统电子商务获取客户成本的增加,社交电子商务以社交为核心的高频、低成本模式重新获得市场的关注。媒咨询发布的《2018Q1中国社交电商行业市场研究报告》预测,今年国内移动购物市场交易规模将达到5.7万亿元。移动电子商务用户将增长到5.12亿人。目前微信和QQ是中国活跃人数最多的App,社交平台庞大的月活人数为社交零售带来了巨大的流量入口。如此丰富的流量资源具有很大的挖掘空间,是间接通过社交流量变现的主要方式。

② 国家政策支持规范社交化电子商务发展。《2018中国社交电商行业发展报告》可以看出,中国社交电子商务市场规模将达到11 177.78亿元,增长率为50.22%。国务院关于印发《"十三五"国家战略性新兴产业发展规划》的通知指出:促进数字创意在电子商务和社交网络中的应用,发展虚拟现实购物、社交电商、"粉丝经济"等营销新模式。同月,工信部"在工业和信息领域,迫切需要人才培养计划"纳入社交电商运营师。根据商务部、中央网络信息办公室和发展改革委员会联合发布的《电子商务"十三五"发展规划》,积极鼓励社交网络电子商务模式的健康快速发展。

(4) 威胁分析(T)。

① 商品及服务质量难以得到保证。无论是电子商务、社交电子商务还是零售其本质都是品牌质量。传统电商十几年没有解决的假货、劣货问题,在社交电子商务中依然存在,甚至有更严重的趋势。社交电子商务去中心化的结果一定就是难以保障商品及服务的质量。执法机构打击假冒商品,线下售假的代价越来越大,传统电商平台的打击力度也在加大。社交电子商务依附于复杂的社交关系网络,假货隐蔽性强,提高了打假的难度。社交电子商务不良品、假冒伪劣商品等商品的质量已成为阻碍社交电子商务健康发展的关键问题之一。

② 社交化电商供应链不稳定。社交电子商务的产品供应链往往直接供应给顾客,不再通过经销商。传统的电子商务公司因为有需求而进行搜索购买,而社交电子商务通过积极营销催化产生购买力,因此两者的供应链储备不同。面对更直接的客户需求,需要更快的市场响应,及时识别客户需求,实现产品线的快速整合。整个供应链不再像金字塔那样叠加,而是更直接和扁平的点对点连接。由于产品的多样性以及跟踪潮流和爆款的习惯,社交电子商务供

应链更加不稳定。特别是社交电子商务做一件代发,经常出现供应链供应不及时、交货后没有售后等问题。

③ 法律规范与监管跟不上市场变化。社交电子商务裂变的法律界限尚不明确,新兴产业的快速发展和法律监管的空白正成为社交电子商务的尴尬。以全球捕手为例,收益返利等多级分销设置,明显存在传销嫌疑。2017年云集微店就曾被杭州工商部门认定有传销违法行为。微信和微博等社交平台提供虚拟商务场所、技术服务、广告推送系统和支付系统等,基本上具有第三方交易平台的主要特征。但是社交平台往往极力排除自身应当承担的责任与义务,移动社交平台的技术特性决定了监管存在很大困难,主要表现在事前监管难、违法主体确认难、违法证据采集难、现有监管硬件设施及技术手段缺乏等。

3. 社交与需求

在理解社交网络的概念之前,我们首先要了解社交的概念。

人类是社会生活中的生物,在社会中,人与人之间借助语言、工具、媒介等不断进行信息的交流,以完成获取情报、信息交换、信息传播等,使得人们能够实现日常生活、娱乐、学习、商业活动、情感交流,甚至自我认知等目的。

人们每天都在社交,如与家人、朋友、生意伙伴、同事、陌生人交换信息,社交渗透到我们工作生活中的每一个角落,不同的人基于不同的目的来社交。

在马斯洛的需求模型里,人的三个高层次需求——情感和归属、尊重、自我实现,都是通过社交来实现的。这就意味着,在那些具备消费力的群体中,社交是他们满足高层次需求的主要手段。

4. 网络社交

19世纪,电话发明后,产生了"煲电话粥"的社交方式;20世纪,手机的出现,人们有了短信社交;而今天,互联网应用于社交。利用互联网技术,在过去20年里,这个产业为人们提供了即时聊天、电子邮件、BBS、博客、维基等不同形式的社交工具;在最近10年里,我们开始使用以Twitter、Facebook为代表的全新一代网络社交平台,而SNS这一概念,几乎就成为这类全新平台的专用名称。

新一代的SNS平台,既是工具又是媒介,我们通过SNS平台提供的各类内容编辑工具,如富文本编辑器、照片流、语音聊天等,结合桌面设备、移动设备、车载设备等的输入法、摄像头和麦克风创造丰富的、可被记录和传播的内容,以动态页面作为存储介质。同时,通过SNS平台上由关注、转发、@、评论等工具组成的整套互动体系,形成了一种全新的传播媒介形态。

人们借助这些技术,在网络中模拟现实生活中的社交,同样可以达成满足自己的商务、生活、学习需求等目的。而在网络社交中,作为营销人员,也可以通过这种新的方式参与到目标买家的社交中,对受众施加影响。

同时,通过上面提到的几个技术细节,网络社交SNS平台上的营销行为,比传统的线下营销多了很多有利的因素。比如,富文本和图片、语音的混合编辑与展示,能够在同一时间完成只有在线下场合中才可能出现的文字、语音、图片的组合营销;由于新的社交内容是以动态页面的形式长期存储的,甚至理论上可以做到永久存储,因此这类内容就可以被轻易地复制、备份、二次编辑,大大降低了营销内容的制作和存储成本,而这部分成本正是营销前期最大的成本;通过全新的传播媒介体系,我们所创作的内容能够借助Web技术,利用在SNS平台上建立的六度人脉网络,在不同用户之间实现指数级的快速传播和覆盖。

随着语言、工具、媒介这三方面的 IT 技术日益发展,出现了 VR 等全新的交互技术,基于网络社交的营销活动因而具有了极其强大的潜力。

随着互联网的逐步推广,互联网技术的不断改进,越来越多的人习惯于将日常生活转移到网络上来,因此,电子商务在我国蓬勃发展。"电子商务,是采用现代信息技术手段,以数字化通信网络和计算机系统替代传统交易过程中的纸介质信息载体,进行信息的传递,存储处理,实现商品或服务的交易,控制物流和资金流,已达到高效率、低成本的网络化经营。"目前,与电子商务密切相关的物流业、电子支付等领域也有了新的突破、开发。

电子商务新潜力成为必然的发展趋势。电子商务建立在虚拟网络平台之上,所以,信用成为顾客关注的焦点。频发信用危机会打击顾客信心,成为电子商务的一大挑战。如何取信于顾客、用户,保证良好的口碑成为网络营销的一个关键要素。如前所述,客户关系管理目的是对客户关系进行管理,进行市场细分,调研用户需求、顾客忠诚度等。而在社交媒体的作用下,传统的客户关系管理被悄然打破。

首先,社交网站上有客户的喜好、需求。对于客户访问主页的统计可以显示出顾客的消费倾向。市场细分可以轻而易举地完成。其次,网络营销在具有针对性的情况下,可以更好地开发产品和服务,在平台上发起与客户的互动,更加贴近客户。据调查显示,在社交网站中,少数顾客比较活跃,经常性参与评论或发表自己言论,75%的顾客群为偶尔参与者,20%的为沉默观察者。因此,企业难以控制客户关系,必须通过网络平台上的客户对话完成对产品服务的推销。75%的偶尔参与者是潜在客户。设法激发他们的消费需求才可以扩大市场,实现销售增长。例如,在经营主页上发起投票,运用优惠活动吸引粉丝加入或参与评价等。依靠人际关系网推销企业产品及服务。朋友家人的选择会给顾客带来不小的影响,也就是所谓的口碑营销。社交媒体上可以任意建立讨论组,传送图片与文字。或许一个微博上的状态可以改善产品形象,也可以造成负面影响。如果想获取良好的口碑,应提供保质保量的产品服务。在社交媒体中,应越学会引导顾客思维,把握顾客心理。最后,电子商务的兴起也带来了许多问题。网络营销可以 24 小时全天服务,而物流业因此面临更大压力。保障物流的畅通,保证物流速度与效率才能提高顾客对企业的信赖程度。如果货物无法及时送达,会引起顾客的不满,不仅抵消了网络营销的价值,还会对企业未来的声誉造成潜在影响。

社交媒体建立起与客户联系的桥梁,它不同于直接的 B2C(Business-to-Customer)模式,而是在生活中影响顾客。社交顾客关系管理必须注重客户的参与程度,从客户角度出发,创造无缝的客户体验,实现跨越社交媒体和其他渠道的共同发展。电子商务中的顾客关系管理使得企业顾客之间的关系更加透明,减少中间厂商的参与,可使企业直面客户。信息的最大范围的融合共享,可以使企业全面把握客户需求,实现更加细致专业的服务。

虽然网络营销是电子商务的主战场,移动社交网络亦日趋流行。我国移动电话用户总数已超过 9 亿,大量智能手机的普及使移动网络应用更加广泛。我国京东商城、淘宝网的电子商务零头企业都发布了智能手机的终端。电子商务与社交媒体的融合不仅仅要在网络上竞争,还会在手机平台上竞争。虽然,目前来看,手机电子商务面临许多问题,交易量相对很小,但移动网络实现的是顾客随时随地的消费。亚马逊一年中有 10 亿美元的业务来源于手机顾客,如果技术到位、页面制作精良、信息完善、产品丰富、富有创新,移动电子商务将拥有巨大的发展空间。不仅手机移动网络社交可与电子商务相结合,电子商务也可以尝试着向社区化的方向发展,以求更加贴近客户。

电子商务与社交媒体的融合,可以丰富电子商务本身的商品展示形式、用户拓展渠道、提高市场细分效率,实现低成本、高效率的经营。二者融合的同时也带来了信用危机、网络安全、物流效率等问题。企业内部管理组织机制也需要改革来适应新模式。无论如何,电子商务与社交媒体的融合趋势明显,企业应更多关注网络营销,适应新的市场需求与发展需要。

摩根斯坦利发布的一项研究报告认为,电子商务未来将出现两大趋势,一是社区化,二是规模化。电子商务和社区的结合不仅能够影响潜在顾客的购买决策,进而促进交易,也有助于平台商完善低价之外的用户体验。当当提供社区分享模块,用户将商品图片贴出来,可以获得简单评论或推荐。这种强调分享、互动、传播和社交的社区化阅读、分享模式,不仅可以更好地营造社区氛围,也可以刺激销售。

5. SNS 管理与营销

(1) SNS 营销的产生及发展。

SNS(Social Networking Services),即社会化网络服务,专指旨在帮助人们建立社会化网络的因特网应用服务。SNS 为人们提供一个平台,在平台上运用 Web 2.0 技术为用户服务,让用户在网站上与朋友进行交互活动,通过朋友认识朋友,扩展自己的人际关系。SNS 营销是在六度分割理论基础上实现的一种营销。在六度分割理论的支持下,在因特网飞速发展的 Web 2.0 时代背景下,网络用户开始追求更加实用的应用体验,他们渴望虚拟网络与现实社会的有机结合来满足他们交友、娱乐、商务等需求,因此 SNS 应运而生。

(2) SNS 在网络营销中的可行性分析。

① 传统网络营销方式的约束。

对于顾客来说,无论什么样的销售方式,同一产品价格低者才能受到他们的青睐。企业运用网络营销便是抓住了这一核心。传统的网络营销运用网站做广告,实行价格战,同时降低了用户的外出成本,为顾客提供方便。但是其在销售方式上并没有突破与创新。在因特网技术飞速发展的今天,传统的网络营销方式逐渐显现出它的弊端:A. 信息缺乏有效传播,订单转化率不高。传统的网络营销方式以营销推广、打广告为主,几乎所有的电子商务网站在信息的发布上都只是单向而无序的传播,用户获取信息需要浏览大量的页面,而结果却是不一定能获得想要的信息,这虽然给商家带来了浏览量却无法提高订单的转化率。B. 信息不对称。在信息大爆炸的时代,各种信息良莠不齐。人们通过网络这个非实体性媒介进行交易的过程中,由于其开放性、虚拟性的特质强化了信息的不对称。顾客无法真正了解商品的真实信息,往往只有在付款拿到货物后才发现实物与网站上商品描述信息不符。C. 单向的客户关系将不能满足网状的关系型营销模式。在电子商务的信息技术平台里,客户关系管理这一有效平台对降低交易成本、客户维系、客户关怀等起着至关重要的作用。用户需要网状的客户关怀,全方位地提升客户满意度,而对商家本身而言,对客户关系网络商务需求的了解,现有的客户关系管理同样无法实现。

② SNS 对网络营销方式的改善。

A. 社区交友服务人数的增加为口碑营销提供坚实基础。

越来越多的人开始关注网络社区,SNS 这一社交平台聚集了众多用户,为口碑营销打下了基础。用户通过浏览网页收集其他顾客提供的产品信息,且可以通过因特网针对特定产品进行自身经验、意见与相关知识的分享。

B. 信息链营销有效地解决了信息不对称的问题。

网络传播信息的互动性使得受众与传播者地位平等,实现了信息流的有效性和双向传达,使用户可以甄选到真实的信息和经验感受,并完成再次传播。社会化网络用户的高活跃度和反馈度,将信息更为广泛的传播,由此形成了信息的链状营销模式。

C. 网状的关系链营销有效地传播信息,提高订单转化率。

SNS模式下,拥有相似的个人喜好或有过相同用户体验的顾客群体集合在一起,组建圈子。企业依托社会化网络来进行精确、经济的营销活动,通过对目标社区的分析,把相关的产品信息传递给合适圈子的顾客,大大提高了订单转化率。同时SNS社区网状的关系型营销模式,有效地改善了传统网络营销方式单向的信息传递模式,新型的客户关系管理将进行多维度的客户关怀,提升用户及其关系人的满意度。

(3) SNS营销的运作模式。

从当前SNS与网络营销的结合来看,大致有三种运作模式:基于SNS的网络营销,电子商务平台增加社会化功能,第三方社会化电子商务社区。

① 基于SNS的网络营销。

基于SNS的网络营销,是指在SNS中加入电子商务元素来进行营销的方式。SNS平台拥有大量的用户资源,据艾瑞网调查数据表明,用户中70%以上使用SNS平台的目的是关注朋友。这就使得用户的互动性和黏性变强,为网络营销提供了优良的环境。SNS平台人人网与淘宝、京东等电商平台合作推出的购物频道"人人爱购",其令与人人网实现连接的电子购物类网站获得更大益处,对于用户来说也提升了在"人人爱购"的用户体验,并可将此平台上喜欢的商品和人人网好友分享,从而为合作网站带来更多用户。

② 电子商务平台增加社会化功能。

电子商务平台增加社会化功能,这一模式主要载体为电子商务平台,在平台上增加能够提升用户的黏性、互动性的部分。通过把用户在互动社区中的浏览、购买、评论等行为数据打通整合,从信息传播上解决传统网络营销的信息孤岛问题,从而提高买卖双方的关系,增加产品销售。2011年5月,淘宝对其推出的SNS社区"淘江湖"进行改版升级,新上线的SNS产品面向全网且开放程度更大。新版从单纯的人际交往工具衍生到了购物层面,同时推出"掌柜说"和"好友分享"两个应用,使买家可以获得可靠的购物经验与建议,由"口碑传播"延伸到"关系营销"。

③ 第三方社会化电子商务社区。

近几年,"社会化电子商务"这一概念被越来越多的人所熟知,因此也出现了很多消费分享类的社区。这些第三方以社区和电子商务作为卖点的网络应用,他们的初衷在于创建一个讨论和分享氛围浓厚的社区,其本身不做电子商务,网站的商品图片、价格等信息均来自第三方电子商务平台。社区通过分享购物体验和心得吸引潜在的商品顾客,再通过获取的垂直用户流量链接到相关购物网站。在国外,这类网站中著名的有Pinterest。在国内,效仿于Pinterest的"美丽说"和"蘑菇街"是典型的第三方以社区和电子商务作为卖点的网络应用。

(4) 营销策略。

SNS营销策略主要集中在宏观层面和微观层面,其中宏观层面研究比较多。微观层面研究主要体现在体验式、互动式和数据库式三方面。SNS社交平台体验式营销的常用手段包括了虚拟礼物和游戏植入两种方式。SNS社交平台的常用互动式营销方式包括视频营销、兴趣营销和口碑营销,最终达到病毒性营销。SNS社交平台用户资料的真实性和完整性为企业进行数据库营销提供得天独厚的条件。例如,Facebook建立了强大的数据库,利用用户的数据库信息,为企业提供人口统计、市场调研、投票等服务,实现数据库广告营销。宏观层面研究主要体现在管理策略、目标策略、平台策略和预算策略四个方面。

① 管理策略。管理策略主要体现在SNS营销是自营还是外包的选择。艾瑞建议在团队建设和能力水平欠缺的阶段,依托专业代理公司进行SNS营销,同时企业内部需要搭建起专业的SNS营销团队,并且随着企业SNS营销水平的提升,持续优化组织结构;随着企业SNS营销体系完善,基础SNS营销活动可以让企业自运营和用户进行交流,维护企业在SNS中的形象。

② 目标策略。不同类型企业的SNS目标设定不同。传统企业类型,SNS营销目标是品牌知名度、市场占有率、年度销售额和销售毛利率;电子商务类企业,SNS营销目标是潜在客户数量、品牌知名度、老客户维系以及客户流失率等反向指标。综上,企业通过SNS能实现的主要有品牌提升、客户经营和流量转化三大目标。

③ 平台策略。艾瑞认为平台选择的核心策略是以用户和企业营销目标为导向的。每个SNS都具有自身的特点和核心优势,平台的选择不能盲目跟风,需要根据企业的最终营销目标选择最佳组合。

④ 预算策略。当前SNS营销代理公司服务水平差距较大,价位也从几千元到几十万元甚至上百万元参差不齐。根据行业经验,月均15万~20万元是当前企业有效开展SNS营销的大致费用水平。通常情况下需考虑基础运营费用、Campaign和App费用和社会化广告投入等方面。

(5) SNS营销的优势。

以开心网为代表的SNS(Social Networking Services,社会性网络服务)网站席卷全国。据统计,目前国内的SNS网民数量约为8 000万左右,但是相对于近3亿的网民总数,显然存在一个让人有相当遐想的空间。对于营销自然也就成了一把利器,下面介绍一下SNS具体有哪些优势。

① SNS营销可以满足企业不同的营销策略。

作为一个不断创新和发展的营销模式,越来越多的企业尝试着在SNS网站上施展拳脚,无论是开展各种各样的线上活动(如悦活品牌的种植大赛、伊利舒化奶的开心牧场等)产品植入(如地产项目的房子植入、手机作为送礼品的植入等),还是市场调研(在目标用户集中的城市开展调查了解用户对产品和服务的意见)及病毒营销等(植入了企业元素的视频或内容可以在用户中像病毒传播一样迅速地被分享和转帖),所有这些都可以在这里实现,因为SNS最大的特点就是可以充分展示人与人之间的互动,而这恰恰是一切营销的基础所在。

② SNS营销可以有效降低企业的营销成本。

SNS社交网络的"多对多"的信息传递模式具有更强的互动性,受到更多人的关注。随着网民网络行为的日益成熟,用户更乐意主动获取信息和分享信息,社区用户显示出高度的参与性、分享性与互动性,SNS社交网络营销传播的主要媒介是用户,主要方式是"众口相传",因此与传统广告形式相比,无须大量的广告投入,相反因为用户的参与性、分享性与互动性的特点很容易加深对一个品牌和产品的认知,容易形成深刻的印象,从媒体价值来分析形成好的传播效果。

③ 可以实现目标用户的精准营销。

SNS社交网络中的用户通常都是认识的朋友,用户注册的数据相对来说都是较真实的,企业在开展网络营销的时候可以很容易地对目标受众按照地域、收入状况等进行用户的筛选,来选择哪些是自己的用户,从而有针对性地与这些用户进行宣传和互动。如果企业营销的经费不多,但又希望能够获得一个比较好的效果的时候,可以只针对部分区域开展营销,如只针对北京、上海、广州的用户开展线上活动,从而实现目标用户的精准营销。

④ SNS营销是真正符合网络用户需求的营销方式。

SNS社交网络营销模式的迅速发展恰恰是符合了网络用户的真实需求,参与、分享和互动,它代表了现在网络用户的特点,也是符合网络营销发展的新趋势,没有任何一个媒体能够把人与人之间的关系拉得如此紧密。无论是朋友的一篇日记、推荐的一个视频、参与的一个活动,还是朋友新结识的朋友,都会让人们在第一时间及时了解和关注到身边朋友们的动态,并与他们分享感受。只有符合网络用户需求的营销模式才能在网络营销中帮助企业发挥更大的作用。

把握好SNS营销方式,无论是企业树立自己的品牌,还是拓展销售产品,都是最直接、最快速达到效果的方法,自然给企业带来丰厚的回报。

(6) SNS营销与传统营销方法的区别。

传统的SNS营销思路是直接把SNS网站当作一个普通的媒体来投放推广。但实际操作上看,这种做法效率极低,也低估了SNS的营销潜力。报道在Facebook上平均值是0.04%。以致Facebook落下个"对广告表现最差网站"的评价。

究其原因,网络媒体与传统媒体的重大差别在于权力中心的位移,也就是说媒体不再是帝王,用户才是整个价值链条中的新君。用户访问网站是看内容,而不是来看广告的。大部分的网络广告都是在一厢情愿地自卖自夸,而不是想着如何吸引网民的注意。用户漠视广告的现象在SNS站上更为明显。简单粗暴的跑马圈地,用金钱来兑换媒体的猎枪,向用户扫射广告子弹,这种"打猎式"的营销在网络媒体中尤其是SNS中很难受到欢迎。那么应该采取怎样的方法进行营销?

① 植入营销,关联、网络整合营销4I原则。

SNS的一条重要的生命线——游戏,为整个网络源源不断地输送新用户。其火爆人气自然也吸引了广告主的眼光。但是最常见的方法仅仅是简单的道具植入,在前期使用时,还算是比较有效,毕竟第一个吃螃蟹的首因效应能够抓住用户的眼球。但随着游戏植入方式的增多、司空见惯,用户的新鲜感的边际递减。如何让植入营销更上一层楼,成为重要命题。提升SNS植入营销效果,要把握好关联原则和网络整合营销4I原则:趣味(Interesting)原则、利益(Interests)原则、互动(Interaction)原则、个性(Individuality)原则。在国内SNS网站,产品多以道具的方式进行植入,只有道具的属性与产品的卖点相吻合,且在游戏中发挥重要的作用,植入营销才能由单向线性传播转化为双向互动体验。此外,只有趣味无穷的产品植入才会在用户脑海中留下愉悦的品牌印象。

SNS的核心是人际关系,这点对于广告主来讲非常地有吸引力,你们的顾客正平等的展现在你的面前,是否可以借力SNS完成更多与客户的对话沟通,完成CRM关系管理呢?以戴尔为例,在SNS上发现有很多人谈论他们的产品,而且70%都是负面,那戴尔怎么做呢?全公司上到总经理下到接线员,都加入对话当中。SNS上展开一场全网对话。去SNS上看哪些顾客对他们的东西不满意,回复顾客并问他们问题在哪里,可以帮他们做什么。经过半年的时间,不仅负面率下降到25%以内,销量竟然也有了提升。

② SNS营销发展的瓶颈与困境。

SNS为商家提供了平台、为网络用户提供了便捷的社交形式,深深地改变了网络用户的人际交往方式,同时也为用户的文化休闲生活增添不少娱乐色彩。其在发展初期非常迅速,同时也相对容易。随着越来越多的SNS网站的出现,SNS营销慢慢呈现出一些问题。

A. 同质化严重,缺乏创新。

一种新的商业模式的出现,在取得一定成绩后,市场上都会涌现出大批的跟风者,同质化服务难以避免。国内一些SNS网站借鉴外国网站,因此存在服务模式趋于同质化无特色的问题。同时,SNS平台存在低技术门槛、低成本等因素,使得一些网站在短时间内迅速得以发展,导致过多的SNS网站在业务上、功能上、服务上高度重合。

B. 用户群体过于局限,受众单一。

在SNS营销竞争激烈的今天,用户人数是营销关键因素之一。用户群体的局限,使得一些企业遭遇困难。同时,受众不仅是媒介权力之源,更是媒介财富之源,受众单一是SNS营销存在的另一问题。

C. 网络"水军"过盛,用户分享率低。

SNS营销,口碑成为重要因素。社区里留言,推荐在购买中起了很大的作用。网络"水军"的出现,一方面促进了商家的营销,但是与此同时也在给顾客购买带来了困难。网购顾客无法辨别出社区中商品评价的真实性。对于一些推荐,顾客也不能确定其是否与自己要求一致。特别是在一些第三方社会化电子商务社区以及微博、人人等社交网络,大量"水军"的出现使得顾客对其信任度降低,购买减少。与此同时,在社交平台上只有少部分用户会完成购买并主动分享,大部分人并不会去分享相关的购物体验,这也造成了一定的问题。

D. 第三方社区过分依赖于单一平台。

过度依赖于某一平台生存的公司都面临着风险,其生存发展空间完全掌握在平台手中,一旦平台关闭就意味着公司倒闭。国内蘑菇街、美丽说等第三方社会化电子商务社区与淘宝网的关系就是标准的平台寄生关系。这类网站的流量高度依赖电商平台和搜索引擎,收入又高度依赖电商平台淘宝,每一笔交易的佣金收入是这类网站的主要盈利来源。无论流量和收入哪一端出现问题,都会破坏这种模式的运行。

③ 完善SNS营销的思路。

针对目前SNS营销中存在的问题,有以下几点需要注意:

A. 提高匹配度。

a. 精准客户定位,准确选择合作平台。

精准的客户定位,是电商网站利用SNS平台进行营销首先要注意的问题,也是利用SNS成功营销的基础。由于国内很多电商网站在选择SNS合作平台时,没有认真考虑其所选的SNS平台的受众是否与自身的目标客户相匹配,导致定位模糊,营销效果不理想。电商网站客户定位是否精准,对SNS平台的选择是否得当,直接决定了用户的参与度,影响到网站的销售。因此电商网站需要分析自己的用户群体,寻找合适的平台合作,才能更好地服务用户,有效地促进营销。

b. 减弱平台依赖，吸引不同类型用户。

减弱平台依赖，这就需要第三方社会化电子商务社区"独立"。减弱对某一平台的依赖，与多个平台合作，力求在导购渠道外构建自主竞争力，不仅能增加社区的稳定性，与此同时也能促进不同类型用户的增加。

B. 提升用户体验。

a. 完善用户间的沟通交流，力求真实形象化。

在网络"水军"众多的今天，人们对 SNS 平台上言论的可信性产生了质疑，这严重影响到电商商家网络口碑营销的效果。SNS 平台的建立根本目的是为了拓展人与人之间的关系，改变人们的沟通交流方式。将现实生活中的朋友亲属关系迁移到网络中，促使用户交流真实化、形象化。再通过亲朋好友的朋友推荐，不断扩充用户的人际关系网络，将很好地避免网络"水军"的入侵。

b. 开展多元化服务，扩展用户群体。

SNS 化网络营销要想摆脱用户群体局限、受众单一的问题，需要发展模式的综合多元化。用户决定网站内容的取舍，决定网站的变革方向。首先，SNS 平台需要去发掘不同用户的需求，根据这些需求，提供有特色的服务。其次，SNS 平台可以有针对性地将用户的各种"碎片"需求加以收集和满足。借鉴国外一些成功的案例改进以实现本土化运营。开展多元化服务，丰富现有产品的功能，开发新的产品形态，以吸引更多用户使用，提升用户体验。

C. 提升竞争力。

a. 增强网站功能的创新。

对于 SNS 的发展，提高创新能力能够有效解决 SNS 营销目前所遇到的一些问题，在同质化竞争加剧的今天，能够大大提高企业的核心竞争力。SNS 平台要针对用户日益强烈的个性化意识和差异化需求，通过制定有效的经营策略、设计个性化网站功能等措施，有创造性、积极主动地满足用户的需求。

b. 独特卖点与创意分享点的结合，提高分享率。

驱动用户分享的前提，首先是产品、活动需要有独特的卖点。有吸引用户分享的独特之处，使用户对其产生兴趣。一般来说分享的内容要有价值，在情感上或者物质上能为用户带来某些好处。只有用户分享的内容是有价值的，对接收者来说是有用的，用户才会乐于去分享这条信息，分享率才会提高。其次，一条消息想让用户分享，还需要创意分享点。这就要求以产品或者活动的话题性作为前提。只有将卖点与创意点相结合，才能真正提高用户的分享率，提升竞争力。

网络营销与 SNS 的结合模式，仍在被不断实践、论证与探索当中。未来因特网将会呈现怎样的格局，依旧是未知数。但可以肯定的是，SNS 营销将给我们带来更多生活方式的改变，在我们生活中扮演着越来越重要的角色。

7.5 电子商务智能客户关系管理案例与分析

7.5.1 戴尔品牌案例与分析

美国戴尔计算机公司（以下简称 Dell）利用因特网了解客户的具体需求，制定营销策略。

它采用直接销售的商业模式,销售计算机及相关产品,最终产生了个人电脑商业模式的革命,取得了很大的成功。如今,很多公司都在纷纷效仿,他们的最终目标只有一个:获取顾客忠诚度。Dell 公司总裁迈克尔-戴尔说过:"与顾客结盟,是我们最大的优势。在我们眼中,没有一次交易的顾客,只有终生的顾客。"因此,我们从分析 Dell 公司的成功案例来探讨如何在电子商务时代实施客户关系管理。

1. 实施以客户为中心的商业策略

实现智能 CRM 管理,首先必须设计以客户为中心的商业策略的目标,找到可以和客户双赢的机会。为客户的利益做得越多,客户也就会做更多为我们带来收益的事,如乐意从我们那儿进行更多购买和与我们并驾齐驱等。"客户关系"的设计相当简单:站在客户角度进行观察,从而发现他们想要获得什么,甚至是预测他们现在不想获得什么,但是将来却想要获得。而传统的公司认为:"我们来发明什么东西,看能不能推销给可能有意愿购买的顾客",即在接到订单之前已完成产品的制造。而 Dell 公司的态度与他们截然相反,借助于电话拜访、面对面的对话、网络沟通,及时获知顾客对于产品、服务和市场上其他产品的建议,并知道他们希望公司开发什么样的新产品。它针对顾客需求来设计产品或服务方式,顾客可利用 Dell 公司网站和800 免费电话自主选择配置,使每一件产品都是为顾客量身定做,最大限度地满足了客户需求。同时,它依客户订货的需求与时机来生产,消除了因为购买过量零件、库存与赔钱抛售存货等所造成的成本,获得了公司和顾客的双赢。

2. 利用智能技术支持 CRM

在如今的电子时代,技术革命一日千里,企业可以利用新技术来帮助他们管理客户关系:建立局域网或广域网,建立大规模的数据库,使用更先进的软件技术等。

Dell 公司充分利用了新技术,它是一家以直销为经营模式的公司,也是第一家依顾客的直接回馈来建立组织的个人电脑公司,它主要利用网站、呼叫中心、对话等方法来行销。浏览Dell 公司网站 www.dell.com,在"网上购物"页面上,根据五大类别——"家庭类""商业类""教育类""政府类"以及"特殊类",提供形态各异的采购资讯。以"商业类"而言,针对经营规模差异事先规划不同的硬件需求,以员工 400 人为界,分别提供 400 人以上大型企业及 400 人以下中小企业不同的采购清单;在"特殊类"选项里,该公司目前已在美国以外的 45 个地区建立起服务网站,分别提供全球 44 个国家、18 种语言的服务;在家庭用电脑首页,Dell 设计了各种电脑配置,并提供产品详细资讯,针对不同需求的使用者提供售前采购服务;在大中型企业的网页,Dell 除了提供周边产品供搭配选择,还提供工作站、服务器的机型,提供企业用户在规划公司整体资讯环境及电子商务的参考。除了预先设想消费者的需求外,还会告诉消费者买了什么样的电脑有什么样的好处。同时,Dell 还为消费者提供个性化服务,专业客户可自主选择CRM、硬盘、内存等配置,使每一台计算机都为自己量身定做。所以该公司总裁迈克尔-戴尔认为,公司网站成功的原因,除了销售外,最重要在于服务与技术支援的多样化,他说:"我们不仅提供产品资讯与售后服务,更重要的是,我们提供大量的'售前服务'。"正是因为 Dell 这种友好的客户服务,让消费者获得售前的资讯及咨询服务,Dell 从 1996 年 7 月开办全球网络销售以来,1998 年就创下日平均一千万美元的线上交易。

3. 传统的呼叫中心与网络、数据库技术相结合

语言是人类进行交流的媒体,人们喜欢谈话。移动用户达到 1 000 万的速度比个人计算机或因特网的普及速度都要快。许多人选择的工具是人类的语言,而不是键盘,对此公司必须

做出反应,建立基于传统电话的呼叫中心。呼叫中心是公司用来与顾客进行直接交谈,发现顾客的需求,劝说顾客达成交易,确保顾客的需求得到满足的场所。通过电话管理是双向的,它包括公司打电话给顾客的对外营销和顾客打给公司的对内营销,还是建立和维持对话的一个重要部分,是顾客关系管理的关键因素。

Dell 公司建立了一个与网络、数据库技术相结合的呼叫中心,顾客可通过 800 免费电话与公司进行对话。呼叫中心设有技术支持热线、售前咨询热线、投诉热线等,接到客户的呼叫,服务人员立即在内容丰富的数据库内查询客户的 PC 代码,在最短的时间内获得顾客的详细资料,倾听顾客的诉说,回答顾客提出的问题,满足顾客的需求,收集有价值的客户资料,使顾客在较短时间内就能得到更快捷的答复,大大缩短了打电话的时间,同时减少了呼叫中心的成本。在开始,呼叫中心可能是一个成本中心,支付大量的电话费,但随着营销的扩大,客户的增多,呼叫中心通常会转变为创造利润的中心。

4. 采用 CRM 专业软件

目前,许多软件公司同专业的咨询公司合作,已开发出一些适合于大中型企业的 CRM 软件,它的基本功能包括销售、市场、客户服务、电子商务四个部分,有的软件还包括了合作伙伴关系管理、商业智能、知识管理等。在销售环节,CRM 软件从报价、订货一直到给付佣金,可以使销售人员通过桌面电脑、笔记本电脑甚至掌上电脑随时得到生产、库存、订单处理的有关信息,同时也可以对客户资料与合同进行全面管理,随时随地与客户进行业务活动,从而在一定程度上实现了销售自动化,使销售人员将主要精力集中在开拓市场上,也使决策者能够预测到全球范围内市场的风云变幻,将企业的运营维持在最佳状态。在市场营销环节,CRM 软件提供了一个市场营销自动化解决方案,它包括的功能有基于 Web 的和传统的市场营销活动的策划和执行;客户需求的生成和管理;预算和预测;宣传品的生成和管理;产品及竞争对手信息的汇总;对有购买意向的客户进行跟踪、分配和管理;等等。这些功能可以帮助企业实施针对性强、效率高的市场营销活动,从而争取和保留更多和更有利可图的用户。在售后服务环节,CRM 系统可以帮助企业提供有竞争力的售后支持、修理和维护服务。它包括纠纷、次货和订单的跟踪,现场服务的管理记录,发生过的问题及机器解决过程;维修人员的预约、调度和派遣;备件的管理及其他保障服务请求及服务合同的管理服务收费自动核算等功能。它允许客户选择电话、Web 访问等多种方式与企业联系。CRM 系统融会贯通的交流渠道,客户不论通过哪种方式与企业联系,都能在最短的时间内得到统一、完整和准确的信息。同样,企业与客户打交道的各个部门也能随时得到与客户相关的资料,真实和全方位地了解客户。CRM 系统还拥有强有力的客户智能,对所得的客户资料进行分析和处理,使企业能够根据客户的特点提供服务;又能对客户的营利性进行评估,从而使客户的满意度和企业赢利都能得到提高。企业可根据自己的实际情况选择相应的软件来实现客户关系管理。

7.5.2 柚子舍品牌案例与分析

作为中国首个无添加化妆品品牌、化妆品领先品牌的柚子舍正是重视客户关系管理,从而获得发展的强劲动力并获得中国消费者的信赖。其电子商务智能客户关系管理有以下几个重要措施。

1. 端正客户关系管理理念

客户关系管理系统中客户关系不仅仅是客户的购买行为和与企业联系的行为,也并不局限在企业自身的数据库,而是要拓展新客户、保留老客户以及维护与上游供应商的关系。在拓展新客户方面,应当将所有对商品感兴趣,甚至提出过意见、建议的人都看作企业的潜在客户,通过客户关系建立和维护,将潜在客户转化为客户并发展为忠诚客户。保留老客户需要了解客户对于产品及服务的反馈,并及时回应,让客户感受到重视从而增强品牌黏性。柚子舍在官网上设置的个人中心就是了解客户反应的重要渠道,并且在客户购买产品后积极鼓励顾客表达对产品的意见,并给予回应,提高顾客满意度。此外,柚子舍还开展一些关于护肤分享活动给时尚女性提供实际的护肤帮助,不仅提高品牌知名度还提高顾客的品牌好感度,推动参与者发展为潜在客户。

2. 树立以客户为中心的理念

客户关系管理的核心就是以客户为中心,真正从客户角度出发,为客户提供优质的产品和服务,满足客户个性化需求。企业要重视客户关系管理并重视客户价值,将 CRM 提高到战略层面,通过一一对应的营销手段满足客户需求,才能取得客户信任并建立长期客户关系。柚子舍的品牌价值观就是客户第一、信任和远见,十几年来专注于亚洲女性肌肤健康,创新科技开发"天然无添加"产品,力求打造亚洲女性值得信赖的护肤品,满足顾客对美的追求,并通过各种优惠活动回馈顾客,帮助中国时尚女性用最低成本轻松解决形象美、身体美和生活美的需求。

3. 建立多种沟通渠道,加强沟通

CRM 的成功需要企业与客户之间沟通,还包括企业内部门与部门之间的沟通、员工之间的沟通,员工与 CRM 系统之间的沟通等。企业与客户之间的沟通,使企业能够更多地了解客户的需求,防止客户流失。电子商务企业首先要建立客户档案,记录客户个性信息,从而能够提供个性化服务,提高顾客满意度。具体的可以采取建立网上论坛、品牌社区等,也可以通过社交平台如微博微信公众号等与客户沟通,低成本获得客户意见和了解客户迫切需要和真实想法。柚子舍品牌建立名为"柚子舍"微博,积极与粉丝互动并分享保养小技巧;发开"柚子舍"公众号,积极向顾客传递品牌理念和价值观,提高品牌知名度,建立良好的品牌形象;多种渠道粉丝均可以和品牌互动,拉近了企业和顾客的距离,从而使得顾客更加忠诚。

第八章　电子商务品牌智能管理

本章知识点

品牌的概念、品牌的重要作用和关注动因；电子商务的品牌定位和战略匹配等相关运作策略；电商品牌的突围；电子商务品牌的智能推广方法（包括百度、微信公众号、新浪微博、软文、SNS社区等）；品牌的智能管理方法和智能时代的品牌美学等。

8.1　品牌的相关概念

网络时代品牌美学比以往任何时代都更具有实用性，由于其在网络传播中的强大动力效应，能够通过便捷的消费者审美感受的数据采集，并基于数据库系统的品牌设计专家级建议，给品牌美学带来了全新的理念，重构了品牌美与消费者之间的传播、互动等作用方式的各个环节，但网络时代提供的是品牌美学的应用工作，却并不能改变品牌美学的实质内涵。

8.1.1　品牌的概念

品牌是能够给拥有者带来溢价、产生增值的一种无形资产，它的载体是用以和其他竞争者产品或者劳务相区分的名称、术语、象征、记号或设计及组合，增值的源泉来自在消费者心智中形成的关于其载体的印象。品牌是企业最重要的资产，强势品牌竞争力较强，具有更高的认知品质和更好的溢价功能。品牌竞争力具有不可替代的差异化能力、延展力和构建竞争壁垒的能力，是企业核心竞争的外在表现。

广义的"品牌"是具有经济价值的无形资产，用抽象化的、特有的、能识别的心智概念来表现其差异性，从而在人们的意识当中占据一定位置的综合反映。品牌建设具有长期性。狭义的"品牌"是一种拥有对内对外两面性的"标准"或"规则"，是通过对理念、行为、视觉、听觉四方面进行标准化、规则化，使之具备特有性、价值性、长期性、认知性的一种识别系统总称。这套系统我们也称之为CIS（Corporate Identity System，企业识别系统）体系。

根据现代营销学之父科特勒在《市场营销学》中的定义，品牌是销售者向购买者长期提供的一组特定的特点、利益和服务。承载的更多是一部分人对其产品以及服务的认可，是一种品牌商与顾客购买行为间相互磨合衍生出的产物。

此外，产品是工厂生产的东西，品牌是消费者所购买的东西。产品可以被竞争者模仿，产品极易迅速过时落伍，但成功的品牌却能持久不坠，品牌的价值将长期影响企业。

8.1.2 品牌的重要性

对于很多企业来说,品牌的内涵就是企业文化,所以,对这一类型的企业来说,品牌不仅是对外(分销商、消费者)销售的利器,而且也是对内(员工、供应商)管理的道德力量。在营销中,品牌是唤起消费者重复消费的最原始动力,是消费市场上的灵魂。有一个企业家说过,"没有品牌,企业就没有灵魂;没有品牌,企业就失去生命力"。在 WTO(World Trade Organization,世界贸易组织)的环境下,在 Internet 的带动下,注重"品牌管理"正在成为一种时尚。

品牌不仅树立并代表企业的形象,而且在企业与消费者之间搭建起沟通的桥梁。一家企业如果希望在激烈的竞争环境中保持一席之地,需要通过营销将自身品牌传播出去,并被消费者接纳,进而在情感上被认同。

品牌实质上代表着卖者对交付者的产品特征、利益和服务的一贯性的承诺。最佳品牌是质量的保证,但品牌还是一个复杂的象征,要具体分析它的含义,可能还要具体到六个层次。以价值来谈,某些品牌也代表着声望、绩效等含义。以文化来谈,品牌也可以代表着一种文化,比如现在国外许多知名品牌在我国都耳熟能详,这也证明品牌是一种文化。

品牌对消费者来讲,第一,有助于消费者识别产品的来源或者产品制造厂家,更有效地选择厂家和购买商品;第二,有利于消费者权益的保护,至少也是可以值得信赖的品牌,消费者购买得也会比较放心;第三,有利于消费者形成品牌偏好,通常消费者购买商品都会选择以往购买过的品牌,所以会对消费者形成一定的导向作用。

品牌对生产者来讲,有助于产品的销售和占领市场,品牌一旦形成一定知名度后,企业可以利用品牌效应扩大市场;有助于稳定产品价格,减少价格弹性,增强对动态市场的适应性;有助于新产品开发,利用其一定的品牌知名度,开发研究新的产品;有助于企业抵御竞争者的攻击,保持竞争优势。

8.1.3 关注品牌的动因

1. 媒体的变化和消费者的变化

媒体的变化体现在:观众和读者在减少、新媒体的日益发展、中小媒体的出现、有线电视网的普及、互联网的快速发展。消费者的变化体现在:消费者需求增加、变得更加挑剔、更喜欢寻求娱乐和刺激、学会了讨价和比较、需求层次增加、消费习惯的变化。

2. 市场环境的变化

市场竞争更加剧烈、产品和质量的差异减少、恶性竞争的恶果、品牌的求异战略受到挑战、产品的可替代性增强、国际品牌的冲击等因素的促进。

3. 企业本身的变化

产品的创新受到挑战、人才的流动性加大、组织结构面临挑战、企业文化的障碍、资金不足的烦恼、市场的分裂和不稳定性等。

由于上面四种明显的变化,在未来,没有品牌的产品或服务是很难有长久生存的空间的。只有成功的品牌管理才有持续成长的企业和未来的辉煌。

8.2　电子商务时代的品牌运作

8.2.1　电商品牌的定位

中国经济的迅速发展,一个优秀的品牌往往是企业的象征。根据合适的市场定位,在市场中找到一个适当的位置。制定一个区别于其他对手的品牌形象,占领在消费者心中的位置。同时,要宣传产品的竞争优势,传达给消费者,让其在消费者潜意识里根深蒂固。

现在,市场的竞争力非常大。首先就是要建立消费者对产品品牌的信任,以此来吸引消费者,构成交易。选择目标市场,合理定位品牌。寻找机会,这是吸引消费者最有利的竞争优势。有利于企业占领市场,积极开发市场,力求让消费者的利益与品牌追求达成共识。提高消费者对产品品牌的依赖性。当今社会,不断创新、追求个性化,已经成为人们消费的主要趋势。

所以,不管是品牌的价值体现,还是市场的营销手段,都是为了让消费者得到更好的服务,同时也可以为企业提供一个更好的发展平台。

品牌的定位需要根据市场的情况结合产品量身打造。如果定位过度,或者与市场冲突,或者不能从目标市场的需求出发,而盲目创新,就会造成品牌定位互相矛盾,并不利于企业的发展。

首先,要及时了解消费者心中对品牌的认知情况,准确地进行品牌定位,帮助消费者清晰地了解产品。比如,有的消费者对品牌展现的视觉形象设计并没有很清晰的认识,理解不深入。很多产品种类繁多,但是视觉效果大同小异,不能让消费者在这种形象体验中了解到品牌之间的差异性。有的老品牌虽然深入人心,知名度很高,但是并不能适应社会潮流的发展,不能与年轻市场消费者的心理融合,也就没有了品牌优势。品牌如果不能适应潮流,就会被新的产品所代替。如果没有创新观念,也就不能吸引消费者,从而不能夺取市场份额。所以,企业在品牌定位的制定时,要将人们的偏好以及心理与品牌相结合。

其次,随着网络营销的普遍性。还要了解到网络品牌定位与普通品牌定位的区别。网络品牌的形成是因为在网络这种特殊环境下,进行传播宣传,并被大众所熟知,涉及的范围更广,也是吸引消费者强有力的手段。市场竞争如此激烈,必须要突出产品的优势,来获取市场的竞争地位。

市场环境是品牌定位赖以生存的条件。企业除了要发现自身品牌的价值,还要通过市场等平台呈现出品牌产品的信息,展现出产品的竞争优势。品牌的定位已经成为企业在市场营销之中的一个重要环节,是市场营销的核心价值所在,直接影响到企业营销效果。企业要对市场有一个精准的定位分析,再拟定一个相关合理的营销策略,其中就包含品牌价值的定位。可见品牌定位在市场营销中占有十分重要的位置。品牌的定位一般是根据企业自身品牌价值的定位,以及预期达到的品牌价值定位这两个方面制定的。所以如果没有品牌形象的预先设计,就不能更好地进行品牌营销。对整个企业的发展方向来说,品牌定位影响巨大。品牌的定位对整个目标市场都起到了决定性的作用。由此可见品牌定位就是要根据市场需求,不断创新。优先考虑消费者的利益与需求,达到品牌价值与实际需求相融合,以市场环境为主导,定位取向,合理创新,实现品牌价值的最大化。

市场定位由社会地位、年龄层次和 SNS(Social Networking Services,社会性网络服务)社交惯性三部分构成。社会地位的意思不能曲解成权势和身份有多么显赫,而是指要依据目标客户群体可能出入的生活和工作场所来设计品牌商品。例如,一般年轻女性小白领工作环境还不是很优越,真丝面料,既不符合年龄,也跟工作行为不协调,一般不选用;如果使用涤棉混纺的面料就能恰到好处,性能好且耐磨、容易打理。年龄是一个人的自然属性,也是基本的人口特征之一,代表着不同环境下造就的迥异的性格和喜好,不同的年龄段女性有完全不同的是非判断标准、审美观念及价值观。一般对年龄划分都是以心理年龄为参照物,因为女人的心理年龄普遍比生理年龄小。惯性参与不同社交网站的互动展现了不同女性对时尚、个性、品位、富裕、营养、欲望追逐的取向。

产品定位由风格、价格和品质三部分构成。风格定位清晰,不同质,具有连贯性。不同质要求工艺、品牌价值、品牌形象方面绝不雷同。常见的服装风格有很多,譬如宫廷、奢华、性感、精致、简约、知性、典雅、叛逆等。这些风格具体通过服装的相关元素,包括款型、面料肌理及流行色系(一般以 ICA 和 Inter Color 机构发布的年度色调流行报告作为参考,服装这东西是"远看色,近看花")得以展示,比如金扣、网纱、珠片、撞顶、鸡眼扣、A 字、印象派、格子、晕染、胸针、拼接、滚边、胶印、抽褶、镂空、碎花等。服装价格是由公司战略、客户层次、产品差异和竞争环境四个方面决定的。价格便是品牌价值,具有"同步效应"随行就市日渐趋同的行业成本,品牌价值是无形的。品牌价值不同,使品牌档次分级,从而吸引目标客户向品牌靠拢。品质包括工艺设计、外形设计、分割设计和面辅料运用等方面。品质是品牌的硬件,是品牌软文化的基石,没有品质的品牌,品牌文化必定荡然无存。但是,过分地片面地追求品质而忽视品牌文化的赋予和品牌写真的设计也有可能导致品牌孵化陷入进退维谷的尴尬境地。

形象定位由品牌文化、网站装潢、客服专业性、客户形象四部分构成。品牌文化不是虚拟的,不是无本之木,而是实实在在的。品牌建设中应该融入人文精神,客户通过物理感官甚至通感引起心灵、思想和文化上的共振。网站作为品牌形象展示的绝好窗口,设计上一定要有层次感,比如采用线性结构、矩阵结构等,将不具有功能性但是具有装饰性的模块分割线、文字及图片都去掉,同时散发着品牌相关的艺术气息,品牌的具象是对于客户而言有一张过目不忘的脸。客服专业性体现在需要客服具备的基本素质上:与客户建立互动、信任和感情,为客户节省解决问题的时间,不和客户"谈情说爱",不释放爱的信息,聊天的适当时机恰到好处地点缀一下公司文化和品牌文化。客户形象是品牌文化的生命载体,泛指使用某种品牌的客户群体在生活和工作中的形象。客户会在生活和工作中传播品牌形象,这种口碑营销是"品牌形象促进销售"极有力的佐证。一件品牌的女装穿在女性的身上,品牌文化或多或少融进她的血液里,表现在气质上。凡客诚品使用韩寒和王珞丹代言,本质上讲就是为了展示品牌的客户形象,希望产生强大的客户见证,引起别人的注意,进而产生购买欲望。

8.2.2 品牌运作的战略匹配

品牌运作,实力很重要,方向更重要。实力决定操作规模,方向决定品牌的出路甚至命运。品牌战略定位三个关键点:与公司目标规划相匹配;与公司实力相匹配,与品牌文化相匹配。

8.2.3 电商品牌定位的策略

1. 充分结合企业文化

企业文化不仅是企业在经营管理与发展过程中的重要精神导向,在品牌定位中也是重要的考量因素。人们生活水平的提升,物质条件的满足促使人们转而追求精神上的认同感。因此,企业在进行品牌定位时,可以将企业自身的文化为产品赋能,赋予其一定的意义与内涵,引起消费者的共鸣与认可,对品牌产生强烈的情感,从而促使消费者做出购买行为。如小米手机的"为发烧而生"这一文化理念,正是将企业文化与品牌的形象、定位相结合,从而吸引了大量的发烧友,形成固定的消费群体。

随着互联网技术的发展,网络平台赋予了消费者更多的选择空间,针对这一情况,企业应在消费者购买产品的同时了解企业的文化,为消费者留下深刻的印象,提升品牌的优势。

2. 结合产品自身的性能与质量

企业在进行品牌定位时,需要根据商品自身的特点与属性来进行制定。特别是在当前产品同质化严重、市场竞争激烈的背景下,消费者在购买时,包装的质量与设计风格、产品的体验感等因素,在很大程度上影响着消费者对产品的认可度。对此,企业首先需要确保产品的质量与性能符合相关标准和消费者的心理预期,并在此基础上找到自己企业产品所具备的优势,从而获得消费者更多的认可,在众多同类型商品中保有竞争优势。

例如,企业可以对消费者群体进行调查,根据消费者性别、年龄、职业、兴趣爱好、购买力等因素,确立产品的目标客户群定位,通过对这一部分目标客户群进行分析,总结出其比较喜欢的风格与购买习惯,在此基础上进行品牌的定位。

除此之外,良好的品牌定位能够为营销人员的工作开展提供帮助,有助于营销人员以产品的品牌定位作为基础前提,深入挖掘消费者的需求,从而使产品性能得到更进一步的创新,与消费者之间建立长远的联系,提升消费者对品牌及企业的满意度及忠诚度。

3. 通过良好的广告宣传

媒体与信息技术的发展,企业在发展过程中有了更多的宣传途径。在企业品牌的宣传中,企业可以采用广告这一宣传形式,对产品进行宣传。在宣传的过程中,企业首先应确保产品的质量,避免在经过宣传,提升热度之后出现质量问题,为品牌形象,甚至是企业的形象带来负面的影响。在保证产品质量的基础上,企业可以选择拍摄概念型广告、故事型广告等,对产品进行宣传,提高品牌的知名度,提升产品的销量,促进企业的健康发展。同时在广告拍摄与投放之前,企业需要对产品的目标消费群体进行精准的分析,确定产品的目标消费群体。根据消费者群体的心理特征、购买力以及爱好等,进行广告的制作,确保商品的广告锁定消费者群体,将自身的理念与品牌形象精准地传达给消费者,从而使消费者对品牌的定位有清晰的认识,加深品牌在消费者心中的印象。一旦品牌形象在消费者心中占有一定的地位,将会成为消费者购买时的重要考虑因素。

8.2.4 电商品牌的突围

在电商这个风云际会的地方,能把女装在线上卖得风生云起的是高手,能把女装在不促销的情况下卖到断货的是绝顶高手。能按照质量标准加工生产商品的人一定远远多于能按照一定利润率在网上销售商品的人。不过相当遗憾的是,品牌之路通常缺乏进攻的意识。目前电商女装品牌之路主要存在这样的一种错位:品牌操盘手似乎心里知道品牌应该怎样运作,但是在品牌实际运作中却是全然混乱的。可能是由几种原因造成的:品牌操盘手与电商掌门人之间没有真正进行过有效沟通,掌门人总是很强势地将自己的理念传递给品牌操盘手;现实主义,公司把经济效益放在首要位置,毕竟无形的品牌价值不可能一蹴而就;急于扩张,贪念知名度和江湖地位,品牌不是在孵化而是在揠苗助长;品牌建设投入资源不足;所处的环境约束力过多。

做品牌首先明确关键点:有量才有质。在网络上做品牌,在初期不能太坚持创业者自己的一些东西,具有一定的盈利能力能解决企业生与死的问题才是通往品牌之路坚实的一步。为了迅速壮大量级并找准品牌突破点,电商品牌操盘手努力找到丰富的流量资源,比如,例行的平台大促销活动,聚划算(淘宝系的团购平台)活动。聚划算思维定式的印象是客户层次低、利润低、售后成本高、不纳入搜索排名,似乎弊端大于好处。但是,换一种思维,聚划算如果作为品牌曝光量的平台,其RO1(投入产出比)较高。在一般情况下,通过非同质化的视觉传达是一种相对较小成本的突围方式。品牌有量才有质的观念是辩证的。品牌运作既要保证有量(意味着有市场),又不能以成交量为导向,不向暂时滞销的产品的定位妥协。各部门需要协调一致,品牌孵化和市场盈利是相互矛盾的,不断博弈,要保证品牌调性矢志不渝地走下去并不容易。

8.2.5　网络营销中品牌定位的实施方向

1. 品牌定位的社会认同感

品牌认同感等同于社会认同,只有企业产品质量得到公众认可,才能在营销期间得到极好的社会响应,以便为后续企业经营战略的落实铺垫更为坚实的基础。从社会认同感角度出发,可知传统的品牌定位更贴合消费者的需求,并能够在众多商品环境中具备独有的特色与口碑,以便真正赢得消费者的青睐与信任,为地方企业品牌的经营提供了可拓展的消费渠道。而近些年我国网络信息技术的落实,使网络经济平台的概念逐步走入了企业发展的视线内,从传统营销工作中的难点来看,信息平台的构建无异于为企业营销部门提供了新的经济发展渠道,同时也转变了传统营销的手段与目标,使现代企业经济体系的构建更贴合先进化与人性化的环境,但如何在竞争激烈的信息平台中得到更广泛的社会认可,却是现阶段众多企业营销战略中最应该被着重关注的难点。

通过以往营销战略数据可知,市场营销应贴合经济市场环境需求,并能够在信息平台环境中将独具特色的企业文化宣扬,才能逐步调动消费者群体的情感,使企业品牌得到社会消费者的认可。在此期间,营销战略应当站在更长远的角度看待现阶段品牌定位工作,只有通过不断完善产品技术与质量,并赋予其价格与文化等方面的优势,才能持续激发消费者对品牌的兴趣,由此增强消费者与企业品牌之间的黏度,以便在线下营造更好的品牌效应。例如,从我国可持续发展理念贯彻至今,低碳环保的概念早已为大众所认知,如何借助先进的理念,转变以往民众出行的交通形式,并赋予便利性的概念,便是一种很好的产品营销渠道。

2. 品牌定位的产品竞争

首先,经济市场的产品竞争早已不局限于产品的质量,很多时候消费者也会对产品的形象、特色、品牌等多方面因素进行考虑,由此在众多商品中筛选出最心仪的产品。此种消费习惯源自网络经济平台丰富的商品选择性,在现阶段企业生产技术差异性不大的环境中,产品的样式与经济性便成了消费者主要选择的凭证。所以,在此期间,企业营销战略工作的开展必须基于良好的产品优势,确保在质量、形象与经济性方面均满足市场竞争性的要求,才能将品牌定位等概念落实入企业发展环境中。期间,品牌定位需细致分析产品受众的特性,判定同一消费者群体中企业产品的适宜性,才能在多方面优势下为消费者提供更好的引导,以便营造更好的企业品牌形象。其次,丰富的产品营销平台极易使消费者处于盲目状态,在此环境中消费群体会更倾向于销售、好评率较高的产品。根据此种特点,企业营销战略需着重将实体销售渠道向网络转型,由此增加网络平台营销数据,以极大的营销额引起消费者群体的关注,自然便能够让更多的消费者接触到企业的产品与文化,由此营造企业品牌优势。例如,在谈论电脑时,消费者首先会想到联想、戴尔、神州等品牌;在谈论手机时,消费者会首先联想到苹果、小米和华为等品牌。

以上便是企业市场营销典型的成功案例,并且已经对消费者的产品意识起到了良好的引导,自然在实际销售方面具备其他品牌所不具备的优势。当然,在此种环境中企业仍需要不断加紧技术创新的脚步,在产品质量与形象上更贴合经济市场的需求,才能持续地为企业经济体系的构建奠定坚实基础。

3. 品牌定位的营销战略

营销目标的定位并不是在经济市场环境中分辨企业品牌效应孰轻孰重,而是应该将企业营销目标放在经济效益的发展上面,以确保社会与消费者服务水平得到提升,从而逐步促进企业品牌定位质量,并营造可持续化发展的渠道,为企业后续经济发展奠定坚实基础。所以,在营销目标定位环境中,能够极大提升消费者对企业品牌的忠实度,并且从社会影响力角度来看,更容易被经济市场平台内的消费者所接受,以此构建企业品牌竞争力的基础。另外,在营销目标定位期间,随着我国经济环境的不断发展,现阶段消费者的经济水平已经得到了极大的提升,若仍旧沿用传统的销售模式与产品审查标准,则极易丧失对消费者群体的把控性,使经济营销质量逐步走下坡路。所以,在营销目标定位期间,必须不断深入分析消费者群体的需求与期望,确保在原有商品的性能与形象上得到有效的创新。只有这样才能让消费者更喜爱企业品牌的产品,由此增强企业品牌在经济市场环境中的竞争能力。

8.2.6 品牌与平台的达尔文进化论

品牌与电商平台的关系是不可小觑的。这里的品牌特指的不是独立 B2C(Business-to-Consumer,商对客)品牌,而是寄生在电商平台上的品牌,比如淘宝网上的自有品牌。作为在淘宝网上生存并发展的卖家,一定要忠于淘宝网,否则很快就会被淘宝规则边缘化。而品牌更像是一张名片,是链接商品与客户的纽带,所以品牌一定要具有市场号召力和品牌记忆点,也就是客户弱化平台的概念,而对品牌忠诚度极高,换句话说,客户忠于品牌的程度要大于忠于平台的程度。因此,卖家过分忠于平台,客户记住的往往是平台;过分经营品牌个性化的东西(特指商业模式而不是商品本身的风格属性)有可能被平台所阻抗。如何在驾驭平台规则和品牌运作之间找到制衡点是每个电商人都应当三思的问题。从淘宝网孵化的品牌我们姑且称之为"淘品牌",那么"淘品牌"可以移植吗?

实际上,移植是很困难的,因为品牌赖以生存的土壤是客户。客户移植不是一件容易的事,一方面是因为依附于平台的客户忠诚度不够高,向心力不够;另一方面是因为客户是淘宝的客户,熟悉淘宝交易的各个环节,已经养成了在淘宝网购的惯性。换一个网购环境客户未必顺手,正所谓"橘生淮南则为橘,生于淮北则为枳"。

8.3 电子商务品牌的智能推广

8.3.1 百度推广:提升企业知名度的捷径

企业在进行互联网品牌营销时,可以利用中国最大的搜索引擎"百度推广"进行品牌传播,提升企业的知名度。百度推广的首页,如图 8-1 所示。

图 8-1 百度推广示意图

百度推广是由百度公司推出的一项服务,关于推广服务的具体作用和运作原理如图 8-2 所示。

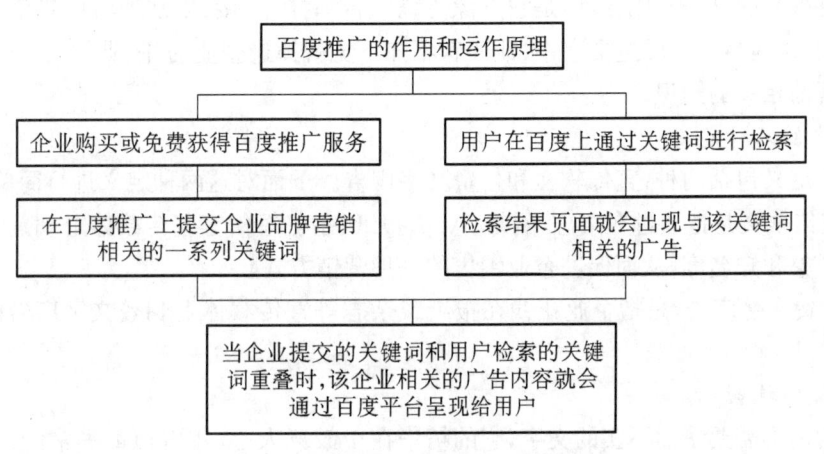

图 8-2 百度推广的作用和运作原理

8.3.2 微信公众号:微信上的品牌营销

在网络营销里,人脉爆棚的应该属于微信营销了,而且微信的火热带动了微信公众号的品牌营销,微信公众号已经成为企业品牌宣传的一个窗口,企业离不开微信平台提供的营销机会。

微信品牌营销是指企业通过微信朋友圈或者微信公众号,以图片、文字、视频、语音等形式向用户发布推送消息和广告,以此来提高企业的知名度,树立品牌形象的一种营销方式。

8.3.3　新浪微博:微博营销

什么是微博营销？微博营销就是指企业通过微博平台为消费者创造价值并发现消费者各类需求的商业行为模式。

微博平台的这种简单精辟的内容表达方式和便捷快速的信息传播分享模式使得企业和商家们开始抢占微博营销入口,企图利用微博平台开启互联网品牌营销市场的另一片天地。

每个营销平台都有其独特的特点,微博营销也不例外,其特点主要体现在以下的几个方面：

（1）可以通过文字、视频、图片等多种形式对企业品牌和产品进行传播；

（2）在微博上发布内容可以节省大量时间成本,因为无须太多复杂的审批流程,即时发布,即时分享；

（3）微博平台的传播力度非常大,只要微博内容受到人们的关注,就会形成"病毒式"的传播效应,很短的时间就能通过转发功能到达全国的每一个角落；

（4）微博平台的名人效应能使时间的传播呈几何级数放大。

对于互联网品牌营销来说,微博是一把"双刃剑",运用得当,会收获意想不到的效果,运用不当,就会给企业自身形象带来严重的后果,因此,企业在进行互联网品牌营销的时候,要充分结合微博的特点和市场需求来制定合理的微博营销策略。

8.3.4　软文:软文"软"营销

软文有浓厚的"广告"成分,但是它不像传统广告那样,直接、生硬地将广告信息传达给消费者,而是温柔地将广告藏进文字中,让读者不知不觉就掉进企业的"陷阱"中。下面将为读者介绍软文营销相关的知识。

1. 软文的两种定义

软文的定义包括两种:宣传软文和付费文字广告。下面对这两种定义进行简单的介绍。

（1）宣传软文是指通过在杂志、网络、App、报纸、手机短信等宣传载体上刊登文章来提升企业品牌形象和知名度,从而促进企业销售的一种营销方式。

（2）付费文字广告,是指企业花钱在报纸或杂志等宣传载体上刊登文字广告的一种软文营销方式。

2. 软文的特点

软文营销不需要华而不实的文字,它的精华在于鼓舞人心,用看似最平常的口吻,一步一步触动读者的心房。利用软文营销,我们必须知道软文的四个特点:形式多样、性价比高、口碑传播、吸引力强。

软文娓娓道来的全是以读者角度看待的事情和利益,能更好地拉近读者的距离,以便提高企业的营销效率。

3. 关于软文的营销策略

软文营销是最需要技巧的广告形式，企业在进行互联网品牌营销时，必须掌握软文营销的相关策略，才能达到企业产品销售、品牌宣传的目的。

软文营销有很多策略，企业不可能每一种都能兼备，应该选择最适合自己产品的，市场上常用的几点策略分别是：话题营销策略、知识技术策略、概念营销策略、经验营销策略、新闻营销策略。

8.3.5 互动论坛：品牌与消费者的良性互动

论坛推广是指企业在某些论坛中，通过发帖、顶帖、互动等方式进行系统营销宣传和长期内部渗透，从而打造属于品牌企业的论坛圈和人气，论坛营销是品牌营销的大利器。本章主要探讨品牌企业论坛推广的相关内容和营销策略。

1. 论坛

随着网络越来越深入人们的日常生活，互动论坛在慢慢地改变着品牌企业的营销策略与方式。论坛又叫"电子公告板"（Bulletin Board System 或者 Bulletin Board Service，BBS），是因特网上的一种电子信息服务系统。

2. 论坛推广营销

首先企业通过在论坛发帖的方式与粉丝进行互动交流，将品牌理念、品牌形象、品牌创新等内容通过论坛传递出去，以提升品牌口碑、美誉度、用户数量的推广活动就叫论坛推广营销。论坛推广营销的具体介绍如图 8-3 所示。

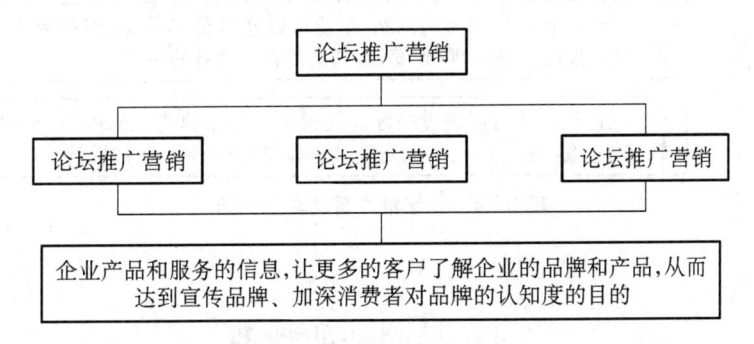

```
              论坛推广营销
          ┌───────┼───────┐
      论坛推广营销  论坛推广营销  论坛推广营销
          └───────┼───────┘
     企业产品和服务的信息，让更多的客户了解企业的品牌和产品，从而
              达到宣传品牌、加深消费者对品牌的认知度的目的
```

图 8-3 论坛推广营销

8.3.6 SNS 社区：社会化媒体时代的品牌营销

社会性网络服务（Social Networking Services，SNS），是指在帮助人们建立社会性网络的互联网应用服务，如短信 SMS（Short Message Service，短信通群发系统）服务。SNS 推广，就是指利用社交网络平台上的功能进行推广，从而提高品牌形象、企业信誉、促进产品销售的一种品牌营销方式。

企业在做互联网品牌推广的时候，不管用哪种网络营销方法进行推广，首要任务都是要根据自己的品牌定位进行目标用户的选择。

做 SNS 社区网站推广也是一样，首先是进行目标用户的定位，然后是根据目标群体选择推广的网站。比如，企业用户针对的 IT 群体，那么就选择海内网、朋友网等以 IT 人群为主的网站进行推广，如果企业用户针对的是商务人群，那么就去若邻网、天际网等以商务人群为主的网站进行推广。企业有了目标群体定位，并找到目标网站后，就要开始注册账号做推广了。

实现目标用户、目标网站定位以及注册之后，企业要开始利用SNS网站进行多重推广，可以从以下几个方面入手，如图8-4所示。

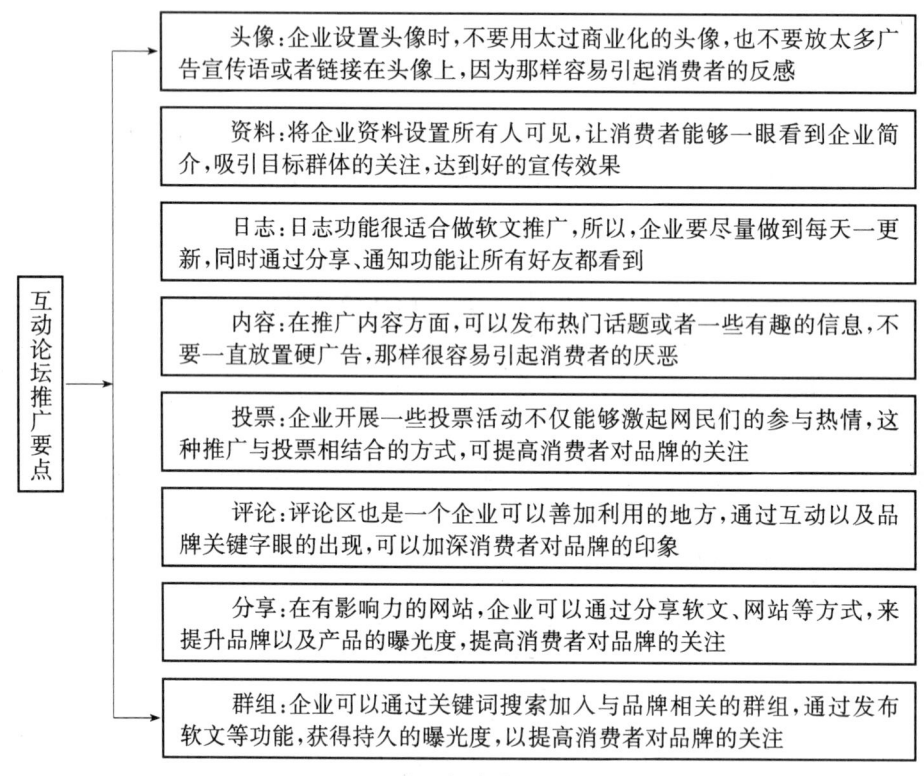

互动论坛推广要点
- 头像：企业设置头像时，不要用太过商业化的头像，也不要放太多广告宣传语或者链接在头像上，因为那样容易引起消费者的反感
- 资料：将企业资料设置所有人可见，让消费者能够一眼看到企业简介，吸引目标群体的关注，达到好的宣传效果
- 日志：日志功能很适合做软文推广，所以，企业要尽量做到每天一更新，同时通过分享、通知功能让所有好友都看到
- 内容：在推广内容方面，可以发布热门话题或者一些有趣的信息，不要一直放置硬广告，那样很容易引起消费者的厌恶
- 投票：企业开展一些投票活动不仅能够激起网民们的参与热情，这种推广与投票相结合的方式，可提高消费者对品牌的关注
- 评论：评论区也是一个企业可以善加利用的地方，通过互动以及品牌关键字眼的出现，可以加深消费者对品牌的印象
- 分享：在有影响力的网站，企业可以通过分享软文、网站等方式，来提升品牌以及产品的曝光度，提高消费者对品牌的关注
- 群组：企业可以通过关键词搜索加入与品牌相关的群组，通过发布软文等功能，获得持久的曝光度，以提高消费者对品牌的关注

图8-4 论坛推广营销具体介绍

8.4 品牌智能管理

8.4.1 品牌智能管理的定义

品牌理论萌芽于20世纪20年代，从最开始的品牌经理制到20世纪中期的品牌定位理论、品牌延伸理论，再到后来的品牌资产理论、品牌关系理论等，经过古典品牌理论、现代品牌理论、当代品牌理论三个阶段的发展，在中国，品牌已经形成一门学科。品牌学不同于其他学科，每一时期的品牌理论形成都基于专业人士对品牌的深入分析以及丰富的企业实践，对品牌的经营有直接的指导意义。

品牌智能管理就是智能化时代，利用数据共享平台，智能化决策对已经形成品牌的产品或企业进行管理的行为与过程。通过管理达到品牌或品牌企业能应对市场外环境以健康发展，从而保持品牌知名度、忠诚度以及竞争力等。具体而言，品牌管理包括以下三个方面：一是对品牌或品牌企业内部各项事务的智能化管理,包括对人和产品的智能化管理,这是品牌管理的核心,属于品牌经营管理;二是对品牌外部市场的智能管理,包括对品牌市场外环境的调查监测,品牌的市场占有以及市场竞争力情况调查监测等,从而结合品牌内部管理情况进行品牌宏观战略决策与中微观具体管理,这部分属于品牌宏观决策管理;三是对品牌或品牌企业所存在的各种显性与潜在的危机进行监测预测,对消费者消费心理与行为进行调查监测等,从而维护品牌健康发展,延续品牌生命周期等。

从上述可以看出,智能化的品牌定位、品牌竞争力、品牌价值、品牌维护、品牌危机监测预测等都属于品牌管理的具体内容,而品牌智能管理则有利于上述各方面在同类品牌中的竞争力。

8.4.2 品牌智能管理的职责与工作内容

为了消费者心智中建立起个性鲜明的、清晰的品牌联想的战略目标,品牌管理的职责与工作内容主要为:制定以品牌核心价值为中心的品牌识别系统,然后以品牌识别系统统帅和整合企业的一切价值活动(消费者面前的是营销传播活动),同时优选高效的品牌化战略与品牌架构,不断地推进品牌资产的增值并且最大限度地合理利用品牌资产。

要高效创建强势大品牌,关键是围绕以下四个步骤做好企业的品牌管理工作。

1. 规划以核心价值为中心的品牌自动识别系统

进行全面科学的品牌调研与数据采集,专家智能化的品牌诊断和市场环境分析,消费群与竞争者的自动定位,为品牌战略决策提供翔实、准确的信息导向;在品牌调研与诊断的基础上,提炼高度差异化、清晰明确、易感知、有包容性和能触动感染消费者内心世界的品牌核心价值;规划以核心价值为中心的品牌识别系统,基本识别与扩展识别是核心价值的具体化、生动化,使品牌识别与企业营销传播活动的对接具有可操作性;以品牌识别统帅企业的营销传播活动,使每一次营销传播活动都演绎传达出品牌的核心价值、品牌的精神与追求,确保了企业的每一份营销广告投入都为品牌做加法,为提升品牌资产做累积。制定品牌建设的目标,即品牌资产提升的目标体系。

2. 优选品牌化战略与品牌架构

品牌战略规划很重要的一项工作是规划科学合理的品牌化战略与品牌架构。在单一产品的格局下,营销传播活动都是围绕提升同一个品牌的资产而进行的,而产品种类增加后,就面临着很多难题,究竟是进行品牌延伸新产品沿用原有品牌呢,还是采用一个新品牌?若新产品采用新品牌,那么原有品牌与新品牌之间的关系如何协调,企业总品牌与各产品品牌之间的关系又该如何协调?品牌化战略与品牌架构优选战略就是要解决这些问题。

在悟透各种品牌化战略模式的规律,并深入分析企业的财力、企业的规模与发展阶段、产品的特点、消费者心理、竞争格局与品牌推广能力等实际情况的基础上,按成本低又有利于企业获得较好的销售业绩、利润与实现培育强势大品牌的战略目标,优选出科学高效的品牌化战略模式。

3. 进行理性的品牌延伸扩张

创建强势大品牌的最终目的是为了持续获取较好的销售与利润。由于无形资产的重复利用是不用成本的,只要有科学的态度与高超的智慧来规划品牌延伸战略,就能通过理性的品牌延伸与扩张充分利用品牌资源这一无形资产,实现企业的跨越式发展。因此,品牌战略的重要内容之一就是对品牌延伸的下述各个环节进行科学和前瞻性规划:提炼具有包容力的品牌核心价值,预埋品牌延伸的管线;如何抓住时机进行品牌延伸扩张;如何有效回避品牌延伸的风险延伸产品;如何强化品牌的核心价值与主要联想并提升品牌资产;品牌延伸中如何成功推广新产品。

4. 智能化管理各项品牌资产

创建具有鲜明的核心价值与个性、丰富的品牌联想、高品牌知名度、高溢价能力、高品牌忠诚度和高价值感的强势大品牌,累积丰厚的品牌资产。

首先,要完整理解品牌资产的构成,透彻理解品牌资产各项指标如知名度、品质认可度、品牌联想、溢价能力、品牌忠诚度的内涵及相互之间的关系。在此基础上,结合企业的实际,制定品牌建设所要达到的品牌资产目标,使企业的品牌创建工作有一个明确的方向,做到有的放矢并减少不必要的浪费。

其次,在品牌宪法的原则下,围绕品牌资产目标,创造性地策划低成本提升品牌资产的营销传播策略。

同时,要不断检验品牌资产提升目标的完成情况,调整下一步的品牌资产建设目标与策略。

8.4.3 品牌智能管理的步骤

1. 智能品牌管理数据储备

利用互联网技术动态持续采集并监测自身及竞争对手的各项数据,并对数据进行分析分类和挖掘,为后继品牌管理的决策提供数据支撑。

2. 勾画出品牌的"精髓",即描绘出品牌的理性因素

首先把品牌现有的可以用事实和数字勾画出的看得见摸得着的人力、物力、财力找出来,然后根据目标再描绘出需要增加哪些人力、物力和财力才可以使品牌的精髓部分变得充实。这里包括消费群体的信息、员工的构成、投资人和战略伙伴的关系、企业的结构、市场的状况、竞争格局等。

3. 掌握品牌的"核心",即描绘出品牌的感性因素

由于品牌和人一样除了有躯体和四肢外还有思想和感觉,所以我们在了解现有品牌的核心时必须了解它的文化渊源、社会责任、消费者的心理因素和情绪因素并将感情因素考虑在内。根据要实现的目标,重新定位品牌的核心并将需要增加的感性因素一一列出来。

4. 寻找品牌的灵魂,即找到品牌与众不同的求异战略

通过第一和第二步对品牌理性和感性因素的了解和评估,升华出品牌的灵魂及独一无二的定位和宣传信息。人们喜欢吃麦当劳,不是因为它是"垃圾食物",而是它带给儿童和成年人的一份安宁和快乐的感受。人们喜欢去迪士尼乐园并不是因为它是简单的游乐场所,而是人们可以在那里找到童年的梦想和乐趣。所以品牌不是产品和服务本身,而是它留给人们的想象和感觉。品牌的灵魂就代表了这样的感觉和感受。

5. 品牌的培育、保护及长期爱护

品牌形成容易但维持是个很艰难的过程。没有很好的品牌关怀战略,品牌是无法成长的。很多品牌只靠花掉大量的资金做广告来增加客户资源,但由于不知道品牌管理的科学过程,在有了知名度后,不再关注客户需求的变化,不能提供承诺的一流服务,失望的客户只有无奈地选择新的品牌,致使花掉大把的钱得到的品牌效应昙花一现。所以,品牌管理的重点是品牌的维持。

8.4.4　品牌智能管理的价值法则

1. 最优管理

遵循这一法则的企业追求的是优化的智能的管理和运营,它提供中等好的产品和服务并以最好的价钱和最方便的手段和客户见面。这样的企业不是靠产品的发明或创新或是同客户建立的亲密关系来争取市场的领袖地位的,相反的,它是靠低廉的价钱和简单的服务来赢得市场的。例如,美国的 Wal-Mart 公司就是这类公司的成功典范。Wal-Mart 一直不断寻求新的途径来降低成本并为客户提供更加全面和简单的服务。Wal-Mart 和 Yahoo! 的合作将使 Wal-Mart 在全球日用消费品零售中继续保持领袖的地位。

2. 最优产品

如果一个企业能够集中精力在产品研发上并不断推出新一代的产品,它就可能成为产品市场领袖。他们对客户的承诺是不断地为客户提供最好的产品。当然并不是靠一个新产品就可以成为产品的领袖,而是要年复一年地有新产品或新功能来满足客户对产品新性能的要求。例如,Intel 就是电脑芯片领域的产品市场领袖;Nike 是运动鞋业中等产品市场领袖。这些产品市场领袖竞争优势并不在于他们的产品价格,而是在于产品的实际实用效果即产品的"表现行为"。

3. 亲密关系

遵循这一法则的企业把精力放在如何为特定客户提供所需的服务上而不是放在满足整个市场的需求上。他们不是追求一次性的交易而是为了和选择性的客户建立长期、稳定的业务关系。只有在建立了长期、稳定的关系的情况下才可以了解客户独特的需要,也才可以满足客户的这种特殊需求。这些企业的信念是:我们了解客户要什么,我们为客户提供全方位的解决方案和售后支持来实现客户的远景目标。例如,Airborne Express 就因为建立了这样一个密切可靠的客户关系而成为行业领袖的公司。

中国已经加入世界贸易组织了,企业家们已经没有太多的时间去思考和犹豫。无论企业家们愿意不愿意,中国的企业都面临着全球的竞争,就是在家门口也同样面临着来自全球的对手。所以说,选择能使企业脱颖而出的品牌管理战略和价值法则决定了企业能不能在我国加入了世界贸易组织后的大经济环境下实现目标并持续增长。

8.4.5　电商企业品牌智能管理

品牌管理作为企业营销的一种手段,是企业参与竞争的要素之一。那么,如何管理好品牌,品牌如何使管理更有魅力呢?

1. 由竞争到合作,打响主导品牌战役

品牌较之竞争者而言是一种竞争与合作关系。竞争的核心并非是对抗,而是根据市场的实际、竞争者在市场中的地位、竞争者的态度等建立相应的竞争和合作关系。一家企业可以同时拥有多个品牌,但是主导品牌只能有一个。因为主导品牌是支柱和核心,对于主导品牌要予以重视和投入,在发展好主导品牌的同时,企业可以发展其他的品牌,进而产生"一好百好"的"马太效应"。

企业在有了一个领军品牌之后,又陆续推出一些子品牌,涉及不同的产业,做出不同的定位,满足不同的消费群。但在品牌的经营中,对子品牌的重视程度,明显要弱于支柱品牌。这就是品牌管理中"强'干'弱'枝'"战略,以"干"带"枝",形成企业品牌家族"树大根深、枝繁叶茂"的繁荣景象。

2. 品牌沟通管理,提升内涵形象

企业形象是商品形象和文化的主要载体和重要体现。良好的企业形象更容易为企业赢得客户的信赖和合作,容易获得社会的支持。对消费者而言是一种沟通关系,品牌管理的目标是通过分析明确目标消费者的需求所在,依据总体战略规划,通过广告宣传、公关活动等推广手段,实现目标消费者对品牌的深度了解,在消费者的心目中建立品牌地位,促进品牌忠诚。

3. 品牌资本运营,节省费用投入

创立品牌是品牌发展的初级阶段,经营品牌则是品牌发展的高级阶段。从成熟品牌的发展过程来看,企业对品牌管理经历了创立品牌—经营品牌—买卖品牌的三部曲。

企业管理好一个品牌存在不少困难,在开拓市场时,不得不投入更多,甚至多得多的宣传费用,即便如此,其品牌形象和品牌文化也很难塑造,即使知名度颇高,但是美誉度不足,没有魅力,缺乏号召力,顾客只是勉强听说过产品,但是就是不认同,也就不能购买,培养顾客的忠诚度更无从谈起,最终的市场表现都是不堪一击,这是先天不良导致的后果。相反,管理好品牌,在品牌资本运营上做足"文章",将减小品牌推广阻力,从而大大减少品牌推广成本。

4. 挖掘品牌价值,提升管理效率

品牌管理的优势不仅能够升华企业外在形象,而且对企业内外部管理也非常有帮助。具体来说,可以从以下 5 个方面进行建设与完善。

(1) 交换分享。品牌受众不仅分享了企业的产品,同时分享了企业的商业模式和思想,带给品牌消费者的便利和消费习惯的改变。

(2) 协作精神。品牌将企业内外人群联结在一起,品牌上的所有资源均可共享,这是品牌独有的功能,品牌超越了时间和空间的限制,同一公司的员工可以通过为某一品牌共同工作,即使不见面,也可以把产品生产出来。

(3) 商业效率。品牌使得企业的决策者可以利用在很短时间内处理公司的事情,提高商业效率,这个效率是无强势品牌企业无法比拟的。

(4) 品牌影响。企业员工可以通过品牌方便地了解企业文化和特征,有利于企业确定目标市场,有针对性地实施营销策略。而且品牌传播的广度和力度,使知名品牌更加知名,有效提升了品牌的影响力。

(5) 竞争精神。品牌使很多企业快速走出了国门,本土产品国际化、国际品牌本土化的进程加快,国内品牌不想和国际大品牌竞争是不可能的,这种品牌竞争精神,使不同市场之间交叉融合,形成一个统一的大市场,竞争也更为激烈。品牌对企业的影响极为深远,可以说,企业的管理离不开品牌时代的竞争精神。

拥有品牌的企业不一定成功,但成功的企业必定拥有一个成功的品牌,因为只有懂得管理品牌,将品牌效应发挥到最大,建立一套品牌管理的体系,才能从情感上赢得企业员工对品牌的忠诚,从而实现真诚的顾客服务。

8.4.6 品牌管理误区

品牌不是产品,这本是常识,但在实战中,许多人往往将它们混淆。有的企业在辉煌时期,产品非常畅销,却没有将自己的市场优势转化为品牌价值,或不能及时、主动地通过推出新产品,保持品牌的鲜活形象,最终使产品和品牌一起退出市场,导致企业经营失败。

全世界的产品品牌有成千上万个,我们能说得出名字的其实不过几十个,在众多的品牌中,为什么少数的品牌可以璀璨夺目,而绝大多数的品牌则暗淡无光呢?市场竞争中,不乏一掷千金,轰炸式广告宣传的品牌,还有的依靠事件营销、噱头炒作,虽然知名度很高,但是这样的品牌对销售的贡献率并不明显,品牌很快就会从大众的视线中消失。

8.4.7 正确的品牌智能管理

(1) 积极监督网络舆情的评价。有人可能会说,监控整个互联网空间是不可能的任务。幸运的是,已经有一些工具(如 Google 快讯以及 Reputation Defender 网站)可以帮我们进行监督工作,并每天将涉及我们的姓名或品牌的链接用邮件报告的形式发给我们。

(2) 将负面内容挤出视线。实际生活中,大多数人都不会碰到什么负面内容,除非相关链接搜索引擎结果的第一页上。通过搜索引擎优化的相应设置,或者使用 Defend My Name 公司的帮助,通常可以将负面链接推到视野之外的互联网的沼泽中。

(3) 迅速处理每个负面评价。如果能够及时、客观地承认问题,将其解决,并在负面消息被放大之前就将正面消息传播出去,那么很多消极的顾客体验实际上可以转化成积极内容。不要重蹈"美联航摔坏吉他"(United Breaks Guitar)的覆辙。

(4) 可能的话,移除不受欢迎的内容。从网络上移除关于你的信息可能没有注销账号那么容易,但也不是完全不可能。我们可以轻而易举地移除我们所拥有的内容(网站或账号上的评论)。一些专业公司,如"声誉捍卫者"(Reputation Defender),具备专有技术,供我们修正或完全去除其他不受欢迎的内容。

移除负面内容着实麻烦,但好的一面是,它给那些名副其实的不良企业设置障碍。为约束这些不良企业,互联网的速度和透明度将很有帮助。对于我们来说,当有人开始在背后说我们坏话时,我们可以迅速并广泛地回应,这是一件不错的事。

(5) 维护网络声誉是我们的责任。第一步是认识到对维护公司和个人生活的声誉负有唯一责任。放手不管,或者坐等更多法律出台,都不是办法。根据美国宪法第一修正案所规定的权利,攻击性的内容一旦发布,通常不可改变,并且发布者对其不负有法律责任。

(6) 先发制人,建立正面声誉。维护良好的声誉意味着我们不得不早早地建立起一个好名声并开始维护它。毫无声誉但带有一个负面评价,相比 1 000 个好评和一个差评,两者的区别还是很大的。大多数人都能接受没有什么人或者公司是完美的这一事实。

8.5 智能时代的品牌美学

8.5.1 品牌美学的对象

智能品牌美学是品牌学、美学与信息学的交叉融合。智能品牌美学的重点在美学上,从美学的内涵体系上挖掘对与品牌属性相呼应的同质性。

美学是一种分析人与现实生活相互审美关系的学科。所以品牌美学是基于关系论的哲学观下的一门实用美学,它分析的对象是消费者与品牌之间的审美沟通理论与审美创造,即品牌审美主体与审美客体之间的审美互动关系。而智能时代使得企业在品牌管理中更容易获取或理解消费者的美审美趋向,更有利于与消费者之间的美学感受沟通。

所以,以品牌美为分析对象的美学,其定义的内涵应该是运用概念的分析与体验的方式分析审美沟通,即分析消费者与品牌之间通过品牌符号化的体验来实现品牌审美沟通与价值的一门应用美学理论。

8.5.2 智能时代的品牌美学定义

当我们明确了智能品牌美学的处理对象之后,该如何从理论构建的严谨性来理解智能品牌美学这一关键概念呢?

每一个关键概念需要两种含义,即概念性定义和操作性定义。概念性定义,即用一些其他的概念来解释需要定义的概念。概念性定义说明概念的性质和内涵,相对较为固定。而操作性定义确定它包含什么或用什么指标来体现。对文化的外延和表现方式进行界定,带有特定语境下的定义。下面在以前经验总结出的定义基础上,根据以上的内容与形式的要求,对"品牌美学"进行重新定义。

智能品牌美学是一门运用智能客户关系管理的相关数据,进行概念分析和以体验方式来分析品牌审美智能沟通的应用美学。从专业学科的视角进行考察,其理论定义为:智能品牌美学是在智能客户关系管理的消费者智能定位基础上,利用品牌与受众通过品牌符号和品牌感知体验的审美互动而实现品牌审美溢价价值的品牌建构理论。简单地说,智能品牌美学是处理品牌智能审美沟通的边缘学科。它主要处理何为品牌美、品牌美产生的原理,品牌美的发展规律以及如何将美学策略应用于品牌构建、设计和行销传播领域的感性传播理论。以上对品牌美学的定义更为严谨,不仅明确了品牌美学的应用领域、实质,还具体指出其本质内涵是一种实现品牌溢价价值的审美沟通。可以说,这一定义既准确严谨,又突出了品牌美学的本质;既定义科学,又奠定基础;既指导实践,又意义明确,因而具有极大的意义和价值。

品牌美学是一种基于关系论美学的哲学理念,实用美学方法论指导下构建的一门运用概念、判断和推理的方式,同时也注重形象、具体和体验的方式来处理人与品牌审美沟通关系的人文学科;品牌美学是基于营销理论、传播理论、消费心理学理论、现代设计理论基础之上的实现品牌溢价价值的品牌创造理论;品牌美学是通过品牌审美符号与感知审美体验而实现品牌与受众的审美沟通并创造品牌情感偏好,实现品牌审美价值的营销传播的理论及方法。

品牌美学是品牌审美与沟通的交叉学科。它既是应用美学在品牌领域中的一种具体应用,又是实现品牌审美溢价的一种理论,还是营造消费者品牌情感偏好的一种营销手段。它主要是将美学表达应用于品牌构建、设计和行销传播领域的理论。这一定义更为严谨,明确了品牌美学的应用领域实质,而且具体指出其本质内涵是一种通过审美符号的传播,创造消费者情感偏好,实现品牌溢价价值的审美沟通。该定义既明确了品牌美学内涵及使用的范畴,又突出了品牌美学的本质与价值,因而具有较大的理论意义和实用价值。

企业把品牌塑造成在消费者心中高于其他品牌的形象,这个形象就是品牌溢价,即"品牌的附加值"(Brand's Add Value)。这个溢价主要指感情价值,这是由消费者的消费心理决定的。因此,找出品牌与其他同类产品的区隔化,就要将品牌的核心价值锁定在某种特殊的情感优势上。品牌的附加价值最终会成为消费者牢记的一个产品的最终利益点,成为品牌的印记而活动消费者的热爱和忠诚,成为品牌长远资产积累和发展的核心价值,最终实现品牌的持续赢利能力。

8.5.3 品牌美学的内涵及传播特点

品牌美学是分析品牌规划设计和传播领域普遍美学规律的行销科学,其处理内容主要包括品牌美的哲学、品牌审美心理学和品牌美学的应用。品牌美的哲学主要指向品牌美感消费的心源,分析品牌美感心理的本质和起源。品牌审美心理学主要分析人们在品牌审美过程中心理活动规律,从而阐释人们在品牌体验中的消费动机。而品牌美学的应用主要关注品牌美学在品牌建构与传播过程中的具体运用,体现品牌美学在企业行销过程中的独特价值。正如一个人的美是外在形象和内在涵养的综合体现一样,品牌美学亦是品牌外在视觉形象和内在理念的结合。形象的美来自形态与色彩的认知与愉悦,而内在理念的美则来自品牌核心的深度与魅力。

品牌美学可以从物理性与心理学方面来表现在物理性上呈现的是品牌致力于满足消费者本身的审美需求,美的愉悦本身就具有品质和实质。事物的外观和感觉会触动人类内心深处的本能,人类是以视觉与触觉为主的生物,乐于让美环绕在感官四周,产生快乐。每个人的品位各不相同,但由美学因素所触发的愉悦感会因为人类生理结构普遍相同,产生大同小异的生理反应。品牌充分掌握消费者的审美需求,从产品设计、品质、包装、色彩、标志、陈列,到店头广告,一切外显的审美设计上都充分掌握美感,全方位地让消费者沉浸在协调匀称的和谐中,从而产生一种情绪上的快感。品牌的美学文化从心理学上的表现则为一种移情作用。都柏林集团(Doblin Group)的赖瑞-凯利(Larryt Keeley)就曾说过,目前已经存在一种由产品特质转向生活形态或价值体系的全面趋势。顾客在做选择时,是以某项产品是否与自己的生活形态契合,或是否能提供让人兴奋的新概念——亦即渴望获得的经验来作为交易考量。品牌美学致力于让消费者与产品的历史、传统文化、风格产生连接,制造一种心动与感动,生成一种美感体验,并让这样的经验深植于消费者的心中,持续与消费者建立一种牢不可破的关系。

品牌美学是品牌受众通过品牌符号与情感体验的审美沟通而实现品牌溢价价值的传播理论。基于品牌美学的角度去分析品牌,不管是产品的内在价值和外在形象,还是企业形象和营销传播体系的设计,都会被赋予不同于其他的品牌的独特之处和别样魅力,为品牌增添新的意义。此外,品牌美学的恰当运用还可以拉近品牌与消费者的心理距离。品牌外观是消费者肉眼可以识别的,外观的美好会触动消费者的内心、激发消费者的购买欲望、提高消费者对品牌的好感度,从而提升消费者对品牌的忠诚度。如果品牌缺乏审美的特征,那么产品可能很快会失去竞争力,企业也不再有所谓的形象而言,终将在市场竞争的激流中消失。

网络时代的品牌美学传播,是一种特殊的网络舆情信息传递方式,通过网络在向人们传递了实际功效的同时也传递了美的享受。它通过艺术形式表现,有其独特的个性和创造性,具有鲜明深刻的文化内涵。品牌美学在网络传播过程中具有融合性,能够把不同的美的元素吸收融合在一起,形成更为强大的网络舆情传播效应。比如时装周展现出新的时尚理念时,各国设计师会通过网络采集吸收最新美学设计理念,并结合当地人的审美偏好重新设计,通过包括网络舆情形式在内的各种方式引导审美新视角,从而刺激消费。网络时代的品牌美学的传播还具有互动性,当美的理念传递给消费者时,消费者会反馈自己的情感,品牌正是在审美互动中被网络传播得更加广泛。

8.5.4 品牌美学存在的必然性

品牌美学是一种客观存在的,也是品牌良性发展过程中的必经阶段,它是历史发展的必然性所决定的。因此,以下将从品牌审美客体、品牌审美主体互动的品牌感性传播对消费行为偏好直接影响的营销、品牌消费实现品牌审美主体的体验价值的角度来印证品牌美学分析的客观性,验证品牌美学存在的必然性。

1. 品牌审美客体的本质属性

品牌的英文单词 Brand,源出古挪威文 Brand,意思是"烧灼"。人们用这种方式来标记家畜等需要与其他人相区别的私有财产。到中世纪的欧洲,手工艺匠人用这种打烙印的方法在自己的手工艺品上烙下标记,以便顾客识别产品的产地和生产者。这就产生了最初的商标,并以此为消费者提供担保,同时向生产者提供法律保护。在《牛津大辞典》里,品牌被解释为"用来证明所有权,作为质量的标志或其他用途",即品牌是用以区别和证明品质。随着经济的发展,营销竞争格局以及产业的商业形态不断变化,品牌所蕴含的意义也越来越丰富。

目前,对"品牌"的定义最具权威、使用最广泛的是美国市场营销协会(American Marketing Association,AMA)的定义:品牌是卖方为了把自己的产品或服务与他人进行区别,而使用的名字、用语、设计、象征以及其他特征。根据此定义可知,创建一个品牌的关键是选择名称、标志、包装设计,或其他能识别一个产品,并同其他产品区别开来的要素。这些品牌要素就如苹果的 Logo、Absolute 的瓶子、湖人队的紫黄色,甚至球星科比·布兰恩特(Kobe Bryant),都是具有审美属性的品牌符号。

品牌特性使产品以某种特性区别于其他消费者同样需求的产品。这些差异化及区别既可以是理性的、可见的——与品牌的产品特点相关,更可以是具有象征性、情感化、不可见的——与其所表现的品牌审美有关。营销大师阿尔文·阿肯鲍姆说:"将一个品牌与其为品牌化的同类产品区别开,并赋予它资产净值的,是消费者对于该产品的特性、功能、品牌名声及相关企业的感觉。"这里提到的感觉,正是我们上述分析中所提及的"感觉—情感"的内容。例如,依云、香奈儿 No.5、法拉利等品牌,除了理解消费者的各种动机和要求之外,还为产品创造了极具审美力的品牌形象。通常这些无形的审美形象,也是消费者在同类产品中区隔不同品牌的唯一方法。

区隔品牌的要素有很多,且这些要素产生的途径也不相同。Inter Brand 的约翰·墨菲(John Murphy)所言:"创造一个成功的品牌需要以一种非同寻常的方式将各种要素融合在一起。产品或服务必须拥有高质量且能满足顾客的需求,品牌名称必须具有吸引力,并且要与顾客对产品、包装、促销和定价的理解一致,与此同时,其他的所有因素也应具有相同的适宜性、吸引力和差异性。"综上所述,一个品牌的本质属性应具备以下三要素:理性的功能利益点、情感的受众感性体验以及对比的竞争差异化(见图 8-5)。

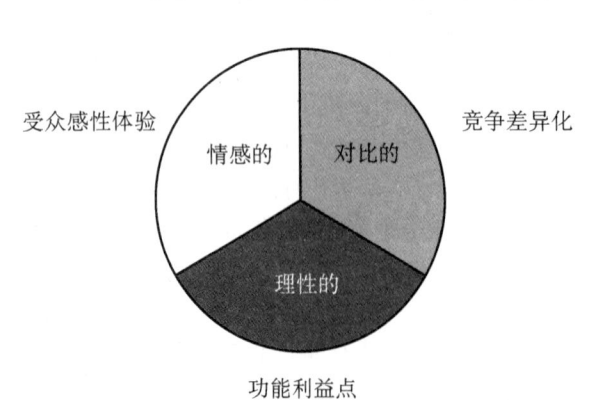

图 8-5 品牌的本质属性三要素

由此可见,从品牌的定义看品牌本质属性的三要素可知:品牌审美是品牌的本质属性之一,也是客观存在的。所以,以品牌审美为分析对象的分析美学也是客观存在的。

2. 品牌审美主客体的互动影响

品牌传播是指品牌所有者通过各种传播手段全方位地、持续地与目标消费者沟通，以传递、提升、创造品牌价值为目的的营销过程。对消费者而言它具有提供接触品牌信息、唤起品牌注意、加强品牌理解的作用。品牌感性传播是指在传播内容、元素、方式上将美学要素置入其中，给消费者带来情感反应与审美体验的传播。它涉及以传播自带的感情内容，也可成为刺激的情感诱因以及受众对传播做出的情感性反应。在实际应用中，传播里所用到的情感与美学元素有以下三个重要作用：

(1) 情感可以作为品牌产品本身的利益点。

品牌通常通过品牌故事将情感融入品牌本身，并赋予其独特的含义，给消费者营造身临其境的品牌感觉，这也是很多品牌在创造之初便努力打造品牌故事的原因之一。品牌故事可以是创始人的故事，来讲述品牌是如何产生的，还可以是发展过程中加入的故事。无论品牌故事何时产生，怎么营造，它始终是作为品牌产品的利益点之一，给消费者带来具有品牌独特感受的体验。例如，珠宝品牌蒂芙尼(Tiffany & C)，它将感情作为品牌的卖点，使它成为情侣之间、夫妻之间、父女之间甚至朋友之间可以赠送的礼品。在蒂芙尼2010年圣诞节的广告宣传中，画面通过四口之家的其乐融融、情侣的柔情蜜意、带着礼物回家时的急切又温暖的心情的品牌审美表现，让人看完之后颇受感动：自己是否也要在圣诞节送给自己亲爱的朋友或家人一个蒂芙尼？

2011年，蒂芙尼推出"真爱之路"(True Love Grows)的广告宣传，如这个广告运动的标题：年复一年，手牵着手一起到老(Year By Year. Hand In Hand. Better And Better)。整个品牌故事通过描述一对年轻人从两小无猜的朋友变成爱人的过程，给消费者讲述一个简单、快乐、纯洁的爱在生长的故事。整个故事温馨的品牌表现，让观看者沉浸在蒂芙尼所营造的极具爱情与温暖情怀的品牌美学环境中，带着触动的内心，产生对蒂芙尼的品牌好感。

(2) 情感可以作为促进品牌信息传播的催化剂。

2011年电影《将爱》进行宣传时，借助了18年以前《将爱情进行到底》的电视剧概念，把当时吸引广大青年的爱情故事嫁接到电影《将爱》上，并采用原班人马进行电影故事演绎。《将爱》在营销传播中提前推出有影响力的歌手王菲、陈奕迅演绎主题曲《因为爱情》，在电影上映之前，主题曲先流行传唱起来。电影上市后，在影片结束时还出现了观众跟着片尾曲一起歌唱的现象。《将爱》电影正是通过多种营销手段，借助观看者之前在电视剧与歌曲中积累的情感，让其产生了对青春、对爱情的思考，也达到了对电影本身主题的更深层次的探寻和共鸣。

(3) 情感可以作为品牌态度形成的直接影响因素。

品牌可与美好的心情同现，将情景置入到产品或品牌中，让消费者想到便自然联想到品牌。喜饼作为在婚庆时出现的贺喜礼品，它是与喜庆、温馨等积极感情同现的，而台湾知名的喜饼品牌伊莎贝尔在2010年独创12星座的求婚方式，根据星座这一流行趋势，将消费者按照星座进行划分，配合每个星座的个性特点创造了针对12星座的女生怎样的求婚最有效果的微电影传播，并在品牌微电影中创造出"求婚"这种美好的体验心情。除了场景联想之外，情感作为品牌态度的呈现还可以通过名人效应来展开。例如，劳力士(Rolex)与费德勒(Roger Federer)的联合传播"为每一个成就加冕"(A Crown for Every Achievement)就是一个成功的案例。

劳力士与费德勒同是来自于瑞士的品牌：一个是高端手表及制表工艺的代表，另一个是网球运动的符号。劳力士聪明地将费德勒在网坛取得的成绩含入自己的品牌文化中,用体育竞技场上的进取精神来代表劳力士作为经典品牌不断创新与前进的积极品牌形象,并用"为每一个成就加冕"来呈现品牌的自信与霸气。除以上两种方式外,品牌还可与其他令人心动的事物同现来打动消费者,并通常通过赞助、公关等方式出现。品牌也可以长期关注一个广告主体,打造消费者的固有认知。但能让消费者"心动"的事物最好是来自消费者,品牌加以运用到最好。这方面较为成功的案例有喜力与足球的结合。足球作为风靡全球的体育运动,拥有无数忠实的粉丝,而啤酒则是观看足球,与朋友一同分享比赛的最佳饮品,因此,喜力从1994年起便与被称为"超级联赛"的欧洲冠军联赛结下了不解之缘。截至2009年,喜力啤酒作为欧洲冠军联赛最主要的赞助商,已连续四年赞助该项顶级足球赛事。喜力通过欧冠进行了系列的品牌运动,如为了缩短喜力消费者与欧冠的距离,少数消费者可以获得喜力后台通行证,这便有机会在比赛开始前到达训练场近距离观看喜欢的球队比赛前的热身。喜力通过与欧冠这种顶级赛事的结合,让消费者产生足球、快乐与喜力品牌的固定认知。

一般认为:情感过程是人类动机的强有力构成因素,也是个体信息加工与行为反应的主要影响源之一。因而,消费者情感的一般规律、情感对消费决策的影响,以及消费者对各种市场变量的情感反应规律等问题,越来越受到心理学业内人士的关注,相关的理论探讨已经成为该领域中的热门课程。从信息传播过程来分析,消费者产生购买行为会经历三个阶段:认知信息阶段、感性信息阶段与意动信息阶段。品牌信息传播对消费行为影响的模型如图8-6所示。

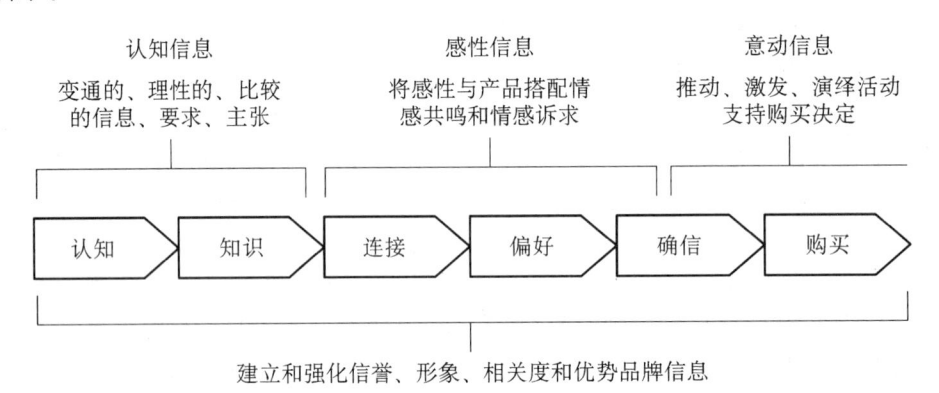

图8-6 品牌信息传播对消费行为的影响模型

由以上传播模型可以看出,感性信息在消费者购买决策行为中起到衔接及决策作用。通过感性的信息传递,将产品的情感共鸣与消费者以往对品牌的认知及理性知识衔接起来,通过感性的传播打造消费者形成品牌偏好的重要诱因。例如,马克-戈贝(Mare Gobe)所言:"正式产品及其分销体系在'情感'方面的内容造成了消费者的最终选择与他们所支付的价格之间的关键性差别。我这里所说的情感指的是一个品牌在感觉和情绪层面上对消费者的影响与触动,一个品牌正是借由情感的交流走进人们的生活,与人们缔结出种更深层次的、持久的联系。"无论是传统传播观念(功用—认知—审美)还是智能时代的营销传播观念(审美—认知—功用),品牌传播中的感性传播都是影响消费者从认知到购买行为转换的核心诱因与重要纽带。例如,嘉士伯在2010年世界杯中,以"不准不开心"(Stand Up for Fun)的品牌主题进行的系列病毒传播的案例。

与喜力一样,啤酒类的另一品牌嘉士伯通过品牌的日常传播(广告、公关、活动),将欢乐、开心的品牌理念以及优质小麦酿造等产品信息传播给消费者,建立起嘉士伯啤酒是"优质啤酒"的消费者认知。但是,作为产品同质化严重的啤酒市场,除全球化品牌之外,各国家或地区均有自己的区域啤酒品牌,那嘉士伯该如何让消费者选择自己?事实上,嘉士伯通过建立消费者与自己的情感联系,用打动消费者情感的营销方式与竞争对手区别开来。2010年南非世界杯期间,通过针对中国4亿球迷的心理的准确洞察,嘉士伯提出了"帮助中国球队击败世界强队"的品牌传播主张。在嘉士伯的球场上,中国队用麻将完胜阿根廷队,用"火锅足球"打败法国队,用打乒乓球的方式击败了巴西队。

嘉士伯通过这些中国消费者最熟悉及最擅长的领域,用轻松与调侃的趣味方式让苦闷中的中国球迷开心一笑,也让嘉士伯所强调的品牌理念"不准不开心"更深入人心。嘉士伯的这一系列病毒传播,在上线5天以来取得了1 000多万浏览量、10 000多个链接、150多万美元的公关效应。而这些关于足球、消费者心理、产品的感性组合传播推动消费者在最终进行选择、购买的时候,形成了对嘉士伯品牌的选择偏好。这个案例也从侧面佐证了感性信息的传播对消费者行为的影响,以及形成品牌偏好的作用。

啤酒品类的另一品牌科罗娜则完全是利用其口感和带有强烈品牌烙印的饮法来和消费者互动。白柠檬片和科罗娜结合是公认绝佳口感的一个方法,在酒吧,消费者都喜欢放一个柠檬片在科罗娜的啤酒瓶口。基于这样的独特认知信息,科罗娜在2013年创造了一个互动传播广告:在户外建立一个异型广告牌,告诉消费者在几点几分,当月亮落在酒瓶口,形成一瓶美味的科罗娜,你只要拍下来去当地酒吧,就可以免费获得一瓶啤酒。这样的行为在社交媒体上引起了互动传播的效应,同时多家新闻媒体也进行了曝光。

从以上喜力、嘉士伯、科罗娜三个啤酒品牌的传播可以看到,在产品既多样化又同质化的今天,品牌的感性传播(Emotional Communication)与审美沟通(Aesthetic Communication)是创造品牌差异化竞争优势的不可替代的重要手段。有感染力的美学品牌正是来自品牌与消费者通过审美符号的感知(Affect)引起情感的共鸣,是实现品牌理性与感性的全方位体验,是创造其品牌价值的品牌营销手段。所以,品牌感性传播对消费行为偏好有直接影响。

3. 品牌审美主体的体验价值

与以往任何时期相比,消费者已经变得越来越个性化、感性化和情感化,他们的消费需求已经由追求使用价值转向为追求体验价值。消费者在购买及消费品牌的过程中,总是通过以下品牌体验模型来感知品牌美的内涵,如图8-7所示。消费者通过视觉感知产品的形状及颜色;通过听觉来感知产品所传递的品牌音;再通过嗅觉来感知品牌所具有的独特气味;通过味觉品尝产品的口感;再通过对产品的接触过程来体验其质地与温度。消费者在品牌的审美体验空间中,通过五官与品牌形成互动的体验过程来感知品牌的形式美并体会产品的功能美,最后形成对品牌的综合体验,达到对品牌的全方位体验美,甚至由此爱上品牌、购买品牌并成为忠实顾客长期使用。消费者也可以在对品牌进行全方位的审美感官之后,能够客观及均衡地评判品牌的产品是否符合自身的功能需要、审美趣味以及社会身份等,最终有助于消费者寻找到自己合适并钟爱的品牌,实现品牌审美主体的审美体验价值。

从品牌本质三要素中可以看出,受众感性化因素是其重要的属性之一,而品牌感性信息传播是创造品牌偏爱的重要诱因,从审美主体的品牌体验过程来看,它是创造品牌偏爱及忠诚的根本所在。因此,无论从品牌的感性属性传播过程中的感性作用,还是品牌审美主体的感性体验过程来看,以品牌审美及感性沟通为核心的品牌美学理论有其客观存在的现实基础。

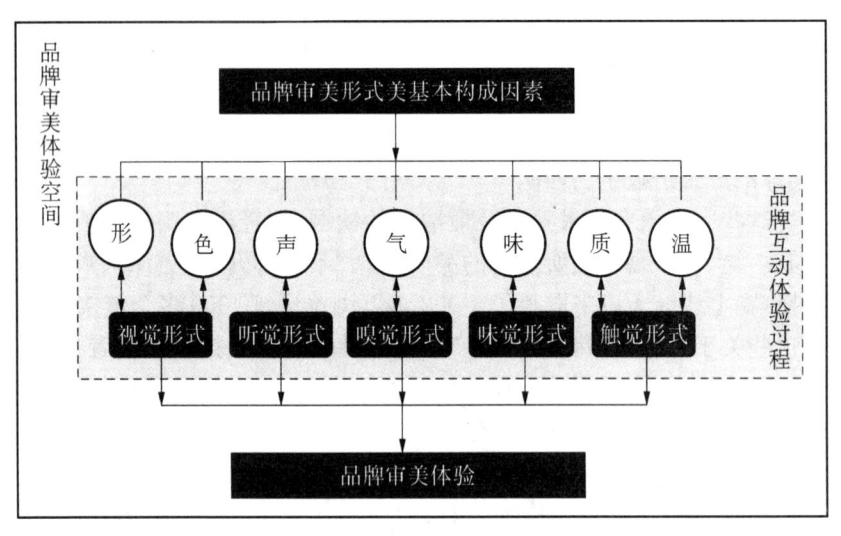

图 8-7 体验美构成模型

8.5.4 品牌美学的三大构成

通过以上对品牌美学的分析对象和定义的解析,我们不难发现品牌美学的分析范畴:什么是品牌美;品牌美的表现是什么;消费者对品牌的审美机制是什么;品牌与消费者之间存在怎样的审美沟通;实践品牌美能带给消费者怎样的感官体验;如何创造具有审美价值及审美意义的品牌;品牌审美的文化与社会意义的历史变迁。以上七大分析范畴构成了品牌美学理论的三大内容:基于品牌美的哲学和品牌审美心理学的理论品牌美学、应用品牌美学与历史品牌美学。

由此可见,品牌美学作为应用美学的一门具体应用分支,其具体内容应有以下三个方面:一是美学在现实品牌创建中指导性的理论形态即理论品牌美学;二是美学在现实品牌创建中操作性实践形态即实践品牌美学;三是作为一个完整的理论构建,我们还需要从品牌美的历史追根溯源:品牌审美意识、审美形态、审美文化均具有的历史性、阶段性,因此形成品牌美学第三种品牌发展形成中规律性的历史形态,即历史品牌美学。

基于应用美学的内容框架和上述理论逻辑思考,结合实践经验的总结,概括出品牌美学理论的内容构成框架,如图 8-8 所示。

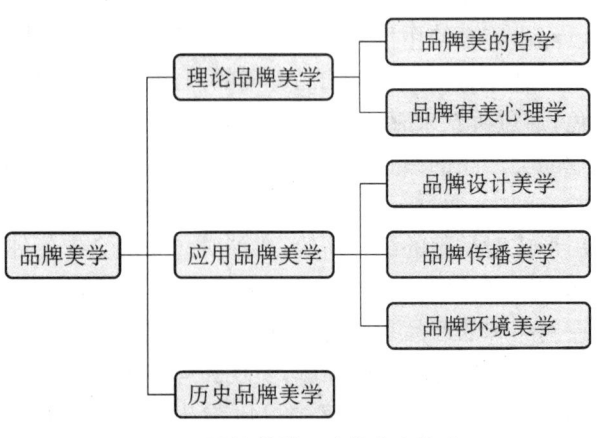

图 8-8 品牌美学理论的内容构成

1. 理论品牌美学

理论品牌美学包括了品牌美的哲学和品牌审美心理学。品牌美的哲学主要分析何为品牌美、品牌美的本质特征、品牌美的价值尺度等哲学命题;品牌审美心理学主要分析消费者在品牌审美过程中的心理活动规律,从而阐释消费者在品牌体验中消费偏爱的情感动机;由于消费者对品牌的审美体验源于产品体验、传播体验和环境体验三个环节。简而言之,品牌审美心理学就是分析品牌美产生的心理机制。

美学自古就以学术话语和实践形态两种方式存在。作为学术话语的美学存在形态人们习惯上直接将其称为"美学",实际上称其为"理论美学"更为合适;而作为实践形态的美学,可以直接将其归入各艺术部类,鲍姆加登曾将其称作"实践美学"。按鲍姆加登的观点,"理论美学"提供"一般规则","实践美学"则"分析在个别情况下如何应用的问题",前者对后者具有指导性意义。

(1) 品牌美范畴。

品牌美的哲学首先要解决美学的认识论问题。鲍姆-加登 1750 年出版的《美学》专著,标志着一个独立学科正式诞生。正如美学史家所评论的"承认美学是一门独立的学科,这是人类思想史上一个最为重要的事件"。鲍姆-加登的这部著作"在人类思想史上的主要功绩就在于,他论证了过去认为很平常的美学应该享有崇高的地位"。虽然后人称鲍姆-加登为"美学之父",但他其实只是给予了美学之名,有关美学的对象、内容等问题,人们至今仍在进行激烈的争论。以至于什么是美学,仍是众说纷纭、各抒己见。一百多年以来,许多思想家都关注过什么是美学。迄今为止,美学已经被赋予了多种多样的含义,从美学思考所依托的知识形式看,西方美学大体经历了几个阶段并出现过一些重要的美学形态,按照不同时段的顺序,可依次列为本质论美学、神学美学、认识论美学、语言论美学和文化论美学。

在两百多年的美学思想发展历程中,不同阶段有不同的美学大家提出美的思考与分析,这些美学思想在不同程度上均为我们当今分析品牌美学的理论构建提供了认识论与方法论上的智慧启迪。鲍姆-加登认为,美学就是分析人感性的学科,黑格尔的《美学》把美视为"理念"的辩证运动的产物,提出"美是理念的感性显现"的著名命题,提出了对理性与感性关系的新理解。他们的观点为品牌美学中何为品牌美的本质分析,以及所提到的"形式美与功能美"的有机统一提供了辩证关系的哲学依据。

19 世纪末 20 世纪初,西方人文科学中出现的"语言论转向"(Linguistic Turn)将语言代替理性成为学术分析中心。这种语言论转向在美学分析中的直接结果是出现以语言为中心的言语论美学。这里的语言不仅指狭义的语言符号,还被扩展至广义的非语言符号,如绘画、建筑、雕塑、香水、广告时装等。任何文化过程似乎都可以语言而加以分析。依据语言论美学的观点,品牌作为一种商业文化现象是可以被视为语言符号及非语言符号来加以美学分析的。

20 世纪 80 年代兴起了以文化问题为分析中心的美学。文化论美学(Cultural Aesthetic)把"文化"视为人类的符号表意行为,强调运用跨学科手段综合地多角度地分析文化现象,消除文化的精英色彩从而揭示其日常性,从大众传播媒介和大众文化的角度对审美问题做出新的分析。法国结构主义和解构主义者巴尔特(Roland Barthes)寻求建立一个把艺术和其他文化现象(如神话、时装、香水、广告等)统合到一起的符号学分析系统,这为后来的文化论美学分析提供了理论依据、方法论模型和实践范例。而英国马克思主义文化分析(Cultural Studies)学派的代表人物雷蒙德-威廉斯(Rayme Williams)和理查德-霍加特(Richard Hoggart)在 20 世纪 50 年代后期分别出版了《文化和社会》(Culture and Society)与《文字能力的用途》(Useso Literacy)两部开创性的著作,他们在分析中注重发掘被资产阶级主流文化所压抑的工人阶级通俗文化,以及在大众传播媒介中被制作和传播的大众文化(如电影、电视),为美学分析带来更宽阔的文化视野和思考方向,它启示后者:美学分析应关注具有更广泛受众和参与者的通俗文化、艺术文本的审美意义如何受制于更实际的社会功利需要以及如何在特定的社会体制和机制中生产。根据"文化论美学"的观点,我们在品牌美学理论的分析中,把"品牌"视为人类的符号表意行为,从大众传播媒介和大众文化的角度对品牌审美问题做出新的分析,即需要关注品牌受众的广泛参与互动体验,将品牌审美与商业功能甚至社会伦理和谐统一。

综上所述,品牌美的哲学分析范畴应包括品牌美的本质,品牌美的功能美、形式美及体验美三者之间的辩证关系,品牌美的文化,品牌美的伦理,品牌美的实践尺度等哲学命题。因此,品牌美的哲学是作为指导品牌美学理论应用的思考源点与理论基础。

(2)基于感性论美学的品牌美。

尽管历史上美学形态众多,但归纳起来不外乎两种美学取向:一是美论美学,主张美学是关于美的学问;二是感觉论美学,认为美学是关于感觉的学问。相较而言,感觉论更突出感觉在美学中的核心地位。感觉论美学又称感性论美学,主张美学不应局限于分析美,而应当分析人在内的整个感觉或感性。从这种角度而言,是对应了美学创始人鲍姆-加登提出美学的初衷:美学是关于人的感觉的学问,它要分析人的感性、感觉、情感如何在现代人型结构中形成一种合理性。这也意味着美学就是一门感觉学或感性学,凡是与人感觉、感情或情感有关的,不论其是否美,都可以成为美学的分析对象。所以说,当今经济文化生活形态中的视觉文化、听觉文化、影像文化、媒介文化、品牌文化等所涉及关乎感觉的内容,都可以纳入美学分析的范畴。正如德国当代美学家沃尔夫冈·韦尔施(Wolfgang Welsch)主张:"美学必须超越艺术问题,覆盖日常生活中,感知态度、传媒文化,以及审美和反审美体验的矛盾。"

品牌美的哲学思考应在对感性论美学的认识论基础上,适当吸取其他美学流派的相关理论,形成对于当代品牌审美现象以及品牌美的全新的阐释思路和品牌美学理论核心命题——何为品牌美。

(3)品牌审美心理学。

品牌审美心理学主要分析品牌审美心理特点和审美心理过程,以及它们的相互关系和价值。品牌审美心理学在品牌美学分析中的具体应用,是分析和阐释品牌消费者在品牌消费过程中的审美心理活动的规律。所谓审美,主要指美感的产生和体验,而心理活动则指人的知、情、意,因此品牌审美心理学也可说是一门分析和阐释消费者在品牌美感产生和品牌审美体验中的知、情、意的活动过程,以及个性倾向规律的学科。它将涉及品牌审美生理、心理机制,品牌审美心理特点及心理过程等方面的分析。所以品牌审美心理学可以借鉴心理学的相关理论及分析成果,为品牌审美心理机制的分析提供理论基础和学科支持。

① 品牌审美生理及心理机制。

品牌审美生理、心理机制主要指品牌受众对品牌进行审美关照、摄取、储存和加工,最后得出审美结果并引发情绪波动或某种行为的机制。它是由建立在大脑感官神经系统物质生理基础上的三个互相联系且功能不同的系统来担任。其中,感官神经系统是品牌受众与品牌联系的通道,是直接摄入审美信息的窗口和接收器;总数神经系统是审美信息的调节器,它把感觉传送来的各种声音、色彩片段信息汇总和集中起来,组成整体性的形象,经过情感的体验再往大脑细胞群传送；大脑是审美对象信息进行感受、评价、储存和最后加工的基地。因此，我们可以看出影响品牌受众审美的支配因素主要有审美意识和审美心境。

审美意识是品牌受众全部意识的一部分，它的活动并不遵循概念、推理等理性思维规律。它属于非自觉意识，也就是人们所说的下意识。审美意识包括审美认识、审美观念、审美标准、审美理想等。所以，在进行品牌美学化构建中，除了进行传统的消费者分析、消费者需求、消费动机等分析之外更需要对品牌受众的审美意识进行分析。

在品牌审美受众中，审美心境主要由美的心理定势和消费者审美过程中的心理情绪组成。审美心理定势是以某一种或一类对象为审美目标而具有的非知觉的追求趋势，这种心理定势与审美意识中的趣味、能力、标准等有关，它们是某一具体审美活动中的综合心理基础。美的心理定势决定着心理情绪上有意无意的定向追求和这种追求的程度，是否有这种追求或追求程度强弱都直接影响着审美活动中美的发生。因此，在进行品牌美学化营销过程中，需营造一种与消费者心理定势及心理情绪相一致的营销体验情景与环境。

② 品牌审美心理特点及心理过程。

心理学分析认为，审美心理活动是认识过程、情感过程和意志过程的集合，由这三个相互联系、相互制约的发展阶段组成。品牌审美心理过程包括品牌受众的知觉接受、品牌受众的情感发生和品牌受众的移情效应三个阶段。

A. 品牌受众的知觉接受。品牌审美受众在特定时空环境中进行审美关照动用的是视听感官，接触和摄取的是审美对象外层形式信息。这时，品牌审美受众的心理是逐渐变化的：由个别到局部、由局部到全体、由片段到多侧面，另外声、色、线条等外载形式信息是无秩序地在感觉神经系统中波动，同时引起品牌受众心理上的浅层次愉悦与激动，这种愉悦与激动带动着浓厚的直觉与朦胧。各种形式的信息通过不同的感觉神经汇拢、集中到中枢神经系统，激发起大脑皮层的兴奋，引起审美的有识注意。这一阶段在审美心理上的最大特点是：品牌受众与品牌之间的审美联系由混沌状态逐渐呈现出低级有序状态，形成知觉心理形象。例如，通过品牌产品的造型、色彩，品牌广告的音乐，品牌终端体验环境的氛围与消费者听觉、视觉、触觉等感官来接受品牌传递出来的美学信息，形成对品牌的知觉心理形象。

B. 品牌受众的情感发生。这一阶段初期品牌受众与品牌之间的审美联系就已经是有序状态，审美心理上已经形成整体形象。根据现代神经细胞学和信息理论，从视听觉到中枢神经对外界信息的摄入，都是有所选择和检测的。在这个过程中，大量不可把握和认为无知无用的信息都被过滤和删除掉了，真正进入中枢神经系统的只是一部分有用的信息，而且，品牌受众的情绪感情被激发和调动起来，渗透到心理形象之中，使形象涂上品牌受众的主观色彩。因而审美心理形象虽然在结构上同外界物像是一致的，但在状态大小、比例、内质等方面都相应地发生了变化，这种变化再经过品牌受众的"情化"就与原来物像相差甚远，已经渗透了较浓的品牌受众的主观色彩，寄予了受众的某些期待与愿望，产生了主观爱好或厌恶，因而会体现出较强的心理倾向性。

C. 品牌受众的移情效应。移情(Empathy)说是德国的劳伯特·费肖尔(Robert Vischer)在《视觉形式感》(1873)一文中首先明确使用的美学概念，而后由立普斯(Theodor Lipps)确立下来，再经美学家谷鲁斯(Karl Groos)进一步发展，并以此为核心，建立起庞大的美学体系。对西方美学界产生了广泛而深刻影响的立普斯指出："审美的欣赏并非对于一个对象的欣赏，而是对于一个自我的欣赏，它是一种位于人自身的直接的价值感觉。"这一阶段主要是品牌受众运用理性思维,调动储存主观爱好、观念、价值对审美知觉输送来的完整结构形象进行不同目标的分析和加工,随着心理目的的不同或做出一种审美的形象评价,或创造出一种新的形象信息,同时透视和挖掘其内在深层隐蔽性含义及本质。即消费者将自身的主观情感转移到品牌上去,仿佛觉得品牌也有同样的情感,换句话说,就是当我们喜欢某个人或者物时,也觉得周围的人会同样去喜欢。品牌人格化的形象策略正式基于这样的心理学原理产生的。

由此可见,品牌审美心理学为品牌美学中有关品牌美的产生机制进行深度、微观的解析。它不仅为品牌美应用提供了严谨的学术分析方法并完善了其理论体系,还为品牌美学在具体实践应用中提供了对消费者审美心理洞察的方法与创造品牌美感的理论依据。

2. 应用品牌美学

应用品牌美学也称之为实践品牌美学,它作为美学在品牌创建过程中的物化存在形态,是理论品牌美学的基本实践方式、实践过程、实践结果以及实践目标的总和。应用品牌美学受理论品牌美学的指导,并具体探讨如下两大问题:作为物化的品牌美学产品,其基本的实现途径与方式是什么?作为理论品牌美学的一种实践方式,其主要实践目的及意义是什么?

品牌应用美学的主要实践方式是"品牌审美创造"与"品牌审美消费"。品牌审美的创造将主要分析如何研发品牌审美符号沟通工具,并通过这个工具创造出品牌美的形态及价值。而品牌审美消费则是通过品牌审美沟通与审美体验机制的分析,具体分析审美消费体验的特点与规律,为美学化品牌创建方法和工具提供目标性与策略性依据。在一个以消费者为导向的现代营销环境中,品牌美学应用的最终"审美消费"环节往往对"审美创造"环节具有决定性的影响,消费者的消费习惯、审美爱好、消费品位往往直接影响着美学应用的设计理念、创造过程与最终产品呈现。因此,在分析实践品牌美学时必须先从分析品牌"审美消费"开始,这也是品牌美学区别于其他应用美学先从"审美创造"开始分析的差异点。应用美学具体内容表现在如何利用美学的思想、原理、方法来指导品牌的设计、品牌的传播以及品牌审美体验的创造。由于品牌给受众的"审美消费"内容,会涉及品牌产品的体验、对品牌传播的体验、对品牌环境的体验,如图8-9所示,所以应用品牌美学的应用领域为品牌设计美学、品牌传播美学及品牌环境美学。

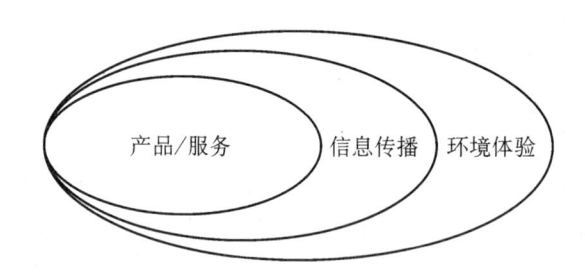

图8-9 消费者品牌体验与产品、传播、空间设计三者之间的关系

图8-9展示消费者品牌体验与产品、传播、空间设计三者之间的关系。产品(服务)、信息传播、环境体验分别是品牌美学的理性层面、感性层面和外化表现,这三者相互联系,统一于品牌美学的核心。从品牌美学的构成过程来看,三者有一定的层次性和逻辑性:产品的认知会激发信息传播的深入,传播的加剧会影响空间环境体验的情感渗透,这是一个关系动态的系统。事实上,经过若干过程的积累,最终三者会在任一时点以同种状态的形式同时存在,共同构成一个完整的品牌美学体系,这也就是品牌审美体验过程。换言之,在任一时空的品牌体验关系

里面，都存在产品（服务）、信息传播、环境设计的成分，只是各成分的权重不同。为了便于探索品牌美学应用内在结构与关系，我们可以将品牌美学应用分解成三个领域，并逐一深入分析，但是在品牌美学的实际应用中，这三部分常常是相互交叉、相互影响并融合，并非孤立的个体。

（1）品牌设计美学。

品牌设计美学是以产品设计为核心的品牌美学规划。它是基于以人为本的设计理念，将形式法则结合人体工学应用于产品设计，并使其具有品牌美的使用价值、象征价值与审美价值。品牌设计美学要求产品美学设计纳入品牌美学系统考虑，因而产品的美学化品牌识别性将是一个重要的属性，若将产品美学的识别性扩展到整个产品体系，这就可以理解为一套完整的以产品设计为核心的品牌美学整合设计，在开发、设计、制造、流通、使用中形成品牌统一审美形象特质。所以，品牌设计美学具体包括产品的品牌识别性、形态基本元素与设计规范；色彩与材料的应用规范；产品表面 Logo、字符等设计与工艺规范；产品通用件的设计规范；产品的人机与用户界面系统；产品的包装系统等其他环节。在这些细分的环节中，部分是与品牌形象视觉识别系统中的环节相重合的，但应与产品的关系更为紧密，或是需要考虑在产品中的创新应用，因而将其纳入产品美学设计的体系中。其中相互关系如图 8-10 所示。

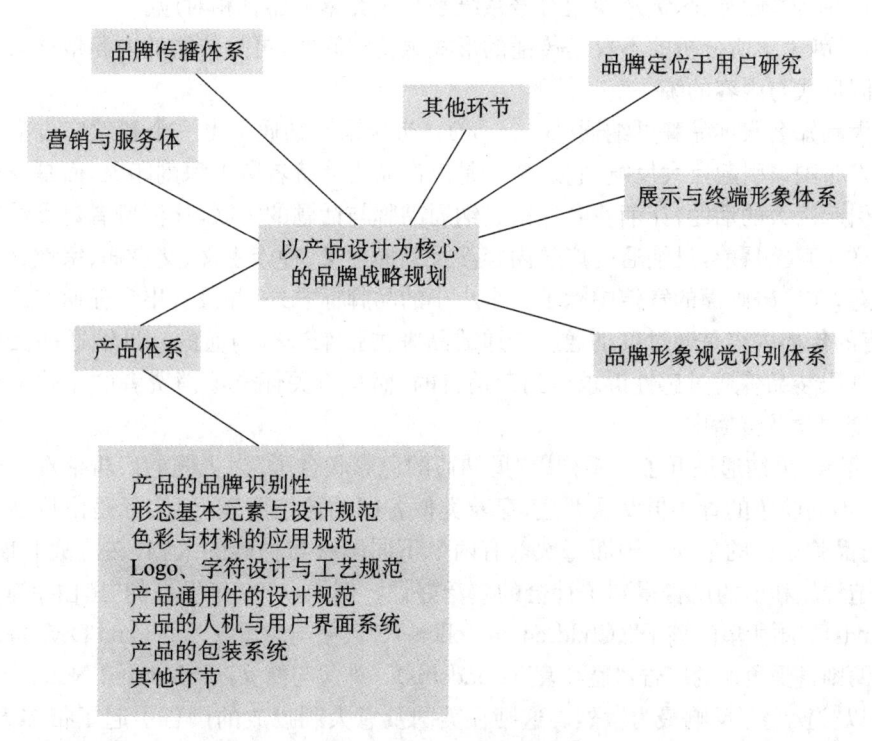

图 8-10 以产品设计为核心的品牌战略规划图

以法国 Cdium 产品设计为例，简述品牌设计美学的核心内容。这个项目是为欧洲领先电子品牌 Emtec 设计一整个系列的电脑以及周边设备，具体内容包括所有电脑及周边设备的品牌识别系统与包装设计。在这个案例中，笔记本产品被命名为 Gdium，同期上市的周边产品分别被命名为 G-key（多用 U 盘）、GMouse（鼠标）、CHub、GChat、Movie Cube（外置储存和多媒体装置）、CTV-key 和 G-Bage（笔记本外套、背包、挎包和公文包），所有该系列产品均以"G"

为设计概念,相辅相成建构一个整合的电脑产品体系。每一台 Gdium 笔记本电脑都特别配置了一款 G-key,插入 Gdium 前方特有的滑槽式 USB 接口,即可开启界面独特的 Gdium 世界,每款 G-key 都配备了防脱落的帽盖和便于携带的挂绳孔。这个系列产品的主要目标市场为学生市场,同时也兼顾主流市场对迷你笔记本的日益需求,如女性白领、商务人士等,因此在进行设计的时候重点考虑这部分人群的使用特点,从产品的造型、触感、便捷度以及色彩方面,都进行了独特的带有"G"设计概念的创意。

(2) 品牌传播美学。

品牌传播美学是品牌美学在品牌传播中的具体应用,它主要是分析运用美学形式法则与感性创意方法,通过各种媒介形态传递感性的品牌审美符号与消费者感官进行审美互动,创造消费者审美偏爱与审美体验,进而实现品牌的审美价值。品牌传播美学原理具体应用在品牌传播中的形式有广告、公关、活动、品牌识别、DM 等整合营销传播途径。美学家苏珊·朗格(Susan Lang)曾经对艺术下了这样的定义:"艺术是一种有意味的形式。"传统的传播美学大多基于视觉传达艺术的运用,而品牌传播美学不仅是传统视觉艺术中所指的设计有结构秩序和视觉形式的个性活动,更包含了"有意味的形式"符号传播,它是由人的感觉器官来接受,因此它包括视觉、听觉、触觉、味觉及嗅觉符号系统来与人类感觉器官相对应。

所以,品牌美学所分析的不仅是传播的形式感美学问题,更是传播的内涵精神与品牌意义的美学,即"形式与内容的统一"。

如意大利知名服饰品牌贝纳通(Benetton)。近年来贝纳通每出一个新款广告都会在世界各个主要发布国家引起巨大反响,它通常不是以产品为消费者留下深刻印象,而是通过大胆出位的广告引起巨大的话题,让消费者探讨贝纳通品牌与话题的关联,让消费者对贝纳通的评价也变得多样。直至目前,贝纳通的广告内容涉及恐怖主义、种族主义、艾滋病、宗教、爱情、环保等社会话题,在广告画面的宣传中除了一个小小的品牌标志外,并没有出现任何与产品相关的元素,所有的传播内容是通过贝纳通所传递的品牌主张来进行沟通。贝纳通的品牌主张也不同于其他服装品牌通过感性诉求达到营销目的,而是将关怀全球消费者的品牌形象和态度融入其品牌理念及传播中。

1985 年起,贝纳通展开了一系列以"贝纳通的色彩联合国"为主题的广告活动。通过许多不同国籍、不同肤色的青年男女及儿童,穿着类似各国的传统服装,但实际是由贝纳通出品的服装,进行品牌主张的呈现。画面每次都有两个不同国家与种族的人物,在冷战时期,这种在画面上营造种族和谐的广告得到了社会的广泛好评。例如,1990 年发布的"黑白手"(Black and White Hands)、"厕所里的孩子"(Children on Toilets)、"天使与魔鬼"(Angel and Devl)等以及 1991 年发布的两则备受争议的广告:"避孕套"(Condoms)、"神父与修女"(Priest and Nun)。

其中以"避孕套"反响最为激烈。这则在美国及意大利投放的广告引起了很多人的不满,他们认为一个服饰品牌不应该将如此隐私的事情摆放在明处。但贝纳通从人口过剩、艾滋病泛滥、安全性行为的角度诠释了其品牌理念,并通过彩色的避孕套来展示贝纳通产品的丰富颜色。通过这个广告,贝纳通不仅提高了品牌知名度,还引发了消费者去当地贝纳通专卖店领取安全套的热潮。除营销所达到的品牌效应之外,贝纳通的广告运动还造成了强烈的社会效果。

从贝纳通的品牌传播营销中我们可以看出,通过将品牌核心价值美学化表现出来,将品牌理念进行传播并与消费者形成沟通,创造消费者对贝纳通的审美偏爱,进而实现其品牌的审美价值。

(3) 品牌环境美学。

品牌环境美学分析的主要对象是消费者体验环境的审美要求,品牌环境感通过空间艺术与审美符号(声、光、电、色、形等)营造消费者五感(视觉、听觉、触觉、嗅觉、味觉)审美空间感受,来促进消费者对品牌的情感认知与审美体验效果。品牌环境美学原理具体应用于品牌审美营销环境中的方式包括零售终端、展览、路演、赞助活动等有空间感的环境。在现代互联网时代,网络虚拟体验空间也是品牌环境美学的拓展空间之一。

环境(Environment)广义是指影响生物机体生命、发展与生存的所有外部条件的总体。人类除了要依赖环境生存之外,还会对此进行创造与改变。即人类可以营造出符合人类意愿的人工环境(建筑),所以协调"人—建筑—环境"中的关系是环境设计中的核心课题。品牌环境美学就是将广义的环境设计中的美学原理运用于品牌的相关空间设计中。按照人类环境的空间位置划分,我们可以将品牌环境美学应用为室内、室与室外三个层次,它可以分别对应于品牌室内展示、品牌企业建筑和品牌室外展示空间。

从整体上看,品牌美学在品牌环境中的应用原则分为三个层次:形式的美感、气氛的感染和意境的美感。

形式的美感是创造一个让消费者感觉舒适而美妙的品牌体验环境的首要条件。例如,一间设计合理、让消费者感觉到舒适的品牌体验店,首先必须要满足尺度符合人体工学的要求、比例恰当、陈设有序、色彩和谐等形式美法则的要求。

气氛的感染是指在一定品牌体验环境中给消费者某种强烈感受的精神表现及景象。品牌体验环境中形式上的美感虽然能够让消费者得到一定程度的审美愉悦,但是,要想让消费者对品牌美的体验上升到更高层级的审美,则需要使品牌体验环境形成一种相应的美学气氛。比如在耐克体验店中会产生关于运动的快乐与轻松的感觉,宜家体验店会给消费者带来温馨的家居氛围等。这些气氛可以给消费者带来品牌审美的感受,这也是形式美感带来的审美体验的结果。

意境的美感是指在体验环境中体现出来的品牌价值的某种主张意图,是这种品牌主张与客观品牌环境中的审美元素的完美结合。意境的美感与气氛相比,不仅可以被消费者所感知,还可以引起思考,并带给消费者更高层次的审美感受,即审美感兴,让其消费者不仅对品牌体验环境有所感触,还能有所兴,达到消费者对品牌价值观与品牌倡导生活方式的认同。例如,BMW Lifestyle 的销售空间便是品牌环境美中形式美、气氛美与意境美的完美展现。

BMW Lifestyle 是 BMW 与知名服装品牌宝姿在一起进行联合品牌营销的案例。该品牌主打休闲服装,表现时尚、艺术、驾驶的真正含义。在 BMW 的服装专卖店中,可以清楚地看到 BMW 的品牌元素,甚至连专卖店的门头设计都采用了 BMW 汽车中的经典线条,如 BMW Lifestyle 在北京东方新天地的专卖店。

与商场其他品牌的专卖店橱窗及方正的门头明显不同,BMW Lifestyle 的入口采用类似于汽车的独特线条设计。从入口往店内看,会让消费者产生开车进入隧道的视觉错感。虽然这是一家服饰专卖店,但门口摆放的 BMW 经典 Z4 跑车,再加上极富光感的墙面和地面以及整个店内的摆设,无不让顾客清楚地感受到 BMW 品牌所强调的科技与前卫,同时又不失服饰品牌产品所需具备的时尚感。BMW Lifestyle 专卖店具有不规则设计的地面,并且将 BMWZ4 概念车的车身线条应用在店内所有的线条。在专卖店里,没有单调的直线条,就算试衣间的门都是仿造车门的弧线,倾斜设计。太空舱式的试衣间灯光也完全由门的开关所控制,给消费者有进入科技博物馆的体验感受。这些交叉相叠的个性线条串联其整个空间,使地面、墙壁与天花板成为一个整体,如同全速行进的跑车轨迹。在这个体验空间内,采用 BMW Logo 中的白色与蓝色,将品牌颜色从一而终地保留。更为经典的部分是店中长达 22 米的品牌主题墙,从 BMW Z4 中获得灵感,由 156 块可伸缩搁板构成,流线型设计柔和、明快,整面形象墙的层板如积木一样可随意抽拉,让消费者从多样化的陈列方式中挖掘艺术设计的无限灵感。在东方广场店内,挂衣架从天花板悬垂而下,并且由特殊碳纤维材质制成,这些碳纤维材质轻盈且坚韧度十足,用于制造 BMW Sauber H1 赛车。在 VP 休息室内,摆放着 BMW 仿轮胎造型的茶几、真皮材质沙发、镶嵌在镜面墙中的液晶电视,处处体现创意株于细节。当然,这些空间营造的原材质都可以在 BMW 汽车上找到。

从以上对 BMW Lifestyle 专卖店简单的描述我们可以得知:从品牌空间的形式美感上来看,BMW 创造了一个让顾客觉得舒适的购物环境;从品牌空间的气氛营造上来看,消费者可以感受到 BMW 的品牌态度及文化,感受到其所强调的驾驶的乐趣;从品牌空间的意境美感营造上来看,将服装专卖店与 BMW 产品和历史相结合,营造出一个能让消费者从历史到现实再到未来的驾驶乐趣的全方位体验过程。而最终消费者会将在这里体验到的感受与心理情除了改变整个卖场的环境营造品牌主题外,很多品牌还会通过橱窗或狭感,直接嫁接到 BMW 的产品上,用小的空间来完整表达自己的品牌环境美学。例如,LV 2014 年巴黎总店的橱窗就设计成丛林,箱包和丛林中的猴子成为主角,让所有经过的人一眼就能理解 LV 品牌中旅行的基因。同样,LV 为了凸显出品牌中旅行的基因,甚至将秀场装饰成火车站的样子,并将一辆真的火车车厢开进秀场。

随着科学技术的发展,品牌的环境美学除了可以在实际环境中展示出来外,消费者还可以在品牌的虚拟空间对品牌所要传达的内容进行全方位的感官体验。而目前,这种网络虚拟空间的品牌展示虽然受到技术条件的限制,没有办法还原百分百的实际体验空间带来的五官感知效果,但也并不妨碍其已经在品牌美学展示中发展得越来越重要的趋势。

3. 历史品牌美学

历史品牌美学是品牌美学分析中不可或缺的一个重要内容。从广义的角度来看,历史品牌美学是分析社会经济发展阶段中的社会价值观念、消费审美观念、区域文化观念的发展在品牌美的发展过程中的作用与影响的机理,以及对应阶段中品牌美学的普遍表现。从这个角度来看,历史品牌美学是一个类似于历史美学在品牌发展中的应用,它属于社会学科范畴,需要企业综合多学科、多角度的思维方式来解析品牌美学的发展历史。从狭义的角度来看,历史品牌美学也可以分析一个品牌美学的发展历史,它限定于某一个特定的品牌或某一个特定品类的美学发展。除了与社会经济发展阶段中的社会价值观念、消费审美观念、区域文化观念的发展影响相关外,狭义的历史品牌美学最大的特点就是必须以特定品牌或品类为分析对象,它着重分析的是一个品牌在成立、成长过程中所表现出来的符合消费者审美取向变化的美学意义与商业价值,它类似于一个品牌的美学发展历史。从这个狭义的角度来分析成功品牌的历史品牌美学,可为进入该品类市场的新品牌提供很好的参照与启示。

无论是广义或是狭义的历史品牌美学,对它们的分析都需要涉及社会经济发展的背景、消费者的审美价值发展取向、品牌发展各过程中的美学表现三个方面,但两者的分析角度与侧重点并不相同。总的来说,分析历史品牌美学可以了解每个时代、每个地区、每个市场的品牌美学发展情况,有助于深入地了解当地市场与消费者的审美倾向,或有助于了解所分析的单一品牌发展情况,给今后品牌美学塑造工作带来实际意义的理论规律与案例参照。

8.5.5 品牌美学价值

品牌美学的价值是由品牌美的生产、传播、体验三个环节实现的,是由品牌经营者、品牌传播者、品牌消费者参与并实现价值的,所以,品牌美学的价值可以从以上三个角色的角度进行分析与考察,归纳品牌美学对它们的价值与意义。

1. 经营价值

品牌经营者为品牌所有者,也是产品及服务的提供者。品牌美学战略对于品牌经营者来说能够节约成本,提高产品定价,提高生产率,让消费者产生消费忠诚,扩大销量,也能在激烈或在品牌功能同质化的激烈市场竞争中获得法律保护。品牌美学对于经营者而言最重要的是能够提高品牌的溢价价值,通过品牌的审美沟通,让消费者产生品牌情感与品牌偏爱,创造品牌忠诚度,使其企业拥有品牌差异化竞争优势以及持续盈利的能力。

品牌美学是在品牌与消费者之间创造一种情感的链接,在此,品牌主要从两个方面达到这样的目的:一是通过美的形式突出品牌,二是通过品牌的美提供给消费者独特的使用感受。如果品牌拥有一个其他竞争对手所不具备的消费者感官体验点,这也会赢得消费者的追从。

2. 消费价值

品牌消费者是产品及服务的购买者、使用者,更是品牌审美的体验者。品牌美学对于品牌消费者而言,它能让品牌的信息更显露,方便消费,同时品牌美的品牌精神也能让消费者形成个性标签。品牌美学应用的产品及服务、环境能给消费者带来品牌体验美的全方位体验。从产品功能的角度来看,能为消费者带来符合需求及人体工学设计的使用愉悦感受;从传播的角度来看能给消费者带来身份感、尊贵感以及文化价值的认同;从空间体验的感觉来看,能给消费者产生品牌美的气氛与意境感受,让其产生对品牌价值与文化的心理归属感。斯科特-贝德伯里(Scoot Bedbury)说过:"伟大的品牌与情感息息相关。情感驱动着我们做出大部分的决策。一个品牌能够借助强大的客户关系体验而影响深远,它是一个超过产品本身的情感上的客户关系点。"盛世长城全球首席执行官凯文-罗伯茨(Kevin roberts)在其所著的《至爱品牌》(*Love Marks*)一书中也提到,品牌与其核心客户的关系就是"一个伟大的品牌就是你深深地、无条件地喜爱的品牌"。一般而言,品牌美可以帮助消费者按以下四种方式来做事(见图 8-11):

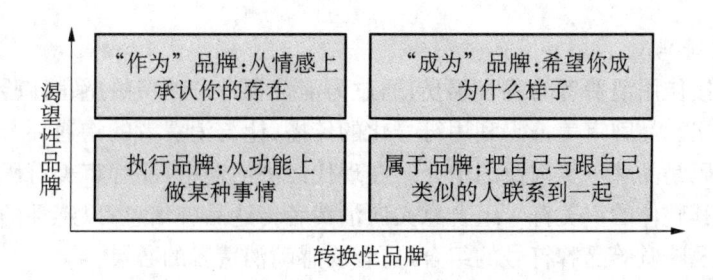

图 8-11 品牌美对消费者的作用

(1) 品牌可以通过改进现有的产品功能或者对消费者的功能支持,做消费者希望做得更好的事情。例如,LV 推出高端系列产品,产品中将没有标志性的满 Logo 及棋盘,这是为了满足高端消费者不再希望像暴发户一样背着满是 Logo 的产品的心理需求来进行的产品改变。

再如英国航空(British Airways)在大西洋的航班上推出了"世界俱乐部",为消费者安排最佳的时间表,让消费者可以在伦敦完成工作后,还有充分的时间为在下一个地点的工作开始做准备:在飞机起飞前,消费者可以在英国航空公司的晚餐候机室用餐,上飞机之后便可以安静地休息,空乘会为消费者准备好羽绒被及枕头,直至飞机降落时唤醒消费者。当落地后,可去休息室洗个澡,英国航空公司的服务人员还会为消费者熨好衣服,以便能够保持良好的形象,精力充沛地直接从机场去工作。

(2)品牌通过不断地赋予自身有力的认同感和优越心态,得到消费者的认同。这种品牌美学的营销方式在运动品牌以及奢侈品品牌上表现得尤为突出。例如,耐克一直强调勇往直前、永不妥协的运动精神,并将这种精神与消费者进行关联,得到消费者的认可。再如,奢侈品牌强调"手工""限量""定制""皇室"等附加价值,打造被消费者认同的稀缺及尊贵感。

(3)品牌通过得到主要的、真正的或者认可的联系,成为消费者希望成为的某个社区部分。在品牌打造或营造的社区中,消费者通过品牌所营造的美的观念及价值,寻找到志同道合的社交群体,将品牌变成了自己的社交圈。例如,星巴克通过组织社区活动,将有相同意愿的消费者融合到一个圈子里,进而更加巩固其与品牌的情感关系。

(4)品牌通过增加消费者个人的威望或者能力以及自信,做消费者以前做不到的事情,并形成一定名气。品牌通过自身的标准以及形象,将消费者打造成为品牌的形象载体,将品牌的光环移植于消费者身上,增强消费者的自信以及对品牌的信赖及依赖。如同一辆好车为消费者带来的身份感的效果是显著的,一个品牌包与其形式相同的普通包带给消费者的情感特征以及自信也是截然不同的。

3. 传播价值

品牌美对品牌传播者而言,能够在品牌传播工作中建立专业系统理论与工作方法,使其能够科学及有效地创造品牌美的同时,赢得品牌经营者更多的信任与业务机会。

总而言之,品牌美学不仅为品牌经营者、品牌消费者、品牌传播者创造了营销与传播的商业价值,它还为经济与社会带来了文化价值。在文化创意产业中,品牌美学的应用为其带来新的发展机会与创新思路;在社会伦理与文化教育中,品牌美学的价值尺度观念与品牌美学的审美教育都会提高社会公众的审美素养与道德意识等。

8.5.6 品牌美学两大应用工具

1. 品牌审美符码

品牌信息直接作用消费者的感官感受,通过为消费者带来独特的感官体验,来增强消费者对品牌信息的记忆。品牌审美符码利用符号化的传播,让与消费者的沟通环节大为缩短。

品牌审美符码是品牌审美沟通的中介。在现代经济活动中,品牌审美符码扮演着一种"替身"的角色,通过其整体的审美符号组合意义向消费者传达品牌信息,以感性的易接受的视觉、听觉、触觉、嗅觉及味觉等品牌符号的组合,更容易感动消费者的心灵。

在品牌感觉(Sense)系统中,品牌审美符码主要是指人体感觉器官可以直接感知的各种符号因素,具有强烈冲击力的视觉效果,可以使消费者产生耳目一新的感觉。

品牌情感(Sentiment)系统中所包含的符号因素,能够激发人们产生某种情绪或情感体验。例如,品牌主题的传播代言、品牌产品、服务的利益与情感的承诺,品牌体验空间的意境氛围等,这些品牌审美的情感要素既能提供品牌形象识别,又能提供更多的品牌商业信息及额外的价值与文化联想。

品牌的象征(Symbol)系统是品牌创造者想表达的品牌价值理念、品牌愿景以及品牌的识别身份等象征意义。它建立在品牌的风格形式与主题内容的符码子系统基础之上,是给消费者带来品牌整体体验的认知结果。它是企业希望通过运用品牌美学策略达成的营销目标与企业形象战略目的。也正是各品牌审美符码之间的相互关系与作用,才构成品牌审美的符码系统。

2. 品牌美学的智能管理

品牌管理者为了创造品牌资产的审美溢价,从而开展的以消费者审美体验为中心的产品/服务规划、创意传播及评估智能化管理等一系列的美学战略决策和美学策略执行。品牌美学智能是以创造品牌审美溢价为最终目的,是基于消费者与品牌的基于网络的智能审美沟通,从智能化制定品牌审美评估指标与指标的数据的自动采集、品牌美学智能决策与规划,到品牌五感设计、品牌感性的网络舆情传播及品牌美学智能管理的互动循环管理过程。

第九章 电子商务内容与活动智能管理

本章知识点

电子商务的内容和活动的智能管理,前者主要包括 UGC、OGC 和 PGC 的内容管理及其三者之间的联系和区别;后者主要包括电子商务战略管理、电子商务组织管理、电子商务商流管理、电子商务信息流管理、电子商务资金流管理和电子商务时代管理等。

9.1 电子商务内容智能管理

电子商务的内容智能管理主要包括针对用户生成内容管理、职业生产内容、专业生产内容(视频网站)、专家生产内容(微博)的智能管理。

9.1.1 UGC 的内容管理

1. UGC 的定义

UGC 全称为 User Generated Content,也就是用户生成内容,即用户原创内容,是伴随着以提倡个性化为主要特点的 Web 2.0 概念而兴起的,也可叫作 UCC(User Created Content)。它并不是某一种具体的业务,而是一种用户使用互联网的新方式,即由原来的以下载为主变成下载和上传并重。一般的用户(包括现实消费者和潜在消费者)在社区或者信息交流平台上发表的观点与体验,包括视频、图片、音频等。消费者在互联网上自生的这些内容跟以往人们从线下口碑了解的是不同的,因此用户生成内容成为虚拟世界各大用户购买的决策之一。

此外,UGC 模式改变了传统电商的行为语境,消费者通过点赞、成员互动等形式了解信息,为其他消费者提供决策信息,因此社会化活动融入电商中。同时很多线上的商家及企业认识到 UGC 模式可以给市场带来不同凡响的绩效,因此很多的商家及企业通过自建社区、在线交流等渠道了解消费者的购买决策及购买后的产品体验。其中就有传统电商淘宝、京东商城等开启了与消费者互动的模式,新型的社会化电商小红书、蘑菇街等是完全通过 UGC 模式来运营的,最终诱发消费者的购买欲望。

在社会化电商的大环境中,用户发表分享的内容被其他用户看到了,这些信息对其他用户起到了指导作用,随后其他用户也会跟随发表自己的看法、意见以及体验,这就给消费者和社会化电商平台包括商家提供了很多有价值的商品信息。消费者会根据其他消费者发表的信息来判断商品的价值,最终做出购买决策。

YouTube 等网站都可以看作是 UGC 的成功案例,社区网络、视频分享、博客和播客(视频分享)等都是 UGC 的主要应用形式。

2. GUC 的特点

UGC 视频主要由普通网友自发制作，供网友之间相互传递分享，带有大众、业余的特点。世界经济合作与发展组织（OECD）在 2007 年的报告中描述了 UGC 的三个特征：

(1) 以网络出版为前提；

(2) 内容具有一定程度的创新性；

(3) 非专业人员或权威组织创作。

其中，制作主体的非专业化是其突出的特征。

在精神需求日益显著的新营销时代，消费者注重个性体验与表达。消费者对产品的需求已经不再停留在质量、品质以及功能上，更多是对于心理层面的体验式服务的追求，他们需要的是在消费过程中体验到愉悦的感受。消费者从生理需求到精神需求的转变是中国社会经济发展的必然趋势，自媒体的产生，又提供了 UGC 天然展示平台。

3. UGC 的优缺点

(1) UGC 的核心优点包括以下两点：

① 不用担心内容的数量，每天都会有用户为网站提供新的血液。

② 让用户参与，帮助网站管理员创造内容，积聚访客的力量，使得企业的网站内容更易受到搜索引擎的信赖，受到普通用户的喜欢。

(2) UGC 的核心缺点。

由于 UGC 创建者的大规模性、复杂性、身份多样性，其产生的信息内容存在主观性、片面性与难以监控性，信息发布者容易受到众多因素影响，致使 UGC 存在多种质量问题，很容易会出现大量广告和垃圾信息。所以运营人员除了网站运营数据分析，还要思考如何把控，让用户发布良性内容。

(3) UGC 社区产生的基础。

UGC 社区产生的基础的主要包括以下几个：

① 网络社区参与者之间的信息不对称；

② 网络社区参与者对于某类事物存在不同的见解，并且这种争议是具有广泛性和持续性的；

③ 网络社区参与者对于话题本身或是其中的元素有一定的关注度。

4. UGC 的分类

(1) 好友社交网络。

如 Facebook、MySpace、开心网、人人网（校内）、众众网等，这类网站的好友大多在现实中也互相认识。用户可以更改状态、发表日志、发布照片、分享视频等，从而了解好友动态。

(2) 视频分享网络。

如 YouTube、优酷网、土豆网、搜狐视频等，这类网站以视频的上传和分享为中心，它也存在好友关系，但相对于好友网络，这种关系很弱，更多的是通过共同喜好而结合。

(3) 照片分享网络。

如 Flickr、又拍网、图钉等，这类网站的特点与视频分享网站类似，只不过主体是照片、图片等。

(4) 知识分享网络。

如百度百科、百度知道、维基百科等，这类网站是为了普及网友的知识和为网友解决疑问的。

(5) 社区论坛。

如百度贴吧、天涯社区、知乎等,这类网站的用户往往因共同的话题而聚集在一起。

(6) 微博。

如 Twitter、新浪微博等。微博应该是 2012 年最流行的互联网应用了,它解决了信息的实时更新问题。手机等便携设备的普及让每一个微博用户都有可能成为第一现场的发布者。

5. UGC 社区如何克服初期的窘境

(1) KOL 的扶持和包装。

邀请一些在该领域已经有一定名气的"大咖"或是"小咖"来为社区站台是一个必不可少的过程。这些 KOL 用户(Key Opinion Leader,关键用户领袖)自带流量和话题,并且也能让初创的"陋室"瞬间蓬荜生辉。

(2) 满足用户的利己心态。

换句话说,就是给用户提供某种价值,越稀缺越好。价值的定义其实很宽泛,对于普通用户来说,是获取内容后的愉悦感和实用价值;对于 KOL 用户和活跃用户来说,更可能是变现手段和精神满足。精神满足包括荣誉、履行道德、社会公益、分享心态和社会地位等。

(3) 用稀缺性来吸引用户。

不管是 PMCAFF 社区的邀请制,还是人人、都是产品经理和简书首页的审核制,都是在人为制造一种稀缺性,让内容贡献者觉得原创的机会弥足珍贵,希望好好珍惜。以此产出的高价值内容反过来会吸引更多的用户进入并认同这个社区。

(4) 用户精准,没有杂音。

为什么新闻下面的评论区和每个人的朋友圈只能算是 UGC 板块而不能说是好的 UGC 社区呢?因为用户不精准,杂音太多。新闻评论区里面的留言,网络"喷子"特别多,而且大多数人喷的维度也不一样,整个氛围就是"鸡同鸭讲"。而朋友圈的问题是,大多数的读者是因人而聚,而不是因事而聚。这就限制了人们互动的话题空间,且互相不是好友的讨论者之间内容不可见的设置使得产出高价值内容的几率大大降低。

(5) 生态闭环。

如果我们的社区游离在我们的整个产品体系之外,那我们的社区面向的用户很可能根本不是我们主营业务的用户。而更残忍的是,往往这样的社区除了机器人,根本没几个真实用户。对于这种情况,社区运营主该重新想想自己社区的定位了。

(6) 可见且有效的阶级上升渠道。

这个概念源自社会学和游戏运营。其本质是给尝试型用户和普通用户一个盼头,即自己有一天也能成为核心用户或是 KOL 用户。"不想当将军的士兵不是好士兵"。核心用户和 KOL 用户是社区的旗帜,而普通用户和尝试型用户则是社区的基石。另一方面,因为每个个体的输出能力和风格是有限并且固定的,普通用户难免看久了生腻。所以如果用户阶级没能产生迭代的话,久而久之,普通用户会逃离,没有基石的旗帜也会随之坠落。

9.1.2 OGC 的内容管理

OGC(Occupationally-Generated Content,职业生产内容)通过具有一定知识和专业背景的行业人士生产内容,并领取相应报酬。视频、新闻等网站中,以提供相应内容为职业(职务),如媒体平台的记者、编辑,既有新闻的专业背景,也以写稿为职业领取报酬。OGC 不属于 UGC。

9.1.3 .PGC 的内容管理

1. PGC 的定义

PGC 全称是 Professional Generated Content,指专业生产内容(视频网站)、专家生产内容(微博)。用来泛指内容个性化、视角多元化、传播民主化、社会关系虚拟化,也称为 PPC(Professionally-Produced Content)。经由传统广电业者按照几乎与电视节目无异的方式进行制作,但在内容的传播层面,却必须按照互联网的传播特性进行调整。现如今专业视频网站大多采用 PGC 模式,分类更专业,内容质量也更有保证;现电商媒体,特别是高端媒体采用的也是 PGC 模式,其内容设置及产品编辑均非常专业,非 UGC 模式能达到的。

PGC 是义务地贡献自己的知识,从而形成内容。PGC 既可以是某平台的忠实用户,也可以以专业身份(专家)贡献跟行业相关有的、具有一定深度和质量的优质原创内容,他们可以是微博上的平台领袖也可以是科普的作者。

由于 PGC 具有专业相关性,所以相对来说,PGC 较为稀缺。PGC 的生产需要大量成本,比如时间成本、人力成本和物料成本,所以现在很多以内容为主的新闻、视频站点都希望能够争取到更多的 PGC,或是自己的站点能有较多的 PGC 内容。

2. PGC 的特点与优缺点

PGC 的特点主要包括两点:生产主体的专业化;生产水准的专业化。

PGC 的优点主要包括由专业站长或专家提供的内容,可控性强,可以经过多层筛选,呈现在用户面前更具权威,或者更有用。

PGC 的缺点主要包括专家的力量是有限的,也许一篇文章能有很大吸引力,但是产出的数量方面却是很薄弱的。

3. PGC 行业的发展

(1) 优酷土豆。

优酷土豆是最早发力于 PGC 的视频网站之一。"合力成就、快乐分享"这是优酷最新提出的分享精神,让 PGC 内容合伙人参与进来,并建立起完善 PGC 生态系统。优酷土豆集团副总裁卢梵溪强调,"一切内容合作都基于尊重原创,鼓励原创的原则",旨在为 PGC 内容合伙人持续提供良好的服务。

内容和体验永远都是留住用户最重要的方式,优酷已经与多个 PGC 团队合作制作自制内容。区别于视频行业的自制生态,PGC 生态系统更关注 PGC 内容合伙人的原创品牌,优酷会充分调动资源去帮助他们打造原创品牌。

从内容上,PGC 生态系统是从内容生产、内容推广,到品牌的形成、粉丝的汇聚,最终内容品牌被粉丝反哺并进行自推广的整套生态闭环。从商业上讲,优酷让优质内容形成品牌价值,再通过价值变现让创作者更专注内容创作。

优酷推出了视频创收平台,《罗辑思维》《暴走漫画》《飞碟说》等多个节目分成收入超百万,可以保证优质原创视频内容的不断涌现。像《罗辑思维》《万万没想到》为代表的部分优酷频道订阅数近百万。占据国内视频行业的 1/2 市场份额的优酷土豆,积极开拓手游领域 PGC 资源,2015 年 4 月 22 日,宣布与着迷网在游戏视频内容上达成独家合作,优酷土豆将为着迷开放达 33 个流量入口,支持着迷优质手游视频内容落地。而着迷视频制作团队的一些视频在优酷土豆上已经达到了单个视频近百万的播放量,并且每月能有 100 余款 PGC 视频节目的产能。通过这种方式,与手游的制作商合作,与优酷土豆一起构建一条用内容营销手游的链条。

数据显示,优酷PGC生态系统已拥有500家内容合作伙伴,总节目数800个,总播放量150亿,总分成达2 400万。

(2)腾讯。

2015年3月6日,腾讯在与无人机厂商合作推进航拍视频发展之后,腾讯视频宣布将联合万合天宜、暴走漫画、胥渡吧等内容提供商合作,启动"惊蛰计划",计划在2015年内签约、支持100个PGC项目,打通PGC行业上下游产业链。

2016年被称为中国"移动直播元年",现有的200多家直播平台,大部分是2016年上线的。从概念上来讲,"网络直播"较"移动直播"更为广泛,它包括了PC端在内的互联网直播形式,"移动直播"则代表了网络直播发展的新阶段。网络直播经历了三个发展阶段,正在以"直播+"的形式与社会各行业需求相结合,拓展应用的广度。从网络直播的内容来划分,当前的直播平台可以分为专门类、泛生活类、资讯类三个大类。2008年六间房开始做PC端的"秀场直播",花椒、映客等泛娱乐移动直播在2015年年中兴起,而资讯类移动直播则起步较晚,一些主要的移动新闻直播产品在2016年之后才出现,但很快成为一个新的热点。传播者、受众和媒介是构成传播模式的基本要素,从直播这一媒介本身来看,直播具有真实性、实时性和未知性等特点,直播相较于录播,更具有冲击力和吸引力。网络直播的独特之处恐怕不在于直播的独特性,而在连接的自由和便捷。真实性、互动性和便捷性是网络直播的重要特点,也将是移动新闻直播发挥作用的着力点所在。

4. 国内外PGC网络直播的特点

在移动视频新势能爆发的大趋势下,国内外的一些传统媒体和新媒体机构在视频直播方面做出了有益的探索和尝试。以下对人民日报"人民直播"、新京报"我们视频""梨视频"和国外《纽约时报》《华盛顿邮报》的直播板块进行分析,总结其特点。

(1)"人民直播":汇聚资源,平台化趋势明显。

2017年2月19日,"人民直播"平台正式上线。该平台由人民日报社新媒体中心发起,与新浪微博、"一直播"合作建设,吸引了百余家媒体机构、政府机构、知名自媒体、名人明星等加入。"人民直播"平台的成员将共享优质原创直播内容、全流程技术解决方案、免费的云存储和带宽支持。目前,"人民直播"的产品主要通过人民日报客户端和人民日报微博推送,人民日报客户端一级页面,第二个选项就是"直播"。

从2017年3月至8月,"人民直播"平台月均直播102场,其中合作媒体的共享资源大约占到了1/3。直播数比较靠前的媒体有成都商报、浙视频、今直播。通过和"人民直播"合作,借助人民日报客户端平台,地方新闻能够在移动互联网时代传播给全国观众。平台化战略应该说是"人民直播"的重要特点。通过将自身定位为"全国移动直播平台","人民直播"能够汇聚各地优质新闻,发挥信息的长尾效应。人民日报具有许多独家优势,在国内外重大事件的报道中能够实现较为全面的覆盖。通过对客户端的观察可以发现,2017年上半年的全国两会、"一带一路"高峰论坛、建军90周年阅兵、四川九寨沟地震等重大新闻事件,人民直播都有重磅乃至系列直播推出,这些直播的在线用户数都在百万以上乃至上千万。在报道重大新闻事件的同时,各种民生新闻、高新科技新闻和社会新闻直播也丰富多彩。

除此之外,自制栏目也别有特色。比如《大咖有话》邀请国内外各界知名人士进行访谈,直播使得这种访谈的风格平易朴实,成为吸引流量的重头戏。

(2)"我们视频":平台合作+专业素养。

新京报与腾讯新闻合作推出的视频新闻节目"我们视频"自2016年9月11日上线以来,着力于短视频和直播两大领域。在一年内完成超过600场新闻直播,累计观看流量过亿,目前平均每天直播两至三场。其在直播方面的栏目设置也日趋完善和丰富,目前有第一时间连线报道国内热点事件的《连线》和与国内志愿者组织合作、直播亲人团聚的感人故事《回家》两档栏目。"我们视频"收获大量关注和好评的主要原因如下:

首先,新京报作为全媒体原创内容生产平台与腾讯新闻合作,"借船出海",充分发挥各自在平台、技术和内容等方面的优势,形成了内容生产与传播平台之间的良好生态关系。一方面,新京报以优质新闻内容生产能力、资源,与腾讯覆盖全平台的强大传播渠道、互联网技术融合,产生"1+1>2"的生产力、创造力;另一方面,新京报内部也通过"文字+图片+视频+直播+动画"的融合式报道和"报纸+网站+客户端+公号+微博+内容版权分发"的全媒体传播,实现生产流程再造和采编团队的转型。

其次,"我们视频"从创立至今,一直围绕着"新闻""专业""人性"等几个关键词开展视频直播业务。记者立足新京报强大的原创新闻内容根基,在新闻现场为公众全方位直播事件的整个过程,在新闻的时效、深度、人情味等方面都展示了媒体的专业规范和职业素养,收到了较好的传播效果。

(3)"梨视频":拍客体系+智能剪辑。

2016年11月3日,"梨视频"PC端及移动端平台正式上线。在视频直播方面,"梨视频"建立了以UGC作为核心生产力的拍客体系。"梨视频"现有拍客4 000人,并通过严格的审核制度以确保假新闻不会被发表。"梨视频"的内容制作模式更像是PUGC,即专业型的,或者专门的用户生产者生产内容。通过拍客体系,既能保证直播内容的多样性、丰富性,又可以提升直播的质量,便于把关和审查。这一模式也是直播平台化战略的一种体现。"梨视频"希望成为一个高度国际化的内容提供者,最重要的是把用户聚拢到自己的平台上来。此外,技术先行的"梨视频"除了具有机器算法、智能推荐等技术外,还同美国视频制作平台Wochit达成合作协议,引入该公司一项在线视频智能生成技术,加速剪辑的自动化与智能化,从而提高内容生产的效率。

(4)国外媒体:"直播交互式新闻"的探索。

作为当前移动端内容发展的一大趋势,视频化是全球传统媒体在进行数字化转型时纷纷采取的战略。越来越多的西方主流平台选择采用Facebook Live流媒体进行视频直播。《纽约时报》和《华盛顿邮报》便是其中的代表。

2016年4月,《纽约时报》开始与Facebook Live直播平台合作,进行视频直播。在视频直播业务上,Facebook向《纽约时报》出资,而《纽约时报》则负责每年为Facebook制作一定数量的高质量视频,并将Facebook作为发布平台。

《纽约时报》视频团队负责人露易丝·斯托里认为,《纽约时报》的视频直播不再是传统、一维的视频,而是一种全新的"直播交互式新闻":记者与Facebook用户形成良性的双向互动,在直播过程中记者可以即时回答用户的提问,还可进行实时评论。用户在与记者互动中得到满足,激发了他们继续参与的热情,这正是视频直播广受欢迎的原因所在。

此外,斯托里还认为,判断一个视频成功与否不能以点击量为主。点击量是直观也是浅显的反映,媒体想在数字化领域大展拳脚,必须要对用户进行更深刻的分析。《纽约时报》的视频团队非常看重用户对于视频的评论和他们所表达的观点和情绪。他们会对用户进行定性分析,观察他们是如何看待并理解时报现在所做的一切。对于用户的分析,有助于媒体在制定数字化战略和布局数字化内容时更加具有针对性,达到更好的传播效果,吸引更多的关注,实现更大的收益。

《华盛顿邮报》则通过对 2016 年美国总统大选的报道在视频直播领域站稳脚跟。邮报认为一部分受众希望知道有关大选的每一个细节。为了满足这一部分用户的需求,邮报选择在 Facebook 上对大选进行网络直播,并提供了"第二屏幕体验",包括对幕后新闻的实时报道、辩论主持人在辩论之前以及辩论结束后的实时分析及邮报记者的实时相关观察。在视频直播硬件方面,《华盛顿邮报》推出了全新的视频播放器,可以让浏览者在浏览网页时不间断地观看视频。例如,最新的 Flex 播放器能为客户在桌面、垂直视频和全景视频中提供定制化的广告服务。

9.1.4 UGC、OGC 与 PGC 联系与区别

1. 三者之间的联系

PGC 和 UGC 有交集,表明部分专业内容生产者,既是该平台的用户,也以专业身份(专家)贡献具有一定水平和质量的内容,如微博平台的意见领袖、科普作者和政务微博。还有一种观点认为,UGC 包含了 PGC 在内。

PGC 和 OGC 也有交集,表明一部分专业内容生产者既有专业身份(资质、学识),也以提供相应内容为职业(职务)。如媒体平台的记者、编辑,既有新闻的专业背景,也以写稿为职业领取报酬。三者之间的联系如图 9-1 所示。

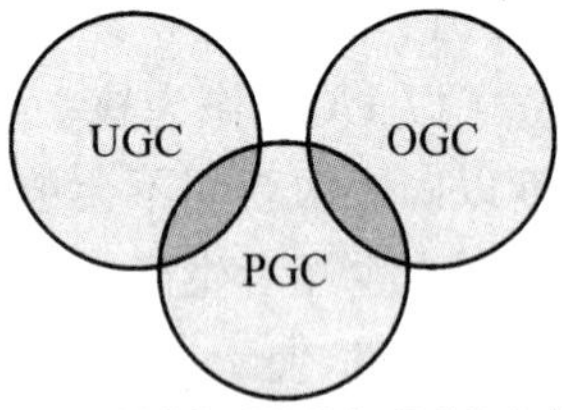

2. 三者之间的区别

UGC 和 PGC 的区别是有无专业的学识、资质,在所共享内容的领域具有一定的知识背景和工作资历。

图 9-1 UGC、ODG 与 PGC 之间的联系示意图

PGC 和 OGC 的区别,相对容易,以是否领取相应报酬作为分界。

PGC 往往是出于"爱好",义务地贡献自己的知识,形成内容;而 OGC 是以职业为前提,其创作内容属于职务行为。

9.2 电子商务活动智能管理

9.2.1 电子商务活动智能管理概述

1. 电子商务活动智能管理的定义

当"管理"步入电子商务时代,结合电子商务的有关特性,形成了一种全新的管理模式——电子商务活动管理。电子商务系统本身具备的智能化管理特点,使得电子商务的活动管理本身就是一种智能管理,因此很多时候电子商务活动智能管理也直接简称为电子商务活动管理。

电子商务活动管理是指从事电子商务活动的各个实体为了有效地实现预期的目标,遵循

一定的规则,运用一定的方法,利用计算机技术、网络技术、通信技术和计划、组织、领导、控制等基本功能,针对企业电子商务活动组织中物流、商流、信息流、资金流等进行管理,使以电子商务企业为代表的社会各个领域得到更有效率的产出,以取得最佳经济效益的一系列活动的总称。在上述定义中,首先,强调了电子商务活动管理的计划、组织、领导和控制职能。目的在于说明电子商务活动管理是对企业管理人员而言的,并且是企业中一个综合的管理职能。在具体企业中,可能有专门的电子商务活动管理部门,也可能没有专门的电子商务活动管理部门,而是由多个部门共同履行电子商务的一般管理职能。同时,电子商务活动管理也有着不同的层次管理职能。目前,企业电子商务活动管理,已不仅是运作层面的管理,更重要的是战略层面的管理。其次,强调了计算机技术、网络技术和通信技术等在电子商务活动管理中的应用。电子商务本身就是商务与相关技术的融合,这也是电子商务活动管理区别于传统电子商务活动管理的地方。最后,定义中也强调了对电子商务活动中"四流"的管理。电子商务"四流"管理的协同是电子商务活动管理的重要方面,也是电子商务活动管理的重要特点。

2. 电子商务活动管理的内涵

电子商务活动管理既包括技术层面的管理与运作层面的管理,也包括战略层面的管理。无论哪个层面的管理都会包括技术和商业两方面,并且都强调创新理念。因此,电子商务活动管理的内涵包含着三个层次,即电子商务技术管理、电子商务运作管理和电子商务战略管理。

(1) 电子商务技术管理。

电子商务技术管理,就是对电子商务应用中运用到的各种技术进行管理,包括技术选择、技术应用和技术创新等。所谓技术选择,就是针对各种具体的计算机技术、通信技术、信息技术和安全认证技术,根据企业和组织的需要,选择合适的技术来创建企业和组织的电子商务,使企业和组织能在激烈的全球化竞争中依靠电子商务获得竞争优势。技术应用指的是企业和组织在做电子商务相关技术选择后,将相关技术应用实施到日常的电子商务活动管理中。电子商务技术应用贯穿在电子商务创建、实施和评价的各个过程。技术创新指的是当相关技术应用到电子商务中后,还要根据企业和组织的实际情况与时俱进地进行技术创新,以符合企业和组织未来发展的需要。

(2) 电子商务运作管理。

电子商务运作管理,就是对电子商务的具体活动和流程进行管理。对一个处于生产领域的商品生产企业来说,它的传统商务过程大致可以描述为:需求调查→材料采购生产→商品销售→收款→货币结算→商品交割。引入电子商务时这个过程可以描述为以电子查询的形式来进行需求调查→以电子单证的形式调查原材料信息确定采购方案→生产→通过电子广告促进商品销售→以电子货币的形式进行资金接收→同电子银行进行货币结算→商品交割。对一个处于流通领域的商贸企业来说,由于它没有生产环节,电子商务活动几乎覆盖了全部的企业经营管理活动。通过电子商务运作管理,商贸企业可以更及时、更准确地获取消费者信息,从而准确订货、减少库存,并通过网络促进销售以提高效率、降低成本,获取更大的利益。

电子商务运作管理可以从消费者或从销售商两方面考虑。从消费者来看,电子商务活动指明了采购者在购买产品或服务时所发生的一系列的活动。从销售商来说,电子商务活动定义了订货管理的循环,指明了系统内为了完成消费者的订单所采取的一切措施。

(3) 电子商务战略管理。

电子商务战略管理,就是将电子商务的管理应用上升到战略层次。电子商务战略管理是企业和组织在电子商务环境下,确定组织的使命,根据组织外部环境和内部条件设定企业的战略目标,并为保证目标的正确落实和实现进行谋划,最终依靠企业内部能力将这种谋划和政策付诸实施,以及在实施过程中进行控制的一个动态过程。所以说战略管理的第一个特点是动态管理,它是一种崭新的管理思想和管理方式。战略管理的第二个特点是具有全局性。战略管理是以企业的全局为对象,根据企业总体发展的需要而制定的。战略管理的第三个特点是涉及企业大量资源的配置问题。战略管理的第四个特点是具有长远性。战略管理中的战略决策对企业来说是在较长时期内,就企业如何生存和发展等问题进行统筹规划。电子商务战略管理实际上是由 Internet 信息技术构成的企业集成模式。也就是说,Internet 的迅速发展,实际上为企业战略管理提供了先决条件。

3. 电子商务活动管理的性质

电子商务活动管理实际上就是管理学的一个重要分支。对于一般的管理,我们认为它既有同生产力、社会化大生产相联系的自然属性,又有同生产关系、社会制度相联系的社会属性,电子商务活动管理也是一样,所不同的是其管理过程是建立在现代科技发展的基础上,对信息技术的要求也更高一些。

电子商务活动管理的自然属性和社会属性是相互联系、相互制约的。一方面,电子商务活动管理的自然属性不可能孤立存在,它必须存在于一定的社会制度、生产关系之中;同时其社会属性也不可能脱离自然属性而存在,否则,就会成为没有内容的形式。另一方面,这两个属性又是互相制约的。电子商务活动管理的不断发展和革新要求具有一定社会属性的组织形式和生产关系与其相适应;同时,电子商务活动管理的社会属性必然对具体的管理方法和技术产生影响。因此,电子商务活动管理的性质是建立在一定的生产关系和社会制度之下,通过对参与电子商务活动的各种具体要素进行规范和整理,使电子商务的信息流、物流、资金流、商流——"四流"达到协同和谐的状态,从而推进电子商务活动产生具体的经济效益,推动整个社会经济向前发展。

(1) 电子商务活动管理的自然属性。

电子商务活动管理是现代电子商务活动运行的基本要求,它渗透到电子商务活动的"四流"中——信息流、物流、资金流、商流相互协同、和谐发展过程中的每个细节和过程是现代电子商务活动运行不可或缺的一项规则。电子商务活动管理之所以必要,是由电子商务的迅猛发展,电子商务技术不断革新、商务内容不断扩张、商务区域全球化发展变革所决定的。它是电子商务在全球范围内得以顺利进行的必要条件,而且,随着新技术的不断运用、经济水平的不断发展、信息和资讯不断膨胀,电子商务活动管理的作用就显得越来越重要。

电子商务活动管理对于现代电子商务活动具有特殊作用:只有通过电子商务活动管理,把电子商务活动中的各种要素,包括电子商务的技术核心、电子商务的应用基础、电子商务的活动对象、电子商务的交易内容等要素组合起来,使各种要素协同地发挥各自的功能和作用,才可能使电子商务活动产生强大的经济活力,才能为社会创造更大的财富和价值。

(2) 电子商务活动管理的社会属性。

管理的社会属性体现在管理作为一种社会活动,它只能在一定的社会历史条件下和一定的社会关系中进行。管理具有维护和巩固生产关系、实现特定生产目的的功能。管理的社会属性与生产关系、社会制度紧密相连。那么,电子商务活动管理也不能脱离管理的基本范畴,虽然它是一种新兴的管理类别,所管理的对象是更为抽象的信息及不显现为具体经济形态的生产方式,但这些项目的产生仍然是建立在现有的生产关系和社会制度之上的。无论经济形态如何变更、生产方式如何更替、交易办法如何多样化,它都必须统一在一个具体的社会制度之下,而不可能凌驾于基本的社会制度(如法律法规、经济分配、政治制度等)之上。电子商务活动管理的社会属性就是其作为一种具体经济活动的管理方式,本质上与一个国家或者一个社会所奉行的社会经济制度、法律制度、政治制度的内涵是一致的,都旨在维护经济活动更好地运行和发展。

4. 电子商务活动管理的主要内容

明确电子商务活动管理思想后,为了进一步推动电子商务活动管理的发展,还必须要明确电子商务活动管理的内容和范畴。在本节中,主要介绍电子商务活动管理的主要内容。

大部分企业的管理者可能都认为电子商务是一种工具,一种让企业尽快为人所熟知,尽快收获订单,降低企业成本的工具。从这个角度来看,电子商务确实是一种好工具,但是,这只是电子商务的基本功能,电子商务更应该是一种管理念的体现。我们对待电子商务应该把它作为一个学科来进行研究,电子商务由物流、资金流、信息流、商流四个结构体系组成,学习和研究电子商务可以从这四个方面入手。而在这四个方面,每个方面都可以作为一门独立的学科,所以电子商务不是简单的一个工具,而是一门涉及非常广泛的综合性学科。

电子商务活动管理内容是电子商务活动管理研究的核心,它主要包括与从事电子商务活动的组织有关的人、财、物、时间、信息、技术、环境、客户等要素组成的信息流、资金流、物流、商流的资源管理等内容。概括而言,电子商务活动管理的内容主要包括以下几个方面,如图9-2所示。

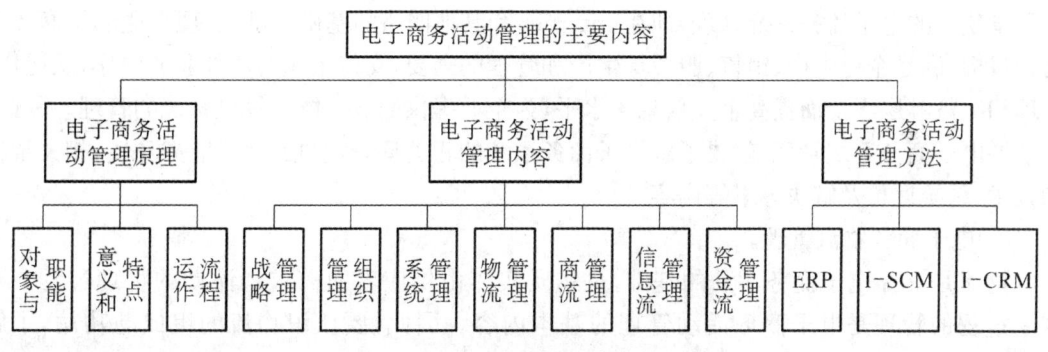

图9-2 电子商务活动管理的内容

(1) 电子商务活动管理原理。

电子商务活动管理的原理主要从电子商务活动管理的研究对象、职能、构成与定义来探讨电子商务组织的管理机制、组织结构、运营模式、运作流程,认清电子商务组织管理的内涵和规范要求。电子商务活动管理原理应包括如下内容:

① 电子商务活动管理的对象与职能。

电子商务活动管理的对象与职能主要包括电子商务活动管理的构成、电子商务活动组织、电子商务活动的范围与任务、电子商务活动管理的对象、电子商务活动管理的职能等内容。

② 电子商务活动管理的意义和特点。

电子商务活动管理的意义和特点主要是探讨电子商务活动管理的必要性和其不同于传统电子商务的管理特点,从而对电子商务活动管理的原理可以有更深层次的认识。

③ 电子商务运作流程。

电子商务运作流程是电子商务活动的程序规范。要从电子商务活动的各个环节,来探讨各环节中的运行平台、操作技巧,实现运行管理的科学规范要求。电子商务运作流程主要包括信息流网络平台、知识流网络平台、资金流网络平台、物流网络平台、网络平台、电子商务网络运作模型外模式、企业流程重组含义及其内容等。

(2) 电子商务活动管理内容。

① 电子商务战略管理。

电子商务战略管理是企业战略管理的根本,本书在分析电子商务企业管理大环境的前提下,首先对电子商务企业发展战略的制定进行剖析,然后分别对电子商务人力资源略、电子商务系统管理战略和电子商务文化管理战略进行分析和总结。其中,电子商务人力资源战略和电子商务系统管理战略与电子商务组织管理和电子商务系统管理息息相关。

② 电子商务组织管理。

在电子商务组织管理的基础上,分析电子商务组织管理机制与传统企业组织管理机制的联系与区别,确立电子商务组织管理机制及与管理机制相统一的管理制度。电子商务组织管理机制主要包括电子商务组织与管理机制的关系、电子商务组织管理机制的意义及优化标准、电子商务组织结构模式与组织发展、企业电子商务组织管理机制、电子商务人事管理制度、电子商务财务管理制度、电子商务生产与物流管理制度、电子商务营销管理制度等内容。

③ 电子商务系统管理。

电子商务系统管理,广义上是指支持电子商务活动的电子技术手段大量应用的管理;狭义上是指狭义的电子商务系统管理,即在 Internet 和其他网络的基础上,以实现企业电子商务活动为目标,满足企业生产、销售、服务等生产和管理的需要,支持企业的对外业务协作,从运作、管理和决策等层次全面提高企业信息化水平,为企业提供商业智能计算机系统的管理。因此,要掌握电子商务系统管理,就要了解电子商务系统的相关理论,包括网络、业务环境、相关架构和技术、系统评价及解决方案等内容。

④ 电子商务物流管理。

物流是支撑电子商务活动的基础,是物质实体由供应者向需求者流动的物理过程。对这一过程的管理是电子商务活动管理的基本内容。因此,要认识物流的组成与功用,了解物流的运动过程,学习物流运动过程中的管理模式与方法。电子商务物流管理主要包括物流的内容及其地位作用、电子商务物流运作模式、第三方物流、企业自营物流、第四方物流等内容。

⑤ 电子商务商流管理。

商流是电子商务活动的重要一环。在电子商务环境下,商流与物流之间有着既分离又统一的关系。电子商务商流管理主要包括商品流通渠道、电子商务市场管理、电子商务消费者管理、电子商务无形资产管理等内容。

⑥ 电子商务信息流管理。

信息流是电子商务活动的神经系统,是电子商务活动管理的核心。电子商务信息流管理主要包括企业信息化的含义、过程、目标、信息、信息流和信息源的概念,信息源的属性与类型,以及电子商务信息流、电子商务信息流管理系统、知识管理、信息管理等内容。

⑦ 电子商务资金流管理。

资金是企业生产与经营不可缺少的条件，也是企业电子商务活动的支柱。对资金的综合管理是电子商务活动管理的本质。因此，要从认识资金流在企业电子商务活动中的地位来探讨资金流的运行过程及网上运行形式和资金流的运行程序及规范。电子商务资金流管理主要包括企业资金流的构成、电子商务对资金流管理的影响、企业资金流管理体系建设、现代资金流管理系统的发展、MRPⅡ系统的资金流管理、ERP系统的资金管理等内容。

（3）电子商务活动管理方法。

电子商务活动管理方法是实现企业电子商务活动有效管理的重要工具与手段。因此，我们要从电子商务活动的核心内容来探讨电子商务活动管理的系统方法，从资源管理角度来认识和运用ERP管理系统；从电子商务活动整体角度来认识和运用供应链管理系统及客户关系管理系统方法，并在此基础上整体评价电子商务活动成效，以达到深化电子商务活动组织管理的目的。电子商务活动管理的方法主要包括如下内容：

① ERP系统方法。

ERP是一种科学管理思想的计算机实现，它强调对产品研发与设计、作业控制、生产计划、产品采购、市场营销、销售、库存（投入品、半成品、成品）、财务和人事等方面进行集成优化的管理。ERP系统方法主要包括ERP系统方法的形成与发展、ERP的模块结构、生产控制（计划、制造）、物流管理（分销、采购、库存管理）、财务管理（会计核算、财务管理），以及ERP的功能与局限等内容。

② 智能供应链管理（I-SCM）方法。

智能供应链管理（I-SCM）是指在生产及流通过程中，从系统化供应链的观点出发，为将货物或服务提供给最终消费者，连接上游与下游企业创造价值而形成的组织网络，是对商品、信息和资金在由供应商、制造商、分销商和顾客组成的网络中的流动信息的系统化、智能化管理。对公司内外的商品、信息、资金的流动进行协调和集成是供应链智能管理的关键。智能供应链管理（I-SCM）方法主要包括供应链的组成、供应链的特点与功用、智能供应链管理含义、供应链管理层次、供应链管理系统化原则、供应链管理步骤与技术支持等内容。

③ 客户关系智能管理（I-CRM）方法。

客户关系智能管理（I-CRM）是在电子商务智能化处理能力的基础上，以客户需求为中心来组织推动整个企业的经营，其主要功能是系统自动记录客户与企业的交往和交易，并将有可能改变客户购买行为的信息加以智能整理和分析，同时进行商业情报分析，了解竞争对手、市场和行业动态。客户关系智能管理（I-CRM）方法主要包括客户类型、客户满意与客户忠诚度衡量、客户关系管理作用、客户关系管理系统结构、客户关系管理系统功能、客户关系管理系统实现技术等内容。

5. 电子商务活动管理的对象

电子商务是以信息技术为基础的商务活动，它包括生产、流通、分配、交换和消费等环节中连接生产和消费的所有活动的电子信息化处理。电子商务是网络经济时代兴起的一种新的商务活动形式，代表了商务运作发展的主流方向，对传统的商务活动的内容也发生了根本性的改变。那么，电子商务活动管理对象是什么？

电子商务活动管理的对象，从一定层次上揭示了电子商务的本质。电子商务是传统商务活动的电子化、网络化，是以传统商务活动为基础的。所以，电子商务既继承了传统的商务活动,又发展了传统的商务活动在网上进行的电子商务活动,这种电子商务活动是其他活动无法替代的。因此,我们认为电子商务活动管理的对象就是电子商务活动。

(1) 按电子商务活动的方向划分。

根据电子商务活动的方向,我们可以从横向和纵向两方面来探讨电子商务活动的内容。

① 横向对象。

电子商务活动的内容从横向来看主要体现在企业与企业之间、企业与市场(消费者)之间、企业与政府之间、企业内部之间的电子商务。

A. 企业对企业的电子商务(B2B)。B2B 电子商务是指以企业为主体,在企业之间进行的电子商务活动。电子商务能够给商家带来巨大的效益,因而,商家是电子商务最热心的推动者,企业与企业之间的电子商务是电子商务的重头戏。B2B 电子商务是电子商务的主流,也是企业面临激烈的市场竞争、改善竞争条件、建立竞争优势的主要方法。无论是从目前电子商务的现状看,还是从未来电子商务发展趋势来看,B2B 电子商务市场都远远大于 B2C 电子商务市场。Forrester 公司预测,B2B 电子商务将以三倍于 B2C 电子商务的速度发展。B2B 电子商务利用供应链技术,整合企业的上下游企业,利用 Internet,以制造厂商为核心,将产业上游(原材料和零配件供应商)、产业下游(经销商、物流运输商及产品服务商)及往来银行结合为一体,构成一个面向最终顾客的完整电子商务供应链。完善供应链与管理,消除整个供应链网络上不必要的运作和消耗使供应方能自动预计需求,更好地了解客户,给他们提供个性化的产品和服务,使资源在供应链网络上合理流动来缩短交货周期、降低库存,并且通提供自助交易等自助式服务以降低成本,提高交易速度和精确性,降低企业的采购成本和物流成本,提高企业对市场和最终顾客需求的响应速度,进而增强企业产品的市场竞争力。

B. 企业对消费者的电子商务(B2C)。B2C 电子商务以企业为主的方式较多,也就是企业以卖方或提供方的角色出现,而个人则以购买方或接受方的角色出现。但同样也有另一种情况,比如企业网上招聘人才。在这种模式中,企业首先在网上发布需求信息,然后由个人上网洽谈,这种方式在当今人才流动量大的社会中极为流行,因为它建立起了企业与个人之间的联系平台,使得人力资源得以充分利用。B2C 电子商务的模式主要有网上商店模式、网上订阅模式、广告支持模式和网上赠予模式。

网上商店模式是消费者通过网上商店购买商品,是 B2C 电子商务的典型应用之一。通过网上商店,消费者可以浏览、选购自己喜欢的商品,通过网上购物可以获得更多的商业信息,买到价格较低的商品,节省购物的时间,足不出户就可以通过"货比千家"来购买商品,安全地完成网上支付,享受网络的便捷性。对于企业,则可以通过网上商店将其所销售的商品销售出去,同时减少租用店面的开销,减少雇用大量销售人员的支出,同时可能实现"零库存"销售,极大地减少资金占用和降低风险。

网上订阅模式指的是企业通过网页向消费者提供网上直接订阅、直接信息浏览服务的 B2C 电子商务模式。网上订阅模式主要适用于商业机构在互联网上销售报纸杂志和电视节目等。网上订阅模式有三种主要方式:在线服务(Online Services)、在线出版(Online Publications)和在线娱乐(Online Entertainment)。

广告支持模式是指在线服务商免费向消费者或用户提供在线信息服务,而全部营业活动全部依靠广告收入来维持。例如,雅虎(Yahoo!)和百度(Baidu)等在线搜索服务网站就是依靠广告收入来维持经营活动的,新浪(Sina)和搜狐(Sohu)在某种程度上也是依靠广告收入来支持运作的,至少在前些年是这样的。在信息浩瀚的互联网上,搜索引擎是寻找信息的最基础的服务,很多企业愿意在门户网站上设置广告,特别是设置旗帜广告(Banners),有兴趣的上网者点击旗帜广告就可直接到达广告企业的网站,了解更多更详细的内容。

网上赠予模式是一种非传统的商业运作模式,它是指企业借助于互联网的全球广泛性优势,向互联网上的用户赠送软件产品,扩大知名度和市场份额。企业通过许可消费者使用该产品,让消费者下载一个新版本的软件或购买另外一个相关的软件,进而实现受益。

C. 企业对政府的电子商务(B2G)。B2G 的电子商务指的是企业与政府机构之间进行的电子商务活动。例如,政府将采购的细节在互联网上公布,通过网上竞价方式进行招标,企业以电子的方式通过互联网进行投标。由于活动是在网上完成的,使得企业能随时随地了解政府的动态,还能减少中间环节的时间延误和费用,提高政府办公的公开性和透明度。目前这种方式仍处于初期的试验阶段,但可能会发展很快,因为政府可以通过这种方式树立政府形象,通过示范作用促进电子商务的发展。除此之外,政府还可以通过这类电子商务对企业的行政事务实施管理,如政府利用电子商务方式发放进出口许可证、开展统计工作,企业可以通过网上办理交税和退税等。政府应在推动电子商务发展方面起到重要的作用。

D. 企业内部电子商务(B2E)。企业内部电子商务主要有员工与企业、企业与消费者和员工与消费者等。企业内部电子商务是利用企业内部网创建的电子商务活动。消费者—政府方面的电子商务活动应用尚未出现,但随着企业—消费者方面和企业—政府方面电子商务活动的发展,政府也许会把电子商务扩展到福利费发放和个人财产税的征收方面。

② 纵向对象。

电子商务活动的内容从纵向来看主要体现在电子商务的形成和电子商务活动管理职能上。企业的发展沿袭了历史,历史是发展的,电子商务活动从产生到发展,都不会随时代的变迁而变化。无论是 20 世纪 80 年代基于 EDI 的商务运作全过程的电子化,还是 20 世纪 90 年代基于全球计算机信息网络的电子商务,它们所从事的仍然是电子商务活动。

从电子商务活动管理的职能角度来看,电子商务活动管理的职能仍然具有计划、决策、组织、领导、控制、创新等职能。因此,也可以从电子商务职能角度来理解电子商务活动管理的对象。简单地说,电子商务在计划中可以更快速地收集相关信息进行计划和规划;在决策中,决策者可以通过基于全球计算机信息网络的决策软件进行信息收集、市场调查、数据整理等,以此来进行决策;在组织活动中,组织者可以通过决策目标将适当的人员安排在适当的岗位上,用制度规定各个成员的职责和上下左右的相互关系,形成一个有机的组织结构,使整个组织协调运转;在领导中,领导者通过指导人们的行为,沟通人们之间的信息,增强相互的理解,统一人们的思想和行动,激励每个成员自觉地为实现组织目标共同努力;在控制中,管理者通过计算机信息网络控制系统使实践活动符合计划创新职能,特别是技术创新,是电子商务活动管理中最突出的一个职能。电子商务的基础技术发展是与计算机技术、软件技术、网络技术的开发研制和创新分不开的,因为发生变化的和新兴的标准、快速的技术创新及对于处理、存储和数据资源不断提高的要求和电子商自身的发展要求技术不断推陈出新。

(2) 按电子商务应用领域划分。

电子商务活动范围很广,涉及人们的生活、工作、学习及消费等众多领域,其管理和应用涉及政府、金融及用户等多方面。其中主要有企业、市场(消费者)和政府三大层面。

① 企业。

售中服务和售后服务：网上售中服务主要是帮助企业完成与客户之间的咨询洽谈、网上订购、网上支付等商务过程。网上售后服务的内容主要包括帮助客户解决产品使用中的问题、排除技术故障、提供技术支持、传递产品改进或升级的信息以促使客户给出产品与服务的反馈信息。

在企业信息化建设的应用：国内企业在信息化建设上已初建规模，许多企业根据自己的实际情况采用了网络、办公自动化、管理信息系统、计算机辅助设计、计算机集成制造系统、供应链管理、客户关系管理、企业资源计划等电子商务的应用。

② 市场（消费者）。

在电子商务时代，消费者的消费行为和消费需求发生了根本性的变化。消费者（投资者）可以通过互联网进行以下电子商务活动。

在线交易：消费者可以在短时间内通过网络从大量的供应商中反复比较，找到理想的供应商，进行交易，如机票预订、旅行注册、网上购物等。

电子银行：网上银行的产生使传统银行业务发生了根本性的变化。客户可以在网上支取现金，在网上进行转账，也可以进行网上贷款等。

网上证券交易：网上证券交易是指投资者通过互联网进行证券买卖的一种方式。证券投资者利用互联网随时随地进行快捷交易、查询等。

网上保险：投保人可以通过互联网技术在网上进行咨询、承保、理赔。

③ 政府。

政府对电子商务的管理主要是电子商务政策环境的管理，政府通过制定相应的产业政策鼓励电子商务应用服务产业的发展，通过相关法规和政策措施，为企业电子商务的发展创造好的基础设施和宏观环境。政府既是电子商务的管理者，又是电子商务的使用者。政府机构及其工作人员通过电子方式或从网上获取信息和发布信息，政府机关内部实现办公自动化，也可以在网上采购和进行电子招标，进行网上项目申请、审批和注册网络会议，电子福利支付，电子税务，公民参与公共决策，网上选举，网上民意调查，公务员网上招聘，网上公共事业服务等。

6. 电子商务活动管理的特点

电子商务活动管理有着不同于传统企业管理的特点。在本节中，主要探讨电子商务活动管理的特点及电子商务活动管理的意义。

电子商务活动管理的发展时期还很漫长，现在看它的特点还不是很明显，只能根据目前的发展情况进行有限的归纳。

（1）"四流"协同互动。

物流、商流、信息流、资金流"四流"的协调匹配、良性互动是电子商务健康发展的必要条件和客观要求。可以这样说，信息流是电子商务的首要标志和特征，资金流是电子商务的实现手段和方式，物流是电子商务的物质基础和完成。成熟完善的电子商务不仅通过快捷、便利的信息流来表现，而且需要发达、安全的资金流来支持，同时更需要综合、可靠的物流来完成。随着信息化进程的加速、电子支付问题的解决和现代化物流的建设，以及协同电子商务平台的不断完善，"四流"的协同与和谐就可顺利实现。

（2）信息技术商务化。

信息技术的商务化，是指信息技术的发展，给予企业以新的能力，企业将这些前所未有的能力应用于自己的运营中,从而产生了新的商业模式,激发了新的利润增长点。

有人说当今 IT 产业已经走向无用的境地,但是更多的人说它的明天充满了阳光,因为 IT 技术发展的最终目标是随时随地向用户提供支持但不打扰用户,即敢于充当配角。比如说 IBM 最初提出电子商务,它提出了一组技术的有机整合,实际上这就是典型的信息技术商务化。未来的竞争将是围绕商务技术(Business Technology,BT)的竞争,谁能有效整合现有的信息技术创造性地缔造出商务技术,谁就可以在未来的竞争中构建自己的市场优势。

(3) 协同商务从理论走向实践。

协同商务是电子商务发展的新阶段,由于国外信息化发展起步早,传统电子商务发展相对成熟,因此新兴的协同商务模式就具有了比较牢固的基础。软件巨头 Microsoft、蓝色巨人 IBM 和德国 SAP(思爱普)公司都拥有了自己的协同商务的解决方案。Microsoft 在其协同商务解决方案中提供 BizTalk Server 配合使用 Rosetta Net 或 HPPA 等产业资料交换标准,针对不同行业提供定制服务。IBM 公司从基础架构到专业化协作软件,给予协同商务以全面的支持,同时倾注大手笔与优秀的协同商务软件提供商 J.D.Edwards 合作增强其产品竞争力。2005 年,IBM Web Sphere Application Server 和 Web Sphere Studio Application Developer 作为基于 J2EE 技术的优秀 Web Services 基础架构,与 J.D.Edwards 上层协同软件合作,为用户提供开放、可扩展且创新性的解决方案,该方案采用基于 SOAP/XML Web Services 的组件式应用,使得任何第三方能够与本地平台上的应用交互。

2005 年,SAP 公司推出 Net Weaver 2004s,在整个协同平台上引入 Web 服务(Web Services)的概念,并提出企业服务架构(Enterprise Service Architecture,ESA),让协同商务更加灵活和开放。

在 Deloitte Research 针对全球 356 家企业进行导入电子商务瓶颈研究的调查资料中,有超过一半以上的企业普遍认为目前市场上所提供的解决方案过于复杂,因此无法以明晰的方式使企业顺利导入协同商务,这是目前企业在导入协同商务时所面临的最主要的问题。

关于构成产品协同商务系统的一些子系统,国内一些企业已经进行了大量的研究,如金蝶、用友、创智等公司已经研发出比较成熟的产品和解决方案。例如,金蝶已与清华大学研究中心合作研究基于产品协同商务的企业群协同运作的系统模型。

2005 年年初,复旦协达宣布其新版 CTOP 协同软件支持 SOA 技术,成为国内首款遵循面向服务的架构设计的协同软件产品。协达软件首席架构师冯宏卫博士提出协同软件应该具有三大特征,即以互联网为基础、以业务流程协作为主、以人为本。同时北京点击科技有限公司提出了"活页夹"的协同商务理念。把企业应用做成活页夹的形式,可以灵活地插入相关模块,当一些模块发生改变之后,可以自由更换,从而解决了标准化与灵活性相协调的问题,大大降低了成本。"活页夹"模型是点击科技代表产品——竞开协同应用平台的核心理念。

(4) 重视推行新的管理思想。

① 树立以人为本的管理思想。

以人为本进行"自我改善"是柔性管理的核心内容。传统管理是以"管人"为核心来运作的,所谓制度、纪律是企图通过对人的活动的限制达到管物的目的。在这种管理思想下,人是物的附庸。其弊端是:严格执行某项规章制度势必降低组织活动的灵活性,影响组织与外部环境的协调。将员工置于消极被动的状态,缺乏主动参与管理、参与决策的意识,限制了其积极性与创造性。组织僵化与工作量化的同时也造成了员工的惰性,使员工一味地只求完成分内的工作。而柔性管理的"自我改善",以满足员工的高层次需要为目标,能深层次地激发员工的工作动机,增强其主人翁责任感,使其不仅可以自觉提高各自的工作标准,而且愿意挖掘其潜能,发挥其天赋,做出超常的工作成就;而且有利于组织内部形成集体主义协作精神,从而有利于知识在企业内部的传播和转化,这些对以"管理大脑"为核心的知识管理来说显得尤为重要;再次,以人为本的柔性管理能够适应消费者的变化,在当前新的社会条件下,人们的消费观念、消费习惯和审美情趣处在不断的变化之中,满足消费者的个性化需求,更加需要管理柔性化和精细化。

② 以满足顾客的需求和偏好为经营导向。

不仅要为顾客提供商品,而且要让顾客获得一定的价值,使顾客在消费一种商品时能够得到更多的超值感受。传统的批量生产型企业的观念是:供给创造需求,只要能生产,就会有顾客购买,企业的利润由生产能力决定。柔性管理则是将顾客的需求与偏好放在首位,利润蕴含于顾客对商品的需求和满足顾客的偏好之中,只要能将顾客的需求与偏好转化为商品或服务,利润自然就成为这种转化的一种结果。因此,柔性管理的关键在于确定如何让顾客获得更多价值的方案、如何解决顾客所关注的问题的方案,以及如何将顾客感知到的但并没有完全清楚表达出来的愿望或需求转化为顾客可明确说出"这正是我想要的"产品的方案。这种以顾客需求和偏好为导向的管理,是对企业管理能力的一种挑战。

③ 以促进学习、激发灵感和洞察未来作为管理的最基本职能。

科学管理时代管理的最基本职能是决策,而电子商务时代管理的最基本职能是寻求知识转化的路径与结点。网络时代不确定的市场变化已经把管理的核心作用转变成一种委托:促进学习、激发灵感和洞察未来。柔性管理的理念和方法激励、综合、协调一线人员的努力与贡献,以更高的视野兼顾全局,并将一线人员的创新理念整合到企业发展的统一战略框架之中,从而使企业成为以最优化的方式组合的有机体。

(5) 创造性和整体性相结合。

信息化社会的结构是网状的,网络具有整体性、综合性、开放性、动态性、非线性和互补性的特征,这些特征决定了电子商务的管理具有创造性和整体性相结合的特性。

① 创造性。

创新是知识经济中企业生存和发展的唯一方式,电子商务和电子商务活动管理本身就是前所未有的开创性事业,更需要创造性思维。电子商务活动管理中的创造性思维方式是开放的、动态的。Internet 给了人们一个极大的想象空间和创造空间,也给了人们一个相当复杂的操作环境。创新思维和意识改变了经营的传统观念,通过经营活动,获得社会的认可,从而在商业领域中生存下来,而且具有绝对的竞争优势,使企业的无形资产不断增值。这是知识创新的典型范例,也是知识经济的产物。创造性思维管理要求企业在多样化和快节奏的电子商务交易活动中求变、求新、敢于面对风险(承担风险)。广阔的视野、活跃的思维是创造性思维的基础,与众不同是创造性思维的特点。一个电子商务战略方案的提出,一个网站的建设,一件产品的推出,都必须具有自己的思想、自己的特色,都必须有"网络竞争力"。先进的技术、崭新的生产模式、独特的表现方式和富有开拓精神是知识经济的真谛所在。

当然,在电子商务领域下的创造性思维管理并不是一味地求高,而是要符合实际情况。在目前,电子商务的技术性问题已经基本解决,关键是如何将这些技术创造性地用到商业领域。在当前中国电子商务的推广过程中,以下几个方面是值得创新思考的:银行的加入、标准的制定、法律的规范化、合同的签署方式及第三方支付等。

② 整体性。

由于网络和电子商务打破了时空限制,使得整个体系变得异常复杂,又由于市场一体化的出现,使得我们的思维方式必须具有整体性的特点,必须以全局的眼光去看待各种复杂问题。由于我们的思维是建立在网络思维的基础上,而网络思维是非线性的、多维互补的,非线性的变化可能导致我们接触到意想不到的现实和从事意想不到的活动,所以我们对电子商务的管理也必须是动态的、非线性的,而且必须是整体的、全局的,否则,就不能适应网络的发展,就不符合电子商务的发展趋势。它要求我们以整体的管理方式去适应它:思考环状因果的互动关系(而不是线段似的因果关系);思考一连串的变化过程(而不是片段的、一幕一幕的个别事件)。

7. 电子商务活动管理的意义

(1) 推动电子商务的协调持续发展。

随着信息技术的发展,信息的传递速度突破了时间和地域的局限,网络化与全球化成为一种不可避免的发展趋势。由于网络用户的迅速膨胀,众多商家和厂商也纷纷将目光投向Internet,所以,从单纯的完善发布信息、传递信息到网上创立信息中心,从借助传统贸易手段不成熟的电子商务交易到能够在网上完成产、供、销全部业务流程的电子商务虚拟市场,从封闭的银行电子金融系统到开放式的网络电子银行,电子商务如火如荼地发展起来。

自20世纪90年代以来,电子商务在全球范围的兴起和迅猛发展,快速改变着全球原有的经济格局及传统的经济运行模式。电子商务在催生新经济和推动经济全球化中所表现出的巨大能量,已经使其成为评价一个国家经济发展水平和可持续发展能力的重要指标。电子商务作为行业最先进的经营模式,将为企业大大节省资金、时间和资源,并将对整个行业的商业运作产生重要的影响。据初步统计,电子商务的经营模式比传统的商业经营模式所能节省的资金大约是营业总额的5%~7%,国际贸易的电子商务甚至能超过15%。因此,加强对电子商务活动管理的研究能进一步推动电子商务协调持续地发展。

(2) 为现代化管理注入新的活力。

现代化的企业管理就是把现代自然科学和社会科学等一系列的成果综合运用于企业管理,使企业管理最大程度地满足现代化大生产的客观要求,适应现代社会生产力的发展水平。而促进企业管理现代化关键的是企业管理者管理思想的现代化,它是企业管理现代化的灵魂,也是企业建立现代化管理体制、运用现代化管理方法的思想基础。企业实现管理思想现代化的实质就是要求企业管理者认识、了解现代化大生产及社会经济形势的特点,体会现代化大生产对企业管理的新要求,并在现代管理思想的指导下,根据中国社会主义经济发展规律,学习先进企业成功的管理经验,结合本行业、本企业的生产经营特点及当前国内、国际经济形势,确立一个适合本企业生存、发展的现代化管理模式。作为新经济时代重要特征的电子商务,打破了传统的思想观念,产生了新的经济模式,成为新的管理模式的载体。

在电子商务时代,伴随着经济全球化的趋势,市场竞争日趋激烈、消费个性化、劳动者受教育水平提高、计算机并行处理技术的实现等都要求组织能够快速反应、灵活应变,而此时基于分工和序列工作原则的严格等级制度则表现出一种迟钝和不适应,对于组织管理的创新就提出了迫切的需求。因此,研究电子商务活动管理,是现代化管理的必经之路,同时也为现代化管理注入了新的活力。

(3) 对传统思维方式产生变革。

电子商务是一个发展潜力巨大的市场,极具有发展前景。电子商务双向信息沟通灵活的交易手段和快速的交货方式,将给社会带来巨大的经济效益,促进整个社会生产力的提高,因此,研究电子商务活动管理,打破时空限制,改变贸易形态,将大大加速整个社会的商品流通,有助于降低企业成本,提高企业竞争力,尤其能够使中小型企业直接进入国际市场参与国际市场竞争。电子商务给消费者提供了更多的选择和更好的便利性。它是商务领域的一场信息革命,对人类的思维方式、经济活动、工作方式和生活方式都将产生根本性的影响。新技术的出现与应用,总会带来一系列的变革。我国当前正处于工业化向信息化转轨的过程中,网络的出现与迅速发展,电子商务活动管理的逐渐成熟,不仅改变了我们记录和传播知识的符号,改变了我们的交易方式,而且对我们的思维方式、工作方式和生活方式都将产生根本性的影响。

(4) 有利于社会资源优化配置。

由于一个行业的所有企业不可能同时采用电子商务,所以,那些率先进行电子商务活动管理的企业会有价格、产量和规模扩张上的优势及市场占有与规则制定上的优势,而那些后来使用者或不使用者的平均成本则有可能高于行业的平均成本。这样,社会的资金、人力和物力等资源会通过市场机制和电子商务的共同作用,从成本高的企业向成本低的企业流动,从利用率低的企业向利用率高的企业流动,从亏损的企业向赢利的企业流动,从而使社会资源得到更合理、更优化的配置。

9.2.2 电子商务战略管理

1. 电子商务企业管理战略

在世界经济一体化的时代,企业面临着来自国内外的竞争压力,市场环境瞬息万变,经营条件日益复杂。因此,企业必须将企业管理上升到战略层次,以战略的眼光去规划现代企业未来的发展。电子商务的企业管理战略主要有企业经营战略和企业竞争战略等。

(1) 电子商务企业经营战略。

① 明确企业电子商务经营的必要条件。

A. 明确的营运范畴及企业定位。

成功的企业在正式运营之前就有明确的公司运营范畴(包括产品市场、规模大小、地理覆盖范围、垂直整合程度等)、企业定位、赢利计划。现实中,许多企业初期都没有明确的运营模式,在一个简单的构想下即上线运作,在产业市场开发初期也许能够取得一定成效,但随着产业成熟,具备相同条件和采用相同方式运作的企业越来越多,企业就开始失去竞争力。因此,任何企业都必须先审视自己所拥有的资源能力,注重自己的营运范畴及定位,这样才能具备较强的竞争能力。

B. 客户隐私权及交易安全。

电子商务企业对于客户的资料应该主动积极地加以防护并提供具有安全加密措施的访问网站,让客户在网络交易中的安全得到保障,这是开展电子商务的必备条件。

C. 企业财务管理能力。

在电子商务兴起的初期,企业往往盲目投入大量资金,进行大规模的改造、并购等,如今,电子商务"烧钱"的时代已经过去,具有获利的能力才是电子商务经营的重点目标。因为电子商务对于明确获利的商业模式仍在探索之中,如何在不断扩充、提高品牌及客户服务的基本获利模式中维持财务平衡就更显重要,这样一个企业才能永续经营。

② 利用网络的传播力量,强化企业的品牌价值与客户价值。

A. 强化客户价值。

客户越来越清楚地认识到,他们可以通过与业务合作伙伴创造性地合作来发展新的获利形式,或者通过与合作伙伴协作来减少费用和缩短产品周期,创造新价值。只有愉悦的客户才是真正忠诚的客户,客户的愉悦感会带来一定程度的客户满意度,从而使客户重复购买。信息技术使得敏捷的参与者可以通过网络为客户创造价值。现在,绝大多数企业的构建都是围绕着业务处理及生产流程而展开的。但是从行业角度来说,客户对企业的忠诚很大程度上是基于产品或服务本身、价格水平及客户所获服务的水平和质量。特别是大多数企业都有自己的优先客户群,但它们同样欢迎任何有资格的人下订单。客户信息系统的出现使得企业可以通过网络获取客户的数据,从而有希望识别出客户独特的购买特性或趋势。这种能力带来了新的经营竞争,企业不仅要取得现有客户的终身价值,而且在此之后还要为新客户和新市场制订合适的战略计划。

B. 强化网络品牌价值。

品牌不仅在传统的商业环境下是企业的重要资产,在网络环境下更是如此。由于网络彻底改变了传统商务信息传播的媒体和途径,在网络环境中,企业品牌的内涵、外延及品牌宣传和运作方式都发生了巨大的变化,因为网络空间是虚拟的,人们需要与商家建立信任关系,此时,品牌就成为"信任"的代名词,它对于销售有着非常微妙和切实的影响,网络品牌塑造变得尤为重要。此外,当网络逐渐成为企业营销的新兴途径时,传统企业除要考虑将自己的营销组合与网络整合外,也必须在网络中建立自己的品牌形象。对于经营者来说,网络品牌价值是企业经营活动的重要无形资产,并且从其发展趋势来看可能超过有形资产的价值。因此,通过注册显著的域名、建设企业网站、网站形象的设计及其他营销手段来强化网络品牌价值的策略在企业的经营中是举足轻重的。

③ 利用网络增强企业的销售及购买渠道,提高运营效率。

销售者和采购者的价值体现是指通过网络获取双方的购买模式并进行收集、分析和管理,从而达到渠道增强的目的。在大多数情况下,电子商务就是这样一个非常有效的活动。通过电子商务,企业可以接触到更多的客户,能够更快地获得市场信息并且做出相应反应,从而减少成本。例如,建设网站,将产品和服务的目录发布到网站中,同时使用这个站点进行客户支持活动,销售者根据这些信息,可以为不同的客户定制不同的产品和服务。同理,采购者通过这些信息可以更好地进行谈判,采购程序也通过这个渠道实现了自动化,从而使买卖双方都能降低成本。

④ 企业虚拟实体整合——价值链集成战略。

企业之间存在为客户提供价值的激烈竞争,作为电子商务价值网络的一个组成部分,企业要联合起来向客户提供价值,不能仅局限于业务伙伴的简单合作,而要与他们全面合作,我们把这称为价值链集成(Value Chain Integration),即在客户、企业、供应商及其他的业务伙伴之间,实现业务流程和信息系统的融合,以达到经营运作一体化的目的。这就要求企业在整个多元关系中,从辅助客户进行产品设计或是产品购买,到与供应商在生产和产品交付过程中传送商业文件,都必须具有电子化通信的能力。而互联网这种具有成本效率(Cost Efficient)的技术的出现首次为价值链集成提供了可能性。价值链集成的基本作用体现为速度优势。速度优势降低了成本(库存成本、雇员费用、计划成本等)。电子商务加速了信息流的传递,信息流的通畅加快了物流配送。电子商务减少了产品物流的等待队列,减少了与决策环节和步骤相关的时间延迟,也减少了产品设计配置的错误。同时,电子商务加速了定购流程,提高了订单执行的准确率,加快了产品部件和物料的采购、项目计划、产品配送及安装过程。

⑤ 利用网络优化企业客户服务。

A. 交互作用和个性化服务。

Internet 技术使客户可以在很大程度上与企业进行互动性活动,因此他们可以轻松地创立、编辑、发送、确认和跟踪订单。客户同时希望得到个性化服务,电子商务的应用服务可以针对每一个客户的不同需要满足他们的具体要求和个人兴趣,也可以为每个客户提供量体裁衣的服务,如为每个客户建立起账户和他们的术语体系,为特定的客户提供定制的产品,并且根据客户的反馈提供定制的服务。通过互联网技术进行的客户服务能够培养出交易双方的信任,并且能够在销售过程中和销售之后为客户提供快捷、平等的个性化服务。企业通过自我服务模式进行销售工作,交易成本将显著降低。

B. 管理优化客户关系。

在电子商务世界里,企业有机会复制原来只存在于批量市场中的个性化的客户关系,企业在销售标准产品的同时,可以利用客户的信息提供一些个性化的客户服务。同时,便捷的界面、迅速的执行、订单处理成本的降低及客户服务的加强会不断吸引热衷电子商务的新客户。这些客户能够低成本甚至无成本地迅速改变原来的忠诚,并且寻求可能的最好的客户服务。在电子商务领域中,服务是最大的要点之一。为了成功地实现优化客户服务,企业必须开始学习使用数据库和数据挖掘技术来管理客户关系。通过数据挖掘,企业可以从自己的数据库中发现数据之间存在的广泛联系和模式。但是这些联系和模式在企业的业务活动中并不是显而易见的。通过对企业的大量历史数据的研究,数据挖掘经常可以发现一些对企业有利的潮流趋势和潜在机会。对于数据库和数据挖掘这两种销售工具,最重要的资源就是企业长期积累下来的客户服务数据。客户关系的历史记录包含了大量信息,企业可以从这些信息中了解自己应该如何设计、制造自己的产品,如何提供服务,以及如何对销售和服务进行控制等,从而提高客户满意度。

(2) 电子商务企业竞争战略。

① 电子商务产业五种竞争力模型分析。

电子商务产业巨大的市场机会,使许多企业开始考虑参与电子商务产业及电子商务的市场战略问题。决定企业获利能力的首要因素是"产业吸引力"。企业在拟定竞争战略时,必须要深入了解决定产业吸引力的竞争法则。竞争法则可以用五种竞争力来具体分析,如图 9-3 所示,这五种竞争力包括潜在竞争对手、购买者的议价能力、替代品或服务的威胁、供货商的议价能力及行业内部竞争。

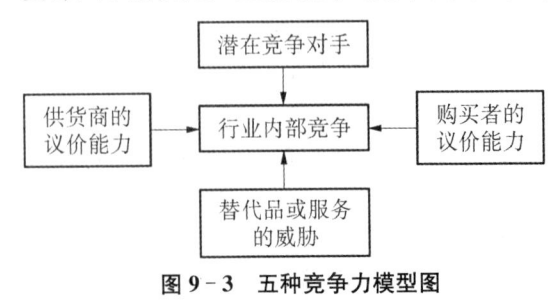

这五种竞争力能够决定产业的获利能力,它们会影响产品的价格、成本与必要的投资,也决定了产业结构。企业要想拥有长期的获利能力,就必须先了解所处的产业结构,并塑

图 9-3 五种竞争力模型图

造对企业有利的产业结构。

A. 潜在竞争对手。

电子商务的快速发展使许多投资者将目光投向电子商务市场。特别是国外的电子商务企业，如 eBay、亚马逊（Amazon.con）等公司，通过收购、合作等方式正着手进入中国电子商务市场，这些潜在进入者加入电子商务市场的竞争，将对整个市场的竞争格局产生很大影响。

B. 替代品或服务。

电子商务提供的是一个虚拟的市场，其主要提供信息服务，通过信息流带动资金流、物流和商流。电子商务市场上经营各种各样的产品与服务，因此，其替代品和服务就是现实生活中商场、商店提供的产品及各种中介公司提供的信息服务。

C. 购买者。

电子商务市场的消费者主要是网络用户消费者在五种竞争力量中起着举足轻重的作用。随着电子商务市场的逐步成熟，消费者的"砍价能力"日益增强，消费者的结构也逐步由单个客户向集团客户发展，因此，在总体趋势上，网络消费者对未来电子商务市场的影响力是在不断增大的，用户正史无前例地成为电子商务的主人。以提升消费体验为标准，电子商务与用户达成一致，谋求双赢。随着电子商务的广泛应用，在线交易模式深入消费市场的各个领域，电子商务平台与其用户的关系也变得非常微妙，作为网络世界的"商业细胞"，它们既是服务的供需双方，又是一个产业的上下游。

D. 供应商。

电子商务产业的供应商有软件供应商、产品及服务供商等，这些供应商自身的行业会发生很大变化，这些变化将改变其与电子商务运营企业的力量对比，使得电子商务行业的市场格局发生变化，以致整个产业链都将发生巨大的变化。运营商产生向终端渠道整合及借助外包网络运行维护的趋势，上游的设备提供商也产生向提供"一揽子"解决方案的综合供应商发展的趋势等，而这些都将成为产业链发生变化的推动力。

E. 行业内部竞争。

电子商务运营企业之间的相互竞争是影响电子商务市场价格最主要的因素，而且充满了不确定性。例如，当年在 C2C 市场，易趣网苦守市场多年，而不到一年，就有诸多电子商务公司进入该领域，打破了中国 C2C 市场一家独大的局面；在 B2C 市场，价格与服务的双重竞争表明行业内部竞争者日趋成熟。卓越、当当、贝塔斯曼三强鼎立，背后却是无数新老的竞争者。

② 电子商务竞争战略分析。

每个企业都会有一定的优点或缺点，任何优点或缺点都会对相对成本优势和相对差异化产生影响。成本优势和差异化都是企业五种竞争力作用的结果。将企业的竞争优势与企业相应的活动相结合，就可让企业获得较好的竞争位置。这里主要介绍电子商务竞争的三种一般性战略：总成本领先战略、差异化战略及专一化战略。

A. 总成本领先战略。

总成本领先战略要求企业必须建立起高效、规模化的生产设施，全力以赴地降低成本，严格控制成本、管理费用及研发、服务、推销、广告等方面的成本费用。为了达到这些目标，企业需要在管理方面对成本给予高度的重视，以使总成本低于竞争对手。

更有效地降低交易成本是当前企业参与电子商务活动的首要原因。所以企业应该详细分析其整个业务处理过程，特别是销售过程，以便发现通过电子商务市场节约成本的环节。早期的电子商务市场中,大多数企业已经发现,通过在其网站上发布产品与服务信息,可以大大降低印刷、出版各种产品信息的成本。此外,在一个企业的产品销售乃至生产经营过程中还有许多环节可以精简。从产品开发到生产制造管理,从财务信息的管理到跟踪供应商产品质量的绩效,都对电子商务市场具有不可估量的影响。

B. 差异化战略。

"差异化战略"是将企业提供的产品或服务差异化,树立起一些全产业范围中具有独特性的东西。实现差异化战略可以有许多方式,如设计名牌形象、保持技术与性能特点、顾客服务、商业网络及其他方面的独特性等。最理想的状况是企业在几个方面都具有差异化的特点。但这一战略与提高市场份额的目标不可兼顾,在建立企业的差异化战略的活动中总是伴随着很高的成本代价,有时即便全产业范围的顾客都了解公司的独特优点,也并不是所有顾客都将愿意或有能力支付企业要求的高价格。差异化的战略,包括使用新的技术、客户服务、授权、回报、会员的积分等,或者是传统的商店和电子商务相结合。

C. 专一化战略。

专一化经营是电子商务发展的现实需要,比如一些专业化经营的商品或提供的服务(如古玩、玉器、邮票等具有特色的土特产品)往往是那些大网站中所没有的,就是这些看似没有多大市场的商品,却有着稳定增长的客户群。他们一般就是在一些知名 B2C 网站上搭建起自己的专卖店,如易趣网上就有大量网民或企业在推销自己的商品,还有就是以企业或个人投资方式组建的专一化的网站。"低成本＋专业化"的经营战略正是"另类电子商务"的生存之道。

(3) 电子商务企业的其他相关战略。

① 合作战略。

所谓合作战略,就是两个或以上的企业实体通过合作,将能源技术、资产等结合在一起共同使用求得发展。它有利于企业进入新市场获得新技术,从其他组织、个人甚至竞争对手那里获得所需的技术和人才,并迅速提高竞争能力,占领新市场。一般来说,电子商务企业至少可以寻找以下两种合作对象:传统企业和相关行业。

A. 与传统企业合作。

Internet 的精髓在于速度,正是这个速度给电子商务带来了巨大商机,这样的商机是传统企业无法想象的;而传统企业的优势在于业务,它拥有自己的业务流程,拥有自己的客户群,拥有自己的品牌和高质量的业务处理能力。这些也是电子商务企业梦寐以求的东西。一些新兴的电子商务企业一般在品牌、知名度和物流渠道上付出了过高的代价,使得其在近期内很难有赢利的可能。如果这些企业能与传统企业进行合作,那将是它们正确的选择。近些年来,多数电子商务企业通过合作战略获得了网上竞争优势,又吸收了传统企业的竞争优势,逐渐摆脱了经营初期亏损的局面。

B. 与相关行业合作。

所谓相关行业是指与自身行业相关的行业。这些行业提供的产品或服务与自己行业的产品或服务能形成很好的互补作用。例如,网上商城的相关行业有银行业、大型门户网站、电信集团等;旅游电子商务企业的相关行业有娱乐业、银行业、保险业、航空公司和电信集团等。如今,有一大批电子商务企业已经建立了自己的合作伙伴。淘宝网取得和搜狐的合作,搜狐旗下 6 个网站都为淘宝网提供网络营销平台;网易和易趣之间合作共同开发了一个联合品牌拍卖频道(http://eachnet.163.com),中国建设银行和阿里巴巴合作联合发布支付宝龙卡相关业务；携程旅行网与国内外航空公司、电信集团、保险公司等多家相关行业公司取得合作。

另外，在与相关行业合作的同时，还要考虑在企业之间建立技术标准联盟。企业之间标准的竞争之所以越来越激烈，是因为技术标准能够获取价值链中的大部分增值。如果电子商务企业之间在技术标准建立上结成联盟，共同开发与制定行业标准，一定能大大提高标准化效率和企业竞争优势。

② 职能拓展战略。

职能拓展战略指企业可以"向前扩张"和"向后扩张"求得发展，由电子商务企业本身承担起产品或服务的供应商和面对顾客的职能，可以通过横向收购、纵向收购、公司业务重组等方式得以实现。比如，航空公司依靠强大的电子商务系统承担起机票零售业务，成立自己的旅行社，从事旅游、租车、宾馆预订等业务。携程旅行网收购北京现代运通订房网，成为中国最大的宾馆分销商；收购北京海岸航空服务公司，建立全国统一的机票预订服务中心；收购上海翠明国际旅行社，扩大自己的规模。除业务职能的拓展外，电子商务企业还可以利用网络环境使其他方面的职能(如生产、研发、财务、人事职能等)得以延伸。

2. 电子商务系统管理战略

在建设电子商务系统的过程中，需要制定电子商务系统管理战略。在本书中，主要讨论广义的电子商务系统的管理战略，其涵盖的范围包括电子商务系统从开发到结束的每一个阶段。事实上，电子商务系统的战略制定过程也是电子商务系统管理的重要组成部分，有利于企业和组织对电子商务系统的运行状况进行规划和反馈处理。

(1) 电子商务系统管理战略。

企业电子商务系统的战略规划适宜于采用一种"基于反馈的持续规划"，这种规划模型主要包含四个步骤，其中规划的主线含两个步骤，即电子商务战略分析和制定电子商务实施框架，这是一个基于反馈的过程，经过战略分析，确立了电子商务系统的发展远景和系统实施目标，在确定实施框架时，还需要根据环境的变化及时地修改目标。规划模型中的另外两条辅线——客户关系管理策略和电子商务系统形象设计要始终贯穿在主线之中。从某种意义上说，"基于反馈的持续规划"已经成为一个重要的管理工具，允许企业明确需要优先考虑的问题，建立改进措施的目标优势和劣势，为最重要的计划配置资源。在易变的环境下，最好的途径就是通过检查来发展和制定战略。这样使得计划周期不但变短，而且使计划的实施也变得更有组织性。战略和战术之间细微的界限也变得模糊了，尤其是目前的商业条件经常要求此类规划快速响应。当然，这种基于反馈的持续规划需要企业有一个"电子商务小组"——一个能熟练地将计划蓝图落实并实施的具有交叉功能的队伍。

① 电子商务系统战略分析。

规划模型中战略分析相当重要，因为企业实施电子商务系统必须要清晰地看清顾客的需求，然后明确为了满足顾客需求企业应该具备什么能力，达到怎样的目标。最后要做的是为了帮助企业完成其战略目标，电子商务系统的建设应该具备怎样的目标，这一目标必须向下传达，必须使每一个雇员都明白。

电子商务系统战略分析主要包括两个步骤：第一步，对企业自身进行自我诊断，分析企业总的战略目标和使命，然后进行环境分析，识别企业的机会和威胁，进行组织资源分析，发现企业的优势和劣势；第二步，将企业自我诊断的结果整理成"战略目标信息集合"，包括企业的使命、目标、战略及其他战略变量(如管理水平发展趋向、环境约束等)，然后将此信息集合转化为

"电子商务系统的战略集合"。这一信息集合由电子商务系统的目标、使命、环境约束等信息组成。

② 制定电子商务系统的实施框架。

电子商务的实施框架在企业的商业战略目标和技术基础之间建立了连接。制定电子商务系统的实施框架,需要根据企业的商业目标和商业模式决定企业所需的应用软件框架,并要详细说明必须实现的工程和关键里程碑;把关键的里程碑和工程转换成集成应用程序;确保雇员知道如何完成他们的工作才有助于达到共同的目标;同时需要定期分析反馈,了解工程的进展使计划更精确。这一阶段的关键工作包括三部分。

A. 系统的初步调查。

初步调查的目的就是要事先了解一下系统的基本状况,为系统建设者构思并提出一个切实可行的系统实施框架奠定基础。初步调查的范围大致包括用户需求分析、企业的运行现状。企业的基本状况,包括企业的性质、企业内部的组织结构、物流生产过程、厂区各办公楼或车间(或连锁商店总店与分店之间)的布局(为今后处理各种模型之间的关系和网络分布及分布式数据库做准备)、上级主管部门、横向协作部门、下设直属部门等(了解系统的对外信息流通渠道)。这些都与拟定系统实施框架有直接的关系,所以应该将调查结果明确地列示出来。

B. 拟定系统的实施框架。

根据初步调查的结果,需要就实际情况对一些关键问题做出抉择,初步拟定系统的实施框架,主要确定如下几个问题:

第一,确定系统的实施方式。一般来说电子商务系统的实施有两种方式,即由内至外的实施和由外至内的实施。具体来说,由内至外的实施方式是指先完善企业的信息化建设,完善 ERP 系统的建设,然后逐步实施 SCM、CRM 系统及 EC 系统。对于迫切需要进行网上营销的企业来说这种实施方式见效太慢,因此,更加愿意采用由外至内的实施方式,即先建设 CRM、EC 系统,然后完善 ERP 系统和 SCM 系统。

第二,确定系统的覆盖范围。系统覆盖的范围是指系统初步考虑可包括多少个系统。一般来说,企业的电子商务系统主要包括 ERP 系统、SCM 系统、CRM 系统和 EC 系统,这些系统又由许多不同的子系统构成,虽然这些系统都是电子商务系统应该覆盖的业务范围,但在实际开发工作中常常因工作量太大而被分步、分阶段进行开发。这里所要确定的正是本系统目前首先要解决的是哪个或哪几个子系统,为下一步详细系统调查确定重点业务范围。

第三,确定系统开发所需资源。在确定了系统的实施方式和系统的覆盖范围之后,还需要确定系统大致需要的资源,如有可能采用的计算机系统和网络系统、所覆盖的面积主要有哪些、所需要的人力(包括系统开发人员、计算机软硬件技术人员、管理专业人员、基础数据统计人员等)和财力、可借用的设备(主要指原信息系统中的网络或计算机设备)及子系统等。

第四,进行可行性分析。拟定的系统实施框架需要进行进一步的可行性分析才可以作为系统开发的主要依据,它决定该系统能否立项及立项后大致按什么规模、什么模式进行开发。可行性分析主要从企业内部、外部对电子商务系统开发实际需求、企业基础数据管理工作对于支持将要开发的系统的可能性、企业管理现状和现代化管理的发展趋势、现有的物力和财力对新系统开发的承受能力、现有的技术条件及开发新系统在技术上的可行性、管理人员对新系统的期望值及对新系统运作模式的适应能力等进行分析,以确定最后可行的系统实施框架。

3. 电子商务企业文化战略

(1) 分析内外因素,提炼速度文化和创新文化。

在电子商务时代,一个企业选择什么样的核心价值观是创造企业文化的首要问题。信息经济就是"速度经济",速度已经成为企业提高竞争力的一个工具。Internet 的出现,使得世界的变化越来越快,可谓一日千里。因而基于 Internet 的电子商务可以迅速地了解市场信息,快捷地知晓客户需求,广泛地进行产品宣传,即时地完成网上交易结算。众多的商务活动都可以瞬间完成,企业的生产效率得到了极大的提高。一句话,信息技术和网络技术的广泛应用使得电子商务企业进入市场的门槛得以大大降低。现在全世界讲创新,因为在今天的经济环境里,唯一不变的规律就是一切都在变。对此,任何组织和企业如果不时时变革和创新,就不可能维持自己的竞争优势。"不创新,就死亡",创新已成为一个企业生存和发展的重要基础,只有通过自身创新的确定性,才能应对快速变化的不确定性。在信息化背景下,创新的作用得到了空前强化,并升华成一种社会主题。在电子商务时代,创新逐渐成为企业的生命力源泉,传统的生产规模、成本优势等因素不再决定未来,企业唯有通过持续不断的创新才能生存发展。抱残守缺、故步自封,是根本无法在激烈的市场竞争中立足的,企业要想在未来的全球化竞争中拥有一席之地就必须突破传统的思想禁锢和思维定势,大胆创新,牢牢把握瞬息万变的商机。

(2) 更新观念,塑造职工行为。

企业职工行为的塑造是企业文化建设的重要组成部分。对于那些在电子商务方面独领风骚的企业,最短缺的既不是原材料也不是资金,既不是技术也不是新兴市场,而是人才的匮乏。这些人才可以为瞬息而至的未来插上想象的翅膀。对于当今的许多企业,人才是赢得竞争优势的首要因素。如今管理人员已意识到,在当今经济全球化、电子商务化和以网络速度运行的全球市场上,由拥有自主权的人才组建的精干企业对快速决断具有关键意义,电子商务企业有赖于职工的聪明才智和主动性来做出更贴近消费者、对市场反应更快的决定。电子商务,重在服务,电子不过是手段。电子商务也可以说是电子服务,使 Internet 能够为人类服务,服务的核心不是技术,而是企业的文化、职业的素质;Internet 经济是服务经济,而不是技术经济;是网络消费者交易的平台,而不是商品陈列的环境;厂商不是单纯的供应商或销售商,而是服务供应商,谁服务得更好,谁赚到的钱就更多。在全新的电子商务环境中,最成功的企业给予新职工在过去只有顾客才能享受的尊重。它们通过创造人人平等的精英管理体制,满足职工对从事有意义的工作和创造财富的愿望。它们慷慨地回报职工们的良好表现,不只是支付现金,而且也让他们拥有企业所有权。

(3) 领导者身体力行,信守价值观念。

在电子商务企业的决策行为中,创新是十分重要的。首先,企业组织结构要由原来的金字塔式、自上而下、递阶控制的组织结构向新型的网络组织结构转化。其次,管理重点由资本管理转为知识管理。知识管理是指运用集体的智慧提高应变和创新能力。最后,新的管理思想和方法不断涌现,在信息时代和网络条件下,新的经济形态产生了许多新的管理思想和管理方法,如柔性制造、分布式制造、敏捷生产、企业流程重组、学习型组织、制造资源计划等。在创办电子商务企业和企业经营中必定会遇到各种意想不到的困难和挫折,如金融风险、交易风险等,而且市场竞争日趋激烈,一旦遭受不测,没有韧性就会彻底垮台。因此,企业家要有不怕失败、不怕挫折和百折不挠的勇气,要有献身事业、不惧风险、敢冒风险的精神。

(4) 建立激励机制，巩固企业文化。

一种新的企业文化的形成是一种个性心理的累积过程，这不仅需要很长的时间，而且需要给予不断地强化。人们的合理的行为只有经过强化与肯定，这种行为才能再现，进而形成习惯稳定下来，从而使指导这种行为的价值观念转化为行为主体的价值观念。因此，考评内容应是企业文化的具体化和形象化，职工晋升时，要考虑他是否与企业文化相融合，对于那些没有好好工作，并难以和企业文化融合的人员，应该让其离开企业，让职工明白企业在鼓励什么，反对什么。

9.2.3 电子商务组织管理

所谓电子商务组织管理，就是在电子商务环境下，协调组织内部或外部的人力、物力、资金和信息等资源，实现组织目标的一种活动和过程。电子商务组织管理是研究组织管理在电子商务时代的新发展和新要求，并使组织管理呈现出符合未来企业竞争要求的新模式。

1. 电子商务对组织管理的影响

电子商务的出现和迅速发展改变了经济发展规律和市场结构，对企业的生产成本和交易成本产生巨大的影响，为此企业必然要适应这一外部环境的变化，不断进行着自身的改造与创新。

(1) 电子商务对组织生产管理的影响。

电子商务的快速发展，使组织之间的竞争不再取决于企业所占有的实际资源有多少而取决于组织可控制运用的资源的多寡。电子商务对组织的生产运作方式、生产周期库存等都会带来巨大的影响。具体而言，主要体现在以下几方面：

① 对组织的生产运作方式的影响。

电子商务在组织生产管理过程中的应用，可在管理信息系统的基础上采用计算机辅助设计与制造(CAD/CAM)，建立计算机集成制造系统(CMS)；可在开发决策支持系统(DSS)的基础上，通过人机对话实施计划与控制，从物料资源规划(MRP)发展到制造资源规划(MRP)和企业资源规划(ERP)，这些新的生产方式把信息技术和生产技术紧密地融为一体，使传统的生产方式升级换代。

② 对组织的生产周期的影响。

电子商务的实现可大大提高信息和资金等的转移速度，并可利用信息和知识共享技术来缩短生产与研发的周期，从而降低单个产品的生产成本。因此，在电子商务时代，组织的生产周期大大地缩短了，从而可以将更多的时间和精力放到新产品的研究和开发上。

③ 对组织的库存管理的影响。

电子商务的实现可以减少企业组织库存，提高库存管理水平。电子商务环境下，企业通过 Internet 可以直接找到供应商。同时，由于专业化程度越来越高，组织内部和组织间的合作不断加强，更多先进生产方式(如 MRP、ERP、JT)的应用，提高了库存周转率，从而把库存成本降到最低限度。

由此可见，电子商务的迅速发展给企业组织生产带来的变化是巨大的，它将有效地降低组织变革的生产成本，也必将使企业组织寻求一种适应电子商务环境的生产组织方式，实现组织变革。

(2) 电子商务对交易成本的影响。

按照科斯的论述，交易费用是经济行为的主体在市场交易活动中为实现交易所支出的费用,为了降低市场交易费用而出现了企业,企业将市场交易行为内部化,从而节约了交易费用。现实中,由于实现交易的困难在加大,导致交易费用上升,经济行为主体越来越依赖于企业,于是企业对市场的替代加大,企业的规模也越来越大,企业运行的费用也越来越高。电子商务的出现使市场的功能增强,市场组织生产的效率提高,使得组织对信息资源的共享与处理更为容易。透过网络的双向流通,将使得厂商与顾客更容易沟通,进而降低市场的不确定性,由此产生的一个革命性影响:企业与市场的关系发生了变化,出现了企业的等级制逐渐向企业市场制回归的趋势。电子商务的出现对交易成本下降的影响体现在以下三个方面:

① 企业方面。

通常,在市场上有两个价格,既平均价格和最低价格。因为获得最低价格的搜寻成本很高,在大多数情况下,人们在购买中付出的是平均价格,而不是最低价格。电子商务的出现使搜寻成本极大地降低,从而导致市场价格向最低价靠拢。经营主体可以直接利用市场机制极大地节约交易成本,从而不再像过去那样耗资去努力营造庞大企业的层级组织。

② 渠道方面。

由于实现了供应链管理和渠道成员之间的有效合作,整个渠道上信息流、商流、物流、资金流的速度增大,效率大为提高,这种渠道整体效率的提高使成员均受益。电子商务的出现有可能使整个市场置于电子商务平台之上,市场组织成本和管理成本极大地降低了,同时,利用市场组织生产在一定程度上比企业组织生产更为经济。

③ 流通产业方面。

网络化和电子商务搭建的交易平台使所有企业的商品流通效率增加。电子商务基础上的社会物流为企业节约了大量费用,企业得以"瘦身",进行企业精简化,从而使企业规模不断扩大的趋势得以减缓,过去被大量"内部化"的交易行为又外部化了。

综上所述,企业等级制向最初的市场制的回归,原因在于新的信息技术的出现。网络在企业商务活动中的应用及电子商务的迅速发展使市场组织生产的费用降低了,从而出现了市场组织生产相对有利的状况,市场机制的作用范围也无形中扩大了。

2. 电子商务组织管理的内容

现代企业运作的核心是企业组织的运营。从系统的角度来看,企业组织的结构是分工、部门化、控制跨度和授权等一系列管理决策的产物。在这里我们从组织的整体结构出发,将企业组织归结为由目标、活动、技术和制度四项基本内容组成的不可分割的整体。显然,一个有效率的企业组织是四项基本内容相协调并与环境相互协调和适应的结果,而电子商务应作为一种环境真正渗透到企业的组织管理中去。具体来说,电子商务组织管理包括如下四项内容,如图9-4所示。

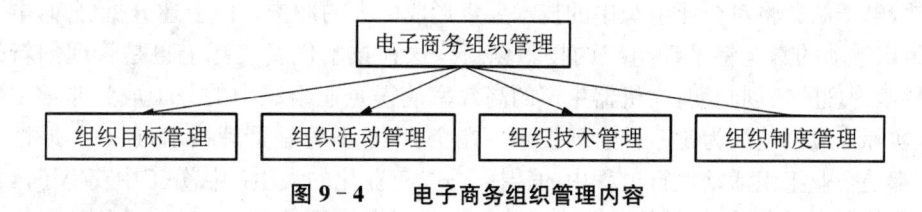

图9-4 电子商务组织管理内容

(1) 组织目标管理。

组织目标是组织为自己所设定的未来要实现或者希望实现的状况。组织的目标是企业组织活动的动力,企业组织把追求利润作为其不可或缺的目标。然而,在全球一体化高度竞争的环境下,企业组织要想获得较高的利润就必须采用电子商务来提高企业的效率。在这里电子商务以某种正反馈的方式对企业组织目标的实现产生了显著影响。

首先,网络经济所具有的外部正效应特性(Positive Network Externalities)推动企业积极地将电子商务应用到企业运营中去。这一点如果用通俗的语言表达就是电子商务所具有的低成本、高效益、全球化的优势提高了企业的效率,有助于充分利用企业内部和外部资源。1991年万维网(WWW)的创建,推动了 Internet 的发展,尤其是基于 Internet 的商业应用呈现爆炸性的增长,大大吸引了众多企业的投资,因此,基于 Web 的电子商务被投入一个强大的正反馈环中,信息技术的发展推动了计算机知识和技能的普及,PC 已经成为一种大众的工具。在这个所谓的"无所不在计算"(Ubiquitous Computing)的时代,一些大型企业进行投资决策时,会自然而然地考虑使用电子商务的相关技术,与社会群体的发展趋同并获得更多的市场竞争优势。而中小企业,由于网络技术赋予了它们和大企业同等竞争的机会,也会考虑使用低成本的电子商务技术,以期在某个细分的市场抢夺一定的市场份额。在另一方面,企业对人力资本的投资也集中到了企业的信息应用领域,以加快自身的改造来应对社会的变革。企业的组织目标和社会的发展趋势、需求相互推动使得电子商务进入企业成为一种趋势,而电子商务又反过来影响了企业组织的决策和运营过程,组织目标的实现途径开始向这一新的技术或理念倾斜。

(2) 组织活动管理。

组织的活动是围绕着组织的目标而展开的一系列的事务。这些活动由于组织中存在分工而各不相同,但是普遍要求具有实践的经验性,这样就造成了企业组织管理上的主观性。这种主观性会体现在活动的效果依赖于具体管理者或者操作者的个人能力上,而电子商务与企业组织活动的融合,降低了对具体操作者的特别能力的要求,提高了管理活动中的客观性、科学性和技术性。另一方面,管理者的素质要求提高了,需要他们对技术的应用有一定理解,使得企业活动不再仅仅依靠经验来管理。例如,企业资源计划系统(Enterprise Resource Planning,ERP)可对生产、销售、财务和库存等企业的全部流程进行优化。无论是电子商务实施过程中还是进入良性运作后,企业对管理人员内在人力资本的投入将增大,而管理活动中所需要的硬件、软件也需要企业进一步加大投资,信息系统运行的费用和维护成本也需要企业负担。然而,组织活动的不确定性变小了,这种风险的降低对于全球一体化情况下的竞争可能是至关重要的。因此,即使企业投资电子商务并未减少其运作的成本,其投资仍然可能是值得的,因为电子商务支持下的企业活动将有更多的空间和选择机会。

(3) 组织技术管理。

显然,电子商务将对企业组织中的技术要素形成巨大的冲击。由上述分析可知,电子商务对企业组织活动的影响将推动组织的技术创新。这种技术创新实际上也是管理创新的一部分。在科学管理的初创时期,大机器生产的高效率使得企业组织中的分工成为非常重要的技术,分工实际上应当被认为是一种管理技术。在企业中,不管是管理技术,还是实质性的工具和技术,都是企业组织活动执行过程中的转换方式,工业化的大生产从分工中获得了巨大的效率,机器代替了人的劳动,机械化的生产成为企业活动的主要方式,信息技术的发展使得机械化分工有了一个本质的飞跃,在机械化的层面出现了自动化和智能化,这是一种人类智能的替代。这种发展趋势,我们可以从许多方面看到,如制造业中的计算机集成制造技术(CIMS)、企业中广泛应用的信息系统(MS)等。但是,我们深刻地感受到了现在电子商务对企业生产过程的改造和营销的管理是用技术要素对组织管理进行智能化的替代,用集成化的技术取代人类的管理智能,而不仅仅是局部的技术智能化。

(4) 组织制度管理。

电子商务的发展也对企业的制度形成了很大的冲击。企业组织中的制度决定了人们在企业活动中相互关系的制约。组织是在一定的制度下设立的,并通过一定的制度而运作。在传统企业中,由于技术和技能等因素的制约,企业组织活动在许多方面都显示了某种机械性。从工作时间到工作内容,企业内部许多员工看起来就像是机器的延伸。尽管企业的经理也鼓励其员工创新,但是由于工作的机械性,使得创新的机会和方法都很缺乏,久而久之,与人性发展不太协调的制度会损害组织的效率,影响组织目标的实现。某些现代的人本化的管理思想对提高员工的活力效果不佳,其原因在于这些方法只是从机械论的角度浅层次地放松了对员工的制约,而没有真正调整员工工作的过程和方法。电子商务的融入,使企业改变了企业员工的工作内容和方法,提高了对员工的素质要求,对员工的约束变得深层化。这种深层的约束具体表现为企业已经放弃了教条式的约束,而对员工的知识专业技能和学习能力提出较高的要求。

3. 电子商务组织管理的方向

(1) 电子商务与企业流程重组。

在这方面的研究包括分析电子商务技术对企业组织结构和管理模式的影响,研究电子商务环境下企业流程,总结并提出企业流程再造的方案。具体应用方向为:新的竞争环境下的企业竞争规则、竞争模式与模型研究;电子商务的发展和建立策略研究;企业如何建立自己的信息优势、充分利用信息优势的方法及信息优势如何转化为竞争优势和利润的方法研究;新的商务经营环境下,企业组织机构和商务流程运作过程的重组和改进研究。

(2) 电子商务组织的协同管理。

随着电子商务在各个企业的普及,跨地域的电子商务交易、电子会议、集体决策、群体协商决策等成为企业管理、决策的主要内容。因此,电子商务组织的协同管理应从以下几个方面展开:电子商务环境下的群体决策支持系统概念模型的研究;群体决策制定过程中的文化因素的影响研究;各业务流程及资源的协同管理研究;充分调动人力资源,使每个人"在其位,谋其政",在部门中发挥重要的个体作用,在集体中表现出"1+1>2"的效果。

(3) 电子商务与网站建设的管理。

纯电子商务公司指只在网上进行交易的公司,对这些公司的网站进行研究时,把 Web 作为一个营销交流的分销渠道和媒介,并对一些网站按照其提供服务的内容进行分类,也包括对一些限制产品选择的站点的研究,指出其中存在的缺陷和不足。现在的电子商务组织管理研究应该转向面对学术的一些研究,如研究人机交互、客户行为、企业和渠道及 Web 的策略开发等。

9.2.4 电子商务商流管理

电子商务条件下,网络的高速发展在给商流带来顺畅运行的同时,也带来了许多新的变革,这其中就包括电子商务商流管理的变革。目前来看,电子商务商流管理主要包括电子商务商流的资产管理、电子商务商流的营销管理和电子商务商流的消费管理等内容。

1. 电子商务商流管理的内容

根据上述商流的流程介绍,电子商务商流管理的内容可以划分为电子商务商流的资产管理、电子商务商流的营销管理和电子商务商流的消费管理三方面的内容。

(1) 电子商务商流的资产管理。

资产根据其存在的形式,可以划分为有形资产和无形资产两大类。有形资产就是有实物形态的、切切实实的、能被所有者占有并带来经济效益的资产;而无形资产则是指没有实物形态,但能被所有者占有、使用并带来经济效益的非货币性的长期资产。一切与企业生产经营有关,能为企业带来经济效益,不具备物质实体的资产,都属于无形资产。资产管理的目的就是要加强资产的运营和分配,使企业的资产可以发挥最大的效用,为企业带来最大的收益。在电子商务环境下,更要注重对无形资产的管理。因为,加强企业无形资产管理,是知识经济和电子商务时代对现代企业管理提出的迫切要求;同时,无形资产管理也是现代化管理的重要内容。

(2) 电子商务商流的营销管理。

电子商务作为一种全新的商务模式,正以强大的生命力冲击着传统的商业结构和贸易方式,推动着营销模式的转变。电子商务的发展将形成新的交换机制,构架新的市场规则,在互联网这个全新的平台上如何开展营销活动,实行全新的营销管理,已成为企业面临的重大课题。事实上,商流是在传统营销的基础上发展起来的,因此,传统营销中的基本营销策略原理仍然适用于电子商务营销,成为电子商务营销管理中的基本策略,主要包括产品、价格、促销和渠道,即4P营销。值得注意的是,作为电子商务商流的营销管理中的产品、价格、促销和渠道策略与传统营销存在着较大的差异,更多行之有效的营销管理理念会被引入电子商务商流的营销管理中。

(3) 电子商务商流的消费管理。

电子商务的出现,使消费者的消费观念、消费方式、行为模式和购物心理都随之发生巨大的变化。了解网络消费者需求特征、掌握消费者购物心理和动机,更好地满足消费者需求,是企业在电子商务环境下的市场竞争中立于不败之地的根本;同时,消费者作为电子商务商流流程中的最终环节,也是商流管理的一个重要方面。因此,进行电子商务消费管理对商流的运行和管理也具有重要的意义。

2. 电子商务商流管理系统

企业应当根据自己的行业特点开展电子商务活动。由于应用系统功能与其应用领域关系密切,所以针对商流应用中比较有代表性的模块(如价格系统、在线购物订单管理等)说明商流系统的功能。电子商务应用软件对于不同行业的企业是不一样的,即使是同一行业的不同企业,其电子商务商流管理应用软件也不会完全相同,因此,它通常是由各企业根据自己的特点专门开发的。即使有成型的产品,也要针对不同企业的特点进行二次开发。

(1) 产品展示。

传统的企业通常需要建造店铺或办公大楼来展示企业形象,但在进行经营活动的管理人员更关注具体的目标,这些目标通常同企业形象关联不大,一般企业只有发展到一定规模时才会考虑形象问题。传统企业的经营场所必须满足其业务需要,所以通常其展示较难引人注目。然而,当企业开展电子商务后,企业在网上则有充分余地进行空间设计,使自己的产品展示与众不同。网站能有效地完成更多提高企业形象的任务,如网站可设置销售手册、产品展示厅、业务报告、招聘广告或顾客接触点等。

(2) 价格系统。

企业电子商务网站在签订订单、竞争投标时需要快速报出合理的价格和交货期,以便在竞争日益激烈的市场中取胜。快速报价系统可为电子商务企业提供科学、合理、快速、准确、全面的报价和交货测算。该系统参考多种报价因素,帮助企业决策者进行报价预算和制定报价方案。

价格系统的主要功能体现在:价格制定模块能帮助企业制定相应的产品价格和策略,如折扣处理及期限、运费支付方式等,并依据预算的成本自动计算相应的报价,快速制定合理且具有竞争力的市场价格。成本预算系统可定义多种预算模型,帮助用户快速完成成本预算及自动报价管理。企业经过成本预算并依据价格策略得出参考报价,然后结合市场及同行企业等因素对参考报价进行修改,经审核确认得到报价。在报价过程中可以模拟选优,并提供同行的参考信息和指标进行计算,以达到控制成本、提高利润的目的。

价格系统提供多种预算模型模块,用户也可根据本单位的实际情况自行定义预算模型,系统可根据此模型进行扩充。例如,用户可以制定价格策略,系统会根据价格策略自动计算出相应的报价;预算模块包括用户可以进行合理报价的预算,也可以进行利润成本测算,并模拟多个预算结果;系统可按照报价预算结果进行成本控制监督,跟踪实际成本投入,进行差异分析;具有较强的灵活性,能够适应变化的需求和环境;高可靠性、安全性,确保企业数据运行的高度安全,对敏感信息不会泄露,同时有良好的身份鉴别功能;具有较强的实用性,用户可以定义多种价格策略,并可将经验判断纳入预算过程中,以提供更实际的报价方案;系统可以根据客户的信用条件、付款方式、竞争对手的价格等数据指标,自动测算、提供参考价格策略;用户界面友好,系统提供多种界面模式,用户可根据需要自由选择。

(3) 招投标系统。

网上招投标有许多优点,如方便快捷、杜绝了一般招投标的大量文件传送、更具公平性及有助于监督、检查招投标中的不规范行为。招投标系统的特点主要有:① 设置了委托招标和租借招标两种方式。所谓委托招标,就是招标方将招标的一部分工作交由网站经营者负责,包括标书的建立、标箱的建立等,而招标者需提供标的和一些特殊规则及评标,这样大大减少了招标人的工作量;所谓租借招标,就是招投标的主要工作由招标承租,网站经营者只负责一些基础工作。② 招投标通常设置四种角色,即招标人、投标人、站点管理员、评标人;各角色之间职责划分明确、配合密切,为招投标工作按照科学合理的方式完成提供了保障。③ 投标人和招标人是多对多的关系,系统整体设计是以一个招投标站点为中心的;招标人和投标人都可以通过该站点上网进行招标和投标,很多招投标工作可交由站点监理员集中负责,减少了重复工作;此外,由于站点具有相当的开放性,投标人可以获得更多的投标机会,而招标人则由于竞争的存在而获得更主动的优惠合同条件。④ 系统为招投标各方提供了充分的交流机会,例如,投标方可就标书的有关问题在网上直接质疑,各评标人及招标人可通过网络进行交流。⑤ 系统软件建立在群体平台基础上,可利用平台的强大功能,将招投标工作全部在网上完成。若有需要,该系统还可与其他电子商务系统和办公系统进行共享;系统提供了双重安全保证。

首先,投标人和招标人都是经过 CA 认证的,标书和投标书的传递是电子加密的;其次,借助安全机制为各类不同用户分配权限。

(4) 网上拍卖。

拍卖是拍卖人或拍卖机构受货主委托,在规定的时间和场合,按照一定的章程互相出价竞争,将货物卖给出价最高的买主的一种交易方式。电子商务的拍卖发展较快,广受网民欢迎。有人把网上拍卖归为典型的"4C",当然这也不全面。现今拍卖已出现多种形式,除传统的增价、减价、密封递价三种形式外,还出现了集体议价和"焦点网"的拉拉手模式。"网易"是最早从事网上拍卖活动的网站,它拍卖的商品很多。网上拍卖的经营方式定义为"竞买式交易",指的是卖方将要出卖的物品的文字说明及图片放在网上,不定价,由网民前来竞价。"焦点网"的拉拉手模式是由用户定价,商家可以在这个价格上决定卖与不卖。在网上拍卖的各种模式中,集体议价得到许多网民的认可,且已成为各大供应商的必争之地。集体议价一方面可以实现与原来注册用户的资源共享,另一方面对于网站自身来说,具有更多的选择权。在市场活动方面,网站可以自由选择竞拍的物品,并对竞拍过程进行监测,以了解消费者的品种需求与价格承受能力。而在以往的C2C拍卖中是不可能对每一次竞拍都实现人工监督的。C2C拍卖方式的主要问题:一是国内尚未建立个人信用系统,又没有中立机构进行信用评价;二是如何检测商品、在交易中出现问题如何处理、卖方有没有责任等问题仍没有统一的规定。而集体议价则不同,在B2C的销售方式中,消费者买到厂家的合格产品,所以,不管用什么价钱买到都享有售后服务,维修由原厂家来负责。集体议价可以采用代收货款、货到付款的方式。集体议价是在议价的这一段时间结束后,统一进行提货与配送。

网上拍卖的功能模块主要有拍卖产品展示说明、拍卖指南(包括法律入门)、竞投(登录)、竞投记录、成交公告、成交确认、竞投密码维护、个人信用更新、追加保证、服务等。

(5) 在线洽谈系统。

在线洽谈是利用网上聊天室的功能建立的。洽谈室可以根据业务需要设立,洽谈用户与商家共同约定时间到×号洽谈室进行洽谈。为了保守商业机密,一个洽谈室仅允许双方各一人进入,第三人进入就会出现错误提示。合同洽谈过程中的加密往往需要经过数字签名加密,加密后的合同,只有买卖双方可以看到。

(6) 订单合同管理系统。

订单合同管理系统集成了一整套标准交易流程,当然也可按网上零售商的商业特殊要求进行定制,从而使电子商务交易系统更加稳定、高效。系统允许参照用户的需求智能定义或修改订单流程,并跟踪订单的执行过程。系统具有独特的订单流程管理引擎,用户输入密码、订单号,可对每个订单的状态进行监视,并按照订单在系统中执行状态调用不同的程序或代码。同时,订单处理代理可以对特殊的订单进行访问和查询,用户可以通过系统提供的工具轻松地进行定义和修改。

订单合同管理系统中集成了完整的订单管理系统功能,从客户订单形成开始到网站进行订单审批,再到发送及处理订单等一系列流程,都进行了完整的整合。

9.2.5 电子商务信息流管理

根据电子商务信息流的分类,电子商务信息流管理可以分为内部信息流管理和外部信息流管理。

1. 内部信息流管理

内部信息流控制实质上就是利用企业的管理信息系统对信息流进行控制。现在比较先进的管理信息系统是企业资源计划(ERP),它产生于20世纪90年代初,由MRPⅡ发展而来。MRPⅠ解决的是企业内部信息集成问题。ERP则是在MRP基础上增加了"前端办公室(市场与客户)"和"后端办公室(供应商)"。这样就由供应商、企业和客户形成了一条供需链。ERP对内部信息流控制主要就是对这个供需链进行控制,ERP供需链上有五种基本"流"在流动,它们就是信息流、物流、资金流、价值流和工作流。这些"流"相互联系、相互影响,共同生产控制中心形成了一个完整的信息控制系统。其中信息流是伴随着物流、资金流和工作流产生而产生,并随其流动而流动。所以对信息流控制和优化也是对物流、资金流和工作流的控制和优化。内部信息流控制模式如图9-5所示。

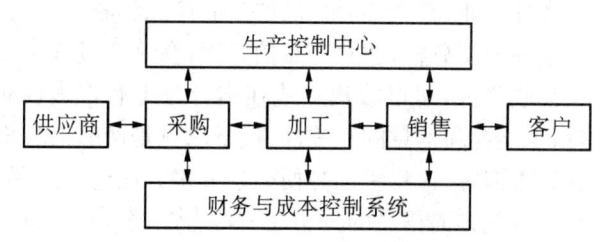

图9-5 内部信息流控制模式

首先,客户通过Web浏览器获得商品信息,再向企业发出订单。销售部门把有关商品需求信息汇总整理后,利用企业内部网络,把需求信息发送到财务部门进行成本控制,发送到生产计划控制中心进行物料需求控制。同时企业商品也是通过销售部门销售给客户,所以销售部门是企业和"前端办公室"的接口,起到把无序的信息有序化及对信息进行反馈的作用。

根据市场需求信息,企业生产计划控制中心通过计算机来计算各个部门及物料需求情况,再把这些物料需求信息用网络传输到采购部门。如果客户增加或减少购买量,那么生产计划控制中心根据反馈信息,相应调整其物料需求计划。对于一个大企业,它每天可能要生产成千上万种产品,那么其每个生产单元在不同时刻物料需求计划是非常复杂的。传统计算方式不可能完成如此复杂的任务,只有使用计算机,才能够精确计算出每个生产单元在不同时刻物料需求计划。所以我们可以看出,生产计划控制中心的作用主要是对信息优化,使各个生产单元的物料需求都能够通过它实时更新。

采购部门根据各个生产单元的需求信息采购原料,供应商依据采购信息,把原料发送到各个生产单元,同时采购部门把有关采购原料信息,主要是原料价格和采购数量,发送到企业财务部门,以利于财务部门进行产品成本控制。当客户改变购买计划时,采购部门会根据生产计划控制中心反馈的物料需求信息改变其采购计划,这就简化了信息流程,能在一定程度上避免虚假信息产生,从而更好地控制信息流的流通质量。

原材料准备好以后,就进入了产品制造阶段。在产品制造时,每个生产单元必须拥有有关产品的信息,如产品结构信息、产品设计图纸信息、相关产品制造历史经验及客户个性化需求信息等,所有这些都必须从相关数据库中获取,如产品数据库、产品设计数据库和历史经验数据库等,完成这部分功能的是制造部门,它对有关产品制造时需要的信息进行了有序化控制,使信息流程更加规范、简捷和方便。

最后是销售产品。这样就完成了一个完整的产、供、销信息流程。所有这些都是通过由采购、生产计划、制造和销售等子系统所组成的ERP管理信息系统来完成的。它利用企业内部网使各个子系统有机联系起来,使得企业内部信息流动就更加便利、快捷有序、畅通。

2. 外部信息流管理

外部信息流控制主要是指实现信息流的有序化控制、信息流反馈控制及信息流安全控制三个方面。

(1) 外部信息流有序化控制。

它是指把大量无序的信息流动过程改变为有序的并且按照科学的"路径"流动的信息流。

从它的定义可以看出,信息流有序化控制的作用就是把大量无序网络信息进行整理加工,从而变成有序信息。这既有利于企业掌握市场动态,也有利于客户购买商品。控制过程为:一个电子商务企业,首先要对自己的产品信息和收集到的其他网络信息(如同行业企业产品信息)进行整理加工分析,建立产品信息库,在这个过程中,应该注意到,对同行业企业产品信息不可能全部收集到,可以收集一些在本行业中有代表性企业的产品信息,这有利于客户进行产品比较,也能提高信息的权威性;接下来就是产品信息查询,如产品价格查询、产品性能查询和产品状态查询等,这将更加方便客户从多方面进行产品比较;客户初步确定所购买的产品后,就会确认有关方面信息的真实性和可靠性;客户发出询价单,在收到企业报价单后,最终确定所购买的产品,并发出订货单,认证中心对交易双方和中介服务机构确认身份后,客户所在开户行根据客户提供的结算方式进行转账;最后,客户得到所需产品。

(2) 外部信息流反馈控制。

它是指为了确认信息源发出的信息有效且反馈给信息源的一种控制机制。反馈控制的作用就是确保信息内容安全可靠和信息流畅通。这种反馈控制应贯穿在商务交易的任何步骤中。例如,客户为了证实所检索到的产品信息的真实性和可靠性,必须发出询价单;认证中心对企业、客户和中介服务机构身份认证结果进行反馈;在付款后,开户银行向企业发出转账通知单,向客户发出付款通知单等。所有这些都是信息反馈过程。正因为如此,才确保了信息在流动过程中的安全和畅通。

(3) 外部信息流安全控制。

它主要是指信息传输过程中对信息内容的安全可靠及交易双方和中介服务机构身份真实性进行控制。从定义可以知道,它的最主要作用就是保证信息内容安全、信息流畅以及企业、客户和中介机构的真实性。由于外部信息流的载体是互联网,而互联网具有开放性的特点,所以在互联网上传输信息其安全性得不到很好的保证,对于电子商务来说,一方面是信息内容的安全及信息流畅;另一方面是企业、客户和中介服务机构身份的真实可靠。两者缺一都可能产生无法挽回的损失,所以外部信息流安全控制主要就是针对以上两方面的。为了达到信息内容安全及信息流畅的目标,可以采用加密技术数字签名和电子签名技术及 SSL 和 SET 技术。这些技术各有其优缺点。为了提高信息内容的安全性,可以综合其中几种方法,达到互补效果,从而使信息的流动更加安全、畅通。对于企业、客户和中介机构的身份确认主要是由认证中心来负责。认证中心首先会发给各个需要被认证实体相应的证书。在交易时,各个实体把原先得到的证书传输到认证中心,认证中心把收到的证书和原证书比较,从而对各方进行身份认证。尽管我们采用了这些技术来确保电子商务交易的安全,但是绝对的安全是极难做到的,所以要时刻关注与电子商务安全相关的技术的最新发展情况。

9.2.6 电子商务资金流管理

在现代企业管理中,资金流在企业中占有极其重要的地位,对资金流进行综合管理是企业的根本活动之一。当前,随着电子商务在全球范围内迅猛发展,加强资金流管理对于企业的存在和发展都具有重大意义。

1. 电子商务对资金流管理的影响

(1) 财务预算作为资金流管理中的基础性环节得以加强。

在电子商务环境下,有时各公司甚至竞争对手之间,通过采用信息技术,利用各自的优势来进行合作，即由最好的制造商生产产品、最好的市场销售商来销售产品等以达到共同的目标。同时，负债经营和风险经营在企业中表现尤为突出，企业需要把握适度的负债与风险。在这种环境下，就要求企业须以战略的眼光从事企业的综合协调管理。它强调企业计划、采购、控制等职能的一体化，使所有子公司、职能部门的子目标与企业整体目标相趋同，这样多层委托代理关系下的累加代理成本才能最小。这就需要资金流管理有一条"事前计划—执行过程中控制—事后分析"的主线，各个部门都围绕这条主线展开，而事前分析、财务预算作为基础性工作更显重要。

财务预算将依据企业年度目标利润按"目标利润—销售预算—成本预算—采购预算—现金流量预算"进行编制，改变了过去一味地以生产为中心的编制方法。财务预算一经确定，由于财务业务在线操作，网络将像一只无形的手在监督着企业财务预算的执行情况，同时由于网络具有高速传递性，对财务预算管理中出现的"例外管理""特殊异常业务"将可迅速传达到高级责任人进行例外审批。这样既确保了财务预算在企业内部所具有的约束力，又可依据市场情况而适时予以调整。

（2）资金流管理走向集中式管理。

过去，企业缺乏支持集中式管理的技术手段，企业的发展受到物理地域的限制，许多大型企业不得不采取分散管理的方式。由于监管信息反馈滞后，从而导致对下属机构控制不力、企业出现危机的例子屡见不鲜。基于互联网的电子商务的发展，小企业变成了"大企业"，桌面管理转化成非桌面化的网络方式，这使得集中式管理成为可能。企业可以综合运用各种现代化的电子信息工具，为整合企业财务资源、加强对下属机构的财务监控、降低运营成本、提高效率创造了有利条件。集中式管理又可分为三种情况：

① 会计核算的集中化。

财务数据处理的适时性，是电子商务环境下资金流管理的一大特点，确认都将存入相应的服务器并主动送到资金流信息系统随时检测，业务信息实时转化且自动生成。

② 资金流控制的集中化。

减少中层管理人员，会计核算信息直接送达高层，最高决策层可与最基层人员直接联系，对资金流进行控制，这样就可以达到提高闲置资金的使用效率、增强内部资金余额调剂能力、更好地杜绝腐败等目的。

③ 财务决策的集中化。

由于各种财务数据时刻处于高级管理人员控制之中，管理人员就可以根据需求进行财务决策。

（3）信息理财在资金流管理中日趋重要。

电子商务活动可以通过在线进行，如在线订货、在线资金调度、异地转账、在线证券投资、在线外汇买卖等，因而产生的会计信息都是动态的，更具有不可捉摸性；同时，市场需求信息的公开化，会计信息公平、均匀分享，形成了多层次、立体化的信息格局。谁能占领信息的制高点，谁就将在市场竞争中占优势。企业资金流信息系统将建立在 Net、Extranet 和 Intranet 基础之上。会计信息传递模式将变为"报告主体—信息通道—信息使用者"的网络方式，从企业内部财务信息"孤岛"直接转向客户、供应商、政府部门及其他相关部门。财务管理信息系统，则以价值形式综合反映企业人力、物力和财力资源运动的事前、事中、事后控制与实际生产经营过程及其业绩的全部信息。在电子商务环境下，信息理财将综合运用计算机网络的超文本、超媒体技术,使信息更形象直观,提供多样化的各类信息,包括数量信息与质量信息、财务信息与非财务信息、物资层面的信息和精神层面的信息。

(4) 现金管理方法有了很大的变化。

首先,电子商务改变了传统的现金管理策略。现金管理策略主要体现在现金的收款和付款两方面。在电子商务环境下,采用电子付款方式将大大减少企业对于现金浮存的利用与管理。纸面付款系统与电子付款系统在运作上存在着极大的差异。纸面的付款方式主要包括纸/硬币、支票。以企业间交易最为常用的票据方式为例,假若就直接支付部分的票据而言,这部分通过票据进行支付的现金常被用来作为延迟支付、形成企业可利用之现金浮存的一个主要手段。但在电子付款方式日益普及的今天,收款企业不必再迫于客观条件而不得不接受票据作为唯一可选择的付款方式,可以要求采用更为直接、快捷的电子付款方式。

其次,电子商务促进了日常现金管理的调度能力。现金管理中的另一项措施就是将现金的流动进行良好的调度,使现金占用量达到最低。然而,由于企业生产经营过程中的不确定性,要实现这一目标并不容易,因此,传统的现金管理模式下对现金流量的预测只能是建立在估计的基础之上。而电子数据交换(EDI)由于其对企业的购销计划安排具有极好的预报功能,因而在相当大程度上克服了这一缺陷,EDI除一般的信息被提供在线浏览外,很重要的一个功能就是能进行广泛的客户联络,如电子公告牌、在线聊天室、视频会议、建立FAQ共享信息等。此外,还可以根据观察,跟踪客户的浏览和购买习惯建立客户描述。通过上述措施,减少产品生产及采购、供应环节的盲目性,增加市场的把握能力并进一步在此基础上提高采购与销售的计划、调度与预测能力,实现现金流的对接安排。信息加速传递的结果必然是对预测能力得改进与提高,因而将改善企业的现金预算管理。

再次,电子商务降低了资金的划转成本。商务离不开资金的流动,电子商务也不例外。但由于电子商务具有无纸化、无固定的交易地点等特点,加之交易对象、交易方式的不确定,增加了其资金流动的不安全因素。一种商务模式的发展,势必需要相应的支付结算体系的完善。随着电子支付和网上银行的兴起,对于广大的银行客户来说,网上银行的建立提供了新型的金融服务。任何一笔成功的商务最终都要归结到资金的支付与结算上来。电子商务的特点之一,也是其不可或缺的组成部分就是交易双方在网上的资金流动、网上支付与结算,这是完成资金流动的关键。

最后,电子商务缩短了现金流转期限,从总体上提高了现金流转效率。电子商务除上述对现金管理方面的直接影响之外,对企业财务管理的其他方面也产生着重大影响而财务管理总体水平的改进,又反过来促进现金管理的提高。比如,电子商务对企业资金运营及周期具有很大的影响,主要表现在刺激企业销售、加速账款回收、缩短采购周期并减少存货占用等方面。因为采用EDI之后,充分的信息沟通与交流使客户能够获得更快和更可靠的服务,从而方便了客户自身的调度、安排与计划。当然,就企业本身来说,还可以减少支票、传真、产品目录、日用纸张等文件办公费用,节省一定的管理费用开支。

2. 电子商务资金流管理的体系

从事电子商务运作的企业,必须自主筹资、用资,使企业对资金运动的管理处于电子商务活动管理的重要地位。因此,现代企业资金流管理是资金的筹集和有效运用的管理活动,是资金的规划和控制,它既要理顺企业资金流转程序,确保生产经营顺利进行,又要理顺各种经济关系。资金流管理包括计划、筹集、运用管理和效益,是一项系统工程,要强化资金管理,提高资金运营效益,建立现代企业资金管理体系需要从以下几方面入手,如图 9-6 所示。

图 9-6 现代企业资金流管理体系

（1）把资金流管理作为电子商务活动管理的重要内容。

把资金流管理作为电子商务活动管理的重要内容,是市场经济体制对企业推向市场的要求,是由资金流管理的本质和特点所决定的。市场经济是效益经济,资金的投入效果是经济效益的集中表现。电子商务活动管理中的诸多矛盾最终将会通过资金流管理活动反映出来,资金流管理是电子商务活动管理中矛盾的重要集合点,电子商务中的采购、生产、销售和各项投资都是资金的不断运动,如何安排生产、销售和效益实现等一系列活动都离不开资金流,资金运动得好坏很大程度上反映了电子商务财务管理是否到位,是否发挥财务在资金的控制、运作和监督方面的主导作用。因此,资金流成为电子商务发展的重要因素,资金流管理则成为电子商务活动管理的重要内容。

（2）科学做出财务决策。

财务决策是企业资金流管理的主要职能,它可分为投资决策、金融决策和股利决策。企业决定资金的投向时要对市场进行调查、研究、分析和预测及了解企业生产经营管理活动是否为市场所需,并依此建立可行性研究决策机制,建立财务、业务、开发等部门组成的投资决策层,确定资金投入的大小、比例、结构及为整体产品协调生产与产品销售配套的销售成本(如广告费、促销费等),防止品种发展不平衡以减少生产盲目性。通过可行性研究、协调性分析、综合效益分析和风险评估分析等,搞好科学决策。

（3）加强资金计划预算管理。

在市场经济条件下,企业的经济活动受市场变化的影响,对资金的筹集使用必须搞好资金的计划预算,多方收集企业外部的信息,主动研究市场,用科学方法对事物发展变化和发展趋势进行分析、判断。资金计划是财务计划中的重要组成部分,企业应根据资金来源对生产经营活动所需资金、固定资产、投资资金等进行综合平衡,分清轻重缓急,统筹运用,保证重点项目资金的需要。资金筹集要根据生产、销售、其他投资等需要及早计划、预测,财务在该过程中主要是拟定以上各项资金的运用,对实物投资或金融投资等做充分考虑使资金与正常生产经营的比例合理。对本行业来说,资金计划应考虑主要安排到行业产品生产、经营上,对外投资只作为一种补充性手段,通过计划、预测可以发现资金是否充足,同时,研究采取什么措施解决资金管理中存在的问题,建立健全科学的资金管理制度,加强资金的监督检查。建立相应制度用好用活资金,并对其进行监督与检查,使资金正常运行。

（4）优化资金结构,建立资金的良性循环机制。

要建立起优化资金结构的约束机制,控制好企业资金结构,以合理的资金运用结构来保证资金发挥最大效能,确定最佳的资金结构,扭转企业在资金轨道上的不稳定状况,加大对资金运筹的调控力度。不定期召开财务牵头的经济活动分析会,剖析企业对资金的使用情况,结合实际确定资金占用的重点和辅助点。建立活而不乱的资金良性循环机制,抓好企业资金的流程管理,强化资金集中管理,加速资金周转。企业的资金要由财务部门集中管理、集中调度,这样才能保证企业的资金投向和回收的准确性,保证企业资金的使用效益。

(5) 建立资金的补偿积累机制,抓好资金的后续管理。

要监控企业资金的合理分流,防止单边流向,尽可能增加扩大再生产的资金,促进企业自我滚动发展。不要将资金过多地积聚在一些非经营性不动产方面,如办公楼或福利性场所,要将最大的资金用于发展生产和可行性投资,以取得更大效益。

3. 电子商务资金流管理模式

电子商务环境下的企业是适应产品多样化的需求,采用定制技术进行生产的企业,内部采用扁平化的组织结构及网络化的信息结构。组织结构的变化必然引起企业管理方式,包括财务管理模式的变化。新的组织结构高度分权化,若不加强对下一层级的财务监控,企业很容易出现危机。同时,网络技术为新的资金流管理模式——集成化资金流管理提供了基础,因为网络技术使得资金流管理在空间上、时间上和效率上都发生了改变,极大地延展了资金流管理的能力和质量,使资金流管理能达到原来不可企及的水平。所谓集成化资金流管理是利用现代网络技术和信息集成方法,将财务、业务与供应链集成起来,追求整体效率和效益的提高,达到缩短生产前置时间、提高产品质量和服务质量、提高企业的整体柔性、减少库存等战略性目的,使企业具有低能耗、低物耗、高效益、高应变能力,实现企业物流、资金流和信息流的高度统一及财务的实时管理,以适应柔性生产、组织扁平化和产品个性化的市场要求。这种资金流管理模式与传统资金流管理模式的主要不同点在于它利用现代网络技术,将业务管理融入资金流管理,实行从源头管理,通过远程处理、在线管理,对资金进行动态管理,真正实现事前计划、事中控制和事后反馈,实现对业务的全过程管理。这种管理模式有三个基本特点:

(1) 集成化管理。它不仅对企业资金进行管理,而且对库存、生产、销售等业务方面进行管理,不仅管企业内部,而且与整个供应链管理相集成。

(2) 直接管理。通过网络技术减少了传统资金流管理中的许多中间环节,高层领导能直接对底层员工进行管理。

(3) 实时管理。整个供应链通过网络联系在一起,总部的财务主管根据动态会计信息,可以及时做出财务安排,并通过网络传达下去,实现资金流的在线管理。

4. 电子商务资金流管理的步骤

实现从传统资金流管理模式到集成化资金流管理模式的演变,一般要经历以下几个步骤:

(1) 实现企业内部资金流的集成。

企业内部资金流集成是集成化管理的最初阶段,在企业内部所有财务部门实现联网后,企业总部的财务部门可以随时了解下属机构的资金信息,将所有下属机构的资金信息集中到总部统一核算、集中管理,下属机构则成为一个财务报账单位,从而可以节减基层单位财会人员和会计费用支出。通过网络在整个企业内调度资金只是一瞬间的事,使暂时闲置的资金随时可以找到用途,极大地提高了资金的使用效益。实现这一步目标实际是要企业实现财务的集中核算,因此企业应对等级式的财务结构进行重组,建立扁平化的财务部门。

(2) 企业内部资金流与业务的集成。

企业内部资金流与业务的集成是集成化管理的第二阶段。在网络社会,各部门之间的分工界限日益模糊,资金流管理与业务管理出现融合趋势。同时,会计是从价值方面综合反映和监督企业的财务状况和经营成果的,企业产、供、销各个环节经营得好与坏,人、财、物各项消耗的节约与浪费,都直接影响企业的资金状况和经营成果,因此,要管好资金,不仅需要资金信息,而且需要供、产、销、人、财、物等各个方面的信息。资金流管理要与上述各方面的管理紧密结合,运用各项管理提供的信息,管理好资金,实现资本的保值、增值,并不断提高经济效益。集成化资金流管理的第二阶段实际是将资金流管理与业务管理相结合,实现对企业内部供应链的管理。要实现第二步目标,需要对企业内部工作流程进行重组,精减中间环节,建立跨职能型群体。

(3) 实现企业与整个供应链的集成。

对整个供应链进行管理是集成化资金流管理的最高目标。在网络社会,全球网络已将供应链上的所有企业联系在一起,市场已不再仅仅是单个企业之间的竞争,而是一个企业供应链同其他企业供应链的整体竞争,只有站在全局供应链的高度上管理企业,才能降低经营成本、减少资金周转期、提高生产率、改进客户满意度,以适应新时代的企业竞争。资金流管理已不再仅仅是企业内部的事情,要收集有关资金的全面信息,就需要对整个供应链进行管理,促进整个供应链一同进步。要实现第三步目标,需要对整个供应链进行业务流程再造,这中间会涉及许多复杂的问题。但实现这一目标后,有利于企业的长期稳定发展。目前我国个别优秀企业已在推行这种管理模式,如海尔集团1999年对整个供应链进行业务流程改造,利用网络与不同实力的供应商建立不同层级的联系,同时,零距离地满足客户的需求,推行对供应商—厂商—顾客价值链的管理。世界一些著名的软件制造商,如 SAP、ORACLE 等公司已针对这种管理模式推出了相应的软件。

9.2.7 电子商务时代管理

在电子商务时代,呈现出了新的管理现象和新的管理模式,也为企业和社会的发展带来了新的机遇和挑战。本部分主要介绍电子商务时代管理的新规则、电子商务时代管理的机遇和挑战及电子商务时代管理的必然趋势。

1. 电子商务时代管理新规则

21世纪的电子商务给企业管理带来了前所未有的挑战,企业要想立于不败之地,就必须遵守以下管理法则:

(1) 摩尔定律(Moore's Law)。

Internet 在20世纪60年代是美国国防部为防备原子战争而开发的计算机信息传播系统,当时 Intel 公司的创始人之一摩尔(Golden Moore)曾预言计算机芯片功能每18个月翻一番,而价格下降50%,这就是著名的摩尔定律。50多年来,从286、386⋯到那,计算机芯片技术沿着摩尔定律的轨迹突飞猛进,已成为信息产业持续高速发展和高经济奇迹的重要推动力。

摩尔定律揭示了企业建立定时出台机制是迎接新经济挑战的基本前提。企业最根本的危机是创造力危机,因此不仅要把创新作为企业管理永恒的主题,更重要的是要加强对创新的时效管理,主动地、科学地确定创新步伐,这种观念称为定时出击(Time Pacing)。定时出击与企业进入新市场、推出新产品的工作计划是有区别的。

(2) 梅特卡夫法则(Meteaife's Law)。

3Com 公司的创始人罗伯特梅特卡夫提出,网络的价值等于网络结点数的平方,这说明网络效益随网络用户的增加而呈指数增长。Internet 的用户约每半年翻一番,通信量大概每百天翻一番。这种爆炸性的增长造成了对网络预期效益的"牛气"冲天和 Internet 企业概念股的虚火上升。在虚拟空间里的"跑马占地""眼球大战"近似疯狂,追求"注意力经济"超过了对眼前实际赢利的关注,思科公司、微软公司股票市值超过了物质实力雄厚、销售额连年居世界第一的通用汽车公司。这种趋势启示人们,评价企业的标准有很多,而新经济更看重市场价值,或称为市场增值能力,正如俗话所说"大市场、大老板;小市场、小老板;没市场,就破产。"

(3) 马太效应法则(Matthew Law)。

所谓效应是人们心目中的一种观念、一种心理感受,但对行为有着巨大的影响。信息时代,由于人们的心理反应和行为惯性,在一定条件下,优势或劣势一旦出现,就会不断加剧,滚动累积,出现强者越强、弱者越弱的马太效应。在网络经济中,考虑人性的效益管理日益重要,效应已成为企业竞争制胜的一种重要的无形资源。

(4) 边际标准法则(Margin Law)。

所谓边际值表示自变量每变化一个单位引起因变量变化的数值,即因变量的变化率这种用投入增量与产出增量的比值衡量经济效益的标准,完全符合集约经营的要求,这对于扭转把投入与产出割裂开来的粗放经营是大有好处的。

在传统经济条件下,在技术不变等情况下,当产量很低时,每增加一个单位的产量,边际成本会比前一个单位小,即边际成本随产量增加而下降;但当产量超过一定数量后,每增加一个单位的产量,边际成本会比前一个单位大,即边际成本随产量增加而上升,这种现象称为边际成本递增法则。在新经济中,知识成为创造价值的主体。土地、人工、原料,甚至资本都可以视为有限的资源,但知识是取之不尽、用之不竭的。知识成为最具活力的生产要素,知识不仅可以节约物质生产过程中的人力、原料、金钱、时间等,而且可以用知识生产更多的知识。用知识创造财富,只有知识的开发费用而没有其他追加成本,知识的应用范围越大,共享程度越高,创造的财富就越多,从而知识的复制所分摊给单位产品的边际成本不是递增而是递减,并趋向于零。与传统经济相比,新经济的边际成本规律发生了根本性的变化。

(5) 互动整合法则(Mutual Aid Law)。

新经济与传统经济是对立统一体,相比较而存在,没有泾渭分明的界线。美国财政部长萨默斯提出"新经济须建立在旧价值上"的观点:美国未来学家托夫勒认为把"传统经济与新经济对立起来",争论的双方都有错误。网络经济有泡沫,但不是主流,所以国外现在流行用"鼠标+水泥"来形容新经济与传统经济的整合关系,这才是正确的认识。中国企业要深化对加号("+")即整合的认识,要把加号升级为双向箭头,要突出抓好新经济与传统经济的良性互动,以求实现企业超常规的跳跃式、倍增式发展。

(6) 迈克尔-波特法则(Michael Porter Law)。

美国哈佛商学院教授迈克尔·波特(Michael E-Porter)教授认为,竞争优势是竞争性市场中企业绩效的核心。将竞争优势归结为企业为客户所能创造的价值,并运用其称之为"价值链"的方法,将企业作为一个整体来认识竞争优势。"价值链"将企业分解为若干相关的战略性活动。

在传统经济条件下,企业基本价值链被分为基本活动(内外后勤、生产、销售、服务等)和辅助活动(企业基础设施、人力资源管理、技术开发、采购等),企业活动主要围绕着资本价值的创造和分配来进行,由此形成了按"资"分配或按"劳"分配,人力资源仅作为辅助活动的一个要素。在新经济条件下,原有的传统经济规律将不再适用。知识所占的比重越大,其共享程度越高,创造的财富就越大。人才是企业唯一决定性的财富(而非企业成本),人成为企业管理的核心要素,如何调动人的积极性、主动性和创造性直接关系到企业的竞争优势能否建立。企业活动主要围绕着知识价值的创造和分配来进行,由按"知"分配逐步向按"智"分配过渡,这样,传统经济就过渡到新经济,实现由资本—知本—智本的过渡,出现了资本家—知本家—智本家的替换及资本所有者、知本所有者、智本所有者的分离,"智"体现的不仅仅是知识数量的多少,更重要的是创造性的应用。

2. 电子商务时代管理的机遇和挑战

由于电子商务的出现,传统的经营模式和经营理念将发生巨大的变化。电子商务将会创造巨大的效益和机会,会将市场的空间形态、时间形态和虚拟形态结合起来,将物流、现金流、信息流、商流汇集成开放的、良性循环的环路,使经营者以市场为纽带,在市场上发挥最佳的作用,得到最大的效益。可以肯定,电子商务的发展会带给我们一个经济更加繁荣的时代。电子商务的发展,不仅将有力地推动 Internet 的发展,对社会的进步和经济的变革产生深远影响,更重要的,它本身的发展和成熟为我们提供了许许多多的机会。对于传统商业来说,确实面临一场新的革命。原有的商业格局有可能重组,商业企业和商业流通将出现变革,在变革过程中,有可能打破原有的差距,使大家站在同一起跑线上。尤其是对于发展中的中国商业来说,通过电子商务实现飞跃确是难得的机遇,如果抓住了机会就有可能较快地缩短我们与发达国家的距离。

电子商务给中国企业提供了千载难逢的"历史机遇"。中国的商用 Internet 建设比国外只晚了 2~3 年,无论美国还是中国,在新的信息产业革命中都面临着同样的挑战,机会是相对均等的。而中国的经济改革实际上面临着双重挑战。第一,中国还不具备工业文明所要求的一些特征,如规模、质量与资本的积累;第二,信息经济不以人的意志为转移。美国是一步步从工业经济走向信息经济的,而中国的改革,一方面要完成工业经济的建设,建成世界上最有规模、最有质量、最有资本竞争力的现代工业体系;另一方面,中国的企业为了成为真正有国际竞争力的企业,必须要面对追求效率、标准与智慧的信息经济的挑战。

客观上,信息技术对于世界各国的企业来说都是一种发展机遇、一种完全平等的机遇,但对于中国的企业来说,这个机遇就更加珍贵、更加重要了。古代的中国人凭借自己的勤劳双手创造出了灿烂辉煌的农业文明,近代的中国人却由于"闭关锁国"丢掉了再次领先的机遇。中国新一代领导人的"改革开放"政策解除了中国经济发展的锁链,重新把中国企业推向世界经济舞台的前沿。中国经济在近几年中的进步是有目共睹的。外国人也正是看到了中国的发展才认为世界的经济中心会转移到亚洲。但中国企业近几年的发展并没有从根本上改变世界经济的格局,中国还不具备工业文明所要求的一些特征。中国的企业还缺乏竞争力,还缺乏雄厚的资本、广阔的市场。正是因为这些原因,我们面前的这次机遇才算得上是真正的千载难逢,因为它带来了新的企业运营方式,这些方式使我们的企业不必具备工业文明的特征也能达到同样水平的竞争力。

3. 电子商务时代管理的必然趋势

(1) 电子商务时代管理是世界经济发展的必然趋势。

电子商务活动管理是国际贸易发展的必然趋势,中国要想成为 21 世纪贸易大国、强国,就必须顺应潮流,创造条件,建立和发展属于自己的电子商务和电子商务活动管理模式。中国的电子商务活动管理首先要面对国内的大市场,不断完善贸易方式和商务水平,逐步实现与发达国家的接轨。随着这几年中国移动商务的技术基础得到蓬勃发展,一大批高科技信息管理人才得到了培养和锻炼,还有中国政府和有关主管部门的积极态度,这一切都是在中国推动电子商务活动管理的有利条件和保证。

(2) 电子商务时代管理是历史发展的必然趋势。

电子商务经过十几年的发展,在世界上经济发达的国家里已经生根、发芽,并开始结出丰硕的果实。精明的企业家不断利用先进文明带来的科学技术,为人们营造着越来越广阔的"电子空间",在人们感受到由此带来的种种便捷和愉快的同时,也勾画出企业新时代的发展蓝图,酝酿着信息时代的经济腾飞。在中国,虽说已经取得了众多突破性的成果,但还只是一个"小部分人关心、大部分人观望"的局面,而这中间最令人担心的还是中国的企业,因为它们在这场"革命"面前显得有些无动于衷。中国古代人最信奉的是"中庸"之道,深谙此道的人从不愿意轻易去干任何被他们认为是冒险的事,但是,电子商务活动管理的确是一场革命,是一场可以扭转乾坤的革命。

(3) 电子商务时代管理是知识经济发展的必然趋势。

世界正在进入知识经济时代,因而信息流的作用日显重要。在国内外商贸活动中应用电子信息技术加强对信息流的有效管理和利用,已成为提高竞争力的一个重要手段,信息技术和与之相关的移动商务已经成为中国企业的真正机遇。发展国际电子商务,是当前中国商贸工作的重点之一。最近几年,绝大多数产品都发展成买方市场,流通的重要地位不断上升,经济合理化的速度不断加快。客观形势给经贸工作带来了机遇和挑战,迫使我们大力发展国际电子商务,促进流通,加强贸易,以保证国民经济不断发展。

从诸多层次来看,电子商务为我们创造了崭新的市场机会。在机会面前,谁把握得及时,谁就能成功。那么也可以预见,在未来的几年中,基于电子商务的产品和技术定会非常明显地占据市场。相应地,及时调整方向,基于电子商务而进行投资,进行产品技术开发的企业可能走出市场困境,找到新的生存基点。电子商务是我们这一代人献给新世纪的一份厚礼。考虑到中国美好的经济前景、巨大的贸易额及辽阔的疆域,电子商务在中国的前程无限,它必将在中国发展壮大并有力地推动中国经济的迅猛发展。这是一个不可逆转的大趋势。

任何新事物都代表着一种趋势,那些符合人类进步的趋势必然会得到大家的认同。电子商务活动管理就是这样一种事物,它对人类社会进行着全方位的改造,在企业竞争、政府部门、公共研究机构、教育及娱乐等方面改变着人类相互交往的方式,为人们展示了一个全新、璀璨的世界。开展电子商务活动管理是一种国际大趋势,在未来全球竞争面前,一个企业如果跟不上,就无法生存下去;一个国家如果跟不上,将会陷入落后就要挨打的境地。

无论如何,在电子商务时代,进行相关的电子商务活动管理是世界经济发展、历史发展和知识经济发展的必然趋势。

9.3 电子商务内容与活动智能管理案例与分析

9.3.1 小米手机案例——消费者是朋友,不是上帝

传统的营销理论把消费者奉为上帝,意为"一切以消费者为中心,竭尽所能满足消费者的需求"。而新时代的消费者要求参与到我们的公司里,他们渴望把自己的想法融入新的产品设

计中;他们渴望围绕新的想法展开对话,制造契合自己需求的产品;他们渴望参与塑造一个品牌,并对它保持忠诚;他们对这个自己参与的产品和品牌有着近乎偏执的狂热;他们渴望向朋友分享,推荐甚至炫耀。所有这一切都是数字网络时代成就品牌的"核动力"。懂得开发和利用这些"核动力"的公司将获得神话一般的成长速度。

1. 小米公司发展概况

北京小米科技有限责任公司成立于2010年3月3日,是一家专注于智能硬件和电子产品研发的移动互联网公司,同时也是一家专注于高端智能手机、互联网电视以及智能家居生态链建设的创新型科技企业。

"为发烧而生"是小米的产品概念。小米公司创造了用互联网模式开发手机操作系统、发烧友参与开发改进的模式。小米还是继苹果、三星、华为之后第四家拥有手机芯片自研能力的科技公司。

"让每个人都能享受科技的乐趣"是小米公司的愿景。小米公司应用了互联网开发模式开发产品的模式,用极客精神做产品,用互联网模式干掉中间环节,致力于让全球每个人都能享用来自中国的优质科技产品。

小米已经建成了全球最大消费类IOT物联网平台,连接超过1亿台智能设备,MIUI月活跃用户达到1.9亿。

小米系投资的公司接近400家,覆盖智能硬件、生活消费用品、教育、游戏、社交网络、文化娱乐、医疗健康、汽车交通、金融等领域。

2018年2月,Google联合WPP和凯度华通明略发布的《2018年中国出海品牌50强报告》显示,小米在中国出海品牌中排名第四,仅次于联想、华为和阿里巴巴。

小米已进入74个国家,2017年年底,在15个国家处于市场前5位。2018年第一季度,小米在印度的市场份额已超过30%,遥遥领先,成为第一名。2018年7月9日,正式登陆中国香港交易所主板。

小米2018年出货量1.2亿台以上,占比8.7%,排名全球第四、中国厂商第二,逆势上扬32.2%。

2. 小米手机的商业模式

根据雷军之前在亚马逊、凡客诚品和魅族手机的经历,他认为小米手机可以采用电商和"轻模式"相结合的模式。小米手机商业模式有3个关键因素——产品开发、运营模式和营销方式。

(1) 产品开发。

智能手机产品开发有3个关键环节——市场定位、生态圈建设和生产制造。

① 市场定位。

传统手机厂商定位或高端或中低端,市场存在空白——"低价高配"的高性价比手机。

小米以"为发烧而生"为开发理念:硬件上,元器件供应商几乎都是手机行业前3名的行业巨头,如屏幕采用LG和夏普的IPS屏;价格上,以1 999元为定位区间,巧妙地定位在1 999元这一蓝海区间;外观上,采用简洁的设计,在美观和成本之间保持一种均衡。

总之,这就是小米手机的开发理念——1 999元的价格+顶级的硬件配置+过得去的外观。久而久之,给用户留下了"配置最好、价格很低"的印象。

② 生态圈建设。

近几年,国产手机厂商刚刚开始拼价格、拼硬件;小米手机在此基础上,建设自己的软件生态圈,提升小米手机的附加值。

一般而言,小米的"生态圈"涉及3个方面——手机系统 MIUI、App 应用商店和 BBS。

手机系统 MIUI:负责开发 MIUI 的黎万强和黄江吉,负责修改 Android 源代码,进行深度美工、编码,既保证 MIUI 与 Android 软件兼容,又让 MIUI 更人性化、符合国人的习惯。

App 应用商店:负责 App 商店的黎万强和黄江吉,将小米应用商店的网站(小米应用)嵌入其中,同时增加"小米主题"功能,供用户选择不同的手机主题。

BBS 社区互动:为了增加用户的黏性和参与程度,小米推出了小米论坛。在论坛上,用户可以交流手机的使用经验、手机美工和各种其他问题。

③ 生产制造。

小米的生产制造采用"自主设计、加工外包"的方式。

设计环节:林德(原北京科技大学工业设计系主任)负责手机的工业设计,设计手机的外观和结构。

加工环节:周光亚(原摩托罗拉北京研发中心总监)负责硬件的采购、生产线的设计和代工企业的筛选。早期,委托英华达 OEM,实现"弱弱合作"的双赢;后期,英华达和富士康 OEM。

(2) 运营模式。

① 传统品牌和小米手机的对比。

传统的手机厂商,需要建设庞大的实体渠道,如经销商和门店等;小米公司则在借鉴了国外"轻模式"的基础上,使用 B2C 电商直销的模式。

② 小米手机运营模式的特色。

与传统手机厂商相比,小米手机的运营方式有自己的特点:

第一,采用 B2C 的电子商务模式,大大缩减了中间渠道,压低了最终的零售价。

第二,用户先付款,后交货,实行 JIT 制造。由于现在手机供应链十分成熟,代工厂在几天内采购配件、组装生产、封装、交货,这允许小米先收款后生产发货,缓解了资金压力。

第三,共用凡客诚品的物流和仓储,节约了物流和仓储成本。

第四,组建最出色的互联网营销团队,深深扎根于互联网。

(3) 营销方式。

小米手机的营销方式结合了饥饿营销和网络营销。

① 饥饿营销。

小米是第一个尝试"饥饿营销"的手机品牌:事前,用宣传激发起顾客的购买欲望;同时,限时间、限数量地提供商品,供顾客"抢购",提高其知名度。

② 网络营销。

同在广告投放上,小米把互联网广告投放的数量、支出与广告的收益挂钩,综合使用 CPA、CPC、CPS 和 CPM 模式。

3. 小米手机的"病毒"

外有苹果、三星的高端抢占,内有山寨厂商的低价挤压,在国内手机市场这片红海中,用两年时间,几乎不花钱,塑造出一个连三线城市都熟知的品牌,而且还要实现去山寨化,成为受到手机发烧友追捧的并列于一线厂商的"中国品牌",这是小米手机的品牌神话。2011 年 8 月,正式发布第一款智能手机小米M1,第一轮开放购买3小时售出10万台;2012年2月,小米手机电信版上市,两天共计92万人参与抢购;2012年4月6日,米粉节6分05秒售出10万台小米手机;2015年5月,小米手机青春版限购15万台,只用了10分钟就疯抢一空,报名的人数超过75万,缔造了小米手机的销售神话。神话背后的秘密是什么呢？用小米手机的掌门人雷军的说法只有一句话:小米销售的是参与感。

消费者为品牌成长提供最初的动力来源。小米定位于"发烧友级智能手机",从表面上看来,发烧友范围过窄,但恰恰是这类铁杆用户对产品的重视以及对小米品牌的力挺,促使小米一步步成长起来。小米开发早期的100个超级用户参与MIUI操作系统的设计、研发、反馈等,这100人也是小米品牌的点火者何小米粉丝文化的源头。从100人发展到后来的一千多万,星星之火足以燎原。在2013年4月9日的小米米粉节上,小米特别发布了一部专门为感谢100个铁杆粉丝的微电影,名字叫作《100个梦想的赞助商》,把他们的名字一一投影到了大屏幕上,对他们表达了感谢。那一刻,他们中的很多人泪流满面。

消费者为产品改进提供最重要的体验和建议。邀请粉丝参与用户体验的测评与优化,正是小米激发粉丝力量的关键。比如,小米有一个每周固定升级迭代的机制,每周二会开放粉丝参与的四格体检报告,由用户选出本周更新程序中最喜欢的一个和最不喜欢的一个。小米内部每周会据此颁发一个"爆米花奖",这是一种来自粉丝的投票激励。小米论坛里还有一个神秘组织——荣誉开发组,简称"荣组儿",这是粉丝的最高级别,是可以参与决策的发烧友。"荣组儿"可以提前试用未公布的开放版,然后对新系统进行评价,鉴别新版本是好的还是不好的,甚至有权力跟整个社区说:"荣组儿"觉得这是一个烂版,大家不要升级。要知道,批评你最厉害的人正是你最好的合作伙伴以及最狂热的粉丝。

消费者为周边产品开发提供创意灵感。在新发布的MIUI V5中,雷军透露体验最好的录音机产品,其灵感就来自一个经常采访录音的记者。围绕着小米手机,网友的创意产生了酷玩配件的生态图,正在把小米的品牌优势顺利过渡到其每一款产品。从小米盒子到小米活塞耳机,小米手机的配件以及周边产品逐渐丰富。小米的发烧友文化形成的周边外设平台在极大程度上帮助开源硬件爱好者实现创意的产品化,有媒体称这种平台为硬件App。

消费者为品牌文化提供乐于布道的粉丝效应。"米粉"成为小米用户的身份认同,然后通过口口相传,形成了一种小米文化,这种传播方式的成本低,效率高。小米操作系统MIUI不到一年内拥有超过30万人的社区开发者,甚至有许多来自海外各个国家的MIUI"粉丝"形成组织。每当有新版本的MIUI ROM发布,就自行将其翻译为当地的语言版本——这也使得米公司等产品的微博粉丝有550万人,小米合伙人加员工的微博粉丝有770万人,微信有100万人。这几千万可到达、可精细化运营的粉丝形成了小米的粉丝经济效应。此外,小米公司还组织如"同城会""周年纪念""米粉节"等各式各样的线下活动。

有成千上万的铁杆粉丝免费给你做产品开发者、产品经理、体验测评员和品牌布道者,这是一股多么强悍的力量。就如克莱-舍基在《认知盈余》一书中所说:所谓"领先用户创新",并不是由产品的设计者,而是由该产品最活跃的使用者来推动的。

9.3.2 汾酒集团案例——用数字化手段复兴中国酒文化

汾酒集团作为中国顶尖传统白酒企业,将"汾酒复兴"作为今天奋斗的使命和目标。汾酒是中国清香型白酒的典型代表,也是清香型白酒国家标准的制订者。汾酒文化可以追溯到

6 000年前的仰韶文化中期,杏花村仰韶酒器是中华原始酒文化起源的珍贵标本,汾酒酿造作坊遗址是全国重点文物保护单位,汾酒酿制技艺是首批国家级非物质文化遗产。深厚的文化底蕴和精湛的酿酒技艺让汾酒一直处于行业领先地位。

此外,中国白酒产业"资本市场启蒙"的主导者和引领者也是汾酒集团。1994年1月6日,在著名经济学厉以宁支持和鼓励下,"山西汾酒"在上海证券交易所挂牌上市,成为山西省首家上市公司,也是我国白酒行业第一家上市公司。而5年后五粮液上市,7年后贵州茅台上市。山西汾酒上市时采取的"独家发起,社会募集"的模式成为当时很多想要上市的企业学习的范本。

2009年,汾酒集团新董事长李秋喜上任后,重新梳理了汾酒文化、品牌基因和产品定位。到2015年,汾酒集团决定再次深化改革,将发展再提升一个台阶。这一次改革的重点就是企业的数字化建设。

1. 汾酒集团发展概况

国营杏花村汾酒厂创立于1949年,它继承了先代遗留下的宝贵文化遗产,在承袭传统的基础上不断创新,拓出了一条"以我为主,博采众长,继承精华,自成一体"的质量管理体系。

1952年汾酒在全国第一届评酒会上被评为国家名酒,成为我国"老四大名酒"之一;1963年,在第二届全国评酒会上再次荣获国家名酒称号,并获得金奖;其后又屡获殊荣,先后蝉联全部五次国家名酒称号;竹叶青酒也连续三次被评为中国名酒,获得五次国际金奖。

改革开放以来,汾酒人继续坚持高质量立厂、严管理治厂、科技进步兴厂、艰苦奋斗建厂的方针,内抓管理,外拓销售,企业规模和综合实力不断壮大。

1986年,获国家最高质量管理奖,1988年通过产品质量认证,1999年一次性通过ISO 9001国际标准质量体系认证。建厂初期一个只有36名职工、十几间旧房的手工式作坊,已发展成为拥有职工7 000余人,占地面积230万平方米,资产总额20亿元,年产名优酒5万吨,年销售收入10亿元,年出口创汇2 000万美元,年创利税3亿元,生产工艺一流,技术装备一流,科研队伍一流,以名优酒生产经营为主,兼顾科、工、商、贸等领域的大型综合性企业。

几十年来,汾酒人历尽艰险,自强不息,在市场大潮中逐步建立和完善现代企业管理制度。1993年8月,国营山西杏花村汾酒厂改组为自主经营、自负盈亏的法人组织——山西杏花村汾酒(集团)公司;同年,进行了企业股份制改造,(集团)公司拿出生产主体部分成立了山西省首家上市公司——山西杏花村汾酒厂股份有限公司。

2002年3月2日,经山西省政府授权,在原山西杏花村汾酒(集团)公司基础上改组成立了山西杏花村汾酒集团有限责任公司,企业由此开始走上了现代化、市场化的创新发展之路。酒都杏花村是古老的杏花村,也是开放的杏花村。公司在把握中国白酒业市场走势的基础上,审时度势,科学论证,为企业21世纪的发展规划出了做优、做强、做大的远景蓝图,制定出了崭新的中长期发展战略和三年经营方针。汾酒人决心驾驭机制创新、品牌提升、科技创新、资源合理配置和市场拓展的快马,为把公司发展成为品牌国际化、机制市场化、组织高效化、管理现代化的大型名酒集团而不断努力。

2. 汾酒集团的数字化管理

(1)打破信息孤岛流程管理更加精细。

李秋喜认为数字化是汾酒集团突破发展瓶颈的主要动力,他说:"汾酒的战略决策缺乏数据支撑,成本控制缺少计量依据,流程烦琐造成效率低下。这些长期以来存在的问题,不能只靠人来解决,一定要靠计算机信息系统来解决。"因此,从2015年开始,汾酒集团开始考察接触全球顶尖的软件公司和数字化解决方案服务商,经过仔细的调研与甄选,在2017年正式启动与SAP的合作,对汾酒集团信息化建设进行了整体设计,建立主数据平台、企业ERP系统实现财物业务一体化,进行报表合并和全渠道的营销管理,从内到外对汾酒集团的信息化进行了大规模的破旧立新,搭建起一个强壮、稳定、柔性且可拓展的数字化核心。

汾酒集团的数字化改革是顶着艰巨的目标进行的。2017年2月,汾酒集团被选中为山西省国企国资改革试点单位,接受了国资委一年增长30%的军令状。以普通的发展规律来看,企业一年增长接近20%已经是非常可喜的成绩了,但汾酒集团接受了这一挑战并且超额完成任务。2017年,汾酒集团就实现了超过40%的增长,2018年上半年的数据显示增长超过40%,利润是52%,整个净利润的增长很快。

这些增长数据的背后是全面深化的企业数字化建设。在布局数字化战略期间,汾酒集团对所有的业务流程框架进行了梳理,最后整理出113个业务流程,其中优化了67个业务流程,创新了17个业务流程。为了解决数据重复、分类错误、应用落后、不集成不协作等历史遗留信息化问题,汾酒集团专门进行了数据治理的工作,建立新平台新标准,规范业务流程,实现一物一码,集中全过程的管理。

数字化建设为汾酒集团的各个业务线带来显著变化:财物会计从过去记账为主,变为对前段业务有管控能力的财务管理;成本控制从过去以省钱思维为主,变为更注重提高生产率和价值链的赚钱思维;生产方面从各自为战,变为高度协作的产供销一体的计划排产,并且采集关键质检指标进行质量把控;供应链从过去产销协调不完善,库存占用高,变为需求驱动和市场导向;销售营销由过去依靠关系、价格和推销,变为以客户为中心的更精准的营销,并且对市场变化有实时的反应。与此同时,大量的实时数据和可视化图表也让以往事后分析的商业决策向事前预测转变。

(2) 四位一体数字营销还原中国酒文化本真。

酷炫的数字化营销手段和整个市场的消费升级对于比较传统的白酒行业是非常大的挑战。然而过去十几年,中国白酒品牌都集中发力在塑造文化高度、打造高端产品上,鲜少有人追根溯源从回顾品牌基因出发,深度挖掘酒品牌的文化具体意向。山西杏花汾酒集团有限责任公司副总经理杨波认为,中国白酒不是生活的必需品,但一定是高品质生活的必需品。传统的酒文化非常文雅健康,是很高品质的体验。汾酒集团也在不断观察着年轻市场的需求,他们的结论是年轻人喜欢高颜值、高品质、高体验的产品。而要适应这样的市场需求,需要白酒企业把品牌宣传、文化营销、事件营销和数字传播有机地融合起来,实现四位一体化。

汾酒集团在这方面进行了很多尝试。一个典型的案例是2017年作为欧亚经济论坛的指定合作伙伴进行了一轮"让世界看到骨子里的中国"的四位一体的整合数字营销,从公关线、传播线、终端线和互动线同时发力。首先是公关线,成为欧亚论坛的指定合作伙伴,并且举办了"丝路传承香飘全球——让世界看到骨子里的中国"全球文化交流活动,共同发布了全球限量3 999件"青花汾酒徐冰艺术臻藏酒",借助国际会议的东风,构建品牌世界级的影响力。传播线的主力是以独特的青花墨韵风格打造的青花汾酒的TVC广告片,通过电视台硬广、地铁高铁广告、视频网站等多平台的线上线下全覆盖式投放,强势灌注"骨子里的中国青花汾酒"核心信息,通过大众媒体的解读和自媒体的多角度热议,保持让"骨子里的中国"这一话题的热度;在终端线上除了限量产品的发布,还为论坛特别定制了一款产品,这款产品在不到一个月的时间就实现了6 000万的销量。而在互动线上,汾酒集团更是做了全新大胆的尝试,通过对微博微信大数据解析,设计了"你骨子里的中国 STYLE,是谁?"的 H5 互动页,将每个人骨子里的"精神人格"具象化,青花汾酒的"古装 Cosplay"刷屏,这一互动打破时空壁垒,将品牌的传统文化底蕴与深受年轻人喜爱的二次元文化巧妙融合,引发情感共鸣,一天就实现了 86.5 万的点击,充分满足了年轻消费群体对于秀自己的娱乐需求。

这次尝试的效果显著,不仅很好地传达了品牌基因和精神,还形成了传播热点,更是让汾酒集团这样以往在品牌传播方面"端着"的传统企业一下子拉近了和消费者的距离。这也坚定了汾酒集团未来在数字化营销方面不断投入和创新的决心。

(3) 世界标准的信息化为白酒"走出去"铺路。

在中国市场,白酒企业受到来自西方的红酒和日系酒的冲击,但是在国际市场上,白酒的市场份额很小,竞争力也有很大的提升空间。这种局面的形成有着历史原因,首先,中国在加入 WTO 的时候并没有把白酒和烈性酒作为一个限定条款,所以白酒进入国际市场时政策受限;其次,中国白酒的质量标准和国际烈性酒的标准不一致,也没有连接起来,而且东西方酒文化的差异巨大,在酒文化交流方面也很欠缺。

让中国白酒"走出去"一直是汾酒集团的使命,这也是在进行数字化改造的时候汾酒集团选择国际化合作伙伴的原因。虽然政策的变革不可预测,但是在标准和文化方面,汾酒集团认为中国的白酒企业还是大有可为。首先从业务流程的标准化方面与国际接轨,按照西方已经被市场验证的管理技术、方法和流程来重塑自己的业务流程,改造整个生产线、供应链等核心流程。数字化的建设投入大、收效慢,这一过程中抛弃功利心,为行业做出优秀的案例和标杆是汾酒坚持的原则。

此外,在整个数字营销系统建立的过程中,汾酒集团希望用全球视野进行布局,在亚太和欧美地区分别设立营销中心,用多样化的数字手段和渠道传播中国酒文化,在强大的数字后台支撑下,让中国白酒走得更远。在杨波看来,数字世界中信息化的语言是全球通用的语言,而酒文化也是不用翻译的通用语言。汾酒集团的数字化改革希望能将两者融合起来,通过全球化的一些合作伙伴,能够把中国的白酒文化传播到全球。

在汾酒集团,数字化的升级除了帮助实现管理精细化和营销的数字化、全球化之外,也让企业的社会责任工作有了不一样的方式。一方面,数字化让汾酒集团的公益活动的效果可见度有很大提升,汾酒和公羊会的合作更加深化,在一些危急时刻,公羊会在现场应对各种紧急情况,汾酒则在后方为其提供强有力的支持。与此同时,公羊会的会员也都是汾酒的会员。另一方面,在大数据的指导下,汾酒集团在不同的地区也会制定合适的方案,在体现企业社会责任的同时,也能优化产业链,获得发展收益。比如汾酒集团现在拥有 10 万亩的原粮基地,就是和当地的精准扶贫结合起来。

传统企业改革不易,要想进行数字化的升级更是需要巨大的投入和清晰的战略。汾酒集团的数字化转型对于直面消费者的传统企业有着很强的借鉴意义。他们起步虽晚,但变革全面而深入,通过借助数字化手段,不仅实现了业务流程的标准化和管理的精细化,更是激发了唤醒品牌和文化活力的思考和重新布局。

9.3.3 顺丰速运案例——成就客户,推动经济,发展民族速递业

1. 顺丰的发展概况

顺丰速运是一家主要经营国际、国内快递业务的国内快递企业,于 1993 年 3 月 26 日在广

东顺德成立。国家邮政局发布2018年快递服务用户满意度、时限准时率调查结果,2018年快递服务总体满意度得分为75.9分,较2017年上升0.2分。快递企业总体满意度排名中顺丰速运居首位,在时限准时率方面,顺丰速运排名第一。

2016年5月23日,顺丰股权置换欲借壳上市,资产作价433亿元。2017年2月24日,顺丰控股在深交所举行重组更名上市仪式,正式登陆A股。2017年6月1日凌晨,顺丰宣布关闭对菜鸟的数据接口。2017年从6月3日中午12时起,全面恢复业务合作和数据传输。

顺丰的快递是深港货运的"自然延伸",最初的产品基本是深港件,需求增长很快,顺丰像一块海绵,疯狂地吸收着快递市场无处不在的养分。一位最早加入顺丰团队的老业务员回忆说:"那时候顺丰只有十几个人,大家围在王卫身边,同吃同住,每天唯一的任务就是跑市场。我们这些业务员都像疯了一样,每天早出晚归,骑着摩托车在大街小巷穿梭。"很快,顺丰以顺德为起点,将网络的触角延伸至广东省以外,通过向长三角地区复制业务模式,进而扩张到华中、西南、华北。

在顺德之外,顺丰新建的快递网点多数采用合作和代理的方式。每建一个点,就注册一个新公司。这种形式和加盟类似,分公司归当地加盟商所有,互相连成一个网络。顺丰各地网点的负责人是公司的中坚力量,他们上缴一定数额的利润,多余的则留下。令人惊奇的是,直到2002年之前,顺丰一直都没有总部,只有一大批广州顺丰、中山顺丰这样的地方公司。这种"自然延伸"式的扩张,靠的是自发的加盟。因此,顺丰形成的网络并不是有规划的,而是哪里有市场哪里就有网络。例如,广东省下属县城几乎每个都有顺丰的站点,而在经济发展程度较弱的省份,除了省会城市之外基本没有网点。

顺丰采取的方式与其他公司的加盟方式很像,只不过更松散些。比如,加盟是一种公司之间的商业行为,需要办理工商手续,加盟商们使用公司的统一标识,对外承揽生意。小老板们可以把货送到公司的集散中心来走货,但盈亏要自己负责。

由于是业务带动市场,而此时的市场又很容易做,顺丰便将全部精力放在了市场拓展上,甚至曾采用"人海战术",期望达到广种多收的效果。

起初,顺丰在业务运作中采取了一种简单的承包方式,给业务员划片、划区,每人负责一块"责任田"。各个片区在负责人的带领下,从开拓到收获,逐渐丰饶起来。一位老业务员回忆说,当时很多业务员骑摩托车取送件时,时常有人不幸遇到车祸,断胳膊断腿是常事。"顺丰是我们用生命换来的。"业务员拼命换回来的是不菲的收入。20世纪90年代末,顺丰在广东一些城市的业务员,已经有一大批月收入上万元的。在这种示范效应下,顺丰的网络拓展一路顺风满帆。

不只顺丰一家赶上了这个新兴行业的起步良机。宅急送和申通也在这个时期成长起来。尽管与顺丰经营模式不同,但巨大的市场给它们提供了足够的发挥空间,这几家公司后来也成为国内快递业分据天下的"诸侯"企业之一。

2002年成立总部之前,顺丰在全国总共有180多个网点,虽然华东和华北市场进入不深,但名声已经在外。而在九十年代末,国内快递业务在顺丰总体收入中的比例也增加到近40%,顺丰从"香港件"一条腿走路,变成了两条腿走路,有了奔跑的可能。

2. 顺丰的商业模式分析

顺丰将经营理念定位于"成就客户,推动经济,发展民族速递业",帮助客户更快、更好地对市场做出反应。推出新的产品和调整策略,缩短贸易周期,降低经营成本,促进客户竞争力的提高。同时,顺丰不仅为国家发展贡献了税收,也解决了社会的就业压力,为国民经济的持续健康发展做出了应有的积极贡献。

顺丰速运全部采用自建、自营的方式建立自己的速运网络,特别是2002年集团总部成立以来,更致力于加强公司的基础建设:统一全国各个网点的经营理念,大力推行工作流程的标准化,提高设备和系统的科技含量,提升员工的业务技能和素质,努力为客户提供更优质的服务,不遗余力地塑造"顺丰"这一民族速运品牌。

(1) 积极——迅速扩展和进步的业务。

成立初期,只提供顺德与香港之间的即日速递业务。随着公司的业务不断发展并迈向国际,顺丰速运现已成为中国速递行业民族品牌的佼佼者之一。积极、有序地发展陆上及航空速递网络,并专注于人才队伍的建设,是企业中长期发展规划的首要任务。

(2) 创新——持续创新和完善的服务。

积极探索客户需求,为客户提供快速安全的流通渠道;不断推出新的服务项目,帮助客户更快更好地根据市场的变化而做出反应;缩短客户的贸易周期,降低经营成本,提高客户的市场竞争力。除了在公司内部培养一批中流砥柱以外,更不断从其他行业吸收精英以满足业务高速发展以及服务不断完善的需要。

(3) 活力——营造迅捷和亲切的体验。

以客户需求为核心,建设快速反应的服务团队,谨守服务承诺。提供灵活组合的服务计划,更为客户设计多种免费增值服务及创新体验,全天候不间断地提供亲切和即时的领先服务。

3. 顺丰的竞争策略分析

(1) 竞争优势。

企业想要做强做大没有自己的竞争优势是绝对不可能的。顺丰的竞争优势不仅在于以上的各种贴心的产品还在于它严格的时效管理。收一派二(从客户下订单到业务员上门收件一小时内必须完成,从派件出仓到客户签收两小时内必须完成)是顺丰速运目前的死制度,这也就保证了快件的速度,防止了快件在业务员手中浪费过多时间。而配合这个死制度的实施是阿修罗系统,它可以随时监控哪个快件在哪个业务员手中,还有多久将超时派送,没有派送成功的原因,等等。

此外,顺丰开通了400免费热线电话受理客户的查询快件位置、投诉、理赔、下单等服务,客户还可以通过网上下单,手机安装了顺丰速运通还可以手机下单,加了顺丰QQ还可以通过QQ下单。一旦下单成功客户的快件将在一小时内有业务员来取走。如果一小时内没来取件也没有电话联系说明原因,客户就可以投诉。

顺丰速运的运价在国内同行业中是最高的,顺丰走的是高端市场,以速度和服务制胜。顺丰拥有自己的飞机,这是国内同行所没有的。之所以速度快还与它的发车频率有关,顺丰任何点部都是每天到四趟件发四趟件,时间是固定的。

(2) 弱势。

顺丰速运走的是高端路线,这也就决定了顺丰的网点只能发展到经济发达的城市,也决定了顺丰的客户主体还将是对价格要求不高的企业。这将会使顺丰发展速度得到制约,也将使顺丰知名度的传播受到很大的影响。顺丰速运一直以来都不在任何媒体做广告宣传,点部招牌多数是小灯箱,甚至是没有招牌的,使得顺丰速运的知名度大打折扣,以至于顺丰已经做到如此大,不用顺丰的人还是不知道这家公司的存在。

顺丰速运管理上太注重数据,太依赖计算机阿修罗系统以及把枪数据扫描上传。缺乏对员工的人性化管理,没有让员工形成家的意识,缺乏员工的职业道德的培养,甚至出现了业务员与仓管盗窃快件的案件。业务员收派件钻系统制度的漏洞,使得太多快件本能第二天就到客户手中却被推迟几天,给公司带来信誉影响。

(3) 竞争对策分析。

① 不断加大对人才的引进、培养。

建立科学的考核机制。在知识经济时代,知识及知识管理是核心竞争力构成的关键因素,是核心竞争力形成的基础。将知识管理融入核心竞争力的建设中去才会使企业在激烈的竞争中立于不败之地。

② 加强与其他公司的合作,实现共赢,并寻机进行强强合作,在合作中做大做强。

这样可以实现合作企业的优势互补,优化资源配置,降低成本,提高劳动生产率,促进先进技术的研究和开发,达到扩大市场占有额,获取更大的经济效益的目的。同时还能够提高企业的国际竞争力,促进国民经济的发展。

③ 建立高效科学的管理机制,实施精细管理,科学管理,人性化管理。

不断加大公司的文化建设,让公司文化影响每一位员工,让公司文化来管理每一位员工。让员工更具归属感和凝聚力,更加的团结作战,共同将顺丰速运推向美好的明天。

4. 企业发展前景分析

(1) 物流公司跨界从事电子商务行业,固然占有很大的物流优势,今年来无数电商巨头自建物流,大力抓物流行业,可知物流为电商行业最重要的环节之一。顺丰以自身强大的物流体系为基础,几番试水后直接进军电子商务行业物流难度最高的生鲜产品,并以自身国际上各国网店覆盖的可开发采购优势,主营进口产品。此两点为现在国内电子商务行业所无法竞争的优势。

(2) 顺丰在同业中拥有着良好的正面企业形象及客户信赖度,且顺丰拥有10万直面客户的派送员,并且与大量客户签订有月结等协议,掌握有大量客户资料及信息,但是现阶段还未把这些资源投入营销环节。若从客户被动发现,转化为全公司主动成员主动营销,可能有利有弊,但是反响必定极大。

(3) 顺丰现在主要还是在试水。资金投入方面约1个亿,冷链系统的投资比较大,从这个角度看顺丰优选还是有投入不足的问题。并且电商品类的延展性强,高档生鲜的消费者,同样也是其他高端产品的消费者,顺丰如果进入其他品类,会存在原有的高端商品电商客户与顺丰终止合作的风险。如果部分高端商品电商客户放弃顺丰,那么对顺丰来说,即时优选小有成就,失也可能大于得。至少就已有企业的选择,当新老业务冲突时,撤掉新业务的还是多数。

总而言之,顺丰优选具有巨大的潜力及未知性,即物流有优势,产品和供应链没有优势,需要资源整合,若跟 madeinworld.com 这样的系统整合起来,前景将一片乐观。

参考文献

[1] 蔡柳萍,解辉,张福泉,张龙飞.基于稀疏表示和特征加权的大数据挖掘方法的研究[J].计算机科学,2018,45(11):256-260.

[2] 曹素娥.基于大数据的高校图书馆数据存储模式[J].电子技术与软件工程,2019(13):170-171.

[3] 陈世祺,张俊,曾敏,马硕.基于时态本体的时态数据表示研究[J].计算机技术与发展,2019(11):1-7.

[4] 储萌.阿里文娱智能营销平台:以"品牌星河"构架,开启营销增长新征程[J].中国广告,2019(01):114-116.

[5] 高天宇.基于互动营销的慕课产品用户行为研究[D].天津工业大学,2018.

[6] 顾润德,陈媛媛.社交媒体平台UGC质量影响因素研究[J].图书馆理论与实践,2019(03):44-49.

[7] 顾薇,张敏.基于品牌美学的营销传播策略研究[J].艺术教育,2016(06):276-277.

[8] 郝娜.论品牌定位在市场营销中的重要性[J].中国商论,2019(10):67-68.

[9] 和沛薇.新媒体中的互动广告营销策略研究[D].黑龙江大学,2017.

[10] 侯韶图.新零售时代的智能营销[M].北京:中华工商联合出版社,2018.

[11] 黄春美.智能数据技术在精准营销中的应用研究[D].华东师范大学,2017.

[12] 贾丽军.智能营销:从4P时代到4E时代[M].北京:中国市场出版社,2017.

[13] 江晶晶,王志海,原继东.一种基于数据流模式表示的半懒惰式分类算法[J].计算机科学,2017,44(07):167-174,202.

[14] 蒋娟.手机互动广告与用户接纳效果影响因素研究[D].北京邮电大学,2015.

[15] 李娇,任爽.网络PGC视频的传播模式研究——以网络视频节目为例[J].图书馆学研究,2017(22):93-96.

[16] 李爽.基于多重数据分析方法的贵州省农村电子商务扶贫的模式研究[D].贵州财经大学,2018.

[17] 李鑫,白亮.一种基于混合型数据表示的聚类集成算法[J].郑州大学学报(理学版),2019,51(02):90-93.

[18] 李妍.浅谈品牌定位在市场营销战略中的重要性[J].商场现代化,2018(21):56-57.

[19] 刘寒啸.易天数据管理系统数据集成和数据分析模块的设计与实现[D].南京大学,2018.

[20] 刘莉,高泉.UGC特征对社会化电商消费者购买意愿的影响研究[J].湖南工业大学学报,2019,33(02):53-59.

[21] 刘珊,黄升民.人工智能:营销传播"数算力"时代的到来[J].现代传播(中国传媒大学学报),2019,41(01):7-15.

[22] 潘霜微,李万里.C2M 环境下小微工作室的 UGC 和 PGC 内容营销策划[J].商场现代化,2017(07):63-64.

[23] 盛凡.电子商务高速发展形势下互联网农产品营销策略[J].经济研究参考,2015(69):69-73.

[24] 宋阳.网络结构数据中表示学习和零次学习研究[D].南京大学,2019.

[25] 孙凌娇.新媒体时代互动广告创意策略研究[D].东北师范大学,2015.

[26] 谭磊.数据掘金——电子商务运营突围[M].北京:电子工业出版社,2013.

[27] 万胤岳.基于大数据分析的电子商务发展策略研究[J].商业经济,2017(09):78-79.

[28] 王依然.浅析数据分析在移动电子商务中的应用[J].商场现代化,2017(05):58-59.

[29] 王俣.电子商务数据可视化系统的设计与实现[D].厦门大学,2017.

[30] 韦建国,王玉琼.基于网购平台大数据的电子商务用户行为分析与研究[J].湖北理工学院学报,2019,35(03):34-38,57.

[31] 杨文菊,黄烈雨,陈宁,李祺,汪晓凡.基于品牌价值理论的国外医药企业品牌发展经验与启示[J].中国药事,2019,33(03):331-336.

[32] 姚立,葛福江.基于云计算的企业智能营销决策支持系统研究[J].统计与决策,2014(06):177-180.

[33] 辛杰.品牌美学视角下的品牌策略[J].企业研究,2008(07):48-51.

[34] 叶晗堃.跨境电子商务成功实施影响因素研究[D].江西财经大学,2016.

[35] 曾振华.大数据背景下的品牌管理研究[D].武汉大学,2017.

图书在版编目(CIP)数据

电子商务智能管理与运营/叶晗堃主编. —南京：南京大学出版社，2020.1
ISBN 978 - 7 - 305 - 22748 - 6

Ⅰ.①电… Ⅱ.①叶… Ⅲ.①电子商务—运营管理 Ⅳ.①F713.365.1

中国版本图书馆 CIP 数据核字(2019)第 284205 号

出版发行	南京大学出版社
社　　址	南京市汉口路 22 号　　邮编　210093
出 版 人	金鑫荣

书　　名	**电子商务智能管理与运营**
主　　编	叶晗堃
责任编辑	李素梅　武　坦　　编辑热线 025 - 83592315
照　　排	南京理工大学资产经营有限公司
印　　刷	南京人文印务有限公司
开　　本	787×1 092　1/16　印张 17.5　字数 459 千
版　　次	2020 年 1 月第 1 版　2020 年 1 月第 1 次印刷
ISBN	978 - 7 - 305 - 22748 - 6
定　　价	45.00 元

网　　址：http://www.njupco.com
官方微博：http://weibo.com/njupco
微信服务号：njuyuexue
销售咨询热线：(025)83594756

＊版权所有，侵权必究
＊凡购买南大版图书，如有印装质量问题，请与所购图书销售部门联系调换